国家出版基金项目
NATIONAL PUBLICATION FOUNDATION

Dangdai Zhongguo Jiedu Chuangxin Yanjiu

当代中国戒毒创新研究

齐延安　主编

戒毒实践创新研究

郝道方　主编

Jiedu Shijian Chuangxin Yanjiu

山东大学出版社

图书在版编目(CIP)数据

戒毒实践创新研究/郝道方主编.—济南:山东大学出版社,2019.10
(当代中国戒毒创新研究/齐延安主编)
ISBN 978-7-5607-6549-5

Ⅰ.①戒… Ⅱ.①郝… Ⅲ.①戒毒—工作—研究—中国
Ⅳ.①D669.8

中国版本图书馆 CIP 数据核字(2019)第 292840 号

策划编辑 尹凤桐
责任编辑 李艳玲 肖淑辉
封面设计 牛 钧

出版发行 山东大学出版社
社 址 山东省济南市山大南路 20 号
邮政编码 250100
发行热线 (0531)88363008
经 销 新华书店
印 刷 山东新华印务有限公司
规 格 720 毫米×1000 毫米 1/16
20.5 印张 325 千字
版 次 2019 年 10 月第 1 版
印 次 2019 年 10 月第 1 次印刷
定 价 59.00 元

《戒毒实践创新研究》
编委会

主　编　郝道方

副主编　齐晓光　梁云龙　毕于乾

撰稿人　（以参编章节为序）

公付龙　郭宗涛　唐沂青　毕于乾

李同文　姬腊军　张洪玮　杨千志

周　浩

序　一

法治无处不在。由劳教所转为戒毒所——一个特别空间的角色转换，构成新时代一个重大的法治事件。戒毒法治研究也由此成为一个越来越受关注的特殊领域。

近些年来，经过打基础、练内功，山东司法行政戒毒工作“一四六”工作思路落地生根、开花结果。以帮助戒毒人员戒除毒瘾、顺利回归社会为工作目标，戒毒执法协作机制规范运行，将具有山东特色的“三六三”戒毒模式全面推开，逐步确立了全省统一的戒毒执法规范、工作流程和标准体系，山东戒毒工作“四梁八柱”的制度框架搭建成型。“三四五”戒毒理念深入人心，“四个工程”强力推进，“六个体系”不断健全，“三大平台”汇聚合力，戒毒科研成果丰硕，应用效果实在。山东省司法行政戒毒工作在服务大局中不断提升境界，在创新发展中不断提档升级，亮点纷呈，特色鲜明，走在了全国前列。

我与本丛书主编齐延安君非常熟识，经常聚谈一线法治，从司法审判到律师管理，从司法行政戒毒工作到政府立法实践创新。两年多前，在延安君分管司法行政戒毒工作不久后的一次交流中，我了解到山东司法行政戒毒工作的创新与成就，建议其立足于《禁毒法》《戒毒条例》实施及山东戒毒执法实践，梳理一下我国现行戒毒制度，分析戒毒及强制隔离戒毒在中国禁毒战略中的地位，按照全面推进依法治国战略部署要求，分析研究中国戒毒法治的具体问题和对策，为推进我国戒毒工作规范化、法治化提供参考。实际上，“干一行，想一行”的延安君已经在思考这一课题，当然他所思考的不仅是戒毒法治体制、机制建设等方面的内容，还包括立足于国内外戒毒工作实践，围绕我国戒毒法制建设、专业戒毒工作等重点领域，系统梳理以往研究成果，面向戒毒工作存在的问题，提出有价值、可操作的对策举措，并重点研究有效的戒毒工作方法，为破解戒毒难题提供可行可靠方案。这次交流后不久，就有了组织编撰“当代中国戒毒创新研究”丛书的计划。

即将出版的“当代中国戒毒创新研究”丛书，远远超出了我和延安君商谈的戒毒法治的范围。丛书包括了《戒毒法治创新研究》《戒毒实践创新研究》《医疗和食疗戒毒研究》《文疗和心疗戒毒研究》《体疗和工疗戒毒研究》等多项成果，能够写好这几本书的作者只能是来自从事一线戒毒工作的基层领导和业务骨干。无论分管律协还是分管戒毒、立法，延安君都非常重视队伍建设，倡导学习型队伍建设和研究式开展工作。丛书作者都是戒毒工作一线上的佼佼者，不仅精益求精于戒毒实务，而且善于思考，包括经验总结和理论概括。尽管他们不太擅长言辞和文字，但凭着朴素的情感和孜孜以求的精神，克服了相当大的困难，创作了一套不可多得的戒毒丛书。丛书中的每一本书都针对戒毒工作的某一方面或领域给出了深入浅出的介绍，其中不乏深刻洞见。总体说来，该丛书有三个重要特征：

一是观点掷地有声。丛书并非是其他著述的简单汇总和述评，更不是抱着宏大概念悬而无音，而是在系统梳理古今中外戒毒实践、戒毒制度以及戒毒工作专业研究的基础上，进行归纳、提炼和分析，进而提出作者的独到见解。特别是《医疗和食疗戒毒研究》《文疗和心疗戒毒研究》《体疗和工疗戒毒研究》立足于当前我国戒毒实践的探索，不断深化对戒毒工作的规律性认识，并对代表性戒毒方法进行创新研究，既有成果成效的展示，也有改进改善的探讨。即使有的读者对戒毒工作不甚了解，对有些内容不容易理解，但其中的一些鲜明的见解也会给人留下深刻印象。

二是论述系统翔实。丛书中有很多实例和经验，包括历史沿革中萃取出普适性的论述，而不仅仅是适用于几个特定情况的案例分析。《戒毒实践创新研究》从实践层面切入，通过文献研究和实地调研，对当前正在开展的戒毒工作进行梳理和阐释；《医疗和食疗戒毒研究》《文疗和心疗戒毒研究》《体疗和工疗戒毒研究》运用文献调查、概念剖析、问卷调查、深度访谈、实验研究、比较分析等方法，系统研究医疗戒毒、食疗戒毒、文疗戒毒、心疗戒毒、体疗戒毒、工疗戒毒的内涵、操作规程和评价指标等；《戒毒法治创新研究》则是我国第一部专注于戒毒法治研究的著作，在禁毒法治中开辟出一片戒毒法治的新天地，使戒毒法治自成体系，戒毒研究更加完整系统。

三是内容丰富实用。丛书立足当前现实，面向长远未来，坚持理论与实践相结合，以戒毒工作常识为基础，强调知识更新；着力于戒毒工作专业探讨，强调理论创新；形成戒毒工作知识体系，强调可读性；注重实践操作方法，强调可用性。这样既可满足社会各界尤其是禁毒、戒毒工作者和社会工作者获得相关知识的需求，也可对戒毒工作的科学决策提供理论支撑，对戒毒一线工作具有指南意义，又有助于普及戒毒常识，推动全社会关注和关心戒毒工作。

戒毒是一个世界性难题，是一个需要集文理工医知识和手段合力攻克的社会难题，我国戒毒工作的挑战性可想而知。基于社会核心价值观的友善，基于人道主义的关爱，基于对人与人之间关系的终极关怀，山东司法行政戒毒工作者竭尽所能，攻坚克难；他们对戒毒工作的精神专注和情感倾注，他们对这套丛书所赋予的温度，让人感动。社会的文明水平有很多观测点，比如，一个国家和社会对待老年人、未成年人、残疾者、贫困者的态度等等；对吸毒人群的态度也是一个特别的角度。为破解世界性社会难题而不懈努力的一线戒毒工作者对社会文明有着深刻的理解。

在阅读完这套丛书的书稿后，我对延安君说：戒毒战线的人们，包括你，值得我们敬重！

是为序。

肖金明
2019 年 10 月

序　二

毒品问题与艾滋病、恐怖活动并称为当今社会三大公害。当前，全球毒品滥用问题突出，毒品危害日益严重。联合国毒品与犯罪办公室发布的《2019 年世界毒品问题报告》显示，2017 年全球约有 2.71 亿人在前一年使用过毒品，3500 万人患有药物滥用障碍，其中仅 1/7 的人获得治疗。毒品治理形势严峻，迫在眉睫。

戒毒工作是帮助吸毒人员戒除毒瘾、减少毒品滥用的必要手段，是禁毒工作的重要组成部分。针对毒品滥用问题，世界各国普遍采取适合国情的干预措施。我国《禁毒法》《戒毒条例》对戒毒工作作出了法律规定和总体制度设计。自 2008 年 6 月《禁毒法》颁布实施，特别是自 2014 年司法行政承担强制隔离戒毒工作以来，我国戒毒工作进入快速发展时期，从收治工作陆续启动，到戒毒模式逐步探索定型，再到戒毒体制机制不断完善，戒毒工作在禁毒人民战争中发挥的作用越来越重要。但与此不相对应的是，戒毒工作理论研究相对零散，全面系统的研究成果比较少见。

攻克戒毒这一世界性难题，要向科学要答案、要方法。山东司法行政戒毒系统坚持以习近平新时代中国特色社会主义思想为指导，增强“四个意识”，坚定“四个自信”，坚决做到“两个维护”。坚持把戒毒科研作为一项重要工作来谋划和推进，联合山东社会科学院、山东农业大学、山东大学、山东师范大学、山东中医药大学、山东体育学院，组建山东省戒毒研究中心和医疗戒毒、心理戒毒、康复戒毒、文化戒毒四个实验室，定期发布戒毒课题、研究成果，健全完善戒毒科研平台和工作机制，形成了具有山东特色的戒毒科研工作格局。坚持实践探索与理论研究、系统谋划与基层创新、立足自身与借智借力相结合，在戒毒执法、戒毒管理，特别是以戒毒医疗、体疗、心疗、食疗、文(化)疗、工疗为核心的戒治工作中进行了积极探索。

2018 年 4 月，为进一步加强戒毒研究工作，在有关科研院所、专家学者的大力支持下，山东司法行政戒毒系统立足于戒毒工作实践，组织编写"当代中国戒毒创新研究"丛书，系统梳理戒毒历史变迁、我国戒毒工作等情况，从国内外戒毒工作对比，医疗、食疗、文疗、心疗、体疗、工疗、法治等方面深化戒毒研究，为推动戒毒工作科学化、专业化发展，逐步走出一条中国特色戒毒工作之路进行了有益探索尝试。山东司法行政戒毒系统共有50余名一线警察参与丛书编写，他们大都是实践经验丰富的戒毒工作人员。经过一年多的辛勤努力，几易其稿，丛书才编写完成。之后，我们又邀请专家学者对丛书进行审核，进一步修改完善。丛书共分《戒毒实践创新研究》《医疗和食疗戒毒研究》《文疗和心疗戒毒研究》《体疗和工疗戒毒研究》《戒毒法治创新研究》五册。

《戒毒实践创新研究》是本套丛书中具有统揽性的一本，对丛书涉及的内容进行总体介绍。具体内容包括：毒品的基本知识，毒品形势及毒品治理；我国禁毒工作任务，禁毒政策及禁毒工作的主要措施；我国不同的戒毒措施；依托山东司法行政戒毒工作开展情况研究分析，探索我国戒毒理念、思路、管理、方法、模式方面的创新；我国戒毒工作开展的有益探索，取得的戒毒工作科研成果；围绕全面落实"治本安全观"、向社会输送"合格产品"目标，探讨完善强制隔离戒毒与社区戒毒、社区康复的衔接机制，梳理戒毒工作方式方法，从整体上描绘戒毒工作图景。

《医疗和食疗戒毒研究》主要是从医学、中医药和营养学角度探索研究戒毒工作。主要介绍国内外医疗戒毒的现状、模式、遵循的原则、治疗目标以及主要措施和有益临床经验；探讨中医中药戒毒方法，对吸毒成瘾症状、病因、病机进行辨证分析，在传统经方的基础上，创新发展形成针对精神类毒品急性脱毒期症状治疗的中药制剂；通过对毒品的起源、性、味、归经以及吸毒成瘾的病因病机研究，以中医辨证论治和食疗基础理论为基础，结合现代营养学，通过分析毒品对人体各脏器尤其是消化系统功能的影响，研究辨证施治食疗戒毒方法。

《文疗和心疗戒毒研究》主要是从以文化人和心理学的角度探索研究戒毒工作。主要介绍文化戒毒和心理戒毒的理论基础、起源发展、必要性和实践价值、相互之间的紧密联系，我国吸收借鉴国外先进经验开展文化与心理戒毒的情况；探讨社会主义先进文化、法治文化、齐鲁文化、民族文化、阳明心学的历史生成和文化内涵及其在戒毒工作中的应用，认知行为疗法、内观疗法、正念疗法、动机强化治疗、萨提亚家庭治疗模式和心理教练的概念、基本理论、适用范围、作用意义及其在戒毒中的应用实践。

《体疗和工疗戒毒研究》着重从运动科学以及生活态度重塑、健康习性养成的角度探索研究戒毒工作。主要介绍当前运动康复戒毒最新经验和成果，探索运动康复对戒毒人员脑功能认知、逻辑、思维、判断及其行为方面的影响；运用档案跟踪管理、VR体感系统康复体验、康复数据采集等方法，分析探讨生理脱毒期、身心康复期、回归适应期身体机能康复方法；以“脱毒—康复—回归”三期为主线，探索研究心理功能康复方法；探索劳动技能康复的基本含义，建立劳动技能康复工作体系，体现劳动技能康复价值意义，创新劳动技能康复方法。

《戒毒法治创新研究》将戒毒法治从禁毒法治中抽出，构建戒毒法治知识体系。主要介绍中国戒毒法治史、世界范围内戒毒法治状况；立足《禁毒法》《戒毒条例》实施及戒毒执法实践，分析戒毒法治体制、机制等方面存在的问题；以强制隔离戒毒为重点，研究强制隔离戒毒决定权行使规范化、执行体制，戒毒人员人权保障，强制隔离戒毒与自愿戒毒、社区戒毒、社区康复衔接机制等问题；讨论完善强制隔离戒毒法定条件的设计以及执法规范化、执行体制一元化、戒毒工作一体化等制度性建设问题；结合世界戒毒工作发展趋势，为进一步强化我国戒毒法治建设特别是完善强制隔离戒毒制度进行展望、提出建议。

为编撰“当代中国戒毒创新研究”丛书，山东省司法行政戒毒系统各级领导和基层警察付出了辛勤劳动。山东省戒毒管理局政委齐晓光作为丛书编撰总牵头人，承担了统筹协调、人员调配、组织编撰等工作，部分曾任和在任山东省戒毒管理局领导齐延安、郝道方、齐晓光、潘治胜、岳文锦、范跃进及处室主要负责同志梁云龙、杜章、赵莉、戴小勇、张文汇，省属戒毒所的主要负责同志金兴会、李杰、孙娟、刘国立、蒋济昌，山东司法警官职业学院教授原永红，作为丛书分册负责人或协调人，在丛书的统筹协调、框架结构、调查研究、初稿审核等方面做了大量深入细致的工作，很多同志利用业余时间收集整理资料、研究探讨、撰写稿件、修改完善，付出了辛劳和汗水。

在本丛书编写过程中，山东大学（威海）法学院院长、教授肖金明，司法部预防犯罪研究所研究员、戒毒工作研究室主任苏利，中央司法警官学院矫正教育系主任、教授姜祖祯，浙江警官职业学院司法心理与行为研究所所长、教授马立骥，山东师范大学心理学院教授郭庆科，山东中医药大学发展规划处处长、副教授邓华亮，山东中医药大学教授张沁园，山东体育学院科技处副处长、教授董贵俊，济南大学副教授綦萃华，泰山管理学院新儒家管理模式研究中心主任白立新等专家给予了大力支持和指导，参与丛书框架研究、书稿审定等工作。书稿最后的修订工作得到了山东大学（威海）法学院院长肖金明教授、山东社会科学院法学所所长谢桂山教授、山东大学（威海）法学院博士生导师门中敬教授三位专家的倾情相助，他们主动参与书稿审核，利用业余时间对书稿进行了系统整理修订，提出许多指导性很强的意见建议。山东省司法行政戒毒系统各单位组织警察参与编写，为丛书编撰工作顺利开展创造了有利条件。在此一并表示感谢。

丛书作者以公益性立场编写本书，以宣传戒毒工作、推广戒毒工作方法和经验为目标，旨在为提升戒毒工作规范化、专业化、科学化水平提供有益借鉴，为破解戒毒这个世界难题作出积极探索。由于编写本书的作者大多工作在戒毒一线，虽然有一定的实践经验，但知识面和视野不够宽，科研能力也有限，难免有不准确、不恰当、不完善的地方，敬请批评指正。

编　者

2019 年 10 月

前 言

毒品，一朵潜滋暗长的“恶之花”，已成为人类社会的公害，不仅严重侵害人的身体健康、销蚀人的意志、破坏家庭幸福，而且严重消耗社会财富、毒化社会风气、污染社会环境，极易诱发一系违法犯罪活动。党的十八大以来，以习近平同志为核心的党中央高度重视禁毒戒毒工作，提出一系列加强禁毒戒毒工作的新理念、新战略，为深入推进新时代禁毒戒毒工作指明了前进方向、提供了根本遵循。

加强新时代禁毒工作，我们必须坚持标本兼治、多管齐下的原则，全面提升毒品治理能力和水平。戒毒是禁毒工作的重要组成部分，担负着教育和救治吸毒人员的重任，在帮助吸毒人员戒除毒瘾中发挥着重要作用。加强戒毒理论研究和实践探索，进一步完善戒毒工作体系，走出具有中国特色的戒毒道路，对于破解戒毒这个世界性难题具有重要意义。沿着这个工作思路，山东省司法行政戒毒系统专题研究戒毒工作发展战略，组织编撰了“当代中国戒毒创新研究”丛书。《戒毒实践创新研究》主要研究我国戒毒工作开展的实际情况，重点介绍我国戒毒工作的总体架构、基本情况和有益探索，展示戒毒工作科研和实践成果。在编写过程中，山东省戒毒管理局领导多次组织召开调度会，提出明确的写作要求，确定写作大纲，提出编写意见，并对稿件进行了修订完善。

本书主要以山东省司法行政戒毒系统工作实践为基础，结合外省戒毒工作的有益探索，通过具体的戒毒工作案例，全面展现戒毒工作由转型发展向定型发展的生动实践。第一章对毒品问题、禁毒形势与任务进行了分析，梳理不同时期、不同国家的禁毒政策，简述不同时期中国毒品问题与治理的情况。第二章阐释了中国戒毒的历史沿革和当前主要的戒毒措施。第三章主要概述我国戒毒理念、思路、管理、方法、模式等方面的创新，从山东司法行政戒毒工作开展情况研究分析，介绍了戒毒工作职能定位和山东“三四五”戒毒工作理念。第四章对戒毒工作模式进行了定义，介绍各省市区的戒毒工作模式，重点介绍山东“三六三”戒毒工作模式和全国统一戒毒工作模式。第五章主要介绍国内戒毒方法，并对山东“六疗”戒毒方法进行阐述。第六章主要介绍戒毒执法管理的理论和实践。第七章主要从社会支持平台建设、亲情支持平台建设和后续照管平台建设三个方面，介绍戒毒工作社会化的相关内容。第八章主要从戒毒工作机制建设、规范化建设和信息化建设等三个方面，介绍山东省戒毒工作保障的相关内容。第九章重点阐释戒毒专业人才培育的重要意义，介绍戒毒专业人才的引进、培养、管理和使用等内容。第十章从科学化、规范化、专业化三个方面，对未来戒毒工作的发展和完善进行思考和展望。

本书在编写过程中参考了众多报刊、书籍和有关网站的资料，在具体的章节中作最大程度的注释。在此，向有关专家、学者表示衷心的感谢！因水平所限，书中的一些观点和认识难免会有瑕疵和不完善的地方，敬请专家学者和读者批评指正，并提出宝贵意见。

编者

2019年10月

目 录

第一章　毒品问题概述

当前，毒品滥用问题非常突出，毒品危害日益严重。联合国毒品与犯罪办公室发布的《2019 年世界毒品报告》显示，2017 年，约有2.71亿人在前一年使用过毒品，全球 3500 万人患有药物滥用障碍。对于毒品的治理，各国需要加强国际合作，共同应对戒毒问题。

第一节　毒品基本知识

一、毒品的概念及特征

关于毒品的定义，目前尚未有最后定论。一般来说，广义药物学上所说的毒品是指使人形成瘾癖的药物，不但包括吸毒者滥用的鸦片、海洛因、冰毒等，还包括具有依赖性的天然植物、烟、酒和溶剂等。

在法律意义上，毒品是指麻醉药品和精神药品。《中华人民共和国刑法》第三百五十七条规定，毒品是指鸦片、海洛因、甲基苯丙胺（冰毒）、吗啡、大麻、可卡因以及国家规定管制的其他能够使人形成瘾癖的麻醉药品和精神药品。我国《麻醉药品品种目录》（2013 年版）列明了 121 种麻醉药品，《精神药品品种目录》（2013 年版）列明了 149 种精神药品。其中麻醉药品可分为阿片类、大麻类和古柯类；精神药品可分为兴奋剂、抑制剂和致幻剂。

综合毒品的特征一般具有依赖性、非法性和危害性。依赖性是毒品的生物特征，吸毒者反复使用毒品，为适应毒品的存在，机体和精神上所形成的躯体依赖和精神依赖。非法性是毒品的法律特征，突出表现在受国家相关法律、法规的管制。危害性是毒品的社会特征，毒品成瘾后对个人、家庭、社会产生巨大的危害。

二、毒品的分类

毒品的种类繁多，分类方法也不尽相同。下面简单介绍四种比较常见的分类方法：

（一）按照毒品来源

按照毒品来源可分为天然毒品、半合成毒品和合成毒品。直接从毒品原植物中提取的是天然毒品，代表毒品如鸦片；由天然毒品与化学物质合成的是半合成毒品，代表毒品如海洛因；完全用有机合成方法制造的是合成毒品，代表毒品如冰毒。

（二）按照毒品对中枢神经的作用

按照毒品对中枢神经的作用可分为抑制剂、兴奋剂和致幻剂等。能抑制中枢神经系统，具有镇静和放松作用的是抑制剂，代表毒品为鸦片类；能刺激中枢神经系统，使人产生兴奋的是兴奋剂，代表毒品为苯丙胺类；能使人产生幻觉，导致自我歪曲和思维分裂的是致幻剂，代表毒品如麦司卡林。

（三）按照毒品的自然属性

按照毒品的自然属性可分为麻醉药品和精神药品。对中枢神经有麻醉作用，连续使用易产生生理依赖性的药品是麻醉药品，代表毒品为鸦片类；直接作用于中枢神经系统，使人兴奋或抑制，连续使用能产生依赖性的药品是精神药品，代表毒品为苯丙胺类。

（四）按照毒品流行的时间顺序

按照毒品流行的时间顺序可分为传统毒品和新型毒品。流行较早的毒品是传统毒品，代表毒品有鸦片、海洛因等阿片类；流行较晚的毒品是新型毒品，这也是相对传统毒品而言，代表毒品有冰毒、摇头丸等人工化学合成的兴奋剂、致幻剂类。因新型毒品主要在歌舞娱乐场所流行，因此又被称为“俱乐部毒品”“休闲毒品”“假日毒品”。

三、常见种类

在进行毒品分类的基础上，为进一步增加感性认识，我们简要介绍一下部分常见传统毒品和新型毒品。

(一)常见传统毒品

1. 鸦片(Opium)

鸦片俗称大烟,是罂粟果实中流出的乳液经干燥凝结而成。因产地不同而呈黑色或褐色,味苦。生鸦片经过烧煮和发酵,可制成精制鸦片,吸食时有一种强烈的香甜气味。吸食者在初次吸食时会感到头晕目眩、恶心或头痛,多次吸食就会上瘾。

2. 吗啡(Morphine)

吗啡属于阿片类毒品,是从鸦片中分离出来的一种生物碱。无色,为白色结晶粉末状,吸食后会产生欣快感,比鸦片容易成瘾。长期使用会引起精神失常、谵妄和幻想,过量使用会导致呼吸衰竭而死亡。因具有镇痛、催眠、止咳、止泻等作用,历史上曾被用作精神药品来戒断鸦片,但由于其副作用过大,最终被定为毒品。

3. 海洛因(Heroin)

海洛因俗称白粉,化学上称二乙酰吗啡,是吗啡和醋酸酐反应制成的,长期使用会破坏人的免疫功能,并导致心、肝、肾等主要脏器的损害。注射、吸食海洛因,还会传播艾滋病等疾病。吸食海洛因成瘾快,极难戒断。历史上它曾被用作精神药品来戒断吗啡,但由于其副作用过大,最终被定为毒品。海洛因被称为世界毒品之王,是我国目前监控、查禁的最重要的毒品之一。

4. 大麻(Cannabis)

大麻为桑科一年生草本植物,主要指矮小、多分支的印度大麻。大麻类毒品主要包括大麻烟、大麻脂和大麻油,主要活性成分是四氢大麻酚。大麻对中枢神经系统有抑制、麻醉作用,吸食后产生欣快感,有时会出现幻觉和妄想,长期吸食会引起精神障碍、思维迟钝,并破坏人体的免疫系统。

5. 杜冷丁(Dolantin)

杜冷丁,医学上称盐酸哌替啶,为白色结晶状粉末,味微苦,无臭。其作用和机理与吗啡相似,但镇静、麻醉作用较小,仅相当于吗啡的1/10～1/8。杜冷丁是一种临床应用的合成镇痛药,长期使用会产生依赖性,被列为严格管制的麻醉药品。

6. 古柯(Coca Leaf)

古柯是生长在美洲大陆、亚洲东南部及非洲等地的热带灌木类植物,为南美洲的传统种植物。古柯树株高 1.5～3 米,生长周期为 30～40 年,每年可采摘古柯叶 3～4 次。古柯叶是提取古柯类毒品的重要物质,古印第安人多有咀嚼古柯叶的习惯。古柯叶常被用于治疗某些慢性病,但很快其毒害作用就得到科学证实,因为从古柯叶中可分离出一种最主要的生物碱——可卡因。

7. 可卡因(Cocaine)

可卡因是从古柯叶中提取的一种白色晶状的生物碱,是强效的中枢神经兴奋剂和局部麻醉剂。可卡因能阻断人体神经传导,产生局部麻醉作用,并可通过加强人体内化学物质的活性来刺激大脑皮层,兴奋中枢神经,使人处于情绪高涨、好动、健谈的状态,有时还使人产生攻击倾向,具有很强的成瘾性。

(二)常见新型毒品

1. 冰毒(Methamphetamine)

冰毒即甲基苯丙胺,因外观为纯白色结晶体,故被称为"冰"(Ice)。冰毒对人体中枢神经系统具有极强的刺激作用,且毒性强烈。人对冰毒的精神依赖性很强,吸食后会产生强烈的生理兴奋。冰毒能大量消耗人的体力和降低人的免疫功能,严重损害心脏、大脑组织甚至导致死亡。人吸食冰毒后还会产生精神障碍,表现出妄想、好斗、错觉,从而引发暴力行为。

2. 摇头丸(Ecstasy)

摇头丸是冰毒的衍生物,以 3,4-亚甲二氧基甲苯丙胺(MDMA)等苯丙胺类兴奋剂为主要成分,具有兴奋和致幻的双重作用。人滥用后可出现长时间随音乐剧烈摆动头部的现象,故称"摇头丸"。摇头丸外观多呈片剂,五颜六色。服用后人的中枢神经会产生强烈兴奋,在幻觉作用下常常引发集体淫乱、自残与攻击行为,并可诱发精神分裂症及急性心脑疾病,精神依赖性强。

3. K 粉(Ketamine)

K 粉即氯胺酮,静脉全麻药,有时也可用作兽用麻醉药。白色结晶粉末,无臭,易溶于水,通常在娱乐场所滥用。人服用后,遇快节奏音乐便会强烈扭动，会导致神经中毒反应和精神分裂症状，出现幻听、幻觉、幻视等，对记忆和思维能力造成严重的损害。此外，K 粉还易让人产生性冲动，所以又被称为“迷奸粉”或“强奸粉”。

4. 咖啡因(Caffeine)

咖啡因，为化学合成或从茶叶、咖啡果中提炼出来的一种生物碱。人大剂量长期使用会对身体造成损害，引起惊厥、心律失常，并可加重或诱发消化性肠道溃疡，甚至导致吸食者下一代智能低下、肢体畸形；同时具有成瘾性，停用会出现戒断症状。

5. 三唑仑(Triazolam)

三唑仑又名“海乐神”“酣乐欣”，淡蓝色片，是一种强烈的麻醉药品，口服后可以迅速使人昏迷晕倒，故俗称“迷药”“蒙汗药”“迷魂药”。可溶于水，也可以伴随酒精类等各种饮料共同服用。见效迅速，药效比普通安定片强 45～100 倍。

6. γ-羟丁酸(γ-Hydroxybutyric acid)

2005 年，中国就将 γ-羟丁酸列入二类精神药物予以管制，并于 2007 年变更为一类。滥用“γ-羟丁酸”会造成暂时性记忆丧失、恶心、呕吐、头痛、反射作用丧失，甚至很快失去意识、昏迷及死亡，与酒精并用更会加剧其危险性。

此外，新型毒品还有安纳咖、氟硝安定、麦角乙二胺(LSD)、安眠酮、丁丙诺啡、地西泮及有机溶剂和鼻吸剂等，在此就不一一介绍了。

四、传统毒品和新型毒品的区别

从毒品的来源看，传统毒品主要是罂粟等毒品原植物再加工的半合成类毒品；新型毒品大部分是通过人工合成的化学合成类毒品，所以新型毒品又叫“实验室毒品”“化学合成毒品”。

从毒品的作用上看，传统毒品对人体主要以镇痛、镇静为主；新型毒品对人体主要有兴奋、抑制或致幻的作用。

从毒品的吸食方式上看，传统毒品多采用吸烟式或注射等方法吸食滥用；新型毒品大多为片剂或粉末，吸食者多采用口服或鼻吸式，具有较强的隐蔽性。

从毒品引发的犯罪来看，传统毒品吸食者一般是在吸食前犯罪，由于对毒品的强烈渴求，为了获取毒资而去杀人、抢劫、盗窃；新型毒品吸食者一般由于在吸食后会出现幻觉、极度的兴奋、抑郁等精神病类症状，从而导致行为失控，易造成暴力犯罪。

五、毒品成瘾机理

毒品的种类虽然繁多，但它们的作用机制都是通过某种途径刺激人体过量产生“多巴胺”(Dopamine)而行使生理功能的。

多巴胺是一种神经递质，可影响一个人的情绪。这种化学物质负责大脑的情欲，能够传递兴奋及愉悦等信息，因此它又被称作“快乐物质”。从生理学上来讲，爱情的感觉就是大量产生多巴胺的结果。

科学家研究发现，当吸毒者注入、吸入或吞下毒品时，毒品对大脑神经的刺激远远比正常生活中的刺激来得强烈。长期使用毒品会使大脑的机能发生改变，最主要的改变就是细胞上的多巴胺受体数量减少。摄入毒品的量越大，越多的受体就会被清除，受体越来越少。久而久之，兴奋的阈值就会逐渐提高。为了达到原来的刺激程度，吸毒者必须不断增加毒品的剂量才行。因此，人一旦染上毒瘾，就欲罢不能。

下面我们以可卡因和海洛因为例说明毒品成瘾机理：

可卡因在进入机体后会迅速入侵携带多巴胺的细胞，由于可卡因分子同这些神经游走细胞的结合能力十分强大，能够轻易霸占本来属于多巴胺的位置。当多巴胺的位置全被可卡因占满以后，它就找不到存储的位置，于是只能被迫与其受体结合，激活人体的兴奋。根据科学家在1997年的研究成果可知，越多的多巴胺被“挤出”，则意味着越强烈的快感。

海洛因的作用原理则是直接刺激多巴胺所在的神经游走细胞，让它们过量释放多巴胺，从而激活人体的兴奋。值得注意的是，香烟中的尼古丁也是采用类似的方式刺激大脑的，只不过相对柔和一些。

六、毒品的危害

近年来，吸食毒品的人有逐渐增多的趋势，他们用毒品得一时“欢愉”，却因毒品害了自己、家人和社会。通俗地讲，毒品不仅毁坏了吸毒者自身的健康甚至生命，而且祸及家人，殃及社会。

(一)吸毒对人体的危害

1. 对中枢神经系统的影响

毒品直接影响中枢神经系统,导致惊厥、震颤麻痹、周围神经炎、肌功能障碍,并可引起记忆减退、智能下降及个性改变。几乎每一个吸毒者均有人格障碍,他们性格暴躁、蛮横,爱撒谎,好诡辩,没有责任感。

2. 对循环系统的影响

以注射海洛因为例,大量注射海洛因可导致体位性低血压,严重者可出现心动过缓、心律失常,甚至可并发感染性心内膜炎进而危及生命。使用静脉注射的方式,不溶性的杂质易形成血栓,从而出现血管栓塞性改变及相应的临床表现。

3. 对呼吸系统的影响

以吸食海洛因为例,海洛因主要表现在对咳嗽和呼吸中枢的抑制,会出现气管、支气管及肺部炎症,严重者会出现急性肺水肿和呼吸停止而死亡。

4. 对消化系统的影响

烫吸毒品可出现口腔溃疡、牙齿发黄及脱落,长期食用者会出现胃肠功能紊乱,产生厌食、饮食无规律及顽固性便秘。

5. 传染病

吸毒可使自身的免疫功能降低,从而引起乙肝、丙肝、梅毒、艾滋病等传染病。

6. 妊娠和分娩

吸毒的妇女往往会出现月经紊乱、痛经、闭经以及不孕,而孕妇吸毒可导致胎儿畸形、死胎、智能障碍及其他多种并发症。

7. 急性过量中毒

一些静脉注射毒品者由于过量注射,会出现深昏迷、休克、呼吸抑制、心跳停止而死亡等情况。

(二)吸毒对家庭的危害

家庭中一旦出现了吸毒者,家便不称其为家了。吸毒者在自我毁灭的同时,也破坏自己的家庭,使家庭陷入经济破产、亲属离散甚至家破人亡的困难境地。

(三)吸毒对社会的危害

1. 对社会生产力的巨大破坏

吸毒首先会导致身体疾病,影响生产;其次会造成社会财富的巨大损失和浪费;同时,毒品活动还造成环境恶化,缩小了人类的生存空间。

2. 毒品活动扰乱社会治安

毒品活动加剧和诱发了各种违法犯罪活动,扰乱了社会治安,给社会安定带来巨大威胁。

第二节　世界毒情形势

一、世界主要毒源地基本情况

(一)"金三角"地区的基本情况

"金三角"是指位于东南亚的泰国、缅甸和老挝边境地区的三角地带,总面积为19.4万平方公里,因这一地区盛产鸦片等毒品,是世界上主要的毒品产地。由于这里具有适宜罂粟生长的得天独厚的地理、气候等方面的条件,当地的老百姓有着长期种植罂粟的历史传统。19世纪末20世纪初,英、美、法等国先后到该地区传授种植、提炼、销售技术,并对鸦片采取收购政策,致使该地鸦片产量快速上升。

此外,"金三角"地区有许多海洛因加工厂,大多设在深山密林中,有大批技术人员操纵着先进的机器设备日夜工作。由于"金三角"地区的鸦片质量上乘,多被加工精制成毒品海洛因。"东南亚海洛因"(sea heroin)当前已成为高质量海洛因的专用名词,销往世界各地。

在整个"金三角"地区,缅甸的毒品生产以缅北掸邦为主,是"金三角"地区最主要的罂粟种植和海洛因生产地;泰国部分过去主要是罂粟、大麻的非法种植和海洛因的加工制造地;老挝部分在过去一直种植和加工鸦片,近年来转向海洛因的加工制造,形势日趋严峻。

缅甸是"金三角"地区罂粟种植面积最大、产量最多的国家。根据联合国毒品和犯罪问题办公室在2013年6月发布的《2013年世界毒品报告》,缅甸种植面积居第二、产量占全球的23%,制造了全球10%的毒品。

《2013中国禁毒报告》显示，2012年我国缴获“金三角”地区海洛因5.37吨，上升15.5%，占全国缴获总量的73.7%。

在相关国家的共同努力下，“金三角”地区罂粟种植面积占世界总量的份额已从1998年的66%下降到2006年的12%。近年来，“金三角”地区罂粟种植面积大幅下降。老挝全国已基本实现罂粟禁种。缅甸的罂粟种植面积已从最高年份的248.7万亩降至27.9万亩，比2004年的95万亩减少了70%，为历史最低。

但是，近年来不依靠罂粟种植的新型毒品贸易额却呈上升趋势，甚至比以前更加危险，大量毒品通过周边国家流入世界各国。新型毒品，由于其原料更易获得，依靠人工化学合成，生产过程更为隐秘，因此给“金三角”地区打击毒品活动带来了新的挑战。

(二)“银三角”地区的基本情况

所谓“银三角”，是指拉丁美洲毒品产量集中的哥伦比亚、秘鲁、玻利维亚和巴西所在的安第斯山脉和亚马孙地区。这一地带总面积在20万平方公里以上，以盛产可卡因、大麻等毒品而闻名。所以，从20世纪70年代起，这一地区就被人们称为“银三角”。

秘鲁是世界上最大的可卡因产地，古柯种植面积达8万公顷以上，年产古柯6万吨左右。利用古柯叶提炼可卡因是秘鲁出口的最大农产品，每年可赚外汇1亿美元。玻利维亚年产古柯叶5万吨左右，居世界第二位。据玻利维亚官方统计，在全国600万人口中，从事古柯叶种植和加工的农民约有50万，从事古柯叶贩运和贸易的也不少于10万，每年外销古柯叶的收入在10亿美元左右。古柯叶大丰收的1986年，该国因种植、加工、贩卖可卡因，曾获利30亿美元，比玻利维亚当年的出口收入高出4倍。哥伦比亚是第三个可卡因产地，年产古柯叶1.2万吨左右，居世界第三位。厄瓜多尔是第四个可卡因产地，年产古柯叶900吨左右，居世界第四位。以上合计，“银三角”地区年产古柯叶12万吨左右，成了世界上生产、加工和贩卖可卡因的主要基地。

哥伦比亚不仅是世界上最大的大麻产地(年产量为7500～9000吨，居世界第一位)，而且是古柯叶重要的加工和生产基地。这里生产的大麻和从古柯叶中提炼的可卡因，主要走私贩运到美国。据美国缉毒组织估计，哥伦比亚每年向美国销售的大麻达八九千吨，可卡因达50余吨。

所以，哥伦比亚是美国最大的毒品供应国。哥伦比亚的大麻和可卡因生产量仅次于咖啡，大麻成为本国第二位的主要出口农作物。此外，哥伦比亚还生产一种叫“布兰丹加”的毒品。这种毒品是从萨凡纳吉哥叶和一种刺苹果中提炼出来的生物碱，呈白色粉末状。但它与其他生物碱不同，不是一种兴奋剂，而是一种具有强烈麻醉性的镇静剂。

墨西哥是第二个大麻产地。据有关资料记载，1984 年，墨西哥生产大麻 5850 吨，仅次于哥伦比亚，居世界第二位。另外，墨西哥还种植鸦片 4100 公顷，产量约 20 吨，墨西哥生产的大麻和从鸦片中提炼的海洛因，主要也是走私贩卖到美国。

牙买加是第三个大麻产地。牙买加虽然是小海岛国，但大麻年产量却高达 3000 吨，仅次于哥伦比亚和墨西哥，居世界第三位。该国每年向美国提供大麻 2000 吨。

美国是第四个大麻产地，年产大麻 1650 吨，约占美国消费量的 11%，种植地主要是加利福尼亚和夏威夷等地。

以上五个产地合计年产大麻 1.9 万吨左右，成为世界大麻生产和销售的重要基地。

（三）“金新月”地区的基本情况

“金新月”地区位于阿富汗、巴基斯坦和伊朗交界的三角地带，该地区有跨越 3000 多公里的边界线，因其形状近似新月且又盛产鸦片，故被称为“金新月”。该地区包括伊朗的锡斯坦省、巴基斯坦的俾路支和西北边境各省及阿富汗的边境各省。这里人烟稀少，气候干燥，交通不便，处于与世界半隔离的状态。

由于自然灾害和连年的战争，“金新月”在 20 世纪 80 年代以后逐渐发展成为一个新的毒品产区。这一地区的鸦片种植面积达 6 万公顷，其中，伊朗有鸦片耕地 3 万公顷，阿富汗有鸦片耕地 2 万公顷，巴基斯坦达到 5000 多公顷。20 世纪 80 年代中期，“金新月”地区的鸦片产量在 800 吨左右。此后由于连年丰产，该地区的鸦片产量直线上升。1987 年，年产量骤增至 1360 吨。1988 年，该地区鸦片年产量约 2500 吨，大有赶超“金三角”地区之势。

20 世纪 80 年代以前，由于提炼技术的落后，鸦片一直是“金新月”地区毒品出口的主要产品。此后，随着西方毒品市场对海洛因需求量的猛增，鸦片的种植者和贩卖者认识到出售海洛因更是有利可图。于是，大批的提炼作坊在这一地区出现，从原料到加工一地完成，免去了长途贩运的不便和损耗。“金新月”虽然是国际海洛因市场的迟到者，但它大有后来居上之势。由于它所生产的海洛因纯度高达80%以上，因此很快畅销西方毒品市场。

目前，美国国内消费的海洛因约60%来自“金新月”地区，而欧洲毒品交易市场的海洛因的80%也是来自此地区。

（四）“黑三角”地区的基本情况

“黑三角”地区是非洲新崛起的一个毒品产地，包括尼日利亚、加纳、肯尼亚、苏丹和南非等五国接壤的边境地带。它的“拳头产品”是大麻。仅南非的大麻种植面积，就超过了82万公顷。此外，非洲还是世界毒品贩运活动的主要中转站，摩洛哥则是从非洲将大麻运往欧洲毒品市场的主要集散地。无论是来自非洲“黑三角”地区的大麻，还是来自亚洲“金三角”地区的鸦片、海洛因等毒品，多数都要经过非洲国家的海港、机场和公路运往欧洲和世界其他地区。

黎巴嫩的贝卡谷地沃野千里，号称是黎巴嫩的粮仓。近代以来，随着国内动荡局势的加剧，五颜六色的罂粟花开始在这片千里沃野上盛开。令人心动的超额利润使黎巴嫩国内几乎所有的武装派别和民兵组织都卷入罪恶的毒品交易之中。黎巴嫩每年有2亿美元以上的毒品交易额，成为战火熊熊燃烧的源泉，争夺毒品的控制权，正是各派力量之间互相残杀的原因之一。

如今的黎巴嫩，早已由一个山地小国跃升为毒品大国，毒品交易成为国家的重要经济来源。毒品加工厂在贝卡谷地成批地出现，毒品一经出厂就被毒贩们源源不断地沿着崇山峻岭中的秘密小道偷运出境，通过地中海运往岛国塞浦路斯南部后，再转运到欧美国家。正如美国国务院所称，以黎巴嫩贝卡谷地为中心的山区，不仅成为继“金三角”“金新月”和南美的“银三角”地区之后的世界第四大毒品产区，而且还成为海洛因制造与转口的重要中心。

设在塞浦路斯南部的国际刑警组织和美国的联合缉毒总部曾侦破“黎巴嫩—地中海—塞浦路斯—欧美地区”的毒品通道，数艘专门运输毒品的船只被查获。国际刑警组织和美国联合缉毒总部的侦破行动，使黎巴嫩的贩毒集团被迫由水上走私转向空中走私，利用乘飞机的旅客携带海洛因。随着黎巴嫩贩毒集团的组织越来越严密，交易范围和交易额也越来越大，该地区已成为东南亚国家输出毒品最主要的集散地。

二、世界毒品问题现状

目前，全球禁毒形势依然严峻。联合国毒品与犯罪问题办公室在2018年6月26日发表《2018年世界毒品报告》，全面概述了阿片剂、可卡因、大麻、苯丙胺类兴奋剂和新型精神活性物质的供需情况及其对健康的影响。报告重点介绍了特定年龄和性别群体的不同吸毒模式和脆弱性，并分析了全球毒品市场的变化。2019年6月26日，第32个国际禁毒日当天，联合国毒品和犯罪问题办公室发布《2019年世界毒品问题报告》。报告显示，2017年约有2.71亿人在前一年使用过毒品，约占全球15～64岁人口的5.5%。在全球化的毒品市场条件下，毒品扩散到其他许多地区的风险比以往任何时候都大。

（一）世界毒品问题形势的特点

1.毒品问题全球化加剧

当前，国际毒潮泛滥，毒品问题是一个全球性的问题，没有一个国家可以幸免。毒品来源不断增多，“金三角”“金新月”“银三角”等传统毒源地的毒品问题依然十分严重，北美、欧洲、东北亚、东南亚等地又不断涌现出新的毒源地，进一步加剧了毒品问题全球化和国际化的程度。

2.毒品问题多元化加剧

毒品种类日益多样化，除传统的海洛因、可卡因、大麻等毒品外，冰毒、摇头丸、氯胺酮等新型毒品来势迅猛。毒品产量不断增多，毒品交易额持续攀升。目前，全球每年毒品交易额达8000亿～10000亿美元，相当于世界贸易总额的13%，已经超过了石油产品的交易额，甚至高于全球食品和教育事业的总投资。

3.毒品问题严重化加剧

毒品问题已对人类的生存和发展构成重大威胁。2000～2015年，全球直接因吸毒导致的死亡增加了60%。据《2019年世界毒品报告》显示，2017年全球有数百万人注射毒品，其中140万人感染艾滋病毒，560万人患有丙型肝炎。

4. 毒品问题复杂化加剧

毒品问题不是简单的社会问题，而是与政治、经济、社会、民族、文化甚至宗教相互交织的一个复杂问题，治理难度很大。

(二)世界毒品问题形势发展变化

1. 毒品市场多元化

近年来，毒品市场上供应的毒品种类大大增加，传统毒品禁而不绝，每年还有新型精神活性物质出现。多种毒品使用已成了多年吸毒模式的一个特点。但由于市场上物质种类绝对数量较大，而且可能采用的组合数量也不少，因而现在构成的风险更大。

(1)类阿片市场不断演变

类阿片市场日益多元化，美国就是典型的一个例子。美国的类阿片市场上有各种国际管制物质，特别是海洛因，还有从合法市场转用的或者作为假冒药品大规模生产的处方药。这些假冒药品看起来跟普通药物没有区别，但实际上含有芬太尼和芬太尼类似物以及非阿片类物质，如苯二氮和哌醋甲酯衍生物。

许多分区域发现海洛因吸毒与合成类阿片吸毒之间的关系日益错综复杂。类阿片的非法制造以及 20 世纪 70 年代首次合成的构成与医用药物区别明显的若干“研究型类阿片”的供应，对公众健康构成了严重威胁。尤其是不同类阿片与其他精神活性物质的结合使用，造成了大量涉类阿片死亡。

(2)新型精神活性物质多样化

新型精神活性物质市场仍然高度活跃，其特点是属于各种化学族的大量新型物质不断涌现。2009～2016 年，106 个国家和地区向联合国毒品和犯罪问题办公室报告了所出现的 739 种不同的新型精神活性物质。

以不同方式和形式销售的新型物质往往如昙花一现，其中只有一些会为少数吸毒者定期使用。若干国家报告有新型精神活性物质以“致幻剂”和“摇头丸”等受管制药物名称出售。某些新型精神活性物质的用途往往与传统药物相似，却比较方便获得而且价格低廉，因而对一些吸毒者极具吸引力。现在一些新型精神活性物质似乎已经有了稳定的市场。

在 2009～2015 年，每年向联合国毒品和犯罪问题办公室报告的主要新型精神活性物质超过 80 种，这些物质似乎已然在全球市场站稳了脚跟，而其中许多种物质都受到国际管制。同时，自2013年以来，大约有60种新型精神活性物质从市场上消失了，但在实验室确认这些物质还存在一些问题，这可能是对这些鲜为人知物质的报告水平低下的一个原因。

(3)摇头丸市场日益多元化

摇头丸市场虽然比甲基苯丙胺市场小，但复杂性却已大大增加，向吸毒者供应的摇头丸产品种类也在增加。摇头丸主要有三大类：①仅含有少量或根本不含有二亚甲基双氧苯丙胺(3,4-亚甲二氧基甲基苯丙胺)的摇头丸片剂；②二亚甲基双氧苯丙胺含量极高的摇头丸片剂；③以不同城市街头为名出售的粉末或晶体摇头丸。在欧洲，二亚甲基双氧苯丙胺含量较高的摇头丸片剂尤为令人担忧，执法机构也发现了工业规模的二亚甲基双氧苯丙胺加工点。

(4)植物制成的大麻素与合成大麻素

合成大麻素不能说等同于“合成大麻产品”或“合成大麻”等，它不是大麻药草所含各种物质的简单合成，而是各种各样的强效精神活性化合物，用于取代天然大麻产品，市面上也有多种新产品。合成大麻素占了新型精神活性物质的大部分，在整体上比天然大麻产品更加有害。

当前，对使用合成大麻素造成的中毒危害的认识日益明晰。一般而言，这些健康危害与天然大麻产品造成的中毒危害没什么不同，但使用含某些合成大麻素的产品曾引发过严重损害健康事件，甚至导致死亡。

2. 毒品市场日益膨胀

整体而言，自2015年以来贩毒略有增加，一些毒品特别是可卡因和合成毒品市场正日益膨胀。

毒品生产、贩运和使用的数据表明，全球可卡因市场出现了整体扩张。古柯树种植经历了长时间的萎缩之后在2013～2015年增加了30%，主要是因为哥伦比亚种植数量的增加。2015年，纯盐酸可卡因的全球总产量达到了1125吨，在2013年基础上整体增长了25%。根据《2019年世界毒品问题报告》显示，2017年全球非法生产的可卡因数量达1976吨，创历史新高，比前一年增加了25%。其中大部分来自哥伦比亚，而非洲和亚洲正在成为可卡因的贩运和消费中心。

北美洲和欧洲这两个最大市场上的可卡因消费也在增长。普通人群的可卡因吸毒流行率以及对工作人口的检测表明，美国的可卡因吸毒有所增加。欧洲以某些城市的废水分析为基础，报告了可卡因消费增长的早期迹象，2011～2016年大约增长了30%。可卡因的联合国毒品和犯罪问题办公室缉获量也呈增长趋势。2015年，全球联合国毒品和犯罪问题办公室缉获量增长了30%，达到864吨（纯度不一）。北美洲联合国毒品和犯罪问题办公室获量增长了40%，达到141吨；欧洲联合国毒品和犯罪问题办公室获量增长了35%，达到84吨。《2019年世界毒品问题报告》显示，2017年全球缉获的可卡因数量较2016年增加了13%，达1275吨，是有史以来报告的最大数量。

（1）鸦片产量呈增长趋势

2016～2017年，全球鸦片产量激增65%，达到10500吨，是联合国毒品和犯罪问题办公室自21世纪初开始监测全球鸦片产量以来记录的最高估计数。

近几年的全球鸦片和海洛因联合国毒品和犯罪问题办公室获量都相当稳定，这表明，虽然鸦片产量存在年度变化，但海洛因供应平稳。2015年，北美洲海洛因联合国毒品和犯罪问题办公室缉获量大幅增加，这与该分区域海洛因吸毒和涉海洛因死亡增长的报告一致。

（2）合成毒品市场的扩张

与海洛因和可卡因生产不同，合成毒品的制造在地理上不受限制，因为其加工无须在有利于其生长的特定条件下种植的植物中提取活性成分。但合成毒品生产的资料有限，妨碍了我们对此类毒品全球产量的估计，使得对合成毒品市场的任何分析都举步维艰。但缉获量和消费量数据表明，合成毒品的供应在不断增加。

越来越多的国家报告了合成新型精神活性物质的缉获量，2015年的缉获量超过了20吨，原因在于苯丙胺缉获量的急剧增加，其中甲基苯丙胺在此期间每年所占份额都在61%～80%。

从甲基苯丙胺使用和治疗信息中，我们依稀可见东亚和东南亚甲基苯丙胺市场的扩张。2015年，该分区域若干国家的专家报告预感到甲基苯丙胺晶体和甲基苯丙胺片剂消费的增加，并认为甲基苯丙胺是一些国家最常用的毒品。同年，因甲基苯丙胺吸毒而接受治疗者在东亚和东南亚报告该指数的大多数国家和地区都占了因吸毒接受治疗者的最大比例。大洋洲的甲基苯丙胺缉获量和吸毒流行率都有所上升。

3. 执法工作日见成效

执法工作日益行之有效，也反映了国际合作的加强，表现为2015年全球可卡因截获率上升到45%～55%，达到了创纪录水平。全球阿片剂截获率从1980～1997年的9%～13%上升到了2009～2015年的23%～32%。

(三)禁毒面临的挑战

当前，世界禁毒形势面临几大挑战。一方面，一类被称作"新的精神活性物质"的新型毒品，在全球快速传播和泛滥。这类毒品是模仿传统毒品，如大麻、可卡因效果的合成化学物质，对健康危害相对低于传统毒品，在许多国家属于合法，危害性被低估。另一方面，全球鸦片供应不断增加，而全球吸食最广泛的毒品之一海洛因主要是从鸦片中提炼而来，这意味着全球会有更多的海洛因。近年来出现了主要使用数字货币比特币进行毒品交易的"暗网"，使得禁毒执法难度更大。

此外，尽管国际社会已一致同意将生产和运输毒品定为非法活动，但部分国家和地区近年对大麻生产、销售、流通等进行合法化管理，引起国际上很大争议。目前，毒品问题依然对国际社会构成极大威胁，国际禁毒任务持久而艰巨，各国需要继续努力，加强国际合作，共同应对毒品的侵害。

第三节　中国毒品问题与治理

一、中国毒品问题综述

鸦片与罂粟的传入，是在唐初由阿拉伯商人贡献给中国皇帝而开始的，后逐渐流传开来。据史料记载，鸦片的原产地是今天的西亚一带，后来逐渐传入欧洲、南亚、东亚等地。7世纪左右，阿拉伯商人来中国贸易，作为鸦片原料的罂粟也随之传入，并开始在少数地区出现零星种植。在阿拉伯世界被视为圣品的"底也伽"，到了物产丰富的盛唐，似乎并没有掀起任何波澜，它只作为治病救人的一味良药，仅此而已。宋元之际，中国文献中关于罂粟的记载越来越多，不过，这一时期的罂粟仅作为观赏与治病之用，人们并不知道鸦片的制作与吸食方法。由唐至明的 600 余年间，罂粟与鸦片的药理与作用被发现并逐渐推广。

明朝是中国历史上国力强盛的封建帝国，奢侈纵欲之风盛行。鸦片制作与吸食的方法传入中国，并逐渐被中国人掌握，于是吸毒现象真正出现。这一时期，鸦片成了贵族们热衷的“神品”，连皇帝也莫能例外。从此，吃鸦片由贵族阶层传到了民间，由宫廷传遍了全国，社会上形成了吃鸦片的风气。

清中叶以后，由于英国东印度公司确立向中国倾销鸦片的政策，加之鸦片吸食法传到了中国，吸毒风气更加泛滥，吸食者增加到 200 万人。1820～1839 年，输入中国的鸦片大部分是由伶仃洋岛集散地中转进来的。嘉庆皇帝在位期间(1796～1820)，流入中国的鸦片一直保持在年均 3000～5000 箱，贩卖吸食现象屡禁不止。道光年间(1820～1850)，清朝政府多次颁布制止鸦片流毒的谕旨，贩入中国的鸦片数量仍在逐年上升。1838 年 6 月，清朝政府中以林则徐为代表的有识之士，纷纷上书请求禁烟。林则徐在给道光皇帝的奏折中指出：鸦片泛滥将使“中原几无可以御敌之兵，且无可以充饷之银”，促使道光皇帝下了禁烟的决心。1838 年 12 月，道光皇帝任命林则徐为钦差大臣，前往广东查禁鸦片。林则徐会同两广总督邓廷桢、水师提督关天培等缉拿烟贩，整顿海防，下令外国商人交出鸦片，并将英美商人的 2 万多箱(约 120 万公斤)鸦片在虎门付之一炬。虎门销烟后，英国商务监督查理·义律为了维持对华的鸦片贸易，请求英国政府对中国采取军事行动。英国政府响应义律及英国鸦片贩子的无理要求，向中国发出了挑战书。在这篇挑战书中，英国政府歪曲事实，编造侵华理由。1840 年 2 月，英国政府组成 15000 多人的东方远征军，包括 48 艘军舰、540 门大炮，停在广州海面，鸦片战争爆发。1842 年 8 月 29 日，清政府被迫在英国炮舰上签订了《南京条约》。鸦片战争的失败，标志着中国封建社会从此进入半封建、半殖民地的阶段。1856 年 10 月，英、法两国为了扩大其在华权益，又向中国发动了第二次鸦片战争。战争再次以清政府被迫妥协而告终，清廷与西方国家签署了一系列丧权辱国的条约，如《瑷珲条约》《天津条约》《北京条约》，丧失了巨大的权益和割让了大片的领土。第二次鸦片战争后,列强在华的鸦片贸易合法化。从 1861～1890 年的 30 年中,我国鸦片的年平均进口量保持在 6.69 万担左右,1879、1881、1888、1889、1890 年这 5 年的进口量波幅上扬超过 7.5 万担,其中 1879 年为 8.3 万担,达历史最高峰。由此可见,清政府早期的禁烟行动最终归于失败。

第二次鸦片战争之后,国内开始广泛种植罂粟。1890 年前后,鸦片流毒在中国已然泛滥成灾。罂粟种植与土烟生产在士大夫们“稍分洋烟之利”的口号下剧增猛长。到了 20 世纪初叶,多难的中国近代史又添上了几个苦涩的纪录:罂粟种植最广,鸦片产量最多,吸毒人口最多。尤其严重的是,罂粟的种植与鸦片的吸食并非一般的社会问题,它是西方国家与中国外交的一个基本结点,也是清政府财政的重要来源,深刻而全面地侵入社会的“肌体”,影响着中国的政治、经济、军事和人民生活。

到了民国时期,因政令不一,中央和地方的军阀为扩大地盘,纵容甚至鼓励种植罂粟,民众备受毒害,以致百业凋敝,田土荒芜,民不聊生。20 世纪 20 年代后期,中国的烟祸达 6 万吨,为各国鸦片产量的 10 倍,而吸食各类毒品者达 8000 万人。鸦片成了市场流通中最基本和最重要的商品之一,甚至与黄金同价,可充当一般等价物,烟土被称为“黑粮”。这一时期,吸食鸦片成为全民族 16.8%人口的生活中不可缺的部分,50%以上的中国人的生计、生活不同程度地依赖鸦片。而五花八门的烟税更是成为中央和地方财政的重要来源,各种政治势力为争夺罂粟种植地、鸦片运输通道和烟税而连年混战。在中国近代的百年历史上,鸦片的影响力渗透到政治、经济、军事、外交、人民生活等社会各个领域和各个阶层。鸦片几乎无处不在、无时不有,已成为中国社会机体上的一个毒瘤。

二、中国禁毒战略及实践

(一)近现代的禁毒活动

1. 虎门销烟

在清朝实行闭关锁国政策的时候,欧洲资本主义国家迅速崛起。英国在 19 世纪二三十年代就基本完成了工业革命,在当时代表了最先进的生产力水平。19 世纪 30 年代以前,中国在与外国的贸易中始终处于出超地位。英国资产阶级先把纺织品输往印度,然后把印度的鸦片输往中国，再从中国把茶叶、生丝等输往英国，英国人在这种三角贸易中大获其利。在这一过程中，英国由原来的入超变为出超。与之相反，鸦片的输入造成中国白银大量外流，使清朝的经济严重受损。据统计，1820～1840年，中国外流的白银约为1亿两。更为严重的是，鸦片的泛滥极大地摧残了吸食者的身心健康，任其发展下去，军队战斗力会不断下降。在清政府中，以琦善为首的弛禁派抨击严禁派黄爵滋，将烟害问题归咎于其他社会问题，而且主张禁烟的官员不过是少数人，这使道光帝对禁烟一事犹疑不决。

林则徐早已于江苏巡抚及湖广总督任内时实行禁烟，把烟贩及鸦片吸食者一扫而空。鉴于林则徐的成功，道光帝认为禁烟并非不可行，于是下定决心，召林则徐入京，商谈禁烟之事。林则徐指出鸦片的危害：①鸦片使中国白银大量外流，引起了中国的财政危机。②鸦片腐蚀中国的统治机构。许多贵族、官僚、地主吸食鸦片以后，更加腐败，加剧了统治集团的寄生性和腐朽性。他们接受贿赂，包庇鸦片走私，用加租增税等方法，把购买鸦片的花费转嫁到人民身上，加重了人民的负担。③鸦片削弱军队的战斗力。清军的将领和士兵也有人吸食鸦片。例如，在广东水师中，官兵不但吸食鸦片还大量受贿。水师巡船竟至和英国鸦片船约定“每箱鸦片收5万元到10万元”，甚至大批“缉私船”变成了鸦片走私船。④鸦片危害中国人民的身体健康。当时中国的一些城镇，烟馆林立，吸食鸦片的大烟鬼成千上万。最终在道光十八年十一月十五日（1838年12月31日），道光帝任命林则徐为钦差大臣关防，全国禁止吸烟。

道光十九年四月二十二日（1839年6月3日），虎门销烟正式开始，这成为中国近代史上的重大事件。首先，虎门销烟从一定程度上遏制了鸦片在中国的泛滥，在民间产生了积极的影响。其次，这次禁烟运动大大增加了中国广大民众对鸦片危害性的认识，使更多人看清了英国向中国贩卖鸦片的本质，唤醒了国民的爱国意识。

2. 抗战时期的禁毒

在1949年以前，中国共产党就对禁毒有明确的指示。在第二次国内革命战争时期，共产党就在根据地制定了相关惩治鸦片犯罪的禁毒法律，如《赣东北特区苏维埃暂行刑律》《陕甘宁边区查获鸦片毒品暂行办法》《晋察冀边区行政委员会关于严禁播种罂粟的命令》《晋冀鲁豫边区毒品治罪暂行条例》《晋西北禁烟治罪暂行条例》。解放战争时期，革命根据地颁布的禁毒法令有《华北区禁烟禁毒暂行办法》《绥远省戒吸毒品暂行办法》《辽吉区禁烟禁毒条例》等。

（二）中华人民共和国成立初期的禁毒

1950 年 2 月，中央人民政府政务院发布《关于严禁鸦片烟毒的通令》，我国开展了声势浩大的禁烟运动，禁绝了为患百余年的鸦片烟毒。《关于严禁鸦片烟毒的通令》发布后，中国共产党充分发挥社会主义制度的优越性，坚持严厉惩办与改造教育相结合，收缴毒品，禁种罂粟，封闭烟馆，严厉惩治制贩毒品活动。8 万多名毒贩子被判处刑罚，2000 万名吸毒者被戒除毒瘾，并结合农村土地改革根除了罂粟种植。短短三年时间，就基本禁绝了为患百余年的鸦片烟毒，创造了举世公认的奇迹。至此，从 20 世纪 50 年代到 70 年代末，我国以“无毒国”享誉世界近 30 年。

（三）改革开放以来的禁毒

中国政府一贯重视打击毒品违法犯罪活动。20 世纪 80 年代初，在毒品违法犯罪死灰复燃并呈现出逐渐增多的趋势之时，就引起了中国政府的高度重视。中国政府禁毒的态度明确，决心坚定，动员和领导全国人民同毒品违法犯罪进行坚决的斗争。通过加强禁毒工作领导，健全禁毒法规，完善禁毒措施，严厉打击毒品违法犯罪活动，并加大禁毒斗争的人力、财力投入，增加缉毒专项编制，组建缉毒专业队伍，拨出禁毒专项经费，改善禁毒装备，加强戒毒基础建设和研究。

1. 加强对禁毒工作的领导

1989 年 11 月 23 日，国务院召开的常务会议讨论了成立全国禁毒工作领导机构问题。国务院决定成立国家禁毒委员会，负责研究确定禁毒方面的重要政策和措施，协调有关重大问题，统一领导全国的禁毒工作。

1990 年 11 月 23 日，国务院第 72 次常务会议决定成立国家禁毒委员会，负责研究制定中国禁毒方面的重要政策和措施；同年 12 月 28 日，第七届全国人大常委会第十七次会议通过《全国人民代表大会常务委员会关于禁毒的决定》，同日公布实施。

1991 年 6 月 24 日，国家禁毒委员会在北京召开第一次全国性工作会议。

1999 年，重新组建了新一届国家禁毒委员会，于 2000 年发表了《中国的禁毒》白皮书。

2001 年 2 月 9 日，国家禁毒委员会在北京召开 2001 年第一次全体委员会议。

2004 年，国家禁毒委员会制定《2002～2008 年禁毒工作规划》，明确了中国禁毒工作思想和思路。

国家禁毒委员会的办事机构为国家禁毒委员会办公室，设在公安部。办公室负责执行禁毒委员会的各项决定，开展日常工作。

具体任务是：

(1)掌握全国各地区和政府各部门禁毒工作情况，就禁毒工作的政策、措施、计划、项目向禁毒委员会提出建议和方案。

(2)协调政府各部门之间在禁毒工作中的合作事项。

(3)对地方禁毒工作的开展提出指导性意见。

(4)组织禁毒宣传工作。

(5)补助地方的禁毒经费、装备的统筹安排和落实。

(6)与外交部及有关部门配合，组织国际合作，负责与联合国组织、其他国际组织和各国政府间的禁毒合作业务。

(7)办好《禁毒工作情况反映》《禁毒工作简报》对上对下两个刊物。

(8)有关禁毒委员会的其他日常工作。

主要职责是：

(1)负责研究确定禁毒工作的战略、方针、政策和措施，统一领导全国的禁毒工作。

(2)协调涉及国务院各部门有关禁毒工作的重大问题，按照分工充分发挥各部门的职能作用。

(3)检查督导各省、自治区、直辖市和国务院各部门禁毒工作的规划和执行情况。

(4)在国家对外方针政策指导下，负责与联合国禁毒机构及其他国际禁毒机构的联系，代表政府进行禁毒国际合作。

(5)研究有关禁毒工作的人力、财力、装备的统筹安排，促进改善禁毒执法部门的工作条件。

(6)负责向国务院报告禁毒工作。各省、自治区、直辖市和国务院有关部门需每季度向禁毒委员会提供有关禁毒工作的情况。禁毒委办公室负责提出经财政部核准的地方禁毒补助费的分配方案,会同财政部审核下达,此项经费必须专款专用,不得挪用。

截至2018年,国家禁毒委员会共有41个成员单位,包括公安部、中央宣传部、最高人民法院、最高人民检察院、外交部、教育部、国家卫生健康委员会、海关总署、中央网信办、国家发展和改革委员会、科技部、工业和信息化部、国家安全部、民政部、司法部、财政部、人力资源和社会保障部、生态环境部、交通运输部、农业农村部、商务部、文化和旅游部、应急管理部、中国人民银行、国家市场监督管理总局、国家广播电视总局、国家国际发展合作署、国务院港澳事务办公室、国务院台湾事务办公室、国家移民管理局、国家林业和草原局、中国民用航空局、中华人民共和国国家邮政局、国家药品监督管理局、国务院扶贫开发领导小组办公室、中央军委联合参谋部作战局、海警局、全国总工会、共青团中央、全国妇联、中国铁路总公司。

2013年1月至2018年4月,全国检察机关共批捕毒品犯罪案件53.6704万件66.06万人,分别占全部刑事案件逮捕数的15.3%、13.6%;起诉毒品犯罪案件59.7608万件74.126万人,分别占全部刑事案件起诉数的10.8%、9.7%。其中,2018年1～4月,全国检察机关批捕毒品犯罪案件2.6248万件3.1679万人,起诉2.8951万件3.5193万人,起诉数与2013年同期相比分别上升29.7%、18.8%。最高人民检察院还公布了6起追诉或抗诉典型案例,其中一批因裁判认定事实和适用法律错误导致量刑畸轻甚至无罪的案件得到依法纠正。

2. 完善禁毒法律

1990年12月28日,全国人民代表大会常务委员会制定并通过了《关于禁毒的决定》,我国禁毒工作开始有法可依。《关于禁毒的决定》为禁毒工作提供了有力的法律武器,在相当长一段时期内发挥了重要作用。自此,中央政治局常委会于1990年12月专题研究禁毒工作;中共中央、国务院于1991年2月下发加强禁毒工作的五号文件;国务院成立全国禁毒工作领导小组,对外称国家禁毒委员会,并于1991年6月召开第一次全国禁毒工作会议,在全国范围全面部署加强了禁毒斗争。

1995 年 1 月 12 日，时任国务院总理李鹏签署发布了《强制戒毒办法》。

1997 年 3 月 14 日，全国人民代表大会第八届五次会议通过了《中华人民共和国刑法》修订案。修订后的《刑法》对走私、贩卖、运输、制造毒品的犯罪的处罚更加完善。

2007 年 12 月，全国人大常委会通过《中华人民共和国禁毒法》，为在新形势下全面加强禁毒工作提供了有力的法律保障。

在 2005 年以来开展禁毒人民战争过程中，党中央、全国人大、国务院从依法禁毒、保障禁毒工作深入持久开展的高度，部署制定《中华人民共和国禁毒法》，并于 2007 年年底出台，标志着党和国家把禁毒工作依法纳入了经济社会协调发展的大局，标志着我国禁毒工作由此进入依法全面推进的新的历史阶段，同时标志着我国禁毒斗争已经站在了新的历史起点上。

2008 年实施的《禁毒法》主要有五大亮点：

第一，明确规定“禁毒是全社会的共同责任”，确立了“政府统一领导、有关部门各负其责，社会广泛参与”的禁毒工作机制。《禁毒法》规定禁毒是政府的责任，同时也是国家机关、社会团体、企业事业单位以及其他组织的责任，是全体公民的责任，实质上是从立法高度确立了“禁毒人民战争”这一指导思想和组织形式。

第二，第一次将禁毒委员会写入法律，明确规定了各级禁毒委员会的职责，依法确立了禁毒工作领导体制。《禁毒法》第五条规定：“国务院设立国家禁毒委员会，负责组织、协调、指导全国的禁毒工作。县级以上地方各级人民政府根据禁毒工作的需要，可以设立禁毒委员会，负责组织、协调、指导本行政区域内禁毒工作。”由此确定了禁毒委员会的法律地位。

第三，依法明确了“预防为主，综合治理，禁种、禁制、禁贩、禁吸并举”的禁毒工作方针。这一方针更加强调把提高全民识毒、拒毒、防毒意识作为禁毒工作的治本之策，最大限度地减少新吸毒人员滋生，最大限度地发动全社会共同参与禁毒工作；更加强调综合运用法律、行政、经济、文化、教育、医疗、外交等多种手段治理毒品问题，推动禁毒工作从部门行为转变为政府行为和社会行为；更加强调禁种、禁制、禁贩、禁吸工作同步推进。

第四,明确规定了禁毒保障机制。《禁毒法》第六条规定:“县级以上各级人民政府应当将禁毒工作纳入国民经济和社会发展规划,并将禁毒经费列入本级财政预算。”总结了2005年以来禁毒人民战争的宝贵经验,很重要的一条就是中央和地方财政加大了对禁毒工作的投入,仅中央补助地方禁毒专项经费就达11.7亿元,补助地方禁毒基础设施建设经费有5.14亿元。[①] 为此,《禁毒法》明确了县级以上地方各级人民政府禁毒经费保障规定,确保禁毒工作有充足的经费保障。

第五,坚持以人为本的理念,《禁毒法》立足吸毒者具有病人、违法者、受害者的三重属性,主张对吸毒人员要惩罚,更要教育和救治,对戒毒工作作出了重大改革。首次将社区戒毒、社区康复、戒毒药物维持治疗立法,将强制戒毒和劳动教养戒毒整合为强制隔离戒毒,增设了戒毒康复场所等相关内容,充分体现了以人为本的戒毒理念和对吸毒人员的关爱。

3. 制定符合中国实际情况的禁毒工作方针

中国政府在禁毒斗争中坚持“三禁(禁吸、禁种、禁贩)并举,堵源截流,严格执法,标本兼治”的方针,把打击贩运、减少毒品供应和禁吸戒毒、减少毒品需求放在同等重要的位置。

4. 开展围剿毒品犯罪的“大行动”

1992年8月,云南省委、省政府和公安部采取坚决果断措施,一举摧毁了多年盘踞在云南省平远街地区的武装贩毒贩枪集团,捕获犯罪嫌疑人854名,缴获海洛因、鸦片等毒品975公斤,收缴用于武装贩毒的枪支353支,有力地震慑了毒品犯罪。

1993年6月,根据公安部南宁会议的统一部署,云南、广西开展了缉毒缉枪的集中行动。当年,这两个省区缴获的海洛因和鸦片占全国缴获量的82%和70%。

1994年5月,云南省公安机关捕获了多次组织向我境内贩毒的缅甸大毒枭杨茂贤,并依照中国法律判处其死刑,沉重打击了境外毒枭的嚣

---

① 参见《新中国禁毒史的四大里程碑》,2017年7月6日,https://www.nncc626.com/2017-07/06/c_129648681_3.htm。

张气焰。广东、福建、北京等地公安机关也相继破获了一批制贩“冰毒”大案，捣毁一批毒品地下加工窝点，并与香港地区警方协作，捕获了涉案毒贩。

1997 年，国家禁毒委员会部署在全国范围内开展了一场声势大、力度强的禁毒专项斗争，动员全社会参与，开展禁毒人民战争，取得了显著效果。

1991～1997 年，全国执法机关共查破毒品案件 41.3 万起，抓获涉案违法犯罪人员 56.8 万名，缴获海洛因 26.9 吨，鸦片 14.4 吨。

作为世界上最早对易制毒化学品进行管制的国家之一，中国从 1993 年起，对联合国规定管制的 22 种易制毒化学品实行出口许可证制度；从 1996 年起实行进口许可证制度。1991～1997 年，共缴获企图走私出境的易制毒化学品 923 吨。

5. 加强禁吸戒毒工作

为了从根本上消除毒品对人民群众的侵害，挽救吸毒者的生命，遏制毒品违法犯罪活动，最终消除国内毒品消费问题，中国政府采取了一系列严格的禁吸戒毒措施。对吸毒成瘾人员，公安机关依据国务院《强制戒毒办法》通过行政措施在一定时期内对其强制进行药物治疗、心理治疗和法制教育、道德教育，使其戒除毒瘾。对经强制戒毒后的出所人员，由家庭、单位、常住地公安派出所及基层群众组织，共同负责开展对强制戒毒出所人员的后续帮助教育工作，防止其复吸。对发现的复吸者，由司法部门对其实行劳动教养，继续帮助其戒毒。中国登记在册吸毒人数 1991 年为 14.8 万人，1992 年为 25 万人，1994 年为 38 万人，1995 年为 52 万人，1997 年为 54 万人。1991～1997 年，全国强制戒毒 55 万人次，共建立了 695 个强制戒毒所，司法部门建立劳教戒毒所、队 86 个，劳动教养戒毒 10 万人次。医疗卫生部门还建立了一批自愿戒毒机构，收治了一批自愿戒毒人员。云南等省在强制戒毒工作方面摸索了一些比较成功的方法，许多地方就强制戒毒、戒毒所管理等制定了一些切实可行的具体规定、办法。各省、自治区、直辖市还陆续开展了对吸毒人员的调查登记，逐步摸清了吸毒人员情况，为深入开展戒毒工作奠定了基础。

6. 广泛开展禁毒宣传教育

每年“6·26”国际禁毒日前后，各级政府通过报刊、广播、电视等新闻媒介及其他多种形式集中开展禁毒宣传活动。青少年是我们民族的未来与希望。中国政府一向重视对青少年特别是对在校学生进行毒品预防教育。1992年，国家禁毒委员会和国家教育委员会共同编写、审定了《禁毒教育读本》，作为在中学生中普及禁毒知识的课外读物。1996年，又编写了《毒品预防教育》一书。1995年，国家禁毒委员会和中央电视台摄制并播出了8集纪实电视片《中华之剑》，引起观众强烈反响。这些活动有效地提高了人民群众抵御毒品侵袭的能力，增强了全社会的禁毒意识。

第二章　戒毒工作概述

本章重点介绍了中国戒毒工作的开展、法律法规体系的构建以及我国戒毒方式的演变与逐步完善。同时，毒品戒治作为一个世界难题，各个国家和地区通过戒毒实践的开展，总结出了包括强制性戒毒治疗、治疗社区戒毒、住院治疗戒毒、自治组织戒毒等四种主要戒毒模式。

第一节　中国戒毒概况

近代中国深受毒品的危害，中国也因此成为世界上较早探索戒毒工作的国家之一。我国开展戒毒工作最早的历史可追溯到清朝雍正时期。1729 年清政府颁布了第一个禁烟诏令，标志着中国禁烟历史的开端，这也是世界上第一个禁烟令。自此之后，中国历代政府都开展过戒毒行动，就如何帮助成瘾者戒除毒瘾，做出不懈的探索。根据毒品发展现状，中国戒毒工作发展历程大体“历经了清朝时期、民国时期、新中国成立初期、改革开放初期至 1990 年、1990 年至 2007 年、《禁毒法》颁布之后至现在六个阶段”[①]。中国戒毒工作，还应包括中国台湾、香港、澳门地区有关戒毒工作情况，但因囿于材料所限，本节仅就中国大陆的戒毒工作开展情况作一概述。

一、中国戒毒工作的发展

按照上述阶段的划分，清代的戒毒工作从世界历史上第一个禁烟诏

① 张晴：《中国戒毒体制的演变历程和模式比较》，《云南警官学院学报》2012 年第 2 期。

令开始，首开了以刑罚手段制裁吸毒者的先河，出现了我国历史上第一部综合性的禁烟法典——《钦定严禁鸦片烟条例》以及一系列制裁种植、贩卖、吸食鸦片等行为的法律，并且于1909年2月1日在上海召开了世界上第一次国际禁毒会议“万国禁烟会”。民国时期，“既在刑法中有相关的法律条款，又有大量的专门戒毒法律；既有中央的戒毒法律，又有地方的戒毒法律；同时还完成了对吸毒行为进行处分的保安处分法，建立了‘保安处分型’的戒毒模式，这个时期成为我国历史上毒品成瘾矫治法律较为全面的时期”①。但因限于历史条件，戒毒工作的成效并不明显。

1949年10月1日，中华人民共和国宣告成立，为了扫除鸦片烟毒的危害，中国政府开展了声势浩大的禁烟禁毒运动。1950年2月24日，中央人民政府政务院发布了《关于严禁鸦片烟毒的通令》，大力开展严禁鸦片烟毒的工作，一度禁绝了为患百年的鸦片烟毒。这一阶段总结了新中国成立初期的戒毒工作特点，在行政强制的前提下，形成了自行戒毒为主、强制戒毒为辅、社会有力监督和多部门参与的综合性戒毒模式。这种强有力的戒毒模式，一度创造了举世公认的“无毒国”的奇迹。

进入20世纪70年代末，中国毒品问题死灰复燃。受国际毒潮的影响，境外贩毒分子利用毗邻中国的地理优势和中国边境线绵长的特点，通过各种方式将毒品非法贩运至中国境内，中国成为毒品流入和中转的重要通道。这一阶段的戒毒工作要求散见于中共中央、国务院《关于重申严禁鸦片烟毒的通知》《关于禁绝鸦片烟毒问题的紧急指示》等行政法规中，但没有形成一定的戒毒模式。

到了20世纪90年代，中国形成了制毒、过境贩毒和毒品消费并存的局面，绝大多数的省、市、自治区出现了毒品消费和毒品泛滥的现象。这一时期毒品的泛滥是国际毒潮侵袭渗透和国内毒情互动等综合因素作用的结果。1990年12月28日，通过了《全国人民代表大会常务委员会关于禁毒的决定》，1995年国务院制定的《强制戒毒办法》等一系列法律、法规，明确了吸毒行为的性质、对吸毒者的法律处分、戒毒体系、戒毒机构、戒毒对象、戒毒方法等内容，形成了以强制、劳教戒毒为主，自愿戒毒为辅的戒毒法律制度。

---

① 张晴:《中国戒毒体制的演变历程和模式比较》,《云南警官学院学报》2012年第2期。

2007年《禁毒法》的颁布标志着中国戒毒工作进入规范化的新阶段。2011年，与《禁毒法》配套的《戒毒条例》颁布并实施，进一步完善和细化了《禁毒法》语境下的戒毒措施。随着2013年劳动教养制度的废止，原有劳动教养场所承担起了强制隔离戒毒工作。中国从进一步整合戒毒资源、提高戒毒效果来考虑，重新构建了一套戒毒体制和措施。“《禁毒法》和《戒毒条例》颁布后，我国司法行政戒毒工作呈现出戒毒措施多样化、戒毒程序严格化、戒毒过程一体化、戒毒力量专业化、戒毒救助社会化的发展趋势”①。至此，中国已形成自愿戒毒、社区戒毒、强制隔离戒毒和社区康复四种较为完善的戒毒模式。但在毒品全球化的大背景下，中国毒情形势呈现出更为严峻和复杂的局面。《2018年中国毒品形势报告》指出：“随着经济全球化和社会信息化加快发展，世界范围毒品问题泛滥蔓延，特别是周边毒源地和国际贩毒集团对中国渗透不断加剧，已成为中国近年来毒品犯罪高发、滥用治理难度大的重要外部因素。”中国政府不断强化严厉禁毒的国家意志，取得了一定成效，但毒品滥用问题仍呈现蔓延之势，毒品种类、滥用结构不断发生新变化。

二、禁戒毒法律法规体系

从中国戒毒工作发展历程看，禁戒毒法律法规的建立、发展与完善是根据中国毒情发展变化而变化的。清朝、民国时期禁毒法令、法律的颁布虽然较早，但由于政府腐败，加之内战、外患等各种因素交织，很多戒毒工作措施形同虚设。尽管如此，近代的戒毒工作仍为当今禁戒毒事业的发展积累了宝贵的经验。本部分重点介绍新中国成立以来的禁戒毒法律法规体系。

（一）初步建立（20世纪70年代末至1990年）

这一时段的禁戒毒立法从起步到逐渐完善，进而形成体系化，主要特点是“以‘严打’为导向，逐渐建立了以刑法为主，以行政法与地方立法为辅的禁毒立法体系”②。主要法律法规有：

---

① 马立骥、胡钟鸣：《司法行政戒毒工作基本模式研究》，《中国司法》2018年第3期。

② 褚宸舸：《中国禁毒法治论》，中国民主法制出版社2016年版，第36页。

1.刑事法律

1979年7月1日颁布的《中华人民共和国刑法》将毒品犯罪列为“妨害社会管理秩序罪”一章之中。其中,第一百七十一条第一款规定:“制造、贩卖、运输鸦片、海洛因、吗啡或者其他毒品的,处五年以下有期徒刑或者拘役,可以并处罚金。”第二款规定:“一贯或者大量制造、贩卖、运输前款毒品的,处五年以上有期徒刑,可以并处没收财产。”

1982年3月8日,全国人大常委会通过的《关于严惩严重破坏经济的罪犯的决定》,提高了贩毒罪的法定刑,规定贩毒情节特别严重的,处十年以上有期徒刑、无期徒刑或者死刑,可以并处没收财产。

1986年6月12日,全国人大常委会通过决议,决定有保留地加入修正的《一九六一年麻醉品单一公约》和《一九七一年精神药物公约》,标志着中国加入了国际社会反毒品斗争的行列。

2.行政法律法规

1981年8月27日,国务院发布了《关于重申严禁鸦片烟毒的通知》,重申:“对于私种罂粟和吸食鸦片的,必须限期铲除和戒绝;对于制造、贩卖、偷运鸦片和其他毒品的违法犯罪活动必须坚决打击,依法严惩。”

1982年7月16日,中共中央、国务院又发布《关于禁绝鸦片烟毒问题的紧急指示》,指出:“在我国,一切私种罂粟和制造、贩毒、吸毒都是犯罪行为,必须严加禁绝。”而且特别规定:“共产党员、共青团员和国家工作人员吸食鸦片、日久成瘾而又不肯戒除的,要分别开除党籍、团籍和撤销行政职务,直至开除公职。”

1987年11月28日,国务院颁布了《麻醉药品管理办法》,第三十二条指出:“违反本办法规定,擅自种植罂粟的,或者非法吸食麻醉药品的,由公安机关依照治安管理处罚条例或有关的规定给予处罚。”

1988年12月27日,国家又颁布《精神药物管理办法》,使麻醉品和精神药物的管理进一步有法可依,有章可循。

1986年9月5日制定、1994年5月12日修改的《中华人民共和国治安管理处罚条例》,对非法种植罂粟,非法运输、买卖、存放、使用罂粟壳的,依法给予处罚。

(二)快速发展(1990～2007年)

该阶段结合新的毒情形势,对“严打”政策进行了反思,将禁毒方针调整为“四禁”，将加强戒毒工作提到了重要位置，制定了以严格管制毒品和“以人为本”救助为主的吸毒、戒毒行政立法。主要法律法规有：

1. 刑事法律

1990 年 12 月 28 日，第七届全国人大常委会第十七次会议通过了《全国人民代表大会常务委员会关于禁毒的决定》，对《刑法》中关于毒品犯罪的规定作了重大的补充和修改。在《决定》颁布实施后发生的毒品犯罪案件，一律直接适用该《决定》，不再适用《刑法》的有关规定。

《全国人民代表大会常务委员会关于禁毒的决定》是一部专门针对毒品的单行法，标志着中国禁毒的立法进入了一个新阶段。《决定》明确规定：“吸食、注射毒品的，由公安机关处十五日以下拘留，可以单处或者并处二千元以下罚款，并没收毒品和吸食、注射器具。吸食、注射毒品成瘾的，除依照前款规定处罚外，予以强制戒除，进行治疗、教育。强制戒除后又吸食、注射毒品的，可以实行劳动教养，并在劳动教养中强制戒除。”

1997 年 3 月 14 日，经第八届全国人民代表大会第五次会议通过了新修订的《中华人民共和国刑法》。在“分则”第六章“妨害社会管理秩序罪”中，将“走私、贩卖、运输、制造毒品罪”列为专节即第七节。新《刑法》不仅吸收了《全国人民代表大会常务委员会关于禁毒的决定》的主要条款，而且增加了新的内容，尤其规定了“走私、贩卖、运输、制造毒品，无论数量多少，都应当追究刑事责任，予以刑事处罚”，充分显示了中国政府的禁毒决心和对毒品犯罪从严惩处的精神。

2. 行政法律法规

为了贯彻执行《全国人民代表大会常务委员会关于禁毒的决定》，最高人民法院、最高人民检察院发布了一系列司法解释；国务院于 1995 年 1 月 12 日发布了《强制戒毒办法》，详细规定了强制戒毒的对象、主管机关、设置要求、期限，强制戒毒所的管理制度和措施，戒毒人员的脱瘾办法以及戒毒后的社会帮教措施，等等。另外，还规定强制戒毒和劳教戒毒是我国最主要的戒毒方法。

1999 年 6 月 28 日审议通过的《预防未成年人犯罪法》把吸毒、注射毒品列为未成年人严重不良行为，即严重危害社会但尚不够刑事处罚的违法行为。

3.部门规章

国务院有关部委制定了相关规章及其他规范性文件,比较重要的是1995年6月18日卫生部发布的《戒毒药品管理办法》,使戒毒工作有法可依。还有一个重要事件,1997年禁毒教育正式纳入中小学德育教育教学大纲,并作为国民素质教育的组成部分。

1999年,卫生部下发《关于戒毒医疗机构须报禁毒机构审批的通知》要求,各级卫生行政部门要加强对自愿戒毒医疗机构的监督管理。对新建的戒毒医疗机构的审批,除依据卫生部《关于加强对医疗单位开展戒毒治疗管理工作的通知》(卫药发〔1931〕第6号)有关规定外,须报省、自治区、直辖市禁毒机构审批获准后,方可从事戒毒医疗活动。这个通知进一步规范了自愿戒毒工作。

2000年,司法部制定下发了《劳动教养戒毒工作管理办法》,对戒毒劳教场所的设置,收容戒毒劳教人员的管理、治疗、教育及预防控制艾滋病等方面作了全面规范。

2000年4月,公安部发布了《强制隔离戒毒所管理办法》,推行戒毒所规范化管理,并完善了相关规章制度。

2003年,司法部颁布了《劳动教养戒毒工作规定》,依法规范劳动教养戒毒工作,对戒毒劳动教养管理所的设置、撤销、迁移,戒毒劳动教养人员的管理、治疗、教育等进行了规范。

(三)系统完善(2007年至今)

为进一步适应我国禁毒执法体系和禁毒工作长远发展的需要,这个时期进行了重点总结梳理、整合和规范禁毒戒毒工作,形成了较为完备的法律法规体系,以《禁毒法》《禁毒条例》的颁布实施为其典型代表。

2007年12月29日,第十届全国人大常委会第三十一次会议通过了《中华人民共和国禁毒法》,并于2008年6月1日实施。《禁毒法》是中华人民共和国旨在预防和惩治毒品违法犯罪行为,保护公民身心健康,维护社会秩序的一部法律。《禁毒法》是我国禁毒工作经验的总结,有学者将其总结为五大亮点:第一,确立禁毒是全社会的共同责任,禁毒工作实行政府统一领导,有关部门各负其责、社会广泛参与的工作机制。第二,首次将国家禁毒委员会写入法律,明确规定各级禁毒委的职责,依法确立禁毒工作领导体制。第三,依法明确禁毒工作实行预防为主,综合治理，禁种、禁制、禁贩、禁吸并举的方针。第四，明确规定禁毒保障机制，县级以上各级人民政府应当将禁毒工作纳入国民经济和社会发展规划，并将禁毒经费列入本级财政预算。第五，坚持以人为本，对戒毒体制作出重大改革。①

2011年6月22日，国务院第160次常务会议通过《戒毒条例》，于同年6月26日公布施行。《戒毒条例》的主要目的是为了实施《禁毒法》规定的各项戒毒措施，全面规范戒毒工作。同时，《禁毒条例》是中国政府在国际禁毒日公布实施专门的戒毒行政法规，充分体现了中国政府禁毒的决心和力度，对规范戒毒工作，帮助吸毒成瘾人员戒除毒瘾，普及"爱生命、不吸毒"的禁毒意识，维护社会秩序，发挥重要作用。

2014年6月19日，中共中央、国务院通过了《关于加强禁毒工作的意见》，要求各地区各有关部门把禁毒工作纳入国家安全战略和平安中国、法治中国建设的重要内容，按照"源头治理、以人为本、依法治理、严格管理、综合治理"的基本原则，坚持"预防为主，综合治理，禁种、禁制、禁贩、禁吸并举"的工作方针，立足当前，长期治理，突出重点，多管齐下，不断创新禁毒工作体制机制，进一步完善毒品问题治理体系，深入推进禁毒人民战争，坚决遏制毒品问题发展蔓延。

三、戒毒方式的演变

从禁戒毒法律法规的发展历程看，我们将中国的戒毒工作分为以下三个阶段：

(一)探索期(1979～1989年)

20世纪80年代，在吸毒人员不断增多的情况下，国务院发布的《关于重申严禁鸦片烟毒的通知》规定："对于鸦片等毒品的吸食者，应当由公安、民政、卫生等部门组织强制戒除。"

中共中央、国务院发布的《关于禁绝鸦片烟毒问题的紧急指示》提出："严禁吸食毒品，取缔地下烟馆。对吸食毒品的人要加强教育，令其到政府登记，限期戒除。""隐瞒或拒不登记，又逾期不戒除的，强制收容戒除，并给予必要的惩处。"因囿于时代条件，上述法规只是提出了戒毒

---

① 参见莫关耀等编著：《禁毒法学》，中国人民公安大学出版社2014年版，第34、35页。

的要求和规定，并未对戒毒工作做进一步具体划分和细化，当然也并未形成一定的戒毒模式，但这是戒毒工作中不可或缺的阶段。

（二）发展期（1990～2007年）

1990年12月28日，第七届全国人大常委会第十七次会议通过的《全国人民代表大会常务委员会关于禁毒的决定》，首次明确了中国的强制戒毒体系的基本结构，规定了对吸毒者的处置原则，并成为劳动教养戒毒的法律依据。

《决定》中第八条规定："吸食、注射毒品的，由公安机关处十五日以下拘留，可以单处或者并处二千元以下罚款，并没收毒品及吸食、注射器具。吸食、注射毒品成瘾的，除依照前款规定处罚外，予以强制戒除，进行治疗、教育。强制戒除后又吸食、注射毒品的，可以实行劳动教养，并在劳动教养中强制戒除。"

1995年，国务院根据《决定》制定了《强制戒毒办法》，系统地对强制戒毒加以规范。这个时期，对吸毒行为的性质、吸毒者的法律处分、戒毒体系、戒毒机构、戒毒对象、戒毒方法等有了明确的规范，形成了公安部门管理的强制戒毒、司法部门管理的劳教戒毒和卫生部门管理的自愿戒毒相结合的戒毒模式，为构建当今中国戒毒模式打下了坚实的基础。

（三）成熟期（2008年至今）

2007年12月29日，第十届全国人民代表大会常务委员会第三十一次会议通过的《中华人民共和国禁毒法》，标志着中国新的戒毒模式开始形成。《禁毒法》对中国的禁毒工作进行了全面系统的规范，将过去有关禁毒的法律法规进行了整合，特别是在戒毒措施方面有了很大的突破，打破了过去的戒毒模式。第四章"戒毒措施"提出了一套集自愿戒毒、社区戒毒、强制隔离戒毒、社区康复于一体的综合戒毒模式，开启了中国新时期禁毒、戒毒工作新纪元。2011年6月26日，与《禁毒法》配套的《戒毒条例》颁布并实施，进一步完善和细化了《禁毒法》语境下的戒毒措施，使戒毒措施的实施有了进一步的可操作性。2013年，劳动教养制度废止，劳教戒毒随之废止，强制隔离戒毒工作主要由转型的强制隔离戒毒所执行。至此，四种戒毒方式得到不断发展与完备。

第二节　当前我国主要的戒毒方式

《中华人民共和国禁毒法》规定了自愿戒毒、社区戒毒、强制隔离戒毒、社区康复等戒毒措施。《戒毒条例》在此基础上对戒毒措施进一步细化。

一、自愿戒毒

自愿戒毒是指吸毒人员认识到吸毒行为给自己、家庭、社区带来的影响与伤害，自行到戒毒医疗机构接受戒毒治疗并戒除毒瘾的过程。自愿戒毒是基于“部分吸毒者逐渐产生对毒品及毒品对于人的危害的正确认识，在心理上趋向主张戒毒，主动脱离毒瘾”[①]。目的是让有主动意愿戒毒人员减轻顾虑，从而体面而自由地戒除毒瘾。因此，更注重和强调吸毒成瘾人员自愿到具有戒毒治疗资质的医疗机构进行戒毒治疗。

（一）自愿戒毒的法律规定

1.《禁毒法》关于自愿戒毒的规定

《禁毒法》对自愿戒毒进行了原则性规定，明确了对戒毒治疗的当为性和禁止性，具体条文如下：

第三十六条　吸毒人员可以自行到具有戒毒治疗资质的医疗机构接受戒毒治疗。

设置戒毒医疗机构或者医疗机构从事戒毒治疗业务的，应当符合国务院卫生行政部门规定的条件，报所在地的省、自治区、直辖市人民政府卫生行政部门批准，并报同级公安机关备案。戒毒治疗应当遵守国务院卫生行政部门制定的戒毒治疗规范，接受卫生行政部门的监督检查。

戒毒治疗不得以营利为目的。戒毒治疗的药品、医疗器械和治疗方法不得做广告。戒毒治疗收取费用的，应当按照省、自治区、直辖市人民政府价格主管部门会同卫生行政部门制定的收费标准执行。

第三十七条　医疗机构根据戒毒治疗的需要，可以对接受戒毒

① 王娜主编：《戒毒学》，中国人民公安大学出版社 2014 年版，第 41 页。

治疗的戒毒人员进行身体和所携带物品的检查；对在治疗期间有人身危险的，可以采取必要的临时保护性约束措施。

发现接受戒毒治疗的戒毒人员在治疗期间吸食、注射毒品的，医疗机构应当及时向公安机关报告。

第六十二条　吸食、注射毒品的，依法给予治安管理处罚。吸毒人员主动到公安机关登记或者到有资质的医疗机构接受戒毒治疗的，不予处罚。

2.《戒毒条例》关于自愿戒毒的规定

《戒毒条例》根据《禁毒法》专设一章共四条对自愿戒毒进行专门规范，主要是将自愿戒毒协议规定、戒毒医疗机构的义务、药物维持治疗规定等明确化。《戒毒条例》是对《禁毒法》有关规定的细化，解决《禁毒法》的具体执行问题。其中重申鼓励吸毒成瘾人员自行戒除毒瘾，实际上，将吸毒行为作为一种疾病予以治疗，并不否认其违法性。对于已经具有吸毒行为的人员而言，通过给予惩罚进而对其行为以否定评价固然重要，但更重要的是要使这样的违法行为不会再次发生，特别是要防止吸毒人员复吸，因而在立法层面为吸毒人员的治疗作出鼓励性的规定具有十分重要的现实意义。[①] 具体法律条文如下：

第九条　国家鼓励吸毒成瘾人员自行戒除毒瘾。吸毒人员可以自行到戒毒医疗机构接受戒毒治疗。对自愿接受戒毒治疗的吸毒人员，公安机关对其原吸毒行为不予处罚。

第十条　戒毒医疗机构应当与自愿戒毒人员或者其监护人签订自愿戒毒协议，就戒毒方法、戒毒期限、戒毒的个人信息保密、戒毒人员应当遵守的规章制度、终止戒毒治疗的情形等作出约定，并应当载明戒毒疗效、戒毒治疗风险。

第十一条　戒毒医疗机构应当履行下列义务：

（一）对自愿戒毒人员开展艾滋病等传染病的预防、咨询教育；

（二）对自愿戒毒人员采取脱毒治疗、心理康复、行为矫治等多种治疗措施，并应当符合国务院卫生行政部门制定的戒毒治疗规范；

（三）采用科学、规范的诊疗技术和方法，使用的药物、医院制

① 参见褚宸舸：《中国禁毒法治论》，中国民主法制出版社 2016 年版，第 113 页。

剂、医疗器械应当符合国家有关规定；

（四）依法加强药品管理，防止麻醉药品、精神药品流失滥用。

第十二条　符合参加戒毒药物维持治疗条件的戒毒人员，由本人申请，并经登记，可以参加戒毒药物维持治疗。登记参加戒毒药物维持治疗的戒毒人员的信息应当及时报公安机关备案。

戒毒药物维持治疗的管理办法，由国务院卫生行政部门会同国务院公安部门、药品监督管理部门制定。

3.《戒毒医疗服务管理暂行办法》

该办法是由卫生部、公安部、司法部联合下发，对戒毒医疗服务机构资质认定与登记、执业人员资格、执业规则、监督管理等进行规范，代替了卫生部的《关于加强戒毒医疗机构管理工作的通知》《卫生部关于戒毒医疗机构须报禁毒机构审批的通知》。

（二）自愿戒毒功能定位

1. 自愿戒毒适用人群

在《禁毒法》《禁毒条例》中，没有专门的法律条文规定哪些人适用自愿戒毒。从法律上来说，任何吸毒成瘾者都可以自愿戒毒，但综合戒毒意愿、身体情况、家庭状况等，一般以下情况适用自愿戒毒：

(1)个人拥有强烈的自愿戒断意愿，这是基本的前提，也是最关键的一条；

(2)人格健全，认知良好；

(3)家庭关系和睦，监护人能积极配合，有帮戒的基本条件；

(4)一定家庭经济条件；

(5)排除心脏病、高血压、癫痫、精神分裂症、肿瘤、恶性肿瘤、智力低下等疾病史。

2. 自愿戒毒的性质

国家鼓励自愿戒毒，自愿戒毒所或者戒毒医院属于医疗机构，具有医院的性质。戒毒人员更重要的是患者的身份。

（三）自愿戒毒的实践

20 世纪 80 年代以来，中国加大禁毒斗争力度，对吸毒成瘾人员一律适用强制戒除，对自愿戒毒没有规定。2008 年以后，《禁毒法》《戒毒条例》对自愿戒毒进行了专门的规定，自愿戒毒的法律地位确立了下来。

国家将自愿戒毒任务委托给戒毒医疗机构，基本过程大体如下：

1. 为申请自愿戒毒人员进行尿检和身体全面检查。

2. 根据检查结果与符合收治条件的自愿戒毒人员签订协议书，明确权利义务。协议的内容一般包括戒毒方法、戒毒期限、戒毒的个人信息保密、戒毒人员应当遵守的规章制度、终止戒毒治疗的情形、戒毒疗效和治疗风险等。

3. 自愿戒毒的戒治过程一般包括生理脱毒、心理脱毒、社会功能回归三个过程。

生理脱毒是摆脱对毒品生理依赖或者说身体依赖的过程。生理依赖是反复滥用毒品和复吸的生理基础，生理依赖是复吸的精神需求。吸毒者长期或反复多次使用毒品以后，必须在足够量的毒品维持下，才能保持生理的适应状态。一旦断药，生理功能就会发生紊乱，出现一系列严重生理反应。生理脱毒就是采用药物，改变中枢神经系统对长期使用依赖性药物所产生的这种身体适应状态。因此，摆脱毒瘾的重中之重是实现生理脱毒，综合调理，重建免疫系统，恢复各项生理功能。

心理脱毒是通过心理咨询和心理治疗，引导吸毒者能够配合和增强戒断的信心，保持操守的治疗。有的吸毒者在进行脱毒的过程中会有很多的矛盾心理和叛逆心理。如由于吸毒时间过长或者是生理脱毒的痛苦干预，有的吸毒者对自己能否戒掉毒瘾持怀疑态度，因此很不配合治疗；有的吸毒者是被家人强迫到戒毒中心戒断，而自己根本就不想戒除，那么他们就会有一种叛逆心理来对抗戒断过程；等等。

社会功能回归是帮助吸毒者完成社会功能的重构，帮助其摆脱不良生活习惯，积极融入社会，为其社会功能的回归创造条件。在戒治过程中不能完成社会回归，或者不重视社会功能回归，成为复吸的重要诱因。

(四)当前自愿戒毒利弊分析

1. 自愿戒毒的优点

(1)自愿戒毒是国家法律法规所提倡的优先戒毒行为，个人戒毒隐私得以保护，自戒行为不留案底。这给一些既想戒除毒瘾，又不想公开吸毒身份的吸毒人群提供了一种戒除毒瘾的途径。像一些企业领导等成功人士，或者有着稳定工作的人群，他们害怕暴露吸毒身份后会影响企业形象，给自己的生活和工作造成负面影响。自愿戒毒可以打消他们的顾虑，使吸毒者无后顾之忧地进行戒毒治疗。

(2)自愿戒毒是一种契约式管理，不具有强制性。它比强制隔离戒毒的期限更具有灵活性。在一些深受毒害的家庭中，家人想送亲属去戒毒，但又觉得强制戒毒期限太长，所以就一直犹豫，下不了决心。自愿戒毒在时间上具有很强的灵活性，管理上较为宽松，这就给部分左右为难的家庭多了一种选择。

(3)吸毒人员大部分都是一些自控力较差，意志较为薄弱的人群，自愿戒毒同时有着一定的约束性。契约式的管理模式比社区戒毒、社区康复有着更强的监管和督促作用，具有一定的管控力，因此戒毒效果也较之更为明显。

(4)就自愿戒毒模式来讲，吸毒患者面对的是具有专业知识的医护人员，并非戒毒民警和社区工作人员。戒毒医疗队伍专业化程度高，实力雄厚，在脱毒治疗、心理治疗、行为矫正方面有一定的优势，能够采用各种先进的脱毒治疗方法，使吸毒人员戒除躯体依赖及各种并发症，也为探索有效的脱毒方法与脱毒药品的研制提供了科研基地。[①] 这也为自身想戒除毒瘾的人群提供了最佳的戒毒模式。

2. 自愿戒毒的弊端

(1)强制性不足。从法理上讲，戒毒人员不仅是病人，还是违法者，自愿戒毒在管理上应当与一般疾病治疗相区别。但是自愿戒毒更偏重于医患关系以及服务关系，也就是自愿进行戒毒的吸毒人员与戒毒医疗机构通过签订自愿戒毒协议，双方约定合作的结果。很多戒毒医疗机构实行封闭式病区管理，但因为管理不严，而且也缺乏具体的严格的法律规定。很多戒毒人员自我控制力差、恶习难改，出现了医务人员因制止吸毒而被侵权、戒毒者边戒边吸等不良现象，甚至无法彻底隔离毒源，戒毒效果难以保证。

(2)戒毒费用较高。不可否认，自愿戒毒机构本质上还是一种营利性机构，当目的与营利两者发生冲突时，牺牲的往往是前者[②]。对许多戒

---

① 参见杜新忠:《对我国现行戒毒模式的分析与思考》,《中国药物依赖性杂志》2015 年第 5 期。

② 参见姚建龙:《关于我国现行戒毒体系的反思》,《中国青年研究》2002 年第 1 期。

毒者而言，他们为购买毒品而付出巨大的经济代价，等到决心戒毒时已无力负担起戒毒费用。

(3)戒毒治疗偏移。如前所述，完整的自愿戒毒治疗包含生理脱毒、心理脱毒以及社会功能回归三个环节。很多戒毒医疗机构仅提供脱毒治疗且时间不一，但均较短。绝大多数的自愿戒毒所只提供7～15天的脱毒治疗，有的自愿戒毒所连仅仅7天也无法保证。[①] 如果无法完成自愿戒毒的全过程，最终便使自愿戒毒流于形式。

(4)复吸率居高不下。上述主客观原因，直接导致戒毒人员无法从根本上完成戒毒任务，一次又一次地选择吸食毒品，陷入恶性循环。另外，在戒毒药物维持治疗中，各地还有户籍、年龄或者暂住证等条件限制，客观上剥夺了部分戒毒人员享受药物维持治疗的权利。

(五)中国自愿戒毒现状及发展方向

1.中国自愿戒毒现状

从近几年的情况看，中国自愿戒毒呈现严重萎缩状态，自愿戒毒医疗机构已经从10年前的570多家锐减至目前不足200家。据国家卫计委的调查数据显示，截至2017年年底，全国共有自愿戒毒医疗机构160所、床位7728张、执业医师1873人，2017年接诊量为43多万人次。从机构的专业化水平看，中国共有戒毒医院57所，综合或专科医院戒毒科室93个，其他戒毒医疗机构10所。[②]

2.自愿戒毒的发展方向

(1)完善自愿戒毒整体配套模式。完善自愿戒毒整个流程，加强戒毒人员药物治疗，加强心理脱毒治疗，解决戒毒病人经济、家庭关系等问题，构建戒毒人员社会功能回归机制，继续跟进帮助戒毒人员回归家庭，回归社会，强化为戒毒病人服务。

(2)改革戒毒医疗机构收费制度。政府应改变由自愿戒毒人员单一承担费用的现状，加大对戒毒药物维持治疗的财政投入，对于符合条件且支付戒毒费用困难的戒毒者，国家要予以财政支持。加强对戒毒医疗机构

---

① 参见杜新忠:《对我国现行戒毒模式的分析与思考》,《中国药物依赖性杂志》2005年第5期。

② 数据来源于“一起戒毒”论坛:https://17jiedu.org/bbs/jdw4352211/。

收费情况的监督管理，保证戒毒医疗机构有足够的资金完成戒毒医疗。

(3)加强对戒毒医疗机构的管理与监督。实行公安、卫生行政部门等多部门联合监督管理机制，促使戒毒医疗机构改变对戒毒人员的管理方式，适当加强戒毒治疗的强制性，保证戒毒治疗目的能够实现。要充分发挥各类群众性组织的作用，“如共青团、妇联、残联要对属于各自领域的吸毒人员在戒毒康复中给予帮助，对于侵犯戒毒人员权益的行为和事项要向有关部门提出意见和督促改进”[①]。同时，加强国际、区际自愿戒毒经验交流，加强对复吸率居高不下等戒毒难题的研究，不断提高中国自愿戒毒模式的水平。

二、社区戒毒和社区康复

社区戒毒就是指吸毒人员在社区的牵头、监管下，整合家庭、社区、公安以及卫生、民政等力量和资源，使其人员在社区里实现戒毒。社区康复是指强制隔离戒毒的决定机关，依法责令被解除强制隔离戒毒的人员接受不超过三年的社区康复。

(一)社区戒毒和社区康复的法律规定

1.社区戒毒的法律规定

《禁毒法》中关于社区戒毒的内容规定有三条，包括社区戒毒的对象、社区戒毒的决定机关和执行机关、社区戒毒的期限和执行地。具体条文如下：

> 第三十三条　对吸毒成瘾人员，公安机关可以责令其接受社区戒毒，同时通知吸毒人员户籍所在地或者现居住地的城市街道办事处、乡镇人民政府。社区戒毒的期限为三年。
>
> 戒毒人员应当在户籍所在地接受社区戒毒；在户籍所在地以外的现居住地有固定住所的，可以在现居住地接受社区戒毒。
>
> 第三十四条　城市街道办事处、乡镇人民政府负责社区戒毒工作。城市街道办事处、乡镇人民政府可以指定有关基层组织，根据戒毒人员本人和家庭情况，与戒毒人员签订社区戒毒协议，落实有针对性的社区戒毒措施。公安机关和司法行政、卫生行政、民政等

---

① 朱雪峰：《试论我国戒毒监督机制的完善》，《云南社会主义学院学报》2012年第2期。

部门应当对社区戒毒工作提供指导和协助。

城市街道办事处、乡镇人民政府，以及县级人民政府劳动行政部门对无职业且缺乏就业能力的戒毒人员，应当提供必要的职业技能培训、就业指导和就业援助。

第三十五条　接受社区戒毒的戒毒人员应当遵守法律、法规，自觉履行社区戒毒协议，并根据公安机关的要求，定期接受检测。

对违反社区戒毒协议的戒毒人员，参与社区戒毒的工作人员应当进行批评、教育；对严重违反社区戒毒协议或者在社区戒毒期间又吸食、注射毒品的，应当及时向公安机关报告。

关于社区戒毒的规定，《戒毒条例》用一章十二条进一步将《禁毒法》的条文内涵明确化，详细规定了社区戒毒的执行细节。《戒毒条例》第十四条明确要求，社区戒毒人员应当自收到责令社区戒毒决定书之日起15日内到社区戒毒执行地乡（镇）人民政府、城市街道办事处报到。针对社区戒毒相关机构及人员，《戒毒条例》第十五至十八条明确了乡（镇）人民政府、城市街道办事处等机构，社区戒毒专职工作人员、社区民警、社区医务人员、社区戒毒人员的家庭成员以及禁毒志愿者等人的具体职责；对社区戒毒拒绝接受的情形，社区戒毒执行地的变更，解除、终止和中止情形作了明确规定。《戒毒条例》第二十四条规定："社区戒毒人员被依法收监执行刑罚、采取强制性教育措施的，社区戒毒终止。社区戒毒人员被依法拘留、逮捕的，社区戒毒中止，由羁押场所给予必要的戒毒治疗，释放后继续接受社区戒毒。"

2.社区康复的法律规定

《禁毒法》对社区康复的规定较少，主要是第四十八条规定："对于被解除强制隔离戒毒的人员，强制隔离戒毒的决定机关可以责令其接受不超过三年的社区康复。社区康复参照本法关于社区戒毒的规定实施。"

由此可知，社区康复适用于被解除强制隔离戒毒的人员，具体的管理办法参照社区戒毒的规定实施。

关于社区康复的规定，《戒毒条例》用一章六条进一步将《禁毒法》的条文内涵明确化，详细规定了社区康复的执行细节。《戒毒条例》第三十七条明确要求："对解除强制隔离戒毒的人员，强制隔离戒毒的决定机关可以责令其接受不超过三年的社区康复。"对违反社区康复的，给予较为严厉的处罚。第三十八条第二款规定:"被责令接受社区康复的人员拒绝接受社区康复或者严重违反社区康复协议,并再次吸食、注射毒品被决定强制隔离戒毒的,强制隔离戒毒不得提前解除。"但同时,《戒毒条例》对社区康复的执行场所作了灵活和具体的规定。《戒毒条例》第三十七条第二款规定:"社区康复在当事人户籍所在地或者现居住地乡(镇)人民政府、城市街道办事处执行,经当事人同意,也可以在戒毒康复场所中执行。"

(二)社区戒毒和社区康复的功能定位

1.适用对象

社区戒毒的适用对象,是吸毒成瘾的吸毒人员以及吸毒成瘾严重者。依照《中华人民共和国禁毒法》第三十九条第一款的规定,不适用强制隔离戒毒的吸毒成瘾人员,公安机关依法责令其接受社区戒毒,社区戒毒的期限为三年。

对被解除强制隔离戒毒的吸毒成瘾人员,公安机关可以责令其接受不超过三年的社区康复。因此,并不是所有的被强制戒毒的人员都会实施社区康复,主要依据被解除强制戒毒人员的自身情况来看。

2.社区戒毒与社区康复的性质

从社区戒毒与社区康复的法律规定看,社区戒毒是一种以社区为单位,针对第一次发现吸毒成瘾的人员,依靠社区综合社会力量所采取的综合型的戒毒措施。社区康复是以社区为基地,对吸毒成瘾的人开展康复工作,也就是说戒毒康复工作属于社区服务。

3.社区戒毒与社区康复的区别

社区戒毒与社区康复的区别主要有三个方面:首先是适用对象的戒毒时间段不同。社区戒毒适用于吸毒成瘾人员戒毒初期;社区康复是戒毒后续跟进服务措施,以期防止复吸。其次是执行时间不同。社区戒毒期限三年,社区康复不超过三年。最后是执行地点不同。社区戒毒执行是户籍所在地或者现居住地乡(镇)人民政府、城市街道办事处;社区康复执行是当事人户籍所在地或者现居住地乡(镇)人民政府、城市街道办事处,经当事人同意也可以在戒毒康复场所中执行,执行地点更加灵活。

(三)社区戒毒和社区康复的实践

1.执行场所

根据法律规定,社区戒毒和社区康复原则上在户籍所在地执行,在户籍所在地以外的现居住地有固定住所，且连续居住6个月以上的，也可在现居住地接受社区戒毒和社区康复。社区康复也可以到戒毒康复场所中执行。

2.工作流程

社区戒毒和社区康复的工作流程大体一致，可以划分为以下几个步骤：

(1)作出决定。公安机关对戒毒康复人员作出接受社区戒毒或社区康复决定，制作责令社区戒毒或社区康复决定书。

(2)送达文书。作出决定的公安机关将社区戒毒或社区康复决定书及时送达社区戒毒或社区康复本人及其家属，并在7日内通知社区戒毒康复执行地乡(镇)人民政府、城市街道办事处社区戒毒康复工作部门。

(3)接收人员。戒毒人员应在接到公安机关社区戒毒和社区康复决定书后15日内到执行地乡镇、街道戒毒工作机构报到，在工作人员指导下填写社区戒毒和社区康复人员信息登记表，确定戒毒地点，并通知相应社区戒毒和社区康复工作组前来交接，落实相关的社区戒毒和社区康复措施。

(4)签订社区戒毒或社区康复协议。工作人员根据社区戒毒或社区康复人员本人和家庭情况，及时与其签订社区戒毒和社区康复协议，办理社区戒毒和社区康复人员担保人手续，由社区戒毒和社区康复工作小组督促落实有针对性的社区戒毒和社区康复措施。

(5)落实社区戒毒或社区康复管理措施。社区(村)戒毒工作小组，对社区戒毒或社区康复人员进行管理和帮助，对社区戒毒或社区康复人员建立一人一台账或档案。其中的内容各地略有区别，以南宁市青秀区为例，主要内容为：社区吸毒(康复)人员登记表、社区吸毒(康复)人员戒毒情况登记表、社区戒毒(康复)人员担保书、社区戒毒(康复)人员保证书、社区吸毒(康复)人员戒毒工作计划、社区戒毒(康复)工作小组名单、社区戒毒(康复)协议书、社区戒毒(康复)人员尿样检测合同、社区戒毒(康复)人员戒毒(康复)治疗记录、社区戒毒(康复)人员尿样检测记录、社区戒毒(康复)人员教育谈话记录、社区戒毒(康复)季度评估表、社区戒毒(康复)年度评估表等13项台账。[1]

社区戒毒(康复)工作人员定期组织开展社区戒毒和社区康复评估和解除工作。对已到期的人员进行清理、评估,认定脱瘾和恢复情况,提出解除社区戒毒和社区康复决定。

3.戒治措施

(1)治疗。对社区戒毒和社区康复人员的治疗,国家出台的治疗指导性规章制度主要有《戒毒医疗服务管理暂行办法》《滥用阿片类物质成瘾者社区药物维持治疗工作方案》等。同时,政府为各个美沙酮替代点免费提供戒毒所使用的药品,解决了社区戒毒和社区康复治疗时的主要费用支出问题。各地都根据戒毒人员的染毒程度、经历、个人特点、生活和家庭环境等进行综合分析,制订了个性化、分等级、分阶段的戒毒方案,进行针对性的治疗。

(2)教育。围绕"依法禁毒,构建和谐"这一主题,开办社区戒毒和社区康复的专题教育讲座、培训活动,利用"6·26"禁毒宣传活动等契机进行集中教育,印制各种社区戒毒和社区康复的学习资料,发放到每一位社区戒毒和社区康复人员手中,引导其学习,让他们全面了解毒品的危害、戒毒的基本知识和我国对毒品问题的态度。同时,积极营造浓厚的学习氛围,在社区戒毒和社区康复人员所居住、生活的社区中建设永久性禁毒教育橱窗,定期更新内容,把对社区戒毒和社区康复的教育融入社区环境中。

(3)管理。社区戒毒和社区康复工作小组应当根据社区戒毒和社区康复人员的染毒程度、经历、个人特点、生活和家庭环境等情况,探索建立分类管理机制,有的放矢地采取管理措施。[2] 各地公安机关以及相关部门通过深入调查研究,摸索出新的社区戒毒和社区康复管理思路,主要的管理措施可以概括为:紧抓"发现""戒毒""康复""巩固"四个环节,建立了由各相关部门单位共同参与的社区戒毒和社区康复人员戒毒工作网络;抓排查,准确掌握社区戒毒和社区康复动态信息,实行分类管

---

① 参见《南宁市青秀区社区戒毒和社区康复工作实施细则(试行)》,转引自刘建昌等:《社区戒毒与社区康复》,中国人民公安大学出版社2011年版,第118页。

② 参见《关于加强社区戒毒社区康复工作的意见》(禁毒办通〔2013〕5号)。

理，区别对待；建立社区、分管民警、社工和吸毒人员家庭四位一体的工作网络，明确各自的工作目标与要求，共同承担起管理的职责；加强信息化管理，建设社区戒毒工作管理系统，全面掌握吸毒人员戒毒、康复、美沙酮治疗等各个环节的信息，依法加强对吸毒人员的管理，提升社会管理能力。[1]

(4)服务。各地党委、政府以及禁毒相关部门努力调动一切力量为社区戒毒和社区康复人员服务。公安机关负责社区戒毒(康复)的决定解除，行政机关负责医疗救治，需进一步明确负责医疗救治，司法行政机关提供司法援助，民政机关实施社会救助，劳动保障部门开展就业服务，教育主管部门开展文化教育，财政部门提供经费保障，工会、妇联组织开展形式多样的教育和宣传。[2] 各部门各司其职，帮助社区戒毒和社区康复工作人员，努力为其工作、生活提供最大帮助，解决实际问题。

(5)保护。保障社区戒毒和社区康复人员的合法权益，我国《禁毒法》出台后，陆续出台了一系列相关法律法规，各地也根据本地实际情况制定了相应的规章制度，形成一整套的社区戒毒和社区康复人员权益保障体系。

(四)利弊分析

在2018年10月23日云南昆明召开的“全国社区戒毒社区康复‘8·31’工程暨堵源截流‘5·14’机制会议”上，国家禁毒委副主任、公安部反恐专员刘跃进强调，全国社区戒毒社区康复“8·31”工程取得明显成效，教育挽救了一批吸毒人员，促进了社会治安稳定。截至2018年10月底，全国戒断三年未复吸人员187.5万名，同比增加21.4万名。从上述数字可以看出，全国社区戒毒社区康复工作成效显著。但是，当前也存在诸多迫切需要解决的问题。《全国社区戒毒社区康复工作规划(2016～2020年)》(以下简称《规划》)明确指出，当前我国社区戒毒社区康复工作发展不够平衡，组织机构不健全，人员力量不充实，工作措施不得力，严重影响和制约了社区戒毒社区康复工作健康的深入开展。当

---

① 参见王娜主编：《戒毒学》，中国人民公安大学出版社2014年版，第81页。

② 参见王国庆：《以人为本科学戒毒综合矫治为民服务——浅议社区戒毒、社区康复的科学性和对策》，《云南警官学院学报》2008年第6期。

前，我国毒品滥用问题持续蔓延，滥用合成毒品人数增长很快，戒毒人员复吸率高、戒断巩固难、融入社会难的问题仍较突出，戒毒康复工作任务十分繁重，严重影响公共安全和治安稳定。

（五）社区戒毒和社区康复的发展方向

《全国社区戒毒社区康复工作规划（2016～2020年）》对社区戒毒和社区康复进行了详细的规划，从某种程度上来说，《规划》诠释了社区戒毒和社区康复的发展。

《规划》首先指出推进社区戒毒社区康复工作的指导思想，即“以党的十八大和十八届三中、四中、五中全会精神为指导，认真贯彻落实党中央、国务院关于加强禁毒工作的系列重要决策部署，深入贯彻实施《中华人民共和国禁毒法》《戒毒条例》，深入贯彻落实《关于加强社区戒毒社区康复工作的意见》（禁毒办通〔2013〕5号），紧紧围绕推进平安中国、法治中国建设的总目标，紧密结合社会管理创新，广泛动员各方面社会力量，统筹利用各方面社会资源，全面推进社区戒毒社区康复工作，建立集生理脱毒、心理康复、就业扶持、回归社会于一体的戒毒康复模式，形成政府统一领导、有关部门齐抓共管、乡镇（街道）具体实施、社会力量广泛参与的工作格局，积极帮助吸毒人员戒除毒瘾、融入社会，最大限度减少毒品社会危害”。

同时，《规划》还提出全国社区戒毒社区康复工作的任务目标：“通过五年努力，实现社区戒毒社区康复工作体系全面形成，社区戒毒社区康复专职工作人员队伍全面建立，各项戒毒康复措施全面落实，社区戒毒社区康复执行率稳步提高的目标。”

《规划》提出2018年的目标：“全国社区戒毒社区康复基层基础工作水平明显提升，社区戒毒社区康复专职工作人员队伍趋于稳定，社区戒毒社区康复工作人员培训工作全面开展，禁毒戒毒志愿者队伍建设取得重大进展，社区戒毒社区康复工作机制更加规范，社区戒毒社区康复执行率达到80%以上。2019年，全国社区戒毒社区康复工作实现常态化，社区戒毒社区康复专职工作人员整体素质和业务能力明显提升，社区戒毒社区康复执行率达到90%以上。2020年，全国社区戒毒社区康复工作走上制度化、规范化、常态化轨道，专业队伍保持稳定，社工队伍稳步发展，各项保障机制完善，各项措施全面落实，戒毒治疗、救助服务和社会保障全面覆盖，戒毒康复效果更加巩固，社区戒毒、社区康复执行率保持在97%以上。”

三、强制隔离戒毒

强制隔离戒毒是指依法通过行政强制措施，对吸食、注射毒品成瘾人员在一定时期内，进行生理脱毒、心理矫治、适度劳动、身体康复，开展法律、道德教育的一项重要措施。我国的强制隔离戒毒由公安部门和司法部门负责实施，在劳动教养制度废止、司法部门劳动教养场所转型定型之后，有的省市将强制隔离戒毒由司法部门负责实施。

（一）强制隔离戒毒的法律规定

1.《禁毒法》对强制隔离戒毒的规定

《禁毒法》关于强制隔离戒毒规定有十一条，对强制隔离戒毒适用条件和对象，决定机关、决定程序和法律救济，强制隔离戒毒的地点和期限进行规定。《禁毒法》第三十八、三十九条规定了强制隔离戒毒的四项法定条件以及特殊情况。强制隔离戒毒由县级以上人民政府公安机关作出，制作有关法律文书，履行告知义务，送交执行。对强制隔离戒毒执行地点及如何落实戒治措施，《禁毒法》的第四十一至四十八条涵盖了强制隔离戒毒执行的全过程。

2.《戒毒条例》对强制隔离戒毒的规定

《戒毒条例》在《禁毒法》规定的基础上，对强制隔离戒毒措施作了进一步的规定，共一章十二条，明确了强制隔离戒毒的责任主体，即明确了强制隔离戒毒场所的设置主体和程序，强制隔离戒毒场所分别由县级以上地方人民政府公安机关、社区的市级以上地方人民政府司法行政部门管理，并由公安机关、司法行政部门分段执行强制隔离戒毒。强制隔离戒毒的决定主体为县级以上公安机关。

《戒毒条例》还重点就强制隔离戒毒场所的职责作了明确的细化规定，其目的在于加强对吸毒成瘾人员的管理，促使其有效戒除毒瘾。《戒毒条例》规范了强制隔离戒毒场所的内部管理，规定了强制隔离戒毒场所在入所检查、分类分级管理、所外就医、诊断评估等方面的制度。《戒毒条例》对强制隔离戒毒的决定、执行、管理、解除等具体程序都作了明确的规定。《戒毒条例》第三十一条规定了强制隔离戒毒的所外就医制度，明确规定所外就医的费用由强制隔离戒毒人员本人承担。

对于戒毒人员脱逃的情况，《戒毒条例》第三十二条规定："强制隔离戒毒人员脱逃的，强制隔离戒毒场所应当立即通知所在地县级人民政府公安机关，并配合公安机关追回脱逃人员。"在法律后果上，对于脱逃的戒毒人员，在其被追回后应当继续执行强制隔离戒毒，而且脱逃期间不计入强制隔离戒毒期限。同时，在这种情况下，戒毒人员不得提前解除强制隔离戒毒。

司法行政强制隔离戒毒转型以来，司法部等部委针对强制隔离戒毒制定部门规章制度，全面规范强制隔离戒毒工作。2018 年 6 月 25 日，司法行政戒毒工作成果发布会上明确提出，我国建立了较为完备的司法行政戒毒工作制度体系。《禁毒法》和《戒毒条例》实施以来，司法部大力加强配套制度建设，出台了《司法行政机关强制隔离戒毒工作规定》，会同公安部、国家卫生健康委员会制定了《强制隔离戒毒诊断评估办法》，制定了《司法行政戒毒工作基本规范》，并先后出台涵盖戒毒人员行为规范和教育矫治、戒毒管理、生活卫生、所务公开、安全警戒等方面的 6 项部颁规范性文件，涉及戒毒工作的各项规章制度达 100 余项，各地也陆续出台系列配套文件。较为完备的司法行政戒毒工作制度体系基本建立，实现了各项工作有法可依、有章可循，保障了司法行政戒毒工作法治化、规范化运行。

（二）强制隔离戒毒的功能定位

1. 强制隔离戒毒的适用对象

《禁毒法》第三十八条规定："吸毒成瘾人员有下列情形之一的，由县级以上人民政府公安机关作出强制隔离戒毒的决定：（一）拒绝接受社区戒毒的；（二）在社区戒毒期间吸食、注射毒品的；（三）严重违反社区戒毒协议的；（四）经社区戒毒、强制隔离戒毒后再次吸食、注射毒品的。对于吸毒成瘾严重，通过社区戒毒难以戒除毒瘾的人员，公安机关可以直接作出强制隔离戒毒的决定。吸毒成瘾人员自愿接受强制隔离戒毒的，经公安机关同意，可以进入强制隔离戒毒场所戒毒。"

《禁毒法》明确了决定强制隔离戒毒的四项法定条件，但作为例外，需要直接决定强制隔离戒毒的特殊情况有：一是吸毒成瘾严重；二是通过社区戒毒难以戒除毒瘾。自愿接受强制隔离戒毒的，经公安机关同意，也可以直接进入强制隔离戒毒场所进行戒毒。

不适用或者可以不适用强制隔离戒毒的特定条件，《禁毒法》第三十九条规定："怀孕或者正在哺乳自己不满一周岁婴儿的妇女吸毒成瘾的不适用强制隔离戒毒；不满十六周岁的未成年人吸毒成瘾的，可以不适用强制隔离戒毒。"

2. 强制隔离戒毒的性质

强制隔离戒毒是最严厉的戒毒措施，是一种行政强制措施。在强制隔离戒毒的全过程中，从公安机关作出强制隔离戒毒决定到戒毒人员戒除毒瘾后戒毒所作出离所决定是一个完整的独立的行政行为，而让吸毒成瘾者强制入所戒毒只是整个行政行为中的一个执行环节。强制隔离戒毒具有行政性和强制性，其行政性体现在：一是吸毒行为违反的主要是行政方面的法律、法规规章；二是强制戒毒决定是由具有戒毒强制措施实施权的公安行政机关作出的，不需要向司法机关申请即可执行；三是强制隔离戒毒所的管理部门是行政机关，由公安机关和司法行政机关负责领导和管理。其强制性体现在被强制隔离戒毒的吸毒者的人身自由在一定时期受到限制，在强制隔离戒毒期间，强制隔离戒毒所有权采取一系列强制措施来预防吸毒者接触毒品。[①]

根据《禁毒法》第六十二条规定，吸食、注射毒品本身是一种违法行为。强制隔离戒毒就是使吸毒成瘾人员进入强制性戒毒程序，不是对其惩罚，而是一种强制其远离毒品的戒毒措施。所以，戒毒人员有了违法者、病人、受害者的三重属性。

（三）强制隔离戒毒的实践

1. 强制隔离戒毒的执行

强制隔离戒毒的执行，是指强制隔离戒毒机关将已经发生法律效力的强制隔离戒毒决定所确立的内容付诸实施的活动。强制隔离戒毒可以帮助吸毒成瘾人员恢复身体和心理健康，增强社会适应能力，有利于他们戒断毒瘾，重新融入社会，从而实现戒毒的目的与价值。对强制隔离戒毒的执行，大体程序包括执行期限、收戒执行程序、变更、解除四部分。

---

① 参见褚宸舸：《中国禁毒法治论》，中国民主法制出版社 2016 年版，第 97 页。

(1)执行期限

强制隔离戒毒执行的期限是指强制隔离戒毒机关依据法定的标准和幅度,决定对吸毒成瘾人员适用强制隔离戒毒的时间限度。强制隔离戒毒的执行是禁毒、戒毒法律制度的核心内容。强制隔离戒毒的期限为2年。根据《戒毒条例》的规定,戒毒人员在公安机关的强制隔离戒毒场所执行强制戒毒3～6个月后,可转至司法行政部门的强制隔离戒毒场所继续执行强制隔离戒毒。

强制隔离戒毒执行期限始于接收,终于解除。在强制隔离戒毒执行期间,执行的时间、地点、方式都有可能发生变化,如提前解除、所外就医、延期解除等。

(2)收戒执行程序

·接收　接收是指强制隔离戒毒所依法将被决定强制隔离戒毒的人收进强制隔离戒毒场所内并开始执行强制戒毒的活动。强制隔离戒毒所在接收强制隔离戒毒人员时,审查法律文书及核对身份,并根据县级人民政府公安机关强制隔离戒毒决定书和自愿接受强制隔离戒毒申请书接收戒毒人员。强制隔离戒毒所接收戒毒人员,应当填表写强制隔离戒毒人员入所登记表,贴一寸免冠照片,建立强制隔离戒毒人员档案,并在全国禁毒信息系统中录入相应信息,及时进行信息维护。同时,强制隔离戒毒所应当查收戒毒人员在公安机关强制隔离戒毒期间的相关材料,包括吸毒成瘾认定意见书、吸毒人员动态管控情况表、诊断评估手册等,并核对强制隔离戒毒人员的身份。要注意的是,不宜强制隔离戒毒的,退由原作出决定的公安机关作出社区戒毒决定。

·体检　强制隔离戒毒所接收强制隔离戒毒人员时,应当对其进行身体健康检查和吸毒检测,填写强制隔离戒毒人员入所健康状况检查表,包括测量体温、脉搏、呼吸、血压、体重,并记录病史,进行血常规、肝脾功能、梅毒、艾滋病病毒检验,进行心肺功能检验。戒毒人员有伤的,强制隔离戒毒所应当予以记录,由移送的公安机关工作人员和戒毒人员本人签字确认。对女性戒毒人员应当进行妊娠检测,女性强制隔离戒毒人员的身体检查,须由女性工作人员进行。

·安检　除生活必需品外,被强制隔离戒毒人员的其他物品由强制隔离戒毒所代为保管,并填写被强制隔离戒毒人员财物保管登记表,一式两份，强制隔离戒毒所和戒毒人员各一份。检查时应当有两名以上人民警察在场，对检查中发现的毒品及其他法律规定应当没收的违禁品，应当依法处理；对涉案的其他物品应当移交强制隔离戒毒决定机关处理。安全检查后，组织强制隔离戒毒人员编队、领取生活用品，更换戒毒所配发的统一服装，进入治疗区。

·通知家属　为了保障戒毒人员家属的知情权，强制隔离戒毒所应当自强制隔离戒毒人员入所之日起 5 日内，向其家属发出书面通知。无法通知强制隔离戒毒人员家属的，强制隔离戒毒所应当通知其所在单位、就读学校以及户籍所在地或者居住地公安机关。

(3)变更

强制隔离戒毒变更是指在执行强制隔离戒毒决定的过程中，一些与强制隔离戒毒决定的内容、执行方式等有直接关系的法律事项发生变化，如所外就医、提前或延期解除强制隔离戒毒等。

·所外就医　所外就医是指在强制隔离戒毒期间，戒毒人员因患严重疾病，不出所治疗可能危及生命，强制隔离戒毒所依法、及时为其办理出所就医的执行方法。所外就医的费用由强制隔离戒毒人员本人承担。强制隔离戒毒人员经批准所外就医的，强制隔离戒毒所应当发放强制隔离戒毒人员所外就医证明书，并于 5 日内书面通知强制隔离戒毒人员亲属或者所在单位、就读学校以及户籍所在地或者居住地公安机关。强制隔离戒毒人员所外就医的，应当由其亲属来所接回。亲属接回确有困难的，可以由强制隔离戒毒所送回。强制隔离戒毒人员所外就医实质条件消失的，强制隔离戒毒所应当填写撤销强制隔离戒毒人员所外就医审批表，及时将其收所执行强制隔离戒毒。强制隔离戒毒人员所外就医期间，健康状况不再适宜回所执行强制隔离戒毒的，强制隔离戒毒所应当填写强制隔离戒毒人员变更戒毒措施审批表，向强制隔离戒毒决定机关提出变更为社区戒毒的建议，并报省、自治区、直辖市司法行政机关戒毒管理部门备案。强制隔离戒毒决定机关应当自收到建议之日起 7 日内，作出是否批准的决定。

·执行期限的变更　执行期限的变更是指在执行强制隔离戒毒决定的过程中，强制隔离戒毒决定机关根据戒毒人员诊断评估的结果，作出提前或延期解除其强制隔离戒毒的决定。强制隔离戒毒所应在强制隔离戒毒执行1年后和期满前对强制隔离戒毒人员进行诊断评估。强制隔离戒毒所可以根据诊断评估结果，对强制隔离戒毒人员提出提前解除强制隔离戒毒的意见或者延长强制隔离戒毒的意见，报强制隔离戒毒决定机关批准。强制隔离戒毒决定机关应当自收到意见之日起7日内，作出是否批准的决定。对于解除强制隔离戒毒的人员，强制隔离戒毒决定机关可以责令其接受不超过3年的社区康复。戒毒人员的违规、违法行为会影响其提前解除或按期解除强制隔离戒毒。

(4)解除

强制隔离戒毒解除是指强制隔离戒毒机关对符合条件的戒毒人员，结束对其的强制戒治，发放解除强制隔离戒毒通知书，让其回归社会的一项执法活动。

对强制隔离戒毒期限届满且经诊断评估达到规定标准的强制隔离戒毒人员，应当解除强制隔离戒毒。强制隔离戒毒所应当填写解除强制隔离戒毒通知书，于强制隔离戒毒人员解除强制隔离戒毒3日前通知强制隔离戒毒决定机关，同时通知强制隔离戒毒人员亲属或者所在单位、就读学校以及户籍所在地或者居住地公安机关按期领回。强制隔离戒毒人员出所时无人领回，自行离所的，强制隔离戒毒所应当及时通知强制隔离戒毒决定机关。强制隔离戒毒所应当对解除强制隔离戒毒的人员发放解除强制隔离戒毒证明书，返还代管财物，结清账目，办理出所手续。同时，强制隔离戒毒所应当妥善保管强制隔离戒毒人员档案。

2.强制隔离戒毒的内容

强制隔离戒毒的内容包括生理脱毒、心理脱毒、康复训练、回归辅导等。这是戒除毒瘾的重要途径。

(1)生理脱毒

生理脱毒是指强制隔离戒毒所对急性脱毒阶段的戒毒人员因戒毒产生的戒断症状进行有针对性的治疗，减轻其戒断症状，并预防由于突然戒毒可能产生的其他生理健康问题。生理脱毒是整个戒毒过程的关键，应当尽可能地减轻或消除戒断症状，治疗身体因戒毒而产生的并发症。由于吸食或注射毒品种类不同，出现的戒断症状也不同，治疗措施也要有所差异。关于成瘾程度，通常来说，可根据戒毒人员吸食毒品的时间、剂量、频率、方式来判断。一般而言，吸食毒品时间长、剂量大、频率高，则毒瘾程度较深。另外，采用注射方式的比吸食方式的毒瘾程度深。治疗者应当根据戒毒人员的吸食、注射毒品的种类，成瘾程度等具体情况提出治疗方案，确定治疗药物，有效地控制戒断症状和并发症，保证安全地脱毒，为心理治疗打下基础。

(2)心理脱毒

心理脱毒是帮助戒毒人员纠正错误认识，树立自信心、责任心和意志力，提高自控能力，依靠自身力量和精神摆脱对毒品的依赖，达到戒毒目的。心理依赖是戒毒人员最复杂、最难戒除的症状，所以心理脱毒所承担的任务最重要。大部分戒毒人员缺乏戒断毒品及重新融入社会的信心，容易形成自我封闭、自暴自弃、逃避现实，甚至出现反社会性人格。面对戒毒人员复杂的心理问题，心理脱毒首先是需要戒毒工作者和戒毒人员建立良好的沟通，让戒毒人员产生信任感，愿意暴露自己的问题。戒毒工作者要注意观察戒毒人员的状况，针对其自我否定的心理，从认知疗法、行为疗法、团体治疗等心理矫治方法中选择并应用，让其服用相关的可以克服焦虑、抑郁等消极情绪的药物来辅助治疗，有针对性地对其进行心理辅导，帮助戒毒人员重新树立自信心。

(3)康复训练

康复训练包括体育训练、生活技能训练、文体活动和生产劳动等。体育训练对于心理的康复有着极好的作用。它成本低、无副作用，可以排除消极的心理因素，既锻炼了身体，也使得心理更健康。生活技能训练、文体活动有助于提高强制隔离戒毒人员的自信心，增强竞争意识，有助于转移戒毒人员对毒品的渴求心理。目前，强制隔离戒毒所开展的康复训练项目主要有跑步、健美操、广播操、瑜伽、太极拳、球类运动和室内器械类运动等。根据戒毒的需要，强制隔离戒毒场所可以组织戒毒人员参加必要的生产劳动，对戒毒人员进行职业技能培训，有助于戒毒人员身体机能的恢复、职业技能的培养、生活信心的增强，同时也有助于戒毒所发展潜力的提升。

(4)回归辅导

回归辅导，是完成强制隔离戒毒人员的再社会化，使其融入社会，重新过正常的社会生活的一项重要工作。回归社会辅导一方面是防止复吸的巩固训练，要求戒毒人员熟练掌握抵御毒品诱惑和应对高危情境与生活挫折的方法；另一方面是进行就业指导，培训职业技能，培养正常的社会交往能力和政策指导。

（四）强制隔离戒毒的利弊分析

我国在制度上确立了强制隔离戒毒措施，提出了一些先进的理念和原则，尊重戒毒人员，保障戒毒人员的权利，开展人性化的管理，采取综合性的矫治措施，取得了显著的成绩。2018年6月25日，司法部发布的《中国司法行政戒毒工作发展报告》显示：全国司法行政系统目前共有强制隔离戒毒场所370个，戒毒康复场所（区域）73个。自2008年《禁毒法》实施以来，累计收治强制隔离戒毒人员144.4万余人，目前在册20.7万人；累计收治戒毒康复人员10.6万余人，目前在册4000余人；管理服务社区戒毒、社区康复人员5.5万余人。

虽然我国在司法行政戒毒工作中取得了很大的成绩，但是现实操作中仍然存在诸多问题，概括起来有以下三个方面：

一是戒毒医疗资源短缺。戒毒工作具有很强的专业性，要科学戒毒，必须依赖于医学手段和方法，这就需要大批的专业人员和专业的医疗设施。我国当前在这一方面还是比较短缺的。主要存在专业的医务人员数量少，尤其是全科医生、精神科医师比较缺乏；医疗设施建设严重不足等问题。

二是干警队伍还不完全适应，对戒毒工作的规律性认识和把握需要进一步加强，工作理念需要进一步创新。

三是社会支持系统尚不健全。戒毒是一项社会系统工程，但现有的社会资源不能得到有效的整合，社会团体、组织或个人参与戒毒工作的积极性有待提高，戒毒人员出所后的社会后续照管工作体系还不健全完善。

（五）强制隔离戒毒的发展方向

司法行政戒毒工作有四大着力点，主要体现在制度、思想、安全、工作四个层面，从某种意义上说，这是强制隔离戒毒工作的发展方向。

首先，在制度上要树立制度自信，健全完善中国特色司法行政戒毒制度。实施强制隔离戒毒是社会主义制度优越性的集中体现，符合人民期望和我国国情，其独特优势是坚持对吸毒人员“三重属性”（即违法者、毒品受害者、成瘾病人）的全面认识，坚持将惩戒打击、人文关怀、治病救人相结合。

其次,在思想上要坚持以人民为中心的发展思想,最大限度地戒治和挽救吸毒者,减少毒品对社会的危害,更好地满足广大人民群众对美好生活的向往。

再次,在安全上要深化治本安全观,输出合格公民。在底线安全观的基础上,对标治本安全观的要求,扎实在戒治、矫治上下功夫,真正把那些带着违法恶习甚至犯罪前科的吸毒人员矫治为合格公民、守法公民,使全社会、人民群众能够共享司法行政戒毒工作的发展成果。

最后,在工作上要解决发展不平衡不充分难题。要统筹协调,补齐短板,解决工作中的发展不平衡不充分问题。在横向上,重点解决各地发展不平衡问题;在纵向上,对于存在的戒毒工作规范化建设、教育戒治科学化专业化、场所信息化水平等方面的问题将进一步深化、提高、加强。

四、戒毒方式比较分析

自愿戒毒、社区戒毒、社区康复、强制隔离戒毒是我国当前基本的戒毒模式,不同的戒毒模式各有特点和侧重。总的来说,自愿戒毒强调自愿性,重在医疗戒毒和心理戒毒;社区戒毒和社区康复强化了对戒毒人员的戒毒和治疗,重点在戒毒人员的生活与职业技能教育,在相对固定的环境,提供自我戒除毒瘾的机会;强制隔离戒毒是对吸毒违法行为的强制性、限制自由的戒治措施,重点在全面地进行毒瘾的心理矫治和养成教育。

(一)自愿戒毒与强制隔离戒毒

自愿戒毒与强制隔离戒毒是两种截然不同的戒毒模式。自愿戒毒是个人有强烈的意愿,家庭关系和睦,且具备一定的经济能力支付必要的费用。也就是说,自愿戒毒是非强制性的。其中《禁毒法》明确规定,自愿接受强制隔离戒毒的,经公安机关同意,可以进入强制隔离戒毒场所戒毒。自愿戒毒的执行须在具有戒毒治疗资质的医疗机构中。国家鼓励吸毒成瘾人员自行戒除毒瘾,对于自愿接受戒毒治疗的吸毒人员,公安机关对其原吸毒行为不予处罚。

强制隔离戒毒的认定标准,是由公安机关依法认定,并作出强制隔离戒毒决定,送交强制隔离戒毒所执行。强制隔离戒毒不是个人自愿的。

(二)社区戒毒、社区康复与强制隔离戒毒

社区戒毒以戒毒人员原生活环境为基础,通过街道委员会或村民委员会提供治疗和监督,期限一般为3年,不对其采取关押措施,不限制人身自由。进行社区戒毒时,如果戒毒人员不配合,将解除戒毒协议,由公安机关实行强制戒毒。"社区戒毒对吸毒者的负面影响较小,多针对初吸者或强制隔离戒毒期满后表现比较好的人员,对社区其他居民带来的影响有限。同时,社区这种相对开放的环境,对戒毒者的心理康复和融入社会更加有利。"[①]社区康复是一种对解除强制隔离戒毒人员进行的后续巩固治疗模式,社区康复的内容与社区戒毒基本一致。

强制隔离戒毒与社区戒毒和社区康复相比,首先是执行主体不同,强制隔离戒毒是在特定的戒毒场所执行;其次是具体内容不同,强制隔离戒毒限制戒毒人员的人身自由,且具有强制性;最后是实施的阶段不同,社区戒毒是强制隔离戒毒的前置程序,社区康复是强制隔离戒毒的后置程序。

(三)社区戒毒与社区康复

从适用对象上看,社区戒毒适用于因吸毒被公安机关初次查获,本人有戒除毒瘾愿望,能主动配合治疗,且有固定住所,具备帮教条件的;有稳定的工作、生活来源或为在校学生的。社区康复适用于被解除强制隔离戒毒的,可能不是初次吸毒被查获人员。同时,二者都没有限制戒毒人员人身自由的权力。

第三节 国外主要国家戒毒模式概述

面对戒毒这一世界性难题,各个国家和地区都将预防吸毒、戒断毒瘾、防止复吸和帮助毒品成瘾者正常回归社会作为研究的重点难点。但因各国和地区历史发展、社会制度和对吸毒问题的价值取向不同,戒毒模式存在较大差异。纵观国外各种戒毒模式,总体上可分为医学康复模式和社会心理康复模式。我们从"封闭与开放""强制和自愿""生理和心

---

① 姬旭:《我国内地强制隔离戒毒制度研究》,安徽大学硕士学位论文,2011年。

理”等几个维度来简要总结和评述当前国外戒毒工作的典型模式及特点。[①]

一、强制性戒毒治疗

强制性戒毒治疗是将戒毒人员强制集中在戒毒场所，为其提供必要的医学治疗和心理治疗。强制性戒毒治疗具有政府开办、无毒封闭场所、在一定期限内限制人身自由的特征。境外采取强制性戒毒治疗模式的国家主要有美国、日本、泰国、新加坡、澳大利亚等。美国是世界上第一个针对禁毒问题制定了专门法律的国家，吸毒人员可以在监管场所内执行戒毒康复治疗，使用心理行为干预手段进行戒毒治疗，并配备专业的心理医生。[②] 在日本，吸毒属于刑事犯罪，不设有专门的为吸毒人员提供康复的机构，吸毒人员被依法逮捕后投送监狱，在监狱中可以接受戒毒康复治疗。泰国的强制性戒毒由泰国司法部缓刑司主管，主要适用的吸毒人员是成瘾严重、有犯罪记录的、经过法院判决决定强制戒毒治疗的，期限是 6 个月至 3 年。在新加坡，发现吸毒人员后，经相关机关批准，可以将吸毒人员送至治疗中心。在治疗中心，吸毒人员与社会隔离，无法与社会接触，直至戒毒结束。在澳大利亚，有些州监狱建立强制戒毒治疗改造中心，专门为吸毒的囚犯进行脱毒治疗。当然，相当一部分国家针对吸毒人员采取强制性的戒毒措施非常慎重，极力避免或减轻强制性的戒毒措施为吸毒者本人带来的负面影响。

二、治疗社区戒毒

治疗社区戒毒（Therapeutic Community，TC）是世界上最为主要的戒毒治疗康复模式，它始于 20 世纪 50～60 年代的美国，现有 60 多个国家地区应用这一模式。TC 是一个以民间组织或公司的方式运作、以戒毒治疗康复为目的、以特定的管理规则和治疗措施为内核的戒毒模式。该模式以为戒毒者建立的一个以集体居住为前提，在居住的过程中通过

---

① 参见马立骥、胡钟鸣：《司法行政戒毒工作基本模式研究》，《中国司法》2018 年第 3 期。

② 参见兰菲菲：《论我国强制隔离戒毒法律制度的完善》，电子科技大学硕士学位论文，2013 年。

自助和互助的方式学习社会生活规则，辅之以工作者心理疏导、职业技能训练，矫正自我人格，改善人际关系，提高社会适应力和应急能力，养成自我责任观念，塑造正常的心理机制和社会行为，最终实现戒断毒瘾、重新社会化的一种集居住、生活、工作、社会交往和戒毒治疗为一体的居住性治疗环境。[①]

美国采取“集体治疗”“个别指导课程”“毒瘾治疗及正式的教育课程”“生活、工作之义务观念养成”等措施，对吸毒人员进行戒毒康复。英国采用“处方体系”，以社区为单位，由医疗机构及专业人员向戒毒者提供帮助。德国主要由康复中心对吸毒人员进行戒毒康复工作。日本建立了较为完善的社区戒治模式，社区治理的“地域网路”模式，整合政府、社区及民间志愿者的参与，为戒毒者提供帮助。可以说，治疗社区模式有相当大的开放性和自愿性，具有以集体治疗为基础，高度结构化、等级化的家庭氛围为手段，最终促成个体行为和人生观的转变。

三、住院治疗戒毒

住院治疗戒毒是由医院收治戒毒者，采用医学和心理学等技术对戒毒者予以生理脱毒和心理康复的治疗方式。采用这种模式的国家很多，目前已经形成由普通医院和专业戒毒医疗机构组成，社会工作、教育学、心理学、医学等共同参与的医院治疗戒毒模式。在韩国，所有的医院都可提供戒毒住院治疗服务。德国的吸毒者的住院治疗全部纳入社会保险体系，吸毒者可以选择社会保险体系中设置的治疗机构进行戒毒。英国的医院戒毒模式同样也是纳入英国国民医疗保险体系，戒毒者可以在社区内获得免费的医院戒毒综合治疗。住院治疗戒毒模式为戒毒者提供了很好的治疗保障，治疗的环节和矫治支持都很科学，免费治疗凸显治疗的便利。

四、自治组织戒毒

自治组织戒毒或自愿戒毒是大多数国家主要采取的方式，由各种医

---

① 参见刘建宏主编：《中国吸毒违法行为的预防及矫治》，人民出版社 2014 年版，第 361 页。

疗机构或自治组织承担治疗和康复职责，采取合法长期使用海洛因、吗啡、杜冷丁、鸦片、美沙酮、丁丙诺啡等多元药物维持疗法对吸毒者进行治疗。但是，不同国家和地区的自愿性治疗康复又有不同的模式，呈现出多元化的特点。美国的自愿戒毒属于医疗康复模式与社会心理模式相结合的综合模式；瑞典的自愿戒毒对吸毒者进行药物治疗，并且自1996年主要依靠美沙酮戒毒；日本的自愿戒毒主要是在医院中进行，但药物方面受到政府部门的监管；英国给予吸毒者很大的自主性，主张将吸毒者定义为病人，而不是罪犯。另外还有一些国家采取宗教性质的自愿戒毒模式。国外的自愿及自治性的戒毒模式主要是通过民间组织，有完整的戒毒理念和规则，通过药物、心理支持等方式帮助或自助戒断毒瘾。但是，自愿戒毒模式的弊端显而易见，事实上，这是一种姑息政策下的替代疗法。

第三章 戒毒工作理念创新

2007年12月29日，第十届全国人民代表大会常务委员会第三十一次会议审议通过了《中华人民共和国禁毒法》，于2008年6月1日起施行。这是中华人民共和国第一部全面规范禁毒工作的法律。《禁毒法》的出台，紧扣新时期禁毒工作面临的机遇与挑战，指引并推动着禁毒工作的前进方向。就戒毒工作而言，《禁毒法》体现出一种理性而又务实的崭新戒毒理念。其中有关戒毒问题的具体规定，体现了戒毒工作社会化、规范化和法制化的指导思想，为深入推进禁毒人民战争、完善禁毒戒毒工作体系、有效解决复吸率高的问题提供了法律依据。作为与《禁毒法》相配套的行政法规——《戒毒条例》，是在总结多年来我国强制隔离戒毒、劳教戒毒执法实践以及《禁毒法》规定的戒毒措施基础上形成的，确立了政府统一领导，禁毒委员会组织、协调、指导，有关部门各负其责，社会力量广泛参与的戒毒工作体制；建立了戒毒医疗、康复指导、救助服务兼备的工作体系；明确了以人为本、科学戒毒、综合矫治、关怀救助的戒毒工作原则。

第一节 戒毒工作理念概述

从清末禁烟运动到中华人民共和国成立后禁绝烟毒，到毒品问题死灰复燃，再到以《禁毒法》颁布为标志的全民禁毒运动，我国的禁毒活动不断走向成熟，全社会的禁毒观念也日趋理性，逐渐转变到“预防为主，综合治理，四禁并举”的治本之策上来。与之相适应，我国戒毒工作理念也发生了根本性的转变。

一、戒毒理念实现从“以罚代戒”到“以戒为本”的转变

《禁毒法》颁布实施前，吸毒人员被公安机关作出治安管理处罚（即15日以下拘留，并处2000元以下罚款）后，吸毒成瘾者通常要接受强制戒毒（3～6个月）或者劳教戒毒（1～3年）完全限制人身自由的惩罚性戒毒措施，戒毒全程“以罚代戒”特点突出，缺少重新融入社会的适应阶段，戒毒效果并不理想。

《禁毒法》第三条明确指出：“禁毒是全社会的共同责任。国家机关、社会团体、企业事业单位以及其他组织和公民，应当依照本法和有关法律的规定，履行禁毒职责或者义务。”第三十一条规定：“国家采取各种措施帮助吸毒人员戒除毒瘾，教育和挽救吸毒人员。吸毒成瘾人员应当进行戒毒治疗。”戒毒的目的在于教育和挽救吸毒人员，在于帮助吸毒人员戒除毒瘾、重归社会。我们应当立足于《禁毒法》的颁布实施，改变以往“戒毒是公安机关、司法行政机关和吸毒人员之间的事情”及“以罚代戒”等观念，确立戒毒是全社会的共同责任的意识，全面树立起“以戒为本”的戒毒工作理念，充分调动各行各业参与到戒毒康复工作中来，汇集社会大众的力量为吸毒人员创造更好的戒毒环境，以确保戒毒工作全面有效地开展。

二、“科学规范”的戒毒工作理念在新的戒毒模式中得以体现

《禁毒法》确立了由自愿戒毒、社区戒毒和强制隔离戒毒三种戒毒措施，三者互相支撑，共同构成“三位一体”的戒毒方式。这一戒毒方式体现出“以个人与社会为主、国家强制治疗为辅”的立法态度。吸毒人员在未被公安机关发现时，可根据自主意愿决定到法定医疗机构实施自愿戒毒，公安机关在发现吸毒人员后一般先责令其接受相对较为宽松的社区戒毒，而完全限制人身自由、处罚色彩最为强烈的强制隔离戒毒则作为最后的选择，仅在其他两种模式无法或不能继续适用的条件下方可适用。[①] 这一戒毒方式符合现代法治社会所提倡的“比例原则”要求。三种

---

① 参见张黎：《以戒为本 重治慎罚——重塑新时期的戒毒工作理念》，《云南警官学院学报》2010年第3期。

戒毒措施的适用条件逐次递增，对人身自由的限制程度也逐次严格，能够呈现出一定的比例性，符合“比例原则”的要求，有助于避免强制隔离戒毒措施的滥用，保障吸毒人员的合法权益免受不必要的侵害。上述三种戒毒措施并非彼此相互独立，而是相互支撑、互为一体的有机组合，每一种戒毒措施都是其他戒毒措施的必要补充，这种组合能够广泛适应各种不同类型吸毒人员的不同症状，使得戒毒方式具有更为长久的生命力。

三、日益严峻的禁毒形势需要全新的戒毒工作理念

毒品毁灭个人，祸及家庭，造成巨大的财富浪费，还极易诱发其他违法犯罪，破坏正常的社会秩序和经济秩序。曾有一副对联写道：“烟枪一支，未闻炮声震天，打得妻离子散；锡纸半张，不见烟火冲天，烧尽田地房廊。”2014 年 6 月 26 日，山东省政府新闻办公室新闻发布会上通报全省禁毒工作整体情况，全省因毒品问题带来的“两抢一盗”、寻衅滋事、卖淫、艾滋病传播、赌博及吸毒后残杀亲人、跳楼自杀、“毒驾”撞人等肇事肇祸案(事)件不断增多。在查获的吸毒人员中，有 70％～80％的涉及上述违法活动；在各类违法犯罪嫌疑人中，4％～5％涉嫌吸毒。[①] 2012 年以来，山东省抓获的外省籍犯罪嫌疑人中，就有 1800 多名因吸毒感染艾滋病等严重传染性疾病。查获的 100 名吸毒人员中就有 80 人左右涉及“两抢一盗”、寻衅滋事、卖淫、艾滋病传播、赌博、肇事肇祸等不法活动，吸毒女性中有 80％以上从事卖淫活动，导致性病、艾滋病蔓延。毒品犯罪已经成为影响社会治安的源头性问题，是引发其他刑事犯罪的上游犯罪。许多吸毒人员“一朝吸毒，十年戒毒，终生想毒”。毒难戒是世界普遍面临的科学难题。我国强制隔离戒毒的目的就是要用一切的科学办法教育、挽救吸毒成瘾人员。在戒毒工作过程中，我们依法综合使用心理、医疗、文化、道德、法律、技能等综合矫治手段，既矫正戒毒人员思想，也矫治戒毒人员行为，并在实践中不断地探索新理念、新模式、新方法，力求在法定时间内有效帮助其戒除毒瘾，帮助其恢复身体健康，顺利回归社会。

---

① 参见“山东省禁毒工作情况新闻发布会”，2014 年 6 月 27 日，http://www.scio.gov.cn/xwfbh/gssxwfbh/shandong/Document/1374272/1374272.htm。

第二节　戒毒工作职能定位

《戒毒条例》第二条第二款规定:"戒毒工作坚持以人为本、科学戒毒、综合矫治、关怀救助的原则,采取自愿戒毒、社区戒毒、强制隔离戒毒、社区康复等多种措施,建立戒毒治疗、康复指导、救助服务兼备的工作体系。"本书中的戒毒工作,主要是指司法行政戒毒工作。

一、戒毒人员身份定位

吸毒不仅是一种违法行为,吸毒成瘾更是一种疾病。如何定位戒毒人员的身份成为戒毒工作的关键。

(一)从法律角度讲,戒毒人员是违法者

吸毒本身不仅违反了国家法律,而且有的吸毒者毒瘾发作后,不惜铤而走险,不择手段地去获取毒品或者毒资,从而导致数量更多、危害性更大的违法犯罪行为。可见,吸毒和违法犯罪行为形成了一种互为因果的关系。

(二)从医学角度讲,吸毒是一种慢性、复发性脑疾病

戒毒人员是脑疾病患者。如果将人体比喻成一台电脑,毒品就像是计算机病毒。病毒干扰电脑的正常程序,造成电脑程序混乱,无法正常运转,甚至出现死机。对于吸毒者而言,毒品造成人的心理、行为发生扭曲,与以前判若两人。面对熟悉的亲人,在毒品(毒瘾发作)的影响下,大脑发出错误的指令,把亲人识别成为敌人、仇人,进而出现暴力伤害行为。吸毒的危害远不止对神经系统造成损害,它同时还对人体的其他组织和器官造成不可逆转的伤害。设想一台程序混乱的电脑,其运行速度会越来越慢,内部电器元件的负荷越来越重,迟早会烧坏硬件。这同样能够说明,人一旦吸了毒,毒品对人体的损害可以涉及各个脏器,从心血管系统到免疫系统,损害各器官组织。这使他们有可能因为一个普通的感冒而失去性命。美国一机构曾做过一个关于吸毒人员死亡原因的随访调查,最后结论发现这些人最常见的死亡原因是流行性感冒。

(三)从药理学的角度讲,戒毒人员是受害者

人们研究发现,尽管不同种类的滥用药物产生多样化的药理作用及不同的行为效果，如急性作用可能产生奖赏、强化、欣快、兴奋、幻觉、错觉、抑制等不同的心理生理效应。然而，长期吸食毒品成瘾后，与其他药物滥用有相似的特点，如药物耐受性、依赖性，包括躯体依赖性和心理依赖性以及对成瘾药物的敏感性增强，一旦终止用药或者降低用量，都可能导致戒断反应。即使在停止药物滥用的很长时期内，随时可能因为环境、情绪、躯体等因素诱发吸毒者复吸毒品。这种现象显示，在复杂成瘾背后有相似的神经生物学基础。从生理上看，大脑会在人的需要得到满足的时候，释放一种叫多巴胺的物质，用以传递兴奋、开心的信息，并在大脑“接收器”的帮助下，与神经细胞结合，产生让人舒服的感觉。毒品之所以能让人产生类似的感觉，在于它可以入侵多巴胺在人体大脑中的位置，强行释放多巴胺。但同时，毒品会减少运载多巴胺“接收器”的数量，对大脑造成器质性的改变。“接收器”的数量减少了，吸毒人员还想获得同样的感觉，就要不断加大毒品剂量，释放出更多的多巴胺。在这样循环往复的过程中，人体大脑中的“接受器”会越来越少。长期吸毒，毒品甚至能够关闭制造“接收器”的基因。这就是吸毒成瘾且毒瘾会越来越重的生理原因。

因此，戒毒人员既是违法者又是病人，还是毒品的受害者，需要政府、社会、家庭和公众对他们进行关注和爱护。目前，世界各国对吸毒行为采取的态度不同，控制手段也千差万别。各国政府对吸毒行为建有一套防范、控制、矫正措施，有的国家认为吸毒是一种独立的犯罪行为。[①]我国将自愿戒毒、社区戒毒、强制隔离戒毒、社区康复等多种措施结合在一起，形成了具有中国特色的戒毒治疗、康复指导、求助服务兼备的戒毒工作体系，并实行不入罪、非罪化。我国运用行政强制措施给吸毒成瘾人员创造一个封闭的环境，使其与吸毒环境隔离，通过医疗、教育、康复和感化手段，让他们从被迫接受戒毒到主动自愿戒毒，最终戒除毒瘾，实现身心康复。强制隔离戒毒不是一种处罚措施，而是一种行政强制措施。

---

① 参见骆寒青:《对设立吸毒罪的设想》,《云南警官学院学报》2006 年第 2 期。

二、戒毒工作职能

《戒毒条例》第四条第三款规定:“设区的市级以上地方人民政府司法行政部门负责管理司法行政部门的强制隔离戒毒场所、戒毒康复场所,对社区戒毒、社区康复工作提供指导和支持。”因此,司法行政戒毒工作主要包括强制隔离戒毒、戒毒康复、指导支持社区戒毒和社区康复等方面的内容。

(一)强制隔离戒毒

强制隔离戒毒工作,是指国家和强制隔离戒毒工作执行机关,通过计划、组织、领导和控制被强制隔离戒毒人员,以有效实现戒毒目标的行政执法活动。就其内涵来说,有三个层次的含义:一是国家通过设置相应的各级行政机关,来实施对强制隔离戒毒工作的全面管理;二是强制隔离戒毒场所的全部行政事务管理,如收治、教育、生活卫生、生产习艺、戒毒人员等方面的管理;三是专指强制隔离戒毒场所对戒毒人员的管理。强制隔离戒毒流程管理主要是接收、管理和解除强制隔离戒毒的管理过程。

强制隔离戒毒是《禁毒法》确定的戒毒措施,它区别于自愿戒毒、社区戒毒以及社区康复,是集医疗、管理教育、心理矫治和社会帮教等综合矫治手段于一体的一种戒毒措施。强制隔离戒毒是对符合法定条件的吸毒成瘾人员采取的一种强制性戒毒措施,强制隔离戒毒的决定由县级以上人民政府公安机关作出。相对于自愿戒毒而言,强制隔离戒毒将符合法定条件的吸毒成瘾人员实行隔离,以限制吸毒成瘾人员人身自由为手段、在封闭无毒的环境中,对其进行强制戒毒,帮助其戒除毒瘾、健康回归社会。强制隔离戒毒是我国目前非常重要的一种戒毒措施。

强制隔离戒毒集生理脱毒、身心康复、回归社会功能于一体,具有封闭性、强制性的特点,同时执行的主体是人民警察,使强制隔离戒毒措施进一步彰显法律的严肃性。强制隔离戒毒在我国禁毒工作中发挥了不可替代的作用。一是强制隔离戒毒所成为有效遏制毒品违法犯罪行为的重要阵地。强制隔离戒毒所收治戒毒人员,实现了戒毒人员与毒品的有效物理隔离,客观上减少了毒品需求,压缩了毒品消费市场,有效抑制了制贩毒犯罪活动,发挥了预防和减少毒品违法犯罪的作用。二是最大限度增加社会和谐因素的有效措施。强制隔离戒毒在一定程度上使吸毒人员与社会隔离，并通过必要的手段和措施，帮助他们戒除毒瘾，减少违法犯罪行为的诱因，有利于促进社会和谐。三是强制隔离戒毒所是帮助戒毒人员戒除毒瘾的特殊医院。强制隔离戒毒所根据戒毒人员吸食毒品的种类、成瘾程度以及患病情况，提供科学规范的戒毒医疗服务和心理矫治，帮助他们恢复身体机能和心理健康，有效提高抵制毒品和适应社会的能力，最终帮助他们戒除毒瘾，顺利回归社会。四是推进社会公平正义的直接力量。公平正义是人类社会共同的理想，是社会主义法治的价值追求。从事戒毒工作的人民警察代表国家履行行政执法权，是法律的执行者、适用者。这种特殊的工作环境和工作职责决定了其在推进社会公平正义中承担着重要的责任，是推进社会公平正义的一线力量。

（二）戒毒康复

毒品具有较强的成瘾性和依赖性，一旦染上，毒瘾的戒除往往会出现反复。根据2009年司法部劳教局（戒毒管理局）制定的《戒毒康复管理办法》，戒毒康复是集生理脱瘾、心理矫治、劳动康复、职业培训等于一体的戒毒模式。戒毒康复坚持以人为本、综合矫治的原则，可以有效地帮助吸毒成瘾人员戒除毒瘾、实现就业和融入社会，是巩固戒毒成果的重要措施。

戒毒康复场所和戒毒康复人员之间的关系因双方之间的协议产生，在法律属性上有别于强制隔离戒毒。戒毒康复场所可以为戒毒康复人员提供一个“无毒”环境，并通过戒毒治疗、身体康复、心理咨询等，帮助戒毒康复人员延长戒断巩固时间直至彻底戒除毒瘾，预防和减少因吸毒引发的违法犯罪。戒毒康复场所还可以为戒毒康复人员提供生产劳动岗位、职业技能培训和社区式的生活环境，帮助他们通过劳动依法获得一定经济收入，掌握一技之长，过上有尊严的正常人的生活，融入社会，有利于从根本上解决复吸问题，减少因吸毒造成的社会危害。

根据《禁毒法》和《戒毒条例》规定，戒毒康复是一种自愿戒毒措施。戒毒人员自愿与县级以上地方人民政府开办的戒毒康复场所或社会力量依法开办的戒毒康复场所签订协议。戒毒康复场所采取拒毒能力训练、心理康复训练、体能康复训练、就业技能训练、社会适应训练等戒毒康复训练方法，帮助戒毒康复人员转化思想，矫正恶习，树立戒毒信念，培养健康的生活方式，提高谋生技能和社会适应能力，使其成为遵纪守法公民和自食其力的劳动者。

2006 年 6 月，国家决定依托劳教戒毒场所建立戒毒康复中心，接收劳动教养戒毒解教后和社会上其他自愿接受戒毒康复的人员，通过有效的治疗和职业技能培训，为戒毒人员回归社会提供过渡性安置。为了做好戒毒康复工作，加强规范管理，2009 年颁发的《戒毒康复管理办法》对戒毒康复场所的机构设置和人员配备、戒毒康复人员的收治和管理、康复和教育、职业培训和生产劳动等方面进行了进一步的规范。2014 年，国家禁毒委员会办公室、公安部、国家发展和改革委员会办公室、司法部联合发布了《关于改进戒毒康复场所试点项目建设管理工作的意见》，为深入推进戒毒康复场所试点项目建设管理工作，完善戒毒康复工作体系，积极做好戒毒康复人员就业扶持和救助服务工作，提出了具体的意见和要求。近年来，各省市区在加快戒毒康复场所硬件建设的同时，积极建立戒毒康复新的工作机制，探索有效的治疗康复手段。

（三）指导支持社区戒毒和社区康复

社区戒毒是《禁毒法》明确规定的一项戒毒措施。《禁毒法》第三十三条规定："对吸毒成瘾人员，公安机关可以责令其接受社区戒毒，同时通知吸毒人员户籍所在地或者现居住地的城市街道办事处、乡镇人民政府。社区戒毒的期限为三年。戒毒人员应当在户籍所在地接受社区戒毒；在户籍所在地以外的现居住地有固定住所的，可以在现居住地接受社区戒毒。"社区康复也是《禁毒法》明确规定的一项戒毒措施。《禁毒法》第四十八条第一款规定："对于被解除强制隔离戒毒的人员，强制隔离戒毒的决定机关可以责令其接受不超过三年的社区康复。"《戒毒条例》第三十七条第一款也规定："对解除强制隔离戒毒的人员，强制隔离戒毒的决定机关可以责令其接受不超过三年的社区康复。"

社区戒毒和社区康复既是一项戒毒措施，也是社会管理创新的重要举措。社区戒毒和社区康复充分发挥社区、家庭在帮助吸毒成瘾人员戒除毒瘾方面的作用，依托社区资源，建立戒毒治疗、康复指导、救助服务兼备的工作体系，充分体现了戒毒工作以人为本的原则。

2013 年，国家禁毒委员会办公室、中央综治办、公安部、卫生部、司法部等部门联合发布了《关于加强社区戒毒社区康复工作的意见》，要求加强对社区戒毒、社区康复工作的组织领导，各有关部门既要各司其职，发挥各自优势，又要通力协作，形成整体合力，使各个环节有序衔接、各项措施有效落实。司法行政部门要加强对社区戒毒、社区康复人员的法制教育、跟踪帮教等工作，做好戒毒出所人员的衔接管理。

2015 年年底，国家禁毒委员会办公室、中央综治办、公安部、民政部、司法部、财政部、人力资源和社会保障部等 11 个部门联合制定了《全国社区戒毒社区康复工作规划（2016～2020 年）》，在"明确责任分工"一条中指出："司法行政部门要加强对社区戒毒、社区康复人员的法制教育，强制隔离戒毒所要做好解除强制隔离戒毒人员出所时与社区戒毒社区康复机构的衔接工作。"

因此，在指导支持社区戒毒、社区康复工作方面，司法行政部门的职能主要是在当地党委、政府的统一领导下，发挥专业优势，加强对社区戒毒、社区康复人员的法制教育，积极探索和建立强制隔离戒毒与戒毒康复、社区康复的衔接机制，努力实现各项戒毒措施无缝衔接，提高戒毒实效。

三、戒毒工作的作用

2014 年 7 月 6 日，中共中央、国务院印发了《关于加强禁毒工作的意见》（以下简称《意见》），要求各地区各有关部门按照"源头治理、以人为本、依法治理、严格管理、综合治理"的基本原则，坚持"预防为主，综合治理，禁种、禁制、禁贩、禁吸并举"的工作方针，不断创新禁毒工作体制机制，进一步完善毒品问题治理体系，深入推进禁毒人民战争，坚决遏制毒品问题发展蔓延。该《意见》将戒毒工作纳入"禁毒人民战争"的国家战略体系，明确提出到 2020 年创新吸毒人员服务管理、规范强制隔离戒毒工作的战略目标。

在毒品问题治理体系中，综合治理既是解决毒品问题的战略方针，也是毒品治理的有效途径。按照综合治理原则，一方面，毒品治理要在各级党委和政府的统一领导下，以政法机关为骨干，依靠人民群众和社会各方面的力量，分工合作，综合运用法律、政治、经济、行政、教育、文化等各种手段，打击惩罚毒品犯罪分子，查处毒品违法者；另一方面，要采取有效措施，教育和挽救吸毒者，预防毒品违法犯罪，最大限度地遏制毒品蔓延势头，最大限度地减少毒品的社会危害。

司法行政戒毒工作承担的强制隔离戒毒、戒毒康复、指导支持社区戒毒和社区康复等方面的工作，是毒品问题综合治理的重要组成部分，在减少毒品危害，戒治挽救吸毒者等方面发挥着不可替代的作用。[①]

（一）司法行政戒毒工作是戒毒战线的主阵地

为了减少毒品危害，国家采取各种措施帮助吸毒人员戒除毒瘾，教育和挽救吸毒人员。根据《禁毒法》等有关法律规定，我国的戒毒措施主要有自愿戒毒、社区戒毒、强制隔离戒毒、社区康复等形式。但是目前，由于各种原因，社区戒毒、社区康复以及自愿戒毒等戒毒措施，在实施过程中都有其局限性，实际效果不甚理想。例如，社区戒毒是在社区的牵头、监管之下，整合家庭、社区、公安以及卫生、民政等方面的力量和资源，使吸毒人员在社区里实现戒毒。社区戒毒是一种半自愿半约束性质的戒毒措施，一是吸毒成瘾人员在社区自愿戒毒是以接受公安机关作出的社区戒毒令为前提的；二是社区戒毒是以戒毒协议的方式进行监督管理的，即城市街道办事处、乡镇人民政府或者其指定的有关基层组织（如居委会、村委会）与戒毒人员签订社区戒毒协议，落实具体戒毒措施，以实现戒毒目的。

社区戒毒把戒毒人员的家庭、戒毒人员生活的社区作为戒毒的场所，将戒毒人员置于开放的环境中戒毒，保障了吸毒者的人身自由，体现了对戒毒人员的人性化管理。但是在实际执行过程中，目前还存在诸多问题。居民委员会和村民委员会这些基层组织，无论是从机构、人员、基础设施，还是从职能、职权、经费保障等方面来看，实际上都难以承担对戒毒人员的监管和帮教工作，容易导致社区戒毒人员处于无人监管的放任状态。总体上来说，目前社区戒毒的工作体制、机制以及人员、经费保障等都不到位，社区戒毒功能不能有效地发挥。

社区康复作为戒毒的一种模式，是以社区为基地对吸毒成瘾人员开展康复训练，帮助其实现社会功能的回归。目前，社区康复也还没有形成有效的操作模式、工作制度，处于探索阶段，其工作机制也有待进一步健全，戒毒效能的发挥也十分有限。

---

① 参见李效民：《强制隔离戒毒模式之探究》，《中国司法》2010 年第 3 期。

自愿戒毒是吸毒人员自行到具有戒毒治疗资质的医疗机构接受戒毒治疗，是基于吸毒者的自主意志而选择的一种戒毒方式。自愿戒毒首先需要吸毒人员的主动、自愿配合，而吸毒成瘾人员往往意志薄弱，缺乏戒毒意愿，难以持之以恒地主动配合戒毒治疗。另外，戒毒费用也是吸毒人员及其家庭考虑的一个重要因素。通常情况下，吸毒不仅耗费了家庭的大量资金，甚至倾家荡产，而且家人亲友也会因此而受到种种拖累，失去信心，不愿或不可能资助更多的治疗费用。因而，这种戒毒方式适用范围非常有限。

强制隔离戒毒是当前帮助吸毒人员戒除毒瘾，恢复健康，减少毒害的最主要、最有效的措施。[①] 公安机关是惩治违法犯罪、维护社会治安的专责机关，也开办有强制隔离戒毒所。但是，在强制隔离戒毒2年的执行期限中，戒毒人员在公安机关执行3～6个月后，要转至司法行政部门执行余下的期限，后续的心理矫治、身体康复训练以及重返社会的适应性训练等，都由司法行政戒毒部门来完成。在司法强制隔离戒毒场所，场所的中心工作围绕提高戒治成效、戒除毒瘾来展开，实施生理戒毒、心理矫治、回归社会训练等全流程的戒毒矫治措施，帮助戒毒人员完成生理戒毒、心理脱毒、康复训练、社会功能恢复等全过程的戒毒任务。司法强制隔离戒毒运用科学的戒治手段，能有效地降低毒害，最大限度地教育和挽救吸毒人员，遏制毒品蔓延势头，减少毒品社会危害。可见，在戒毒战线上，司法行政戒毒工作发挥着主力军的作用。

（二）司法行政戒毒工作是新时期司法行政的重点工作之一

戒毒工作是司法行政的重要职能，是一项艰巨的社会系统工程。从教育和挽救吸毒成瘾人员的角度来看，司法行政戒毒工作既是一项行政执法工作，也是一项为特殊人群提供个性化服务的工作。因此，我们要加强司法戒毒工作，在戒毒实践中充分体现司法行政特色；大力推进强制隔离戒毒工作，依法有序推进戒毒康复工作，加强对社区戒毒工作的指导和支持。司法行政系统要适应形势，把握规律，创造性地开展工作，充分发挥职能作用。

---

① 参见任成玺：《试论强制隔离戒毒措施的发展、价值与理念》，《河南警察学院学报》2015年第5期。

第三节 山东“三四五”戒毒工作理念

自2009年以来,全国司法行政戒毒系统积极探索,勇于实践,相继推出了各具特色的戒毒模式,戒毒工作体系、制度体系和保障体系不断完善,形成了百舸争流、千帆竞发的良好局面。特别是2014年以来,司法部提出“转变工作职能、工作理念、工作方式方法和管理方式,提高戒毒工作水平”的要求,为戒毒工作发展指明了前进方向,戒毒工作科学化、专业化水平有了明显提升。

针对山东强制隔离戒毒工作起步较晚、基础较弱的现状,山东省戒毒管理局注重加强对戒毒规律的研究和探索,结合山东实际进行系统思考、科学谋划,从理念上、理论上对戒毒工作有清醒的认识和把握。在此基础上,山东省提出了“高点定位、规范运行、健全机制、完善体制”的总体要求,形成了“三四五”(即三重目标、四种身份、五个定位)戒毒工作理念。这是山东省戒毒管理局贯彻《禁毒法》和《戒毒条例》、把握戒毒规律、积极探索创新的结果。

一、三重目标

戒毒工作具有减少毒品的现实危害、为戒除毒瘾创造无限的可能性、彻底戒断毒品的三重目标。

(一)初级目标:戒毒工作可以减少毒品的现实危害

一直以来,我国始终保持对毒品犯罪的严打高压态势不动摇。持续组织开展禁毒专项斗争,全面深化禁毒重点整治,健全完善陆海空邮立体防控体系,创新缉毒执法方式手段,不断加强禁毒国际合作。禁毒部门的有力举措,不仅有效打击和震慑了毒品犯罪活动,也为维护社会和谐稳定做出了积极贡献。[1] 我们欣喜地看到,随着禁毒立法步伐的加快,一系列法律法规的颁布实施,禁毒法律体系的逐步完善健全,依法禁毒

① 参见刘振宇:《司法行政强制隔离戒毒工作在加强和创新社会管理中的价值功能及实现路径初探》,《中国司法》2013年第1期。

已成为禁毒工作的指导方针。尤其在全国禁毒人民战争开展期间，2011年6月26日，国务院《戒毒条例》开始施行，完善了社区戒毒、自愿戒毒、强制隔离戒毒、社区康复的戒毒体系，具有十分重要的意义。但从当前情况看，全国整体禁毒形势依然严峻。面对严峻的形势，我们要时刻保持头脑清醒，一刻也不能放松，一点都不能含糊。全国司法行政戒毒场所要充分发挥禁毒战争主战场的作用，始终加强戒毒工作组织领导，持续开展禁毒戒毒法治宣传教育，进一步加强对吸毒人员的教育矫治，确保场所持续安全稳定，这样才能实现禁毒斗争形势持续好转，最大限度地减少毒品的社会危害。据统计，戒毒人员中有70%～75%曾有违法犯罪行为。一些吸毒人员为获得毒资不惜违法犯罪，成为重特大刑事案件的案犯。毒品问题已严重扰乱社会治安，危害公共安全，毒化社会风气，影响经济建设，成为阻碍经济社会发展的重大不和谐因素。而强制隔离戒毒工作正是通过强制性措施、戒毒康复等合法、有序的手段，将吸毒成瘾人员集中在一定的场所和区域，使其与社会物理隔离一段时间，直接或间接抑制了违法犯罪案件、人员的增长，减少了与毒品关联的社会问题的产生，发挥了预防和减少犯罪的作用。同时，强制隔离戒毒客观上减少了毒品的供应和需求，遏制了毒品蔓延，净化了社会风气，减少了违法犯罪的诱发因素。

（二）中级目标：戒毒工作为戒除毒瘾创造无限的可能性

戒毒是世界性难题，世界各国采取多种方法均未能攻克。在中国，强制隔离戒毒工作最大限度地减少危害社会的消极因素，增加积极因素，这不仅是戒毒工作的内在要求，也是戒毒工作积极参与社会管理的客观需要。强制隔离戒毒工作落实共享发展理念，遵循现代心理学原理和戒毒基本规律，集众家之所长，综合运用多种矫治方法，着力解决心瘾诱惑这一制约戒毒工作成效的瓶颈难题，为戒毒创造无限的可能性，帮助戒毒人员从生理上、心理上、精神上戒除毒瘾，顺利回归社会。戒毒场所根据戒毒人员吸食、注射毒品的种类及成瘾程度，针对其健康状况复杂、体弱多病、传染病患病率高的特点开展生理、心理治疗和身体康复训练，帮助他们增强身体机能，坚定戒毒信心，培养健康的生活方式，提高法律道德意识和对毒品危害的认知水平，增强抵制毒品和适应社会的能力，让每一名强制隔离戒毒人员在戒毒矫治过程中都能感受到公平正义，真正感受到强制隔离戒毒工作是党和政府的一项义举善举。

（三）终极目标：戒毒工作帮助吸毒人员彻底戒断毒品

吸毒人员是一个特殊群体，由于这个群体不易被家庭和社会接纳，在就学就业、人际交往方面经常受到歧视，极易步入“戒毒—复吸—再戒毒—再复吸”的恶性循环。90%以上社会吸毒人员游离于实际管控的边缘，需要社会力量参与服务管理，帮助他们接受自愿戒毒康复。毒品成瘾与心理康复状态有重要的关联性，要用积极的战胜消极的，用健康的取代颓废的，用正直的驱除邪恶的。要彻底根除吸毒人员大脑中的“毒草”，不是用锄头，也不是用火烧，而是在其严重受损的大脑里种上优良的精神“种子”，重构其丰厚的精神家园。吸毒是一个严重危害人类身心健康的普遍问题，而成功戒断毒瘾又是一个难以企及的目标。针对这一世界性难题，各国政府及各戒毒机构花费了大量的人力、物力、财力来禁毒与戒毒。面对日益严峻的毒情形势和基数庞大的吸毒人群，要做好吸毒人员的戒毒康复工作，唯有强制隔离戒毒。这既是有效减少毒品需求、促进禁毒形势好转的战略举措，也是贯彻党的十九大精神，创新特殊人群管理服务，减少社会乱源，维护社会和谐稳定的客观要求，对全面推进禁毒工作具有重要的意义。

二、四种身份

2013年12月28日，全国人大常委会通过了关于废止有关劳动教养法律规定的决定，实施50多年的劳教制度被依法废止。劳教人民警察由原来从事劳教工作改为从事强制隔离戒毒工作，具体担负着帮助强制隔离戒毒人员戒除毒瘾的任务。除了人民警察共有的国家性、武装性、治安性之外，他们还具有角色多重性、功能特殊性、任务艰巨性、环境特殊性等特性。因此，戒毒人民警察具有警察、医生、教师、心灵导师的四种身份，相比其他警种需要更为特殊的素质。

戒毒人民警察既是戒毒人员的管理教育者，也是劳动康复的经营者，更是戒毒执法的实践者。他们依据吸毒人员作为违法者、受害者、病人身份界定，像父母对待子女、老师对待学生、医生对待病人一样，长年累月地进行规范管理、生活照料和教育感化，重新塑造那些曾经扭曲的心灵，极力挽救那些曾经吸毒成瘾的戒毒人员。

戒毒人民警察如同医生。由于毒品的严重损害，戒毒人员的身体机能下降，同时心理状况也明显异于常人，待人接物不同寻常。戒毒人民警察像医生对待病人一样，治疗戒毒人员患有的各种疾病，保证戒毒人员得到有效救治。

戒毒人民警察如同老师。强制戒毒所采用军事化管理的方式对待戒毒人员，从起床、出操、就餐、学习、劳动、就医、就寝等环节入手，进行劳动定岗、学习定组、站队定位、行进定线、就餐定桌、作息定时、就寝定铺，通过准军事化的管教方式帮助他们养成良好的生活习惯，戒除生活陋习，远离灰色地带，尽快恢复正常理智和情感。

戒毒人民警察如同心理导师。从变态心理学讲，强制隔离戒毒人员大多数存在人格问题，是指介于精神疾病与正常人格之间的一种行为特征，表现为人格发展过程的不成熟和畸形，并在结构上明显偏离正常。心理上表现为狂躁气质、好强固执、喜欢冒险、兴奋度强、爱寻求刺激、少顾虑、争胜斗勇等特点。戒毒人民警察对戒毒人员进行心理和躯体的治疗矫正，是一种强制的医疗行为。但是光有药物对躯体的治疗是不够的，必须加强心理治疗。心理治疗才是戒毒人员彻底脱瘾、避免复吸的关键，只有对戒毒人员进行个案的心理诊治，找到戒毒人员吸毒的心理原因，才能帮助他们从心理上拒绝毒品。

三、五个定位

戒毒工作是重要的执法活动，是艰难的医疗过程，是富有探索性的心疗过程，是综合施策的系统工程，是一项神圣的事业。此即为“五个定位”。

（一）强制隔离戒毒是一项重要的执法活动

《禁毒法》《戒毒条例》将强制隔离戒毒规定为法定戒毒措施之一，同时赋予了司法行政机关强制隔离戒毒职能，明确了强制隔离戒毒执法的法律依据。2013 年，司法部先后出台《司法行政机关强制隔离戒毒工作规定》《关于进一步加强司法行政戒毒工作的意见》，公安部、司法部、国家卫计委联合出台《强制隔离戒毒诊断评估实施办法》，从执行层面对戒毒执法作出了具体规定。2014 年，习近平总书记对戒毒工作作出重要指示。他指出：“司法行政戒毒工作是新时期司法行政工作的重点之一……不断提高戒毒工作水平，为维护社会稳定、建设平安中国做出更大贡献。”[①]中共中央、国务院印发《关于加强禁毒工作的意见》，将禁毒戒毒工作提升到国家安全战略和平安中国、法治中国建设的新高度。因此，强制隔离戒毒是党和国家禁毒意志的强烈表达，依法设定，于法有据，是一项重要的执法活动，是中国特色社会主义法治体系的重要组成部分。

（二）强制隔离戒毒是一个艰难的医疗过程

从医学的角度讲，吸毒成瘾是一种顽固的、反复发作的脑部疾病，成瘾人员存在大脑神经功能的严重损伤。据统计，在吸毒人员中，患有心理障碍与抑郁症的分别占 55%和 40%。[②] 同时，由于长期吸毒，戒毒人员身体素质差，免疫机能低下，并引发一些严重的疾病，甚至是多种疾病同时出现。从山东省的情况看，戒毒人员身患疾病的超过 30%，有的即使处在戒毒康复期，仍持续存在稽延性戒断综合征，由此引起的疼痛、焦虑、抑郁、身体不适等问题，长期影响着戒毒人员的生活，成为复吸的主要原因。因此，毒品戒断过程实际是一个具有特殊性、多样性和反复性的医疗过程，需要根据戒毒人员的具体情况，采取有针对性的医疗救治措施，帮助他们治疗身心疾病，消除毒品依赖，恢复身体健康。

（三）强制隔离戒毒是一个富有探索性的心疗过程

破解戒毒这个世界性难题，心疗居于主导地位，也是强制隔离戒毒取得实效的关键所在。从多年的工作实践来看，让吸毒成瘾人员摆脱对毒品生理上的依赖性，要比摆脱心理上的依赖性相对容易得多。俗话说的“一朝吸毒，十年戒毒，终生想毒”，指的就是心瘾难除。两年强制隔离戒毒期间，生理脱毒在 1～2 个月即可完成，心理脱毒却是贯穿始终的重点工作。同时，戒毒人员出所后，心理脱毒不彻底、自制力不强，受外因诱导产生强烈的心理渴求，是戒毒人员复吸的最主要的原因。因此，加强对吸毒人员的心理研究，创新心理疗法，帮助戒毒人员缓解心瘾困扰，恢复自信心和自尊心，增强意志力和控制力，是提高强制隔离戒毒工作成效的必由之路。

---

① 转引自《切实转变工作职能　提升司法行政戒毒工作水平——三论深入学习贯彻习近平总书记对司法行政工作重要指示精神》，《法制日报》2014 年 5 月 20 日。

② 参见齐延安：《政法笔记》，山东大学出版社 2016 年版，第 305 页。

（四）强制隔离戒毒是一项综合施策的系统工程

戒毒是一项艰巨复杂的系统工程，必须树立系统戒治的理念。强制隔离戒毒的系统性主要体现在两个层面：一是戒毒场所综合戒治的系统性。由于吸食毒品种类不同、成瘾程度不同，再加上吸毒人员个人情况复杂多样，采取单一的戒毒方法、措施和模式难以奏效，需要广泛运用医学、心理学、康复运动学、教育学等多学科知识，多措并举，综合矫治，实现帮助戒毒人员恢复身心健康、增强拒毒能力、修复家庭和社会功能等多重目标。二是社会支持帮扶的系统性。据统计，戒毒人员出所半年和出所三年的复吸率均在90%以上，这说明出所半年这个时间段非常关键。因此，司法行政、公安、民政、社区、家庭等组织须共同参与，做好出所人员的后续照管工作，对于确保戒毒人员顺利“软着陆”、减少复吸的诱因十分重要。

（五）强制隔离戒毒是一项造福社会的善举义举

强制隔离戒毒是一项具有探索性、创新性和挑战性的重要工作，其特殊性决定了戒毒警察具有警察、医生、教师、心灵导师四种身份。戒毒工作作为一项重要的执法活动，需要警察认真贯彻戒毒法律法规，严格公正规范执法；吸毒人员是特殊的“病人”，戒毒所是一所特殊医院，需要警察具备专业的医学知识和技能；从社会学的角度，吸毒成瘾人员是社会化失败者，戒毒所是一所特殊学校，需要警察帮助戒毒人员重塑健康人格，提升道德修养，实现再社会化；戒毒人员作为毒品的受害者，需要警察从心理上、心灵上对他们进行宽慰、劝解、引导和救赎，充分体现人文关怀。因此，戒毒工作是一项治病救人的善举和功德，功在当代，利在千秋，是一项前无古人的神圣事业。

第四章　戒毒工作模式探索

戒毒工作是一个综合施策的过程，也是一项专业化的工作，涉及戒毒执法、管理方式、教育戒治手段、综合评价机制等多方面内容，涉及法律法规、科学知识和专业性技能。事实证明，没有一套科学规范、系统完整的戒毒工作模式，对戒毒人员的教育戒治工作就难以科学推进，工作的系统性和工作成效将无从谈起。

第一节　戒毒工作模式概述

一、戒毒工作模式的定义

《戒毒条例》对戒毒工作模式的定义，以是否采取行政强制措施、戒毒实现场所等划分为自愿戒毒、社区戒毒、强制隔离戒毒、社区康复等。本章节所讲的戒毒工作模式，主要专指强制隔离戒毒在具体实践中形成的专业性戒毒实现形式。司法行政戒毒工作开展的时间不长，但在近些年的实践中始终朝着规范化、科学化、专业化方向发展，积累了丰富的经验，总结出很多有效的方式方法，形成了具有一定科学性的教育戒治工作模式。戒毒工作模式包括戒毒工作的理念、戒毒人员的管理方式、戒毒过程的细化区分、教育戒治的方法手段等，是在客观实践中对戒毒方法和工作流程体系的凝练，是戒毒工作形式制度化、程序化、模式化的系统框架统称，是戒毒工作机制的高度概括和总结。

二、戒毒工作模式的发展

从历史发展来看，我国司法行政戒毒工作可大体分为两个阶段：

第一个阶段是劳动教养戒毒时期。1990年12月28日，第七届全国人民代表大会常务委员会第十七次会议通过了《关于禁毒的决定》，《决定》第八条规定："吸食、注射毒品的，由公安机关处十五日以下拘留，可以单处或者并处二千元以下罚款，并没收毒品和吸食、注射器具。吸食、注射毒品成瘾的，除依照前款规定处罚外，予以强制戒除，进行治疗、教育。强制戒除后又吸食、注射毒品的，可以实行劳动教养，并在劳动教养中强制戒除。"以此作为法律依据，司法行政机关所属的劳动教养场所就承担了教育、感化、挽救因吸毒成瘾而违法的劳教人员的任务。由于劳动教养的历史背景和执行条件的限制，吸毒人员被定性为违法人员，教育戒治活动具有强制性特点，劳动教养戒毒往往带有"重惩罚、轻戒治"的倾向，因此实践中以劳代管、以管代教的现象比较普遍，很多地方也将戒毒人员与其他劳教人员一同管理教育，在方式方法上无太多差异。从全国范围来看，这个时期各地还没有形成十分清晰的戒治理念和科学规范工作模式。

第二个阶段是强制隔离戒毒时期。2008年6月1日，《禁毒法》正式施行，该法对我国的戒毒工作进行了整体重构，设立了强制隔离戒毒制度。国务院明确了司法部管理司法行政系统强制隔离戒毒和戒毒康复工作的职责，司法行政戒毒工作进入强制隔离戒毒时期。2011年6月26日，国务院颁布《戒毒条例》。2013年4月3日，司法部制定《司法行政机关强制隔离戒毒工作的规定》，为司法行政强制隔离戒毒工作提供了明确的法规依据。《禁毒法》和《戒毒条例》的颁布实施，对戒毒工作进行了法律规范，司法行政机关承担起新的职能，标志着新的戒毒体系的建立。新体系针对原有戒毒制度的缺陷，建立起集生理脱毒、身心康复、重返社会于一体的戒毒康复"三位一体"新模式，克服了原来"重惩罚、轻戒治"的做法。各地司法行政戒毒工作开始新的尝试，由"管理看守"型向"科学戒治"型探索转变。特别是劳教制度废止之后，司法行政戒毒工作进入转型期，全系统从职能、理念到工作方式方法发生了根本性转变，工作中的主要矛盾是履行戒毒职能的新要求与旧理念、旧方式方法之间的矛盾。

2014年4月，习近平总书记在听取司法部工作汇报时，对司法行政戒毒工作作出重要指示："戒毒工作是新时期司法行政工作的重点之一，要在原劳教场所职能转向戒毒管理后，合理使用原劳教场所和人员，不断提高戒毒工作水平。"[①]全国司法行政机关认真贯彻落实习近平总书记对司法行政戒毒工作的重要指示精神，始终把对戒毒人员的教育戒治作为戒毒工作的中心任务，以科学化、专业化为指导，在探索中不断发展，也在发展中不断探索。各地司法行政戒毒机关结合实际情况，总结提炼出了一批各具特色的戒毒工作模式，极大地丰富了司法行政戒毒工作的理论和实践。

第二节　各省市戒毒工作模式实践[②]

根据多年来的工作实践经验，全国各省市基本都探索出自己的路子，形成了独具特色的戒毒工作模式。从具体内容和形式上看，各省虽然情况不一，但基本都是遵循戒毒工作规律，按照戒毒的流程体系，体现了区域分设、专业戒治、医教并重原则。在全国建成统一的戒毒模式之前，国内比较有影响力和显著成效的戒毒工作模式主要有十几种。

一、浙江"四四五"戒毒模式

浙江"四四五"戒毒模式，即"四区分离""四种管理""五措并举"。"四区分离"是指生理脱毒区、教育适应区、康复巩固区、回归指导区；"四种管理"是指分类、分别、分期、分级管理；"五措并举"是指实行医疗戒毒、心理矫治、体能康复、认知矫正、习艺培训五种手段的有机结合、综合戒治。

---

① 转引自吴英爱：《认真履行司法行政戒毒职责　全面做好司法戒毒工作》，《法治中国》2014年7月14日。

② 本节中关于各省市戒毒工作模式的介绍，主要参考司法部戒毒管理局2015年组织有关省市编印的戒毒工作模式报告。

（一）“四区分离”

依据各戒毒阶段的目标、任务、方法、标准、评价的不同要求，将戒毒人员按照生理脱毒区、教育适应区、康复巩固区、回归指导区予以分别编队，分区域管理。

生理脱毒区是为了中止戒毒人员滥用毒品行为并治疗其戒断症状，初步完成其对毒品依赖的治疗，为完成生理脱毒所设定的区域。目的是缓解和控制戒毒人员的戒断症状，对戒毒人员进行体检观察和疾病治疗，确保其具备可进入戒毒流程下一区域的身体条件。生理脱毒区为期15天。

教育适应区是戒毒人员完成脱毒治疗、戒除生理上对毒品的依赖、脱离有毒环境后，通过心理矫治、认知矫正等方法，使戒毒人员在生理、心理上能够较好地适应戒治生活所设定的区域。目的是通过入所环境适应能力的训练，促进戒毒人员较好地融入、适应场所戒治生活，为下一步康复创造条件。教育适应区为期1个月。

康复巩固区是对已完成教育适应区的戒毒人员，综合运用医疗戒毒、心理矫治、体能康复、认知矫正和习艺培训等方法，使其因吸毒而受损的心理、神经内分泌功能和身体状况等功能得到重建所设定的区域。目的是使戒毒人员在体格上、精神上、适应上的能力（包括体质上有效恢复、心理上摆脱依赖、掌握职业技能、学会社会适应方式、拒绝毒品的应对措施等）得到恢复，从而达到摆脱毒瘾的目的。康复巩固区时间为教育适应区结束之后至回归指导区开始之前。

回归指导区是对已完成康复巩固的戒毒人员，增强其适应社会能力和回归社会后自我控制力，强化戒治效果所设定的区域。目的是修复戒毒人员家庭和亲情关系，建立社会支持系统，更好地适应社会生活。回归指导区为期1个月（解除强制隔离戒毒前一个月）。

（二）“四种管理”

“分别”管理，是根据戒毒人员日常管理和戒治需要，对男性和女性戒毒人员进行分所管理，对成年戒毒人员单独集中管理，充分体现人文性。“分类”管理，是按照戒毒人员吸食毒品的不同种类和成瘾程度等情况，进行分场所、分大队管理，并采取有针对性的戒治措施，充分体现针对性。“分期”管理，是根据戒毒人员在戒治过程中不同时期所表现出的不同生理、心理特征及戒断症状和药物依赖等情况，将戒毒人员两年的强制隔离戒毒期限划分为生理脱毒期、教育适应期、康复巩固期、回归指导期，并通过四期流转运行，完成整个两年戒毒流程，充分体现科学性。“分级”管理，是指按照戒毒人员在不同戒治期内的戒毒效果及现实表现，实行差别化等级待遇。管理等级分为普通管理级和特殊管理级，普通管理级分为脱毒级、适应级、康复一级、康复二级、回归指导级等五级，特殊管理级分为特别护理级和专门管理级等两级，充分体现客观性。

（三）“五措并举”

根据戒毒人员的身心特点，遵循戒毒工作规律，采取医疗戒毒、心理矫治、体能康复、认知矫正、习艺培训五种措施，实施综合戒治，提高戒毒工作的科学性、针对性、有效性。

医疗戒毒是指戒毒场所会同有关医疗机构，对戒毒人员采取医疗、护理、康复等医学措施，帮助其减轻毒品依赖、促进身心康复的活动。根据戒毒工作需要，所医疗康复中心设立戒毒科、精神科等功能科室，具体承担生理脱毒治疗、稽延性戒断症状处置、吸毒合并症（并发症）的治疗、精神疾病的药物治疗、心理治疗、戒毒医疗宣教、疾病防控、慢病管理等工作。

心理矫治是戒毒工作的重要组成部分，通过心理学方法开展戒毒矫治，对恢复和促进戒毒人员心理健康，实现心理脱瘾具有重要意义。近年来，通过积极探索实践，形成了以心理健康教育为主轴，以心理测试评估，个体、团体咨询为主要形式，以戒毒意愿培养、高危情境应对、抗复吸训练等为主要内容的心理矫治工作体系。

体能康复是戒毒体系的重要环节。对戒毒人员开展有规律的体能康复训练，有助于帮助戒毒人员恢复身体机能，增强身体素质，并对预防和戒除毒品起着积极的作用。根据戒毒人员入所后各期段身体状况不同，组织相应的体能康复训练项目。教育适应区主要组织身体功能恢复性训练，训练的项目主要有广播操、队列等，帮助戒毒人员逐步恢复身体机能，为下一阶段体能康复训练顺利开展打下基础。康复巩固区主要开展以力量、耐力、协调性、柔韧性、平衡性等常规体能康复训练项目为主的系统性康复训练，以改善戒毒人员体质，增强体能，培养团队合作意识，磨炼意志力，最终实现身心康复的目的。回归指导区在继续组织前两期训练项目的基础上，丰富训练内容，开展拓展训练，进一步巩固康复训练成果，为成为身心健康的社会人打下良好的基础。

认知矫正主要通过开展思想道德、法律常识、毒品危害课堂化教学以及组织传统文化的教育学习，开展个案教育、亲情教育、情感教育、社会帮教等认知重建方式，帮助戒毒人员认清毒品危害，增强法制道德意识，修复家庭关系，构建新的认知，增强戒毒决心。

习艺培训是通过组织生产劳动，开展职业技术培训等措施，帮助戒毒人员树立劳动观念，培养劳动习惯，掌握一技之长，提高戒毒人员回归社会后的就业生存能力。

二、北京“三五一”戒毒模式

北京所实施的“三五一”戒毒模式，即“三期管理”“五位一体”“一个机制”。

（一）“三期管理”

北京将强制隔离戒毒期划分为隔离观察及治疗期、身心康复期和巩固提高期，根据不同阶段戒毒人员心理行为特点和矫治需求，开展各有侧重的戒毒治疗工作，确保戒毒措施的连续性，为戒毒人员戒除毒瘾提供良好的发展空间。

隔离观察及治疗期的管理对象为新入所人员，时间不少于1个月。主要是针对戒毒人员由于环境陌生、戒断症状影响、生活规律变化、身份角色转变等因素而产生的问题，着重开展以强化行为规范和培养环境适应能力为主的矫治活动。帮助戒毒人员适应环境，初步建立戒毒动机，认同警察工作，为下一步戒毒治疗奠定基础。

身心康复期的工作对象为隔离观察及治疗期考核合格的，并且一年后诊断评估分数不满85分的戒毒人员。本阶段系统开展“五位一体”戒毒矫治措施，强调责任民警既是戒毒人员的管理者，又是问题的矫治者。在责任民警的指导下，每名戒毒人员结合自身成长经历，深入剖析形成心理问题的生理、心理和社会原因，双方共同制定矫治方案，明确矫治目标，落实针对性措施，促进戒毒人员积极转变，帮助其正确认识、剖析和重塑自我。

巩固提高期的管理对象为经一年后诊断评估合格的戒毒人员。处于该阶段的戒毒人员即将回归社会,对未来生活缺乏规划,未做好充足的心理准备,易出现心理波动。本阶段重点开展增强生活规划能力的戒毒治疗,帮助戒毒人员进一步巩固所内治疗效果,将各项技能向社会迁延,提高其社会适应能力。

（二）"五位一体"

根据戒毒人员认知、生理、心理、行为、家庭支持和社会接纳特点,在实践工作中,逐步探索并形成生理康复、行为训练、认知教育、心理矫治、家庭及社会关系修复"五位一体"的戒毒治疗手段,搭建戒毒治疗综合平台。

生理康复主要是提高戒毒人员身体素质。针对戒毒人员身体虚弱、疾病多发、稽延性症状明显的生理特点,实行营养配餐。实行局业务处、局属医院、驻所门诊部三级管理工作机制,在定期开展身体检查的基础上,对戒毒人员稽延性症状和各类疾病及时治疗。推行"PCDA"[即Plan（计划）、Do（执行）、Check（检查）、Action（行动）]、运动康复戒毒模式,注重抓住四个环节,即课堂理论教学、专业健身教练员建设、配备设施装备、开展运动康复训练。

行为训练主要是加强行为矫治,培养戒毒人员良好的行为习惯。制定强戒人员守则,严格戒毒人员一日生活制度,培养规律生理,强化行为规范养成。注重开展丰富多彩的文娱活动,培养良好精神面貌,并提高戒毒人员综合素质。

认知教育主要是改变戒毒人员错误的认知结构和思维方式。探索以戒毒基本知识、法律常识、思想道德、社会伦理、创业教育、健康生活等为主要内容的认知教育体系,编写《戒毒知识》《戒毒生活自我规划》《自我管控能力培养》《回归社会指导》等教材,推行多种教学模式。

心理矫治主要是促进戒毒人员心理功能恢复,增强戒毒信心。实行三级心理咨询工作机制,在所内设心理咨询中心,在大队设心理辅导员,在戒毒人员班组设心理卫生宣传员。开展心理健康知识教育,把握戒毒人员心理规律,开展科学系统的心理矫治活动。

家庭及社会关系修复主要是开展家庭修复和社会帮教,帮助戒毒人员重建社会支持系统。开设家庭关系认知课程,教授戒毒人员与家庭成员沟通技巧,获得家人的理解、信任。开办家属课堂,引导家属运用正确的态度与方式支持戒毒人员。

(三)“一个机制”

“一个机制”即一套完善的后衔接工作机制,做好解除强制隔离戒毒人员出所后的后续衔接工作,依托戒毒康复所,开展解除前的社会适应和社区戒毒辅导,将戒毒工作向社会延伸,初步形成双向流转、封闭式运行的后续衔接长效工作机制。

三、湖北“三五一”戒毒模式

湖北“三五一”戒毒模式中的“三”为“三个阶段”,即急性脱毒期、康复巩固期、回归准备期;“五”为“五个重建”,即重建戒毒人员生理、心理、认知、行为、家庭和社会功能等五个系统;“一”为“一个延伸”,即加强出所后的后续照管。这一设计模式的时长为 18 个月,以“三个阶段”和“一个延伸”为时间主线,以 18 个单元共计 74 期团体辅导为内容主线,涵盖管理、教育、医疗、康复、习艺等五种手段的基本任务和要求,努力实现“五个重建”的目标,全面规范场所戒毒工作。

(一)急性脱毒期

急性脱毒期的主要目标是帮助戒毒人员基本消除入所戒断综合征适应场所生活和戒治要求,激发戒毒动机和愿望,安心戒治,为康复巩固期的工作奠定基础。团体辅导的内容为第 1、2 单元,共 8 期,涵盖“五个重建”的具体任务和“五种手段”的基本要求,主要围绕“适应环境”和“目标重建”展开。

这一时期的“五个重建”的具体任务为:生理康复方面,对戒毒人员进行新收体检,建立健康档案;开展药物滥用监测调查,划分吸食毒品种类;科学评判毒瘾程度,开展医学戒毒治疗;开展体能状况测试,进行膳食营养调理,促进戒毒人员身体机能康复,改善、减轻或消除稽延性戒断症状。心理康复方面,通过建立心理健康档案、开展入所综合风险评估、适应性团体心理辅导、心理健康教育,促使戒毒人员适应强戒场所环境,激发戒毒动机。认知提升方面,通过入所教育和训练(共 40 课时),开展禁毒法规、戒毒流程、权利义务、疾病预防、戒毒信心训练、传统文化等方面教育,帮助戒毒人员认知吸毒的危害性和违法性,建立正确的戒毒观念。行为养成方面,通过组织戒毒人员学习背诵行为规范及守则,开展行为养成规范训练等，帮助戒毒人员培养良好生活卫生习惯，改善精神面貌。家庭和社会功能方面，通过入所谈话、亲情联络、入所通知等，帮助戒毒人员适应强戒所环境，与家人联系，取得谅解、支持和帮助。

该时期“五种手段”的具体要求是：管理方面，对象为新入所的戒毒人员，角色定位为患者身份，服装标识为红色运动服，时间为3个月。在全省四个集中收治点，按照新收戒毒人员是否急性脱毒进行区分。未急性脱毒的，进医疗大队急性脱毒，然后转入入所教育大队；已急性脱毒的，直接进入入所教育大队。管理模式为严格封闭式管理，由民警直接管理。医疗方面，主要开展急性脱毒工作，建立个人健康档案，开展脱毒治疗，配发生活用品，普及科普卫生知识，落实伙食标准。康复方面，主要以队列训练为主，逐步培训太极拳、健身操。习艺方面，不参加习艺劳动。教育方面，主要以入所教育为主，个别教育和入所心理辅导为辅。

（二）康复巩固期

康复巩固期的主要目标是帮助戒毒人员减轻稽延性戒断症状，进一步强化戒毒意愿，树立戒毒信念，完成心理康复和行为重塑，逐步弱化心瘾依赖，增强拒绝毒品和保持操守的能力，实现心理和生理修复，建立正常的认知和行为模式。团体辅导的内容从第3单元至第14单元，共56期，涵盖“五个重建”的具体任务和“五种手段”的基本要求，主要围绕“动机激发”“战胜心瘾”“自我探索”“情绪管理”“情感修复”“人格修复”“人际关系”“抗挫训练”“自我管理”“职业规划”“拥抱未来”展开。

这一时期“五个重建”的具体任务是：生理康复方面，通过开展戒毒康复教育和训练（40课时），阶段性开展大型文体活动，持之以恒的习艺劳动锻炼，治疗稽延性戒断病状和疾病，恢复体能；心理康复方面，通过心理健康教育（40课时）、心理咨询工作、心理危机干预，帮助戒毒人员重建戒毒信心、改善人际关系、纠正价值观念；认知提升方面，通过法律常识（40课时）、思想道德（40课时）、禁毒戒毒（35课时）等教育，帮助戒毒人员了解吸毒的原因、戒毒的难点和戒断毒瘾的途径，树立正确的世界观、人生观和价值观；行为养成方面，通过强化戒毒人员的角色身份意识，讲解计分考核、诊断评估办法、安全生产及规范化管理要求，落实“七个三”行为养成训练要求，推行星级内务卫生管理模式，进一步强化戒毒人员遵规守纪、规范管理意识和生活卫生习惯；家庭和社会功能方面，通过修复家庭支持系统、职业技术培训等,帮助戒毒人员修复与家庭、社区、社会的联系通道,争取社会力量和戒毒人员家庭关心、关注、关爱戒毒人员,积极参与帮教活动。

这一时期“五种手段”的基本要求是:管理方面,对象为经过脱毒治疗期且考核合格的戒毒人员,角色定位为学生身份,服装标识为蓝色运动服,时间为12个月。管理模式为分期、分类、分级管理,管理方式为民警主导下的戒毒人员互助管理。医疗方面,进行生理康复治疗、稍延性戒断症状治疗、传染病检测预防、生活用品标配编号管理、生活卫生达标升级、落实营养戒治食谱等。康复方面,以太极拳、广播体操、器械运动体能训练等为主。习艺方面,参加习艺劳动,接受职业技能、就业等方面的培训,培养劳动习惯。教育方面,以禁毒戒毒、法律常识、心理健康、职业技能、思想道德、文化教育等内容为主。

(三)回归准备期

回归准备期的主要目标是巩固和强化前期戒治效果,强化戒毒动机和拒毒意识,增强应对技巧,加强回归社会适应性训练,增强社会适应能力,为建立社会支持系统、重返社会做好准备。团体辅导的内容从第15单元至第17单元,共7期,涵盖“五个重建”的具体任务和“五种手段”的基本要求,主要围绕“应对渴求”“学会拒绝”“预防技巧”展开。

回归准备期的“五个重建”的具体任务是:生理康复方面,通过健康生活方式讲座、艾滋病防治知识传授和开展常规训练,让戒毒人员理解健康的含义,做一个身心健康的人。心理康复方面,通过抗复吸训练,教会戒毒人员如何应对渴求、危险吸毒因素,拒绝毒友,面对偶吸和回归压力,获得家庭支持和接受监督。认知提升方面,通过开展生命观教育(30课时)、理性思维、知人与自知应急能力等技能训练,让戒毒人员具有自我认识、情绪调节、缓解压力、解决问题等能力。行为养成方面,通过加强自我管理,实现由“他律”到“自律”的转变,矫正不良行为、生活习惯和增强社会适应能力,学会做人、做事和社会交往,重塑良好的行为习惯,顺利回归社会。家庭和社会功能方面,通过自我情感恢复、家庭支持、职业技能培训、就业谋生指导、后续照管政策宣教、模拟环境体验等,帮助戒毒人员恢复情感,作出忏悔和补偿;掌握最低生活保障、医疗、就业等有关政策及救济渠道;愿意参加社区戒毒、社区康复或戒毒康复等继续巩固治疗。

该时期的“五种手段”的基本要求是:管理方面,对象为经过康复巩固期且考核合格的戒毒人员,角色定位为社区居民身份,服装标识为绿色运动服,时间为3个月。管理模式实行社区式宽松管理,管理方式为民警主导下的自主管理。医疗方面,进一步筛查疾病,帮助戒毒人员学习、训练健康生活方式。康复方面,主要以器械运动、体能训练和推广健身气功、有氧运动为主。习艺方面,不参与习艺劳动。教育方面,开展生命观、职业技能防复吸等教育,重点拓展戒毒人员的社会适应性,开展创业培训和就业辅导,培训求职技巧。

(四)后续照管期

后续照管期是延伸到社会的后续照管工作,主要是对解戒3年内的人员进行回访帮教。后续照管的团体辅导为第18单元,共3期,主要围绕如何“获取支持”“接受监督”“访问与连续性激励”等主题展开。具体方式:一是加强与地方公安机关的联系与沟通,建立相互协作、资源共享的衔接机制,确保戒毒人员收治、病退、外医、诊断评估、准假、纠纷处置等工作渠道顺畅,处置及时有力。二是加强与地方司法局(所)和社区矫正机构的联系与沟通,建立戒毒教育向外、向后延伸的社区康复衔接机制,使场所戒毒(康复)和社区戒毒(康复)形成一个完整的戒毒工作链,实现场所戒毒(康复)和社区戒毒(康复)的无缝对接。三是建立出所戒毒人员回访帮教平台,以“中途之家”“心桥之家”、QQ群、电话、信函、上门回访等方式为主,通过帮教回访,促进戒毒人员顺利融入社会。四是依托平台开展讲座、教育等各种活动,训练和帮助戒毒人员融入社会。

四、江苏“三三一”戒毒模式

江苏“三三一”戒毒模式,即“三期三评一延伸”:“三期”是指脱毒治疗期、康复矫治期、回归适应期;“三评”是指入所阶段诊断评估、一年后诊断评估、期满前诊断评估;“一延伸”是指延伸跟踪帮教。

(一)脱毒治疗期

时间为两个月,地点设在医院和入所大队,管理方式为医疗戒护式管理。落实新入所戒毒人员安全检查、摄入性谈话、全员性心理测试等制度,排查安全隐患,及时落实联号夹控措施。加强疾病排查,根据不同情况分为异常、预警、普通三个等级，落实相应的医疗戒护和管理措施。将有幻视幻听、精神抑郁症状或有自杀史、自伤自残史的戒毒人员列为重点戒护对象，出现异常情况时应及时采取保护性约束措施，并做好证据保全工作。

这一时期的教育矫治关键点在于做好“四个一”：一次心理测试、一次全员禁毒教育、一次个别谈话、一次信息研判反馈。实现规范意识教育与心理健康教育相结合，强化所规纪律意识的培养；将法律常识教育与认错悔过教育相结合，厘清遵纪守法与积极矫治的关系；将政策宣讲与规范训练相结合，增强新入所戒毒人员的角色认同感，减少矛盾冲突。脱毒治疗期的主要工作是在生理脱瘾的基础上，开展规范训练、适应性教育、康复锻炼、生物治疗等戒治工作，并进行收治入所人员戒毒诊断评估。

整个脱毒治疗期以规范养成和初步康复为主，以稽延性症状治疗为中心，做到“四个完成、三个起步”：完成强戒人员入所适应，完成强戒人员规范养成，完成强戒人员稽延症状发作防范，完成规定教育矫治内容；实现体疗康复开始起步，职业康复开始起步，社会康复开始起步。

（二）康复矫治期

时间为 12 个月左右，管理方式为引入具有特色的等级考核奖惩机制，实行严格的分级处遇管理。亲情电话、特优会见等自由类的处遇，与其遵规守纪、服从管教的情况相匹配；超市购物、适度劳动报酬等生活类处遇，与戒毒人员劳动表现、生产效益情况相匹配。以此调动戒毒矫治的积极性，强化戒毒动机。

这一时期的教育矫治的关键点是抓好三个“推行”，即推行新的教育内容，将国学教育、美学情感教育、心理健康教育引入课堂；推行新的教育方式，综合运用音乐治疗、情绪宣泄、体验疗法、行为矫正等手段；推行新的载体，建立艺术教育、科普教育、法制教育、公益活动等基地。教育矫治的主要工作是通过开展医学治疗、个案矫治、认知矫正、体能康复、职业技能培训、习艺劳动锻炼等活动，强化戒毒人员的戒毒动机，增强戒毒信心，坚定戒毒决心，提高责任意识，修复家庭关系，实现心理和生理的基本康复。执行期限满一年后，进行一年后诊断评估。

（三）回归适应期

时间为期满前 6 个月，管理方式是实行由民警指导下的自我管理和契约管理相结合的人性化管理方式，并将师生式指导、家庭式关怀、朋友式交流融入其中。

这一时期的教育矫治的关键点是落实“三个指导”，即心理指导，正确对待社会评价；生活指导，正确处理婚姻、家庭、财产问题；就业指导，认清就业形势，确立正确择业观。主要工作是通过就业指导、创业培训、防复吸专项心理训练、亲情帮教、社会帮教、培养回归典型等巩固前两期的戒治效果，帮助戒毒人员确立健康的生活方式，健全社会支持系统，为顺利回归社会打下良好的基础。进行期满前诊断评估，对身体功能恢复、心理状况改善、毒瘾戒断状态和戒治操守表现作出鉴定。

（四）延伸跟踪帮教

时间为解除人员出所后三年内。这一阶段的关键点是构建有力型组织体系、长效型教育体系、灵敏型动态管控体系、阳光型社会关爱体系。构筑家庭防复吸壁垒，帮助家庭成员掌握防复吸科学知识，指导家庭采取“护理”的监督方式，指导回归人员建立正常健康的交往圈，协助社区共创无毒社会环境。

延伸跟踪帮教的主要工作是通过签订协议、电话查询、实地回访等方式与地方派出所、街道社区及回归人员建立联系，组织开展戒治质量调查，给予戒治康复指导，真实掌握回归社会人员的戒治操守率。在所内专设提前介入衔接工作站，与社会戒毒机构加强合作，实现戒毒人员出所后零脱管、零失控。

五、江西“一三四一”戒毒模式

江西“一三四一”戒毒模式的主要内容是坚持“一个理念”，即坚持以人为本的戒毒工作核心理念；实行“三期管理”，即对戒毒人员的管理按照急性脱毒期、身心康复期、回归适应期这三个阶段时期来进行分期管理；采用“四种矫治方法”，即通过采用动机激发法、身体康复法、心理矫治法、社会适应能力培训法，使戒毒人员坚定戒毒信心，并从身体到心理等方面得到锻炼和提高，逐步恢复正常状态；完善“一个对接”，即完善强制隔离戒毒人员出所与社会接受安置帮教的无缝对接。

（一）“一个理念”

强制隔离戒毒的核心理念是以人为本。我国《禁毒法》明确界定了戒毒人员具有病人、受害者、违法者的三重属性，病人属性决定了强制隔离戒毒场所必须开展医疗戒护工作，帮助戒毒人员戒断毒瘾；受害者属性决定了强制隔离戒毒场所必须具有关怀救助工作机制，给戒毒人员身心关怀和帮助；违法者属性决定了强制隔离戒毒场所必须具有强制管理和行为矫治功能。《戒毒条例》明确了“以人为本、科学戒毒、综合矫治、关怀救助”的戒毒工作原则。这些原则的确立，决定了在《禁毒法》《戒毒条例》规范下的司法行政戒毒工作必须树立“以人为本、保障人权、依法执行”的核心理念，必须整合卫生、医疗、管理、教育等多种资源，建立集医疗戒护、关怀救助、心理矫治、康复训练、行为养成、社会支持于一体的完善的戒毒工作体系。

(二)“三期管理”

依照戒毒规律和流程，我们将强制隔离戒毒人员的整个戒毒矫治过程划分为急性生理脱毒期、身心康复训练期和回归社会适应期三期。确立三期阶梯式戒毒工作目标，循序渐进，逐步实施，并构建相应的教育矫治、康复内容和方法体系。

1.急性生理脱毒期

时间大约为入所后3个月内，主要针对新入所的戒毒人员。工作目标是帮助戒毒人员安全实现生理脱毒。这一阶段的重点是医疗戒护和关怀，由专职医护人员采用科学、规范的诊疗技术和方法，使用符合国家有关规定的药物、医疗器械，帮助戒毒人员检查急性戒断症状治疗、疾病筛查和稽延性戒断症状治疗以及心理测试、分析和诊断等工作，根据毒品种类、吸食方式、吸毒量、戒断症状等，为戒毒人员量身定制脱毒方案。

2.身心康复训练期

时间为入所后4～18个月。工作目标是帮助戒毒人员转变认知、强化认知、行为重塑和身心康复。这一阶段的工作重点是人文关怀和教育矫治。由于这段时期历时较长，主要开展的工作是组织戒毒人员接受戒毒治疗，参加康复训练、教育矫治活动、康复劳动，进行疾病监测、情绪调控和心理危机干预，帮助戒毒人员在强制隔离戒毒期间增强拒绝毒品的控制力，建立积极向上的生活态度，养成良好的社会行为习惯。

3.回归社会适应期

时间为第19个月至出所。工作目标是帮助戒毒人员修复家庭和亲情关系，掌握应对高危环境和生活挫折的方法。这一阶段的工作重点是构建社会支持系统，帮助戒毒人员顺利回归社会。通过开展劳动类法律法规教育、就业形势政策和社会适应性教育、择业观教育、就业创业指导，学习社交技巧和求职技巧，拒毒防复吸训练教育，举办亲情帮教会，开展社会帮教等形式，帮助戒毒人员完善人格，为戒毒人员顺利回归社会做好心理和行为调试。

（三）“四种矫治方法”

1.动机激发法

动机激发法即戒毒动机激发法，分三步走：正确认识戒毒动机—树立正确戒毒动机—激发正确戒毒动机。通过开展一系列戒毒常识教育，综合采用课堂教学法、个别教育法、阶段递进法、梦想激励法、立志法等方法帮助戒毒人员正确认识戒毒动机，真实面对自我；树立正确戒毒动机，走出戒毒认识误区；激发正确戒毒动机，坚定戒毒信念。

2.身体康复法

身体康复法即在戒毒康复人员在入所时，需要进行各项身体机能检测，并建立《戒毒康复人员体能检测表》，根据综合分析戒毒康复人员的年龄特点、身体医学诊断结果、身体基本素质检测结果，将戒毒康复人员分为不同组别进行有针对性的戒毒康复训练。在整个戒毒康复训练过程中，主要进行膳食营养调理，开展体能状况评价，组织体能恢复训练。

3.心理矫治法

心理矫治法是指运用心理学手段消除戒毒人员对毒品的心理依赖和强迫性觅药行为，排除其因毒品或者其他原因产生的心理问题，增强其心理调适能力和适应能力的方法。此法分为心理治疗和行为治疗两部分。心理治疗是通过应用心理学的基本理论和技术，借助心理测验，准确、及时掌握戒毒人员各阶段的心理特点和心理动态，通过心理咨询的各种方法，针对他们在戒毒过程中产生的系列心理问题进行矫正和治疗，从而健全其人格，克服其心理依赖，增进其身心健康。行为治疗主要是通过一些心理技术手段，对戒毒人员进行必要的拒毒训练和防复吸训练，并以此来矫正恶习。

4.社会适应能力培训法

社会适应能力培训法，即通过情感回归、技能培训、提供社会帮助等方式帮助戒毒人员顺利回归社会，融入社会，回报社会的方法。情感回归是指以亲情教育为载体，运用情感召唤、忏悔补偿等方法帮助戒毒人员进行情感修复，唤醒其良知，体验感恩，实践感恩。技能培训是指通过举办职业技能培训班、就业推荐会、加强就业指导等方法帮助戒毒人员掌握一技之长，促使其尽快回归就业。提供社会帮助就是联合民政与共青团、妇联等社会团体，向戒毒人员提供相应的政策扶持、就业帮扶、困难补助等。

(四)"一个对接"

在解除强戒的人员出所时，实行强制隔离戒毒所与社会管控机构与工作之间的无缝对接，确保戒毒人员及时得到社会关怀救助。对接工作的重点有以下三方面内容：一是人员信息方面。在戒毒人员解除出所前一个月，强戒所必须将戒毒人员的家庭情况、在所表现情况、诊断评估情况、出所后风险评估情况等信息，通过省司法行政无缝对接信息平台专网，传输给县(市)区司法局或乡镇司法所；地方司法行政单位获得信息后，做好接收解除戒毒人员回归社会的各项准备工作。二是人员交接方面。解除戒毒人员出所当天，由当地司法所或村委会工作人员陪同解除戒毒人员家属，一起到强戒所来将解除戒毒人员接回当地。接送费用由当地司法行政机关按年度汇总后，由省财政按刑释解教(除)人员安置帮教工作规定统一安排专项资金予以解决。三是人员安置帮教方面。解除戒毒人员回归地方后，由当地司法行政机关牵头，及时启动对解除戒毒人员的安置帮护和帮教工作，落实过渡安置、低保、就业、帮护帮教人员等各项优惠政策和措施，确保解除戒毒人员顺利融入社会，不断提高戒毒操守。

六、新疆"三五一"戒毒模式

新疆"三五一"戒毒模式，即"三期五疗一延伸"："三期"是指生理脱毒期、康复期、巩固期；"五疗"是指药疗、理疗、心疗、食疗、体疗；"一延伸"是指做好后续照管和跟踪帮教工作。

(一)"三期"管理

1. 生理脱毒期

戒治对象为新收治、未完成生理脱毒，尿检呈阳性的戒毒人员。因吸食毒品种类、数量、时间以及身体依赖程度，期限一般为1～2个月。医疗戒治生理脱毒是戒毒治疗的第一阶段，即在隔绝毒品的条件下，通过药物和非药物手段，消除或减轻戒毒者的急性戒断症状、恢复自然生理状态为目的的治疗过程。生理脱毒期的主要内容是尽可能缓解和控制戒断症状；使脱毒者能以合作、信任的态度和方式接受行为矫正、心理治疗和康复训练，为进一步康复创造条件；帮助脱毒者认识到与吸毒有关的高危行为，以减少危害。根据戒毒者的吸毒史、吸毒量、最后一次吸毒时间、身体状况、住院时间，采取不同的脱毒方法和不同的脱毒药物；医疗过程要配合对特殊人群的管理；应根据毒品的类型、纯度、使用方式、吸毒量、吸毒时间、戒断反应轻重以及身体素质、既往用药情况综合判断。在管理方式上，强制隔离戒毒所凭强制隔离戒毒决定书接收戒毒人员，接收前需严格审查收治戒毒人员的法律文书。接收时，对戒毒人员进行必要的审查，明确其是否符合强制隔离戒毒条件；进行健康检查，并填写戒毒人员健康检查表；办理戒毒人员入所登记向决定机关出具收戒回执；对戒毒人员人身和随身携带的物品进行检查，除生活必需品外，其他物品由强制隔离戒毒所代为保管。

2.康复期

康复对象为经过生理脱毒，尿检呈阴性，生理诊断评估合格的戒毒人员。时间一般为6～18个月。康复期的医疗戒治主要针对原发病和稽延性戒断综合征进行治疗。在管理方式上，主要是民警管理与戒毒人员民主管理相结合。戒毒人员以班组为单位，通过民主选举设立管理委员会，民管会在民警指导下实行协助管理。康复期管理工作要注重凸显人性化，注重保护戒毒人员的权益和实现戒毒人员的处遇，有效激发戒毒人员自主戒毒的动机，变被动戒毒为主动戒毒。戒毒人员可以每天进行不少于2小时的室外活动，可以依据参与习艺劳动情况获取适度工资，经批准可以拨打亲情电话、亲情会见、请假出所等，戒毒人员的通信自由和通信秘密受到保障。经过一年期诊断评估，综合得分在90分以上且现实表现良好的，可以申请提前解除，或转入康复中心进行戒毒康复并享受相关处遇。得分在90分以下的，则正常转入巩固期继续执行强制隔离戒毒。教育矫治方面，主要开展课堂化教育、心理健康教育、职业技术教育和辅助教育等，内容包括法律常识、思想道德教育、禁毒教育、戒毒常识、民族团结、爱国主义、宗教法规、传统文化、心理健康、社会帮教、家庭关爱、专项职业技能培训和职业技术培训等。通过教育引导，弘扬真善美，贬斥假丑恶，自觉履行法定义务，培养社会责任感和家庭责任感；树立自食其力、劳动光荣的择业观和就业观，培育知荣辱、讲正气、做奉献、促和谐的良好风尚，实现自尊、自信、自强、自立的人生目标，达到增强学员戒毒意愿、修复人品个性、掌握谋生技巧、培养积极生活态度的目的。

3. 巩固期

适应对象为完成康复期综合矫治，经心理、认知、行为评估合格的戒毒康复人员。巩固期限自进入巩固期至出所时间，一般为3～6个月。巩固期的医疗戒治方法基本同康复期相同，但需要注意的是，吸毒成瘾者长期生活不规律，食欲不振，食物摄入量明显不足等，特别是并发结核病、艾滋病的吸毒者，在巩固期的治疗过程中需要给予适当的营养支持治疗以及稽延性戒断症状的对症处理。如对于食欲不振者，可给予维生素B族、胃蛋白酶增进食欲，中药健脾开胃；对于患有结核病、艾滋病的戒毒者，可加服恰玛古蜜膏，以减轻咳嗽，提高免疫，提升CD4细胞数。管理方式方面，在民警指导下帮助戒毒人员学会自我管理，以半开放式管理为主，帮助戒毒人员走上再社会化路径。注重扩大戒毒人员活动范围，丰富戒毒人员生活内容，增加戒毒人员享受亲情会见、探访、“四试”等处遇的次数，使戒毒人员由在封闭环境中被动戒毒，转变为在宽松环境里主动拒毒，进而认清自身行为与环境因素的关系，提高主观戒毒动机水平。经期满前诊断评估，对评估合格者正常解除强制隔离戒毒；对于需要延长戒毒期限的戒毒人员，由强制隔离戒毒场所提出延长戒毒期限的意见，报强制隔离戒毒决定机关批准。

（二）“五疗”康复

1. 药疗

药疗又称“药物脱毒法”，指利用各种药物减轻戒断症状，逐渐消除依赖者对毒品的躯体依赖性，使戒毒人员平安渡过急性戒断期的一种治疗方法。药疗包括对强烈生理依赖者的急性脱毒治疗，对康复期人员的稽延性戒断症状治疗，对相应并发症的对症治疗。在整个戒毒康复治疗过程中，除给予必需的营养支持外，强制戒毒所还与新疆医科大学合作共同开发研制了恰玛古蜜膏。通过临床实践证明，食用恰玛古蜜膏对于严重营养不良，患有结核病、艾滋病的戒毒者，在减轻咳嗽、提高免疫、提升 CD4 细胞基数方面有着显著的疗效。

2. 理疗

理疗又称“物理疗法”，通过对人体局部的直接作用和神经、体液的间接作用引起反应，调整血液循环，改善营养代谢，提高免疫功能，调节神经系统功能，促进组织修复，改善病理过程，达到治疗目的。新疆戒毒系统采用自然物理因素的埋沙疗法、薰衣草疗法、人工物理因素疗法的韩式治疗仪等手段，改善戒毒人员的生理不适症状，控制急性戒断症状，抑制“心瘾”，加速消除稽延性戒断症状，帮助成瘾者恢复和提高肌体免疫力，巩固戒断效果。

3. 心疗

心疗又称“心理疗法”，主要是对戒毒康复人员因吸食毒品导致社会功能受损而养成的不良心理、生理、行为等恶习的矫正。新疆戒毒局在矫正戒毒学员不健康的人格和病态心理过程中，综合分析戒毒人员的心理特点、个性特质，预测行为倾向，有针对性地实施心理矫治，创立了新疆“10＋1”心理矫治工作模式。此模式贯穿整个戒毒工作的全过程，主要工作方法就是帮助戒毒人员解决心理问题和心理困惑，培养戒毒人员健康心理，塑造戒毒人员适应社会的良好人格，促进其自我完善、自我成长和自我重建。“10＋1”心理矫治工作模式就是 10 种标准化的心理矫治方法和 1 个非标准化的心理咨询做法。10 种标准化的心理矫治方法是指心理测试、心理评估、心理危机干预、心理健康教育、心理咨询、团体辅导、心理健康档案、心理分析会制度、心理个案交流、心理咨询热线；1 个非标准化的心理咨询做法，即灵活运用心理咨询形式，根据求助学员心理问题的特征，将一对一的标准化个体心理咨询形式变通为两个或者多个心理咨询师对一名求助者开展心理咨询，也就是多对一的非标准化个体心理咨询做法。

4. 食疗

食疗又称“食物疗法”，实际上是为戒毒人员设计的合理膳食。药食同源，医食同根，食疗在我国源远流长。通过制定适合戒毒人员的科学配餐，可对应治疗各种慢性病，有助于生理免疫功能恢复，控制戒毒症状，缩短他们的生理康复周期。而且，食疗取材方便，价格低廉，只需合理搭配膳食，就能够使戒毒人员在日常用餐中达到调理的目的。食疗又是当前最经济、最绿色的疗法。生理脱毒期的饮食主要是针对戒毒人员戒断症状，食物以清淡流食为主；康复期、巩固期的饮食主要是增加营养，增强体质恢复，减缓稽延性戒断症状反应，饮食逐步恢复正常。

5.体疗

体疗又称“运动疗法”。针对吸毒人员体质差、生活无规律、免疫力下降等身体状况，根据戒毒人员个体生理特点，在动、静平衡方面进行系统科学的指导与训练。体疗主要帮助戒毒人员加速肌体器官的康复，恢复体能，增强体质，磨炼意志，愉悦心情，养成良好的自我保健生活习惯。新疆戒毒系统根据戒毒人员各管理期特征，在各场所开展了刀郎健身操、五禽戏康复操、太极拳、九段康复操等训练项目，通过科学合理地训练，使戒毒人员肺活量、血压、心率三项身体机能指标以及速度、灵敏、力量耐力、柔韧、协调、平衡七项身体素质指标得到了明显的改善，戒除毒瘾的信心和意志力得到了增强，自我约束和自我控制的能力显著提高。戒毒场所内形成了“我运动，我健康，我快乐”的戒治氛围。

(三)“一延伸”

“一延伸”是指戒毒工作由所内向所外延伸，积极做好各类出所戒毒人员、社会戒毒人员的后续跟踪帮教服务工作，建立场所戒毒与社区戒毒、社区康复工作的无缝对接机制，是巩固所内戒毒成果的关键环节之一。按照后续照管工作“就业指导，家庭关爱，疾病转诊，法律援助，动态管控”等职能作用，对每一名回归社会的戒毒人员进行终生的定期回访和跟踪帮教，巩固戒毒工作成效。

七、上海“二三六一”戒毒模式

上海“二三六一”戒毒模式，即“两个三分、六大手段、一个平台”。“两个三分”：一是分类，按照毒品类型、戒治表现、个体情况进行分类、分级、分别管理；二是分期，分为生理脱毒期、身心康复期和回归社会期。“六大手段”是指综合运用戒毒管理、教育矫治、医疗戒护、身心康复、习艺劳动和帮扶救助六种手段。“一个平台”是指以诊断评估为平台，对戒治效果和工作成效进行考核。

(一)生理脱毒期

生理脱毒期重在治疗，药物脱毒治疗是基础。对处于生理脱毒阶段的戒毒人员，采用中西医药物治疗手段，解决毒品依赖的急性戒断症状。在戒毒期间，有选择性地给予戒毒人员对症治疗和必要营养补充，促进戒毒人员尽快恢复生理健康状态。脱毒巩固是关键。生理脱毒后的巩固治疗以适宜的体能训练与教育相结合，给予合理的膳食，以提高身体素质，激发戒毒的动力。生理评估是保证。对戒毒人员三个月内的生理状况进行评估，衡量脱毒治疗的效果，及时调整治疗方案，决定是否进入身心康复阶段。

（二）身心康复期

身心康复期重在训练。在确保安全有序的前提下，对戒毒人员开展康复训练与评估，是强制隔离戒毒的核心内容。康复训练包括身体康复和心理康复。康复训练的重点有队列训练、体能调练、康复操、习艺劳动、职业技能培训以及心理常识辅导、心理咨询、环境暴露试验等拒毒能力的培训，以提高戒毒的能力。其间，对戒毒人员开展一年诊断评估，检验戒毒成效，决定是否提前解除强制隔离戒毒措施或者落实探视、体验康复等激励措施。

（三）回归社会期

回归社会期重在适应，以开展社会环境与适应能力训练为重点，训练内容主要包括防复吸训练、社会生存能力训练等。其间，做好两年期满的诊断评估，决定是否按期解除强制隔离戒毒措施或延长期限。

（四）戒毒工作一体化

戒毒工作一体化贯穿在强制隔离戒毒全程，实现戒毒所与社区有效衔接，做到信息共享，帮扶救助、戒治手段、综合评价一体化，工作联动同步化。

1.社区主动对接戒毒所

由社区司法戒毒民警负责联络有关戒毒所安排入所帮教，反映有关戒毒人员家属及其子女在社区情况，戒毒人员在社区所外就医期间表现、动拆迁等情况；向有关戒毒所反馈社区戒毒人员、社区康复人员因复吸毒被处以强制隔离戒毒的情况。

2.戒毒所及时延伸社区

向社区司法戒毒民警通报，做好戒毒人员出所提前介入、接回工作；告知做好戒毒人员因病所外就医并变更为社区戒毒或因其他特殊情况变更为社区戒毒的准备工作;告知戒毒人员因病所外就医时间,落实就医医疗机构、监管等事项,尤其是对艾滋病毒携带者因免疫严重缺陷,被变更为所外就医并社区戒毒的,由市戒毒管理局生活卫生处及时通报市疾病预防控制中心,督促做好社区抗病毒治疗及干预跟踪工作,减少社会危害性;告知需要社区协助解决戒毒人员有关纠纷、矛盾或其他帮困救助问题,并互通情况。

3.所社民警协同随访评价

社区司法戒毒民警与戒毒所民警共同做好戒毒人员出所后的跟踪随访工作,客观评价戒毒效果,及时完善强制隔离戒毒所综合干预措施,进一步提高戒毒成效。戒毒所提供出所人员名单,制定跟踪回访计划和调查量表,与出所人员所在街道乡镇社区司法戒毒民警共同落实。戒毒所最终形成回访调查报告,对反映需要社区解决的问题交由社区司法戒毒民警处理,对涉及戒毒所内的问题由戒毒所自行处理。

八、云南"三九一"戒毒模式

云南"三九一"戒毒模式,即"三期九项一延伸":"三期"是指生理脱毒期、康复治疗期、回归巩固期。"九项"是指在生理脱毒期开展医疗、生活、身心"三关怀",在康复治疗期开展身心康复、认知矫正、技能培训"三强化",在回归巩固期开展拒毒能力、适应社会能力、修复家庭关系能力"三巩固"。"一延伸"是指向社会延伸,建立信息共享、持续帮扶、回访调查"三平台"。

(一)生理脱毒期的"三关怀"

1.医疗关怀

强制戒毒人员入所初期出现极度疲倦、时寒时暖、昏昏欲睡甚至神志不清等症状,严重的还会在毒瘾发作时出现极度疼痛、呼吸困难、呼吸中断、产生幻觉甚至危及生命等情况。针对性开展工作包括以下四方面:一是开展体格检查。对新收治强戒人员开展入所体检,包括了解药物滥用史、既往病史、药物过敏史,检查生命体征、尿检、血常规、肝肾功、X光、B超以及心电图等项目,并建立健康档案。二是规范诊断治疗。针对新收治强戒人员病患多、病情复杂的特点,加大对新收治强戒人员的巡查诊治力度;对急危重症病患人员进行会诊和转诊。三是加强脱毒管理。设立脱毒观察和治疗室，使用低位床铺，安排专人看护。对患艾滋病及其他传染病等特殊病患人员实行分别管理。四是开辟“救治通道”，实现强戒所与所外医院一站式救治。与医院达成救治合作意向，确保急危重症强戒人员能够得到及时转诊治疗，预防和减少强戒人员所内病亡。

2.生活关怀

针对强戒人员入所初期出现的身体和心理反应，主要做好三个方面工作。一是提高伙食标准。针对新入所强戒人员体质较差，身体虚弱，需增强营养的实际情况，在生理脱毒期提高伙食费标准，在部颁实物量标准的基础上再提高18%以上。二是实施营养膳食。入所1～2周，为强戒人员提供富含蛋白质、维生素、矿物质的流质和半流质等有营养、易消化吸收的食物，确保不脱水，维持电解质平衡，满足最低能量需求；入所3周后，提供优质、足量的食物，增加食物种类，合理膳食，强化营养补充，增强体质，减少疾病发生；针对特殊病患者和重病人员，制定专门营养食谱。三是成立“关爱小组”。由管理人员和强戒人员对病患人员给予关心、照顾和帮助。

3.身心关怀

生理脱毒初期，强戒人员生理反应严重，心理压力巨大，存在行为失控、自伤自残、暴力攻击等倾向。他们一方面承受着身体的种种不适，另一方面又有恐惧、焦虑等负面情绪。针对这一普遍存在的问题，通过积极有效的心理疏导并配合身体康复训练，力求让强戒人员逐步回归正常轨道。一是实施心理矫治。按照急性戒断前期心理恢复和急性戒断后期心理辅导两阶段进行。入所1～2周，重点开展急性戒断前期心理恢复，从心理筛查、个体干预，压力缓解、情绪放松等方面实施强戒人员心理修复工作；入所3～8周，重点开展急性戒断后期心理辅导，从适应所内环境、规范行为养成、强化毒害认知、增强戒毒动机等方面加强心理辅导工作。二是重视康复训练。入所1～2周，针对性开展关节功能、平衡训练、慢走等体能消耗较低的康复训练项目，初步恢复身体各项机能；入所3～4周，针对性开展运动量适中的柔韧训练、太极拳、广播体操、瑜伽等有氧运动，促进身体机能和体能的基本恢复；入所满4周后，开展队列、俯卧撑、瑞士球等力量、耐力、柔韧和平衡方面的训练，逐步实现体能康复。

三是开展"两书"活动。按照谈、写、评三个步骤，组织强戒人员开展自主式讨论活动，谈危害、谈认识、谈感受和感想。在此基础上，引导新收治强戒人员向家属写认错书和忏悔书，初步搭建与家属沟通、联系的平台，警察对讨论情况和书信进行辅导点评。

(二)康复治疗期的"三强化"

1.强化身心康复

一是开展身体素质训练。组成不同的训练小组，开展多项训练活动，在强化柔韧训练和平衡训练的基础上，重点开展以力量、耐力为主的体能康复训练。二是加强团体心理辅导。在做好对心理障碍严重和有心理痼疾人员进行心理辅导的同时，围绕重建正常人格、人际关系修复和增强环境适应能力，运用认知疗法、模仿法等加大团体心理辅导的力度，达到强戒人员自我促进、自我帮助的目的。

2.强化认知矫正

一是开展"四项教育"。通过对强戒人员卫生教育、道德规范教育、守法意识教育和毒品危害教育，从思想、道德、行为方面培养健全的认知体系。二是开展辅助教育。以加深毒品对身心、家庭、社会带来的危害性认识，树立戒毒信心和决心及感恩励志正能量教育等为主题，开展形式多样、内容丰富、贴近戒毒生活的一系列辅助性教育，进一步坚定其戒毒信念和勇气。三是开展法律援助。建立法律援助中心或法律援助工作站，针对强戒人员遇到的婚姻家庭、财产纠纷、遗产继承、赡养抚养等问题，结合系列法律常识教育，积极与社会法律援助部门联合，开展法律宣传和法律援助工作，营造浓厚的知法、懂法、守法的矫治氛围，增强强戒人员的守法意识和维权意识。

3.强化技能培训

一是开展康复生产劳动。通过循序渐进的生产劳动，在潜移默化中康复身体，修复信心，培养劳动意识，增强回归社会就业的能力。针对强戒人员的年龄、性别、身体等不同层次，分类组织参加必要的生产劳动，分别规定劳动定额、项目、时间、强度、报酬的标准。二是建立就业合作机制。依托社会资源，争取人力资源和社会保障部门的支持，依托社会办学机构，着眼于回归就业，逐步扩大所内职业技能培训覆盖面，使更多的强戒人员在强制隔离戒毒期间接受正规、实用的职业技能培训，真正学到一技之长。同时，不断完善就业指导、就业实践和就业推荐工作体系，为强戒人员回归社会后顺利就业、保障谋生、保持操守提供条件。

（三）回归巩固期的“三巩固”

1. 巩固拒毒能力

组织强戒人员参观毒品危害教育、观看警示教育片，对毒品危害进行深入剖析，加深认识，巩固戒毒信念。将强戒人员置身于模拟高危环境，进行综合训练测评，培养、增强强戒人员抗诱、拒毒能力。一是开展“三拒绝”训练。“三拒绝”即为拒绝毒品诱惑、拒绝毒友诱惑和拒绝环境诱惑。二是科学量化训练效果。主要从强戒人员的脉搏、血压、体温和呼吸等生理指标和心理测量来量化心理脱瘾程度，实现拒毒能力标准化、数字化、科学化管理。三是组织团体协作训练。通过开展团体拓展训练，注重培养强戒人员的团结协作精神，进一步巩固强戒人员的拒毒能力。

2. 巩固适应社会能力

巩固适应社会能力的目的在于帮助强戒人员学会正确处理各种社会关系，主动融入社会，被社会接纳，重建信任。结合强戒人员的自身特长和社会就业需要进行就业指导，主动寻求社会帮助，积极争取政府部门支持，拓宽就业渠道，推荐就业。一是强化心理辅导。开展适应社会能力的心理团体辅导，为强戒人员能顺利回归、融入社会做好心理准备。组织观看“感动中国”“道德模范”等弘扬正能量的节目，帮助强戒人员学会正确处理各种社会关系，重建健康和谐的人际关系。二是开展主题讨论。组织强戒人员开展适应社会、融入社会为主题的自主式讨论，主要围绕回归后的困难和问题进行探讨，由警察进行引导和点评，介绍应对和解决困难、问题的技巧和方法，增强其戒毒信心和勇气，实现顺利回归。三是提供就业服务。结合实际，针对强戒人员的特点，举办或参加社会用工招聘会，签订就业服务意向书，实现就业服务功能前移；鼓励强戒人员自主创业；合理利用场所资源，创办适应强戒人员就业特点的实践基地。

3. 巩固修复家庭关系能力

和睦的家庭关系和家庭支持系统的有效运转对巩固戒毒成果发挥

着重要作用。强戒人员吸毒与家人的不理解、不支持、弃之不顾有直接关系。巩固修复家庭关系能力，一是搭建亲情沟通桥梁。通过家属来所探访、视频会见、亲情电话和亲情餐等形式，让强戒人员与家属相互沟通，表达情感，增强信任，弥合心灵创伤，增强家庭责任，修复家庭关系，为强戒人员被家庭顺利接纳，保持戒毒操守奠定基础。二是签订延伸帮教协议。整合所内、家庭、社区和社会团体等帮教资源，建立共同帮教链，签订延伸帮教协议书，明确帮教责任，把帮教工作向社会延伸，实现帮教工作社会化。三是重建和睦家庭关系。以吸毒行为对家庭的伤害为主题，进行自主式讨论，通过相互提问、相互评论，使其受教育和启发。组织强戒人员写出向家人深刻认错的谅解书和回归家庭后远离毒品、共建和睦家庭的承诺书。设置亲情倾诉室，坦诉对家庭、亲人的伤害，请求家人的谅解，真情表达忏悔和承诺。

九、广西“四四”戒毒模式

广西“四四”戒毒模式，就是根据戒毒人员在强制隔离戒毒不同阶段的心理、行为特点和矫治需求，设置不同的戒毒阶段，采取不同的方法，对每一名戒毒人员进行四期戒毒、四区管理、四级处遇、四步矫治。在时间上实施四期强戒，即脱毒治疗期、教育康复期、习艺巩固期、回归适应期；在空间上分开四个区域管理，即脱毒治疗区、教育康复区、习艺巩固区、回归适应区；在戒毒矫治方法上实行有针对性的四步戒毒矫治，即生理脱毒、认知提高、行为养成、回归适应；在管理方法上实行逐步适应社会的四级管理和处遇，即医院式管理、校园式管理、企业式管理、社区式管理。通过各个环节的紧密衔接，逐步解决戒毒人员的生理、认知、行为、情感及社会问题，同时将心理治疗和危机干预贯穿于戒毒全过程。这是一个使戒毒人员从脱毒到康复再到逐步适应社会的多元整合的戒毒管理模式。

（一）脱毒治疗期

实行医院式管理，地点设在医院，进行为期一个月的脱毒治疗，由具有医生、护士资质的警察全程直接管理。在医院治疗区内根据脱毒治疗的情况，逐步扩大生活活动范围，并实施医院作息时间。生理脱毒主要解决生理方面的问题，即以脱毒治疗和改善、减轻或消除稽延性戒断症状为主要目的。重点做好四项工作，即建立体检和医疗档案、生理脱毒治疗、稽延性戒毒症状治疗和并发症治疗。该时期的主要目标是确保戒毒人员安全度过急性脱毒期。

(二)教育康复期

实行校园式管理，地点设在教育矫治大队或教育大队，进行为期 2 个月的教育康复，由警察、教员进行直接答完题，由专职教员和心理咨询师实施课堂化教育。戒毒人员仅在教育矫治中心或教育大队管教区内活动，实施学校的作息时间进行管理。教育康复期主要解决认知方面的问题，以体能康复训练、所规队纪教育、戒毒知识为主要教育内容。重点做好四项工作，即体能康复、巩固医疗、所规队纪教育、戒毒动机确立。该期主要目标是确立戒毒动机，提高认知水平，培养改变自我的能力。心理矫治工作方面制定治疗方案，建立心理健康档案，并采取个体和团体辅导相结合的方式，开展前期心理治疗。

(三)习艺巩固期

习艺巩固期实行企业式管理，设在普通习艺大队，进行为期 10 个月的习艺劳动行为养成矫治。这一时期采取警察直接管理和企业技术人员技术指导，戒毒人员民主管理、自我管理相结合的方式，可在常规大队、习艺场所、所内超市、医院、食堂餐厅等范围内活动，参照企业的作息时间进行管理。习艺巩固期主要解决行为养成方面的问题，通过开展习艺劳动、职业技能培训、行为矫治等，逐步树立起良好的生活行为习惯，树立正确的劳动观、人生观、价值观。此一时期的重点是做好四项工作，即行为养成、习艺劳动、个别谈话教育、社会帮教。主要目标是形成良好的行为养成，培养良好的人际关系，树立坚强的意志以及正确的价值观和劳动观念。心理矫治工作方面，以团体辅导为主，个体咨询为辅，开展情绪调节训练、人际交往训练等。

(四)回归适应期

实行社区式管理，设在出所大队或所内康复区域，进行为期 2 个月的回归社会适应性教育。回归适应期以戒毒人员自我管理为主，警察和教员管理为辅。这一时期实行弹性作息时间，可在出所大队以及所内康复区域以及整个管教区，甚至可以准假回家活动。回归适应期主要解决戒毒人员适应社会方面的问题，通过开展“十步脱瘾法”训练、社会适应性考验等，提高抵制毒品的能力，培养在社会生存发展所需的态度和能力，重点做好康复训练、家庭关系修复、出所衔接等工作。该时期的主要目标是情感重构并修复戒毒人员家庭关系，重建社会支持系统。心理矫治工作方面，通过开展“十步脱瘾法”，对戒毒人员进行拒绝毒品训练、意志力训练等回归前心理辅导，并进行适应性社会训练。

十、广东“三三六”戒毒模式

广东“三三六”戒毒模式，即“三期三分六法”戒毒模式，是立足于戒毒人员违法者、受害者、病人的特征，遵循强制隔离戒毒工作的规律，按照“科学戒治、先易后难、淡化心瘾、提高技含、符合实际”的原则实施戒治，帮助戒毒人员戒除毒瘾，恢复身心健康，掌握拒毒技巧、融入社会的一种戒治模式。

（一）“三期”

“三期”是指根据戒毒人员在戒毒过程不同时期的生理心理特征和戒治进程情况，将戒毒人员的所内戒毒过程划分为生理脱毒期、脱瘾训练期和戒治巩固期三个阶段，实行分期戒治。生理脱毒期以消除戒毒人员戒断症状和确保安全为重点；脱瘾训练期以提高毒害认知、恢复心理健康、矫正不良行为、增强拒毒定力、掌握谋生技能为重点；戒治巩固期以巩固前期戒治效果、授予拒绝毒品诱惑的技巧和方法、融入社会前的心理疏导为重点。

划分三期的机理是立足于戒毒人员是违法者、受害者、病人的特征，遵循科学戒毒的精神和规律，以提高戒毒的科技含量为手段，以戒毒治疗为基础，以管理、教育、技能实践为核心，以生理康复、心理治疗和人格重塑为主线，以戒毒周期和戒毒区域为载体，以戒毒文化为依托的强制隔离戒毒戒治流程，采取对戒毒人员进行生理脱毒期、脱瘾训练期和戒治巩固期的分期戒治，并根据各期戒治任务的不同重点，实施相应的戒治方法，帮助戒毒人员戒除毒瘾，重获新生。

（二）“三分”

“三分”，即根据戒毒人员日常管理和戒治工作需要，对戒毒人员实施分型编队、分类戒治、分级处遇。分型编队，就是根据戒毒人员吸食的毒品类型，设置吸食传统型毒品和新型毒品两种戒治对象不同的戒治大队。分类戒治，就是按照戒毒人员吸食毒品的不同种类和成瘾程度等情况，分别采取有针对性的戒治措施。分级处遇，就是指按照戒毒人员戒治表现，将戒毒人员的管理级别划分为元生级（Ⅰ级）、成长级（Ⅱ级）、稳态级（Ⅲ级）和适应级（Ⅳ级）四种递进的管理级别，区分处遇。

实行“三分”的机理是根据吸食新型毒品和传统型毒品的戒毒人员生理和心理特征的差异，将吸食传统型毒品和吸食新型毒品两类戒毒人员进行分型编队。同时，依据不同对象及成瘾程度等因素，进行分类戒治，增强戒毒工作的针对性和有效性。根据著名社会心理学家马斯洛的“需要层次”理论，通过满足需求来调动积极性，对戒毒人员实行分级处遇制度，按照戒治表现将戒毒人员的管理级别划分为元生级（Ⅰ级）、成长级（Ⅱ级）、稳态级（Ⅲ级）和适应级（Ⅳ级）四种递进的管理级别，旨在形成目标激励的心理效应。

（三）“六法”

“六法”，是综合运用医学、心理学、教育学、社会行为学等学科的相关知识和基本原理，专门针对戒毒人员长期吸食毒品导致的生理机能低下，回归社会后毒害认知不足、自控力低下、拒毒定力不强和自食其力的能力缺乏等导致复吸的诱因而科学设置的生理脱毒法、毒害认知法、意念强化法、行为训练法、情景模拟法和技能培训法等六种戒治巩固方法。“六法”贯穿于整个三期戒治流程，既相互独立，具有很强的操作性，又相互依托，环环相扣，逐步推进，形成一个科学的戒治体系。

生理脱毒法，是指根据生理脱毒的戒治要求，实施以医学戒毒治疗为重点，以物理治疗和体能恢复措施为辅助，帮助戒毒人员消除或减轻急性戒断反应，逐步增强体质效果的一种戒毒治疗方法。根据成瘾机制学说和卫健委阿片类、苯丙类药物依赖诊断治疗指引原则，通过进行健康检查、吸毒分类、毒瘾程度诊断、医学戒毒治疗、膳食营养调理、物理治疗、体能状况测试、体能恢复等措施，达到消除或减轻戒毒人员急性戒断反应，增强体质，逐步恢复体力的戒治方法。

毒害认知法，是指根据戒毒人员在思维方式、观察、分析、回忆信息、感观体验反应等方面不同的习惯性倾向，通过学习、训练、干预等多种途径和形式，引导戒毒人员了解毒品、毒品危害的机理以及对社会、家庭和人体健康的危害，从而使其改变思维和认知构建模式的一种教育矫治方法。根据接受与现实疗法理论(ACT),通过开展毒品危害机理、法律常识和《三字经》等传统文化的学习教育,进行相关心理矫治,开展忏悔和感恩教育等活动,帮助戒毒人员构建新的认知,逐步消除戒毒人员在毒品危害认知上的错误或偏差,提高认知力的戒治方法。

意念强化法,是指以静心脱瘾训练为主要方法,通过背诵戒毒信条、催眠暗示,开展静心操、指环运动等训练的方法和技术,把正面积极的信念和暗示植入戒毒人员的潜意识当中,不断重复戒毒脱瘾的指令,灌输坚定的脱瘾信念,从根本上戒断"心瘾",增强戒毒意志力的一种矫治方法。

行为训练法,是指根据戒毒人员身份意识淡薄、行为纪律散漫、自我控制力较差的特点,反复进行有目的、有计划的行为训练,并进行考核督促,使之形成良好行为习惯,提升拒毒能力的一种训练方法。行为训练法主要包括所规队纪训练、行为规范训练、队列科目训练三个方面。根据组织行为学理论,通过反复进行有目的、有计划的所规队纪、行为规范和队列科目训练,让戒毒人员形成良好的行为习惯,提升自控力。

情景模拟法,是通过角色扮演和创设情景的方式,使戒毒人员身临其境地体验到回归社会后面临可能导致其复吸的高危情境,引导其找到适合自身情况的拒毒方法,并加以强化模拟训练,从而提高戒毒人员拒毒定力的一种训练方法。根据心理情景剧和应对高危情境理论,通过观看心理情景剧、小组讨论、角色扮演,强化拒毒技巧训练,让戒毒人员体验并识别可能导致自己复吸的高危情境,掌握有效应对高危情境的方法,强化拒绝毒品的技巧,提高拒毒定力。

技能培训法,就是通过职业技能培训和习艺劳动,培养戒毒人员正确的劳动观念,帮助戒毒人员矫正好逸恶劳的不良习惯,掌握一技之长,实现自食其力,顺利回归社会的一种矫治方法。根据历年对解戒人员的社会跟踪调查发现,戒毒人员普遍学历低,无技术,身体素质差,好逸恶劳,加上社会对他们有偏见,使他们回归社会就业难,生活无着落,这是造成复吸的重要原因。可通过职业技能培训和习艺劳动,培养戒毒人员正确的劳动观念,帮助戒毒人员矫正好逸恶劳的不良习惯,掌握一技之长,实现自食其力。

十一、海南戒毒模式

海南戒毒模式是海南省戒毒管理局在强制隔离戒毒工作实践中，综合运用治疗康复、优秀传统文化教育、心理矫治、职业技能教育、后续帮教等矫治措施形成的以戒除心瘾为核心内容的戒毒流程和戒毒方法的统称。该模式以中华优秀传统文化、心理健康知识等的内化为手段，通过对戒毒人员进行精神重建、道德重构、行为重塑，帮助戒毒人员产生主动戒毒的内驱动力，戒除心瘾，达到防止复吸的目的。海南戒毒模式最突出的方面在于戒除心瘾，即在对戒毒人员进行疾病救治、完善身体机能的基础上，对戒毒人员实施传统文化集中教育，彰显文化育人的功能，通过集中正能量强化，发挥正确精神导向力量对于防止复吸的重要作用。

中华优秀传统文化塑造了中华民族共同的价值观念、心理倾向、精神结构以及行为模式，对家庭、国家和社会发挥着巨大的维系和调节作用，对戒毒人员的精神重建具有重大意义。海南戒毒模式开展《弟子规》《了凡四训》《太上感应篇》等传统文化教育，使戒毒人员道德情感和意志得到强化，脱离毒品的决心和信心更加坚定，为防止复吸构筑强大的精神力量。

该模式对戒毒人员采取相对集中的教育、管理，在戒毒人员中精心营造良好和谐的再社会化环境和氛围，传递正确的价值观，有效地建立了可以相互影响和支持的共同体。

模式还通过采取一系列心理矫治技术，帮助戒毒人员正确认识吸毒行为危害及其成因，改变心理偏差，逐步恢复戒毒人员心理健康。在此基础上，积极评价戒毒人员的道德行为，使其在承担社会责任、家庭责任中体验到作为正常人的价值和快乐。这种不断强化的正能量使戒毒人员获得了心理上的满足，优秀传统文化的价值理念得到认同和强化。海南戒毒模式主要有常规戒治和集中戒治。常规戒治针对全体戒毒人员，教学周期为一年半，分为脱毒期、康复期、巩固期三个阶段。集中戒治模式时间为6～10个月、主要分为启蒙教育、忏悔教育、精神重建三个阶段。其主要课程分为三个方面：

一是以中华传统文化经典课本《弟子规》教学为重点，从亲情、孝道切入,启发戒毒人员做人的本分和道理,重新思考和正确认识自己,帮助他们重新建立正确的道德观和价值取向。开展“我的选择我做主”为主题的心理健康教育,培养戒毒人员的归属感与被接纳感,建立信任的师生关系,形成融洽的学习团队,营造积极向上的学习氛围。

二是进行《了凡四训》的学习,使戒毒人员在戒毒中产生畏惧心、忏悔心、勇猛心、精进心,把自身的努力作为改变自我命运的基本动力,知耻而后勇,从心改过,从而树立脱离“毒海”的信念。开展“我的成功我坚信”为主题的心理健康教育。通过开展“树立自信心,澄清价值观”“职业生涯规划训练”主题活动,增进戒毒人员对人际关系合作的信任,增强自我肯定,了解个人兴趣、人格特质与未来职业选择、职业适应的关系。

三是进行《太上感应篇》的学习,使戒毒人员从心灵深处认识到自己的罪错都是自己造成的,有果必有因,有因必有果,因而要想改变自己的命运就必须从自己的思想和言行做起。开展“我的未来我筑造”为主题的心理健康教育,帮助戒毒人员掌握必备的心理训练技巧,抵制毒品诱惑。帮助戒毒人员从自我反省状态进入励志阶段,最终形成正确的思维方式和生命价值观念。

十二、重庆 PC 戒毒模式

“以人为本”(Person-Centered,PC)戒毒模式,是指以关心戒毒人员的利益需求、发挥戒毒人员的主体作用和促进戒毒人员的全面发展为根本,通过多种戒治手段、方法、内容的综合实施,全面提升戒毒人员的生理、心理、社会方面综合能力,帮助戒毒人员戒除毒瘾,延长操守保持,顺利融入社会的一种人本主义戒毒方法。重庆 PC 戒毒模式的基本架构是“一三四五九”:把握“以人为本”一个核心理念,围绕“戒、治、练”三种手段,运用生理脱毒、心理戒毒、精神解毒、训练排毒四种方法,实施规范管理、戒毒治疗、教育矫治、康复训练、技能培训五项工作体系,提升戒毒人员明辨是非、向善向好、自控适应、压力管理、情绪管理、毒瘾耐受、抵制诱惑、抉择应对、社会生存九种能力。

(一)PC 戒毒模式的实践路径

PC 戒毒模式以实施综合矫治为原则,以促进人的全面发展为根本,在对强制隔离戒毒人员、戒毒康复人员的教育矫治领域，对社区戒毒（康复）人员的戒毒指导领域，以营造和谐温馨的管理氛围，实施生命至上的医学救治，开展促进全面发展的教育矫治，进行强身祛毒的康复训练，组织促进社会化的技能培训作为体现以人为本，提升综合能力，促进全面发展，降低毒品危害，延长操守保持的最佳实践路径。

（二）构建以保护人权为本的规范管理体系

为切实维护戒毒人员的人权，营造戒毒场所与戒毒人员之间相互尊重、彼此信赖的管理氛围，搭建戒毒场所与其他戒毒工作机构之间互助合作、信息共享的所地衔接机制，培养戒毒人员的法纪意识和规则意识，促进戒毒人员与社会的融洽融合，构建“四分一衔接”的管理体系。“四分”即为分别管理、分期管理、分级管理、分类管理；“一衔接”包括人员离所对接、戒毒措施衔接、社区戒毒（康复）指导及支持。

（三）构建以尊重生命为本的戒毒治疗体系

充分尊重戒毒人员的生命权，始终把对戒毒人员的关怀救治放在第一位，帮助戒毒人员摆脱对毒品的生理依赖，缓解戒毒人员的戒断反应及精神病性症状，最大限度减少戒毒人员躯体和精神的痛苦与不适，构建“三关四疗法”的戒毒治疗体系。“三关”为生活上关爱、膳食上关心、医疗上关怀；“四疗法”为西医脱毒疗法、中医扶正疗法、仪器辅助疗法、营养支持疗法。

（四）构建以提升素质为本的教育矫治体系

切实保障戒毒人员的受教育权，始终将教育挽救戒毒人员放在突出位置，重塑戒毒人员正确的生死观、是非观、价值观，降低直至消除对毒品的心理依赖，促进戒毒人员认知、能力、情感、意志的综合提升和全面发展，构建“一重点两辅助”的教育矫治体。“一重点”为“三观（生死观、是非观、价值观）六字（启智、明理、担责）”教育；“两辅助”为心理矫治、拒毒训练。

（五）构建以身强志坚为本的康复训练体系

高度重视戒毒人员的健康权，注重唤起戒毒人员对健康生活的憧憬和热爱，着力提升戒毒人员的身体素质，帮助戒毒人员恢复身体机能，增强免疫能力和毒瘾耐受能力，构建“一基础两训练”的康复训练体系。“一基础”为运动康复基础；“两训练”为日常健身训练、身体素质训练。

（六）构建以促进回归为本的技能培训体系

切实保障戒毒人员的生存权，引导戒毒人员有尊严的生活，帮助戒毒人员学会生产知识和技能，修复缺失的社会功能，提高生活能力，促进戒毒人员社会化，增强戒毒人员的社会适应性，构建“两技能一工程”的技能培训体系。“两技能”为生活技能、职业技能；“一工程”为就业安置帮扶工程，包括所企共建就业基地、组织求职应聘、帮扶自主创业。

十三、湖南“大戒毒、大矫治”戒毒模式

湖南“大戒毒、大矫治”戒毒模式的基本架构是“三四五六”，即为“三期四区五级管理和六项机制”。“三期”，即按照戒毒客观规律，将戒毒流程分为脱毒期、康复期、巩固期；“四区”，即按戒毒的不同功能划分为医疗戒护区、康复教育区、常规矫治区和回归适应区。“五级管理和六项机制”是对应不同的戒毒职能，将“四区”按照五个等级进行动态流转管理，不同区域对应不同的管理方式，享受相对应的等级处遇，同时着力构建集戒毒医疗、康复训练、再社会化教育、心理矫治、关怀救助、后续照管于一体的戒毒康复六项机制。运行体系所体现的是“服务性执法、教育性管理、综合性矫治”，契合“以人为本、科学戒毒、综合矫治、关怀救助”的戒毒工作原则，由此带来强制隔离戒毒工作理念的转变、手段的创新，为构建“大戒毒、大矫治”体系奠定了思想和方法基础。

（一）服务性执法

服务性执法的核心是在强制刚性的执法过程中渗入人文柔性的服务理念，将帮扶救助、人文关怀等服务职能贯穿于戒毒执法全过程，在执法中体现服务意识，在服务中提高执法效能。

服务性执法的主要内容包括基本性服务、个体性服务、激励性服务三个方面。基本服务包含生活卫生、医疗保障、心灵呵护、综合帮教、权利保障、后续照管等六大方面，为全体戒毒人员提供基本权益保障服务。个体性服务针对戒毒人员个体可能出现亲情危机、权益纠纷或重大变故等情形，为需要服务的戒毒人员提供化解亲情危机，提供法律救助，给予经济救助等服务；激励性服务与戒毒人员的戒治情况挂钩，只针对处于一定管理等级的戒毒人员，提供亲属直接探访、QQ 视频探访、免费职业技能培训等方面的服务，充分调动戒毒人员参与戒治的积极性。

（二）教育性管理

教育性管理是基于控制性管理基础上的方法论创新，在管理过程中

体现教化、引导功能，使戒毒人员从心理、行为上自觉接受管理。其核心是突出人本意识，强化人文启迪，注重心理调适，充分发挥教育的引导教化功能，以教促管，管教相融。教育性管理遵循内因是根本，外因是条件，外因通过内因起作用的马克思主义哲学观，意在管理过程中发挥教育引导功能，增强戒毒人员的心理依从性，使管理制度内化为自觉认识，管理目标变成戒毒人员的自觉行动，促进矫治工作者—戒毒人员这一教育双主体的良性互动，以提高戒毒效果。教育性管理的主要表现形式体现在五个方面：

1.突出心理调适管理

通过心理咨询、心理健康教育、心理矫治、文体活动等，调节戒毒人员情绪，消除不良心理，促使他们的心理结构向良性转化。

2.注重文化管理

围绕戒毒、法制等核心，通过环境美化、榜样激励、主题活动开展、传统文化熏陶、制度引领、视觉文化感染等形式，建设浓厚的戒毒文化氛围，潜移默化地达到文化育人的目的。

3.推行需求式管理

根据戒毒人员生活、安全、情感、文化、自由等不同需要变化和个体特质，有针对性地调整管理方法、手段、程度，达到预期目标。

4.培养互动式管理

通过组织戒毒人员参与戒毒管理目标、管理制度、管理措施、行为规范的制定，增强主体意识，自觉遵守和维护管理要求。

5.引导自我管理

设立文明劝导员、自律委员会、互助小组，引导戒毒人员建立文明公约，形成戒毒环境中的社会契约；通过行为规范自治活动，引导戒毒人员自我约束、自我教育、相互监督，提高戒毒人员自我管理、自我控制、民主管理能力。

（三）综合性矫治

综合性矫治是指遵循戒毒工作规律，根据社会学、教育学、心理学、行为学、医学等理论，整合社会、医疗、教育、科研、媒体、家庭等多方资源，综合运用管理、教育、医疗、心理、劳动等多种手段，对戒毒人员实施流程化、专业化、社会化的戒毒矫治。湖南司法行政戒毒系统积极探索强制隔离戒毒综合矫治模式，形成以“三期四区五级管理六项机制”为核心的强制隔离戒毒工作基本构架。

1. 遵循“三期”规律

戒毒过程分为生理脱毒、身心康复、回归适应三期。

2. 搭建“四区”平台

根据戒毒人员“三期”的不同特点，戒毒场所建立相对独立的医疗戒护、康复教育、常规矫治、回归适应四个功能区域。

3. 实施“五级”管理

五级管理以戒毒人员戒毒时间、脱毒情况、心理顺应性、行为规范和责任能力状况为考核内容，对戒毒人员实施分区五级管理，实行不同处遇，逐步适应社会。处于急性脱毒期的戒毒人员在医疗戒护区实施临床监护管理；已过急性脱毒人员在康复教育区实施封闭管理；经过康复教育后的戒毒人员在常规矫治区实施常规管理；出所前三个月的戒毒人员在回归适应区实施宽松管理；戒毒意志强、心理明显改善、家庭和社会功能恢复良好的戒毒人员，经过省局批准后送至戒毒康复区（所）或回归就业基地，进行社会适应性训练，对其实施民警主导下的自我管理。根据不同的等级，实施相对应的等级处遇，强化戒毒动机。

4. 建立“六项”机制

一是药疗、理疗、食疗并举，集生理脱毒、身体恢复、抗复吸于一体的戒毒医疗工作机制，形成药物治疗、物理治疗、心理治疗、体能锻炼和食疗“五位一体”的戒毒治疗体系。根据戒毒人员不同区期的生理特点和病理状况，医疗戒护人员和后勤保障部门联合，制定不同区期的戒毒人员食谱。加大戒毒人员稽延症状治疗，对吸食传统毒品和新型毒品的戒毒人员分类，制定相应的医疗干预方案。

二是集文体娱乐、健身锻炼、行为养成、拓展训练于一体的康复训练工作机制。规范康复训练科目，根据戒毒人员身心特征，开展体能康复、身心康复等训练，逐步提高训练强度，增加训练难度：规范康复检测标准，形成包括体能康复达标、行为规范养成达标的康复标准，作为区间流转的重要依据；拓展康复训练形式，根据戒毒人员现实状况设计戒毒人员康复操，拓展趣味运动、户外拓展训练、瑜伽等，将其融入康复训练手段中。

三是以法制道德教育、戒毒认知教育、需求教育、情感教育、危机应对教育、励志创业教育、健康生活方式教育为主要内容的再社会化教育机制。着重开展创业就业、健康生活、婚姻家庭、法律法规、社会事务五类指导分别开展个别咨询、就业推介会、健康生活讲座、法律法规知识抢答赛、亲情帮教会、危机应对演练等活动。

四是集测试诊断、心理咨询、行为矫治、动机强化、危机干预、抗复吸技巧训练、生活技能训练于一体的心理矫治工作机制。心瘾是吸毒人员在心理功能缺失和人格不健全情况下出现的不可自控的觅药心理。心理功能的恢复和人格的修复是支撑戒毒心理矫治的两根顶梁柱，围绕这两个方面开展并建立普遍性矫治、阶段性矫治、分类性矫治和个体性矫治相结合，团体心理辅导和个体心理咨询治疗相结合的心理矫治工作体系。

五是集生活卫生服务、权利保障服务、处遇激励服务、困难救助服务、跟踪帮教服务于一体的关怀救助机制。开展“访难问需”咨询，把对戒毒人员的关心、关爱、服务和帮扶有机融入每项执法活动中；为戒毒人员办理医疗保险，设立“爱心互助基金”和开展法律救助等。

六是构建戒毒场所与当地公安派出所、司法所、社区、家庭、帮教志愿者共同参与的“六位一体”的后续照管机制。与社会相关部门联手，依托成熟社区或企业，建立社会适应性训练基地，积极开展周末回归社会、递进式放假、回归基地试就业等多形式社会适应训练。对解除强戒的人员，依托戒毒工作指导站开展戒毒指导、就业帮扶、社会救助、操守督导等帮教活动，将场所内的戒毒方法、措施、手段导入家庭，延伸到社区，辐射到社会，实现无缝衔接。

十四、四川常青藤戒毒模式

常青藤戒毒模式的工作思路是紧紧围绕增强戒毒人员复原力，通过构建复原力场所，帮助戒毒人员生理复原、心理复原、健康行为复原和社会功能复原，最终实现改善、减害和保持操守的戒毒目标。常青藤戒毒模式对戒毒人员实行分类编队、分期戒治、分区管理、分级处遇的“四分”管理。

分类编队是指根据强制隔离戒毒人员的性别、年龄、患病等情况分类编队，分别管理。四川资阳强制隔离戒毒所集中收治感染艾滋病的吸毒人员，四川省未成年人戒毒所集中收未成年吸毒人员，四川省女子戒毒所集中收治女性吸毒人员。分期戒治是指按照戒毒工作的基本规律，将戒毒工作全过程分为常青藤孕育期（脱毒期）、常青藤成长期（康复期）、常青藤延伸期（巩固期）三期。分区管理是指根据戒毒工作需要，在戒毒场所分别设立四个戒治功能区域，其中常青藤孕育期设立医疗戒护功能区和场所适应功能区，常青藤成长期设立康复成长功能区，常青藤延伸期设立回归适应功能区。分级处遇是指根据强制隔离戒毒人员在不同的戒治期和戒治功能区域，结合现实表现，共分为五级管理，并给予分级处遇。其中，常青藤孕育期在医疗戒护功能区实施一级管理，在场所适应功能区实施二级管理；常青藤成长期在康复成长功能区实施三级管理；常青藤延伸期在回归适应功能区实施四级管理，在所外社会适应性考验或戒毒康复阶段实施五级管理。

（一）培育复原力戒毒人员

1.培育健康身体素质

培育健康身体素质主要包括：运用医护干预改善生理机能，开展体操、太极拳、健身训练等适度体能训练和瑜伽训练，帮助戒毒人员排出脱毒后的残留毒素，恢复良好的新陈代谢，净化身体，增加身体抵抗力，改观精神面貌等。

2.培育场所适应能力

培育场所适应能力主要包括：通过听音乐、有规律的睡眠等方式减轻断瘾不适；开展入所教育，通过讲座，请表现优异的戒毒人员现身说法，发放学员手册，帮助其适应新环境等。

3.培育戒毒动机

培育戒毒动机主要包括：开展“动机晤谈”、团体访谈，邀请戒毒成功人士现身说法，进行课堂化教学，举行毒品危害展览，阅览毒品危害画册，编导富有教育意义的文艺节目等。

4.培育积极行动

培育积极行动主要包括：开展个别教育和团体活动，引导以乐观态度面对挫折；讨论意识与行为的关系，学习做有行为改变的决定；引导用遵规守纪、现身说法、参与社会公益活动等实际行动切实改变自己的处境。

5. 培育戒毒意志

培育戒毒意志主要包括：组织写“意志锤炼日记”，开展长时读背、捡石头、拔草等挑战枯燥训练，开展“意志锤炼”主题班会等。

6. 培育健康心理

培育健康心理主要包括：开展心理健康教育、心理咨询、心理拓展训练、团体活动等多种心理学技术和手段；开展心理服务和心理危机干预，培育良好心理素质。

7. 培育人文素质

培育人文素质主要包括：开展课堂化教学、访谈，挖掘忏悔意识，培养法治精神和道德素养；开展生命教育，探索园艺治疗，探索运用宗教信仰戒除心瘾；创办《常青藤》内部刊物，成立常青藤艺术团、读书会；开办常青藤讲坛，邀请专家做有关时事讲析、法制、道德、民俗文化、艺术欣赏、环保教育、文学作品解析、影片欣赏、音乐、美术等各方面内容的讲座；利用地域文化实施文化戒治等。

8. 培育社会适应能力

培育社会适应能力主要包括：开展职业技术培训和就业创业服务，学习就业谋生技术，了解就业信息，树立创业意识；开展人际交往技能训练，培育拒绝伙伴诱惑、与不良伙伴断交、参与群体活动、避免攻击性交流等具体能力；学习问题应对方式、应对压力技术、控制愤怒，掌握解决问题的技能和艰难选择面前做出决定的技能，培育创造性思维和批判性思维等。

（二）构建复原力场所

1. 建设复原力民警队伍

建设复原力民警队伍包括培养和要求民警关怀、尊重戒毒人员，不先入为主，不将观念强加于他们，能倾听和给予他们鼓励，与他们一同欢笑；培养民警希望感和乐观态度，把康复的信心传达给戒毒人员；通过分层次的培训，提升民警综合素质，使其有能力与戒毒人员和谐相处，能提供必要的信息支持，具备帮助戒毒人员成功戒毒的专业素质和专业行为等。

2. 构建复原力环境

构建复原力环境是指打造能通过正面熏陶和潜移默化地感化、教化，有利于戒毒人员复原力培育的良好外在环境。如营造常青藤直观文化氛围，集中体现常青藤生命、健康等深厚意蕴；打造和谐、积极的人文环境，不用“吸毒者”“不可能改变”“一日吸毒、终身戒毒”等负性字眼称呼戒毒人员，避免负性标签的消极暗示作用，帮助戒毒人员有机会至少与一位正向楷模建立紧密联系；开展同伴教育，帮助建立正向的同伴支持；开展文艺、体育活动，通过嗜好、兴趣的展现提供成功和快乐的积极经验，增强自尊和成就感；开展法律援助，建立救助基金，引入社工、志愿者，使戒毒人员感受到支持；开展提升复原力主题教育，教导他们如何在危困境地中仍正向成长；等等。

3. 构建复原力模拟治疗社区

吸收治疗社区戒毒，即 TC 模式的精华，开展日戒毒例会、“照镜子”、学习体验等戒治活动，更多融入正向肯定因素，促进戒毒人员在模拟社区中复原社会功能。

（三）复原力家庭及社区

复原力家庭及社区戒毒即强制隔离戒毒场所主动协调戒毒人员家庭及社区，共同构建一个有利于培育和发挥戒毒人员复原力的社区环境。

1. 帮助构建复原力家庭

帮助构建复原力家庭包括成立家庭联道会，运用讲座、家长会、亲子工作坊等方法，开展家长教育和家属帮教活动，重建或改善家庭对吸毒、戒毒人员及由此造成的逆境认识，引导家人学会具体如何互相支持、合作；引导家庭进行聚餐、度假、谈心等健康家庭活动，使家庭成员学会正确处理怒气和罪恶感，培养幽默感；学习家庭压力管理技巧，在回归社会适应性考验阶段开展行为配对治疗。

2. 协调构建复原力社区

协调构建复原力社区包括开展“场所开放日”活动，改善社会公众对强制隔离戒毒机构和戒毒人员的认识，促使其形成正面积极的认识；指导戒毒人员出所后成立或参加针对物质滥用的自助性治疗团体（如戒毒匿名者协会）；在回归社会适应性考验阶段和出所后积极增进政府机构和社会各界对戒毒人员及其家属提供情绪支持、信息支持和子女就业、家庭和婚姻等方面实质支持等。

第三节　山东“三六三”戒毒工作模式

山东省强制隔离戒毒工作起步于2009年，由省内戒毒所依据法律法规，坚持“以人为本，科学戒毒，综合矫治，关怀救助”的原则，以科学化、专业化为导向，对戒毒工作规律进行探索实践。山东省戒毒局在总结辖区戒毒所戒毒实践探索经验的基础上，坚持顶层设计，自2013年试行“3×3＋N”戒毒模式。所谓“3×3”，是指三区（脱毒治疗区、身心康复区、适应训练区）、三期（脱毒期、康复期、巩固期）、三机制（家庭帮戒机制、社会帮戒机制、后续照管机制）。所谓“N”，是指各戒毒所立足山东戒毒特色、探索创新出的多元化科学戒毒方法，包括心理教练戒毒法、动机访谈戒毒法、循证矫正戒毒法、中医中药戒毒法、齐鲁文化戒毒法、十步强化戒毒法等。

在经过三年的实践运行，以科学化、规范化、专业化、精细化为导向，对“3×3＋N”戒毒模式进一步进行完善，逐步形成更加科学的“三六三”戒毒模式：实行分期、分区、分类“三分”管理，采取医疗、体疗、心疗、食疗、文疗、工疗“六疗”戒治，搭建社会支持、亲情支持和后续照管“三平台”。

一、实行“三分”管理

（一）分期管理

根据戒毒人员在戒治过程中不同时期表现出的不同生理、心理特征以及戒断症状和药物依赖等情况，以戒毒人员入所时间为起点，戒毒管理局将戒毒过程划分为生理脱毒期（不超过3个月）、身心康复期（不少于9个月）、回归适应期（剩余期限）三个戒治期。生理脱毒诊断评估结果合格的戒毒人员流转到身心康复期，戒治1年后诊断评估结果合格的戒毒人员流转到回归适应期。

（二）分区管理

分区管理对应三个戒治期设立四个管理区，其中生理脱毒期设立脱毒治疗区、教育适应区，身心康复期设立康复巩固区，回归适应期设立回归指导区，分别采取病房式、军营式、校园式、社区式管理方式。戒毒所应以楼为单位划分管理区。鉴于目前戒治场所硬件设施限制，戒毒所可根据本所实际暂时以楼层甚至房间为单位划分管理区。

1. 脱毒治疗区主要任务

实行病房式管理，管理对象为经过入所体检、需采取病房式脱毒治疗的戒毒人员，时间一般不超过 15 日。主要任务包括：重点防控戒毒人员自杀（自伤、自残）、逃跑、行凶等安全性问题；开展心理疏导，实施心理干预，增强脱毒信心；开展脱毒治疗、诊治疾病、防控传染病，组织适度的康复训练等。

2. 教育适应区主要任务

实行军营式管理，管理对象为病房式脱毒治疗合格的戒毒人员和生理脱毒期其他戒毒人员。主要任务包括：严格管理，开展行为养成训练、团队意识培养，重点管控逃避戒治的各类行为，保持场所规范有序；组织适应性学习教育，提高认知和适应能力；诊治稽延性阶段症状、吸毒相关疾病、精神相关疾病，进行健康知识教育；开展适应性康复训练，恢复身体功能；入所满 30 日后安排适度的生产培训等。

3. 身心康复区主要任务

实行校园式管理，管理对象为处于身心康复期的戒毒人员，以课程表的方式组织实施管理、戒治。主要任务包括：严明组织纪律，严格行为管理，强化行为养成；组织以国学·齐鲁文化为主体的文化教育，培养家庭观念和社会责任感；开展康复训练、生产劳动，恢复、强健体魄；开展心理矫治，修复心理缺陷，培养健康心理和精神意志力，坚定戒治信心；开展职业技能培训，提高谋生能力；开展丰富多彩的活动，培养、激发积极向上的心态，提升防复吸“免疫力”等。

4. 回归适应区主要任务

实行社区式管理，管理对象为处于回归适应期的戒毒人员，扩大其自我管理、自主开展活动的自由度和活动空间。主要任务包括：模拟社区环境，实行宽松管理；帮助戒毒人员重建社会支持系统，提高社会适应能力；加强与社会各方面的联系，落实社会衔接；开展国情、社情教育，提高社会认知度；开展回归社会适应性训练，提升防复吸能力；加大康复训练、生产劳动的强度，进一步强健体魄等。

(三)分类管理

根据戒毒人员的性别、患病种类、吸毒类型、接受强制隔离戒毒的次数、同案或有利害关系、年龄结构、兴趣爱好、自身特长等诸多因素,结合管理工作实际,戒毒所对戒毒人员细化分类,实施更具个性化、针对性、实效性的分别管理;根据戒毒人员在不同戒治期内的戒治效果和现实表现,实施分级管理,即依据不同戒治期内戒毒人员的戒治效果,实行递进式、逐步适应社会的分级处遇,依据戒毒人员的不同现实表现,实行严管、普管、宽管的分等级管理。

二、坚持"六疗"并举

坚持科学戒治,以提升戒治质量为中心,构建医疗、体疗、心疗、文疗、食疗、工疗为主体的综合矫治体系,对应建立医疗戒治、康复训练、心理矫治、文化教育、营养膳食和技能培训六个中心,配备专业人员,健全工作机制,介入戒毒工作全过程,同时以中心为依托开展"六疗"戒毒研究,为教育戒治提供专业化支撑。

(一)医疗

医疗就是运用中西医方法戒毒,重点发挥中医药在医疗戒毒中的特色优势。在做好日常医疗的基础上,围绕如何发挥中医中药在戒毒中的功能作用,重点开展中医中药戒毒工程;与山东省中医药大学合作,组建专家库,进行中医中药戒毒项目试点;在总结试点经验的基础上,运用中医药理念,加强基础理论研究,形成中医中药戒毒理论成果。在实践中,注重根据戒毒人员吸食毒品种类、性别、年龄、身体状况等情况以及不同戒毒治疗阶段的特点,综合运用中药配方、针灸、按摩、贴敷、脉络、保健运动等中医药理念和中医方法,减轻毒品对戒毒人员的身体危害,提高戒毒人员康复水平。医疗的具体方法包括分期施治、分类施治、分别施治、个案施治等。

1. 分期施治

根据戒毒人员在不同阶段身心康复的需要,进行有针对性的分期施治。在脱毒期,运用中药(包括口服汤剂和熏蒸剂)、食疗、针灸、推拿按摩、仪器理疗等方法,有效消除或减轻戒毒人员急性戒断反应及稽延性戒断症状,调节机体平衡,逐步恢复体质;在康复期,运用中药、针灸、运动疗法、推拿按摩等方法，治疗稽延性戒断症状及恢复生理和心理机能；在巩固期，运用运动疗法、中医食疗等方法进行康复训练、生活调养。

2. 分类施治

根据戒毒人员吸食毒品不同种类进行戒治。对传统毒品成瘾人群，主要运用中药、中医食疗、运动疗法、针灸疗法、推拿按摩、拔罐、通调经络及温水或药物泡脚等方法。对新型毒品成瘾人群，主要运用中药、推拿按摩、运动疗法、针灸疗法、肩颈部刮痧及温水或药物泡脚等方法。

3. 分别施治

根据不同性别戒毒人员的生理特性、体质状况等，采取不同的中医中药方法进行戒治。对男性戒毒人员，综合运用中药、拔罐、耳穴压豆、运动疗法等方法；对女性戒毒人员，综合运用口服汤药、熏蒸洗剂、代茶饮、疼痛贴等方法。

4. 个案施治

根据戒毒人员的症状和身体状况等情况，运用中医理论辨证分析，因人而异，因人施治，做到"一人一方""一人一案"，实行个性化、人性化诊疗。

（二）体疗

体疗就是通过体能康复训练，帮助戒毒人员恢复肢体、器官功能，增进身心愉悦，提升精神境界，最终达成祛病安神、固本培元、祛邪扶正乃至祛除毒瘾的效果。主要是依托国职健身教练、二级三级社会体育指导员，建立"体疗师"队伍。根据山东省戒毒人员编制的《体能康复训练大纲》《强制隔离戒毒人员体能测试标准》《强制隔离戒毒人员体能康复评估手册》要求，戒毒所对戒毒人员进行体质测试，准确掌握戒毒人员的体质状况，科学开具康复训练处方，指导身体康复训练，客观评价体能康复效果。康复训练处方包括训练目标、训练项目、训练强度、训练时间、训练频率以及注意事项等内容，加强对戒毒人员身体康复训练的科学指导。

第一阶段：祛病安神。戒毒人员由于长期吸食毒品，身体素质普遍弱于普通人群，对于入所一月内脱毒期的戒毒人员，主要是以习练脱毒期健身康复操、太极拳和健身气功（五禽戏、八段锦、易筋经、六字诀、导引养生功十二法、太极养生杖等九类）为训练项目，以和畅气血，疏通经络，培益真气，恢复体力。同时，辅助开展破冰类拓展训练项目，使戒毒人员消除紧张焦虑情绪，尽快融入集体戒治生活。

第二阶段：固本培元。戒毒人员进入康复期之后，以有氧类训练项目为主要康复内容，旨在帮助其修复受损的心肺机能，调节神经系统和自身免疫系统功能。除常规习练第二、三套康复操（山东省戒毒局联合专业人员设计适应戒毒人员身体康复特点的健身体操）外，速度类训练以 25 米折返跑、加速跑为主（适应人群在 35 岁以下，对个别心脑血管肺脏等功能较弱、高血压症状较重、精神障碍、年龄偏大的戒毒人员，严格遵医嘱确定训练项目）；力量类训练以俯卧撑、仰卧起坐等徒手项目为主，运动器械为辅；耐力性训练以快步走和中等强度跑为主（适应人群同上）；协调性训练以太极拳、跳绳、踢毽子为主；柔韧性训练主要进行静力性拉伸。所有训练项目都应根据戒毒人员运动处方的要求有针对性地开展，并详细记录训练效果，适时调整运动处方。突出差异化体疗康复，关注女性戒毒人员情感细腻、动作柔和、追求美的愿望更强烈等特点。在康复训练中加入健美操、体育舞蹈、瑜伽等内容，通过运动与美学的结合，顺应并满足女性戒毒人员对美的追求，体现人性化体疗康复效能。

第三阶段：祛邪扶正。进行回归适应期阶段的戒毒人员身体机能已基本恢复到正常人水平，除常规习练第二、三套康复操外，康复训练项目调整为以改善人际关系、挑战自我、增进自信、修炼心性、提升境界等社会类拓展训练为主要内容。发挥国职健身教练员优势，根据戒毒人员意愿进行健身指导，培训辅导健身教练员考核内容，配合以国学入心，使戒毒人员既能掌握一门就业技能，又能养成健康心志。

（三）心疗

戒毒难，难在心瘾难除。心疗戒毒就是遵循现代心理学原理和戒毒基本规律，综合运用多种心理矫治方法，对戒毒人员成瘾人格以及因吸毒导致的一系列心理问题进行针对性矫治，发挥正本清源作用，培养戒毒人员健康心理和精神意志力。

开展心疗主要有四个方面：一是进行心理测量与心理诊断。主要是对戒毒人员的心理状况进行客观测评，了解戒毒人员的心理行为特征，根据测量结果进行甄别诊断，制定心理矫治方案，提出针对性心理矫治措施。二是开展心理健康成长教育。主要是向戒毒人员普及心理学、心理健康知识，使戒毒人员了解场所心理咨询工作基本流程，增强心理健康意识，改善心理素质，学会正确归因，学会自我情绪管理和心理问题调节，引导戒毒人员消除不良行为，促进心理健康发展，激励潜能发挥，日趋完善人格，最终拥有健康、快乐的生活。三是开展心理咨询与矫治。针对戒毒人员因吸毒行为导致的一般心理问题、严重心理问题和异常行为问题，发挥心理矫治中心硬件设施设备应有功效，以“阳明心学戒毒教练技术”[①]为核心，综合运用多种心理咨询方式方法，适时进行个体咨询和团体辅导，帮助戒毒人员解决心理问题，为戒除心瘾、顺利回归奠定坚实心理基础。四是心理危机干预及转介。对因心理问题导致或可能导致伤害自身及他人的戒毒人员，迅速启动心理危机应急预案，果断采取有效措施进行心理危机干预，避免人身伤害和危及场所安全事件的发生。

（四）文疗

文疗就是将优秀传统文化引入戒毒场所，实施“国学·齐鲁文化入心工程”，针对戒毒人员文化、情感、道德、责任普遍缺失的特点，充分发挥文化的引领、熏陶、激励、塑造作用，提高戒毒人员的认知能力，培养、强化其家庭观念和社会责任感，帮助戒毒人员祛除毒瘾，重塑精神，提升道德，矫正行为。山东省戒毒局根据省内各强制隔离戒毒所的特点，着力打造以“礼、善、智、德、和、信、孝、仁”为主题的一所一品牌国学·齐鲁文化戒毒体系。具体实践中打造了如下四种文化：

一是打造环境文化。树立环境育人意识，通过精心设计和布置院落文化、道路文化、景点文化、墙面文化、走廊文化、橱窗文化等，把国学·齐鲁文化的魅力渗透到场所的各个角落，营造浓郁的文化氛围。建立国学·齐鲁文化戒毒成果展室，利用书画、喷绘、宣传册、影视剧、工艺品等

① “阳明心学戒毒教练技术”是山东戒毒独创的心理戒毒技术，主要是本着“中学为体，西学为用”的原则，以阳明心学为“道”、以心理教练为“术”，借鉴科学心理学的原理与手段，验证、实践、传播中国心学的传统智慧，以“训练戒毒人员戒除心瘾，修炼强大内心”为目标的一种心理矫治方法。“阳明心学戒毒教练技术”将阳明心学与心理教练技术相结合，既能发挥阳明心学从根源上解决“心”的问题并易于被国人接受的优势，又能充分激发戒毒人员潜能与提升心理戒治成效。

形式，展示“国学·齐鲁文化入心工程”实施历程和特色品牌文化成果。

二是打造宣传文化。各戒毒所创作所歌，充分利用所歌、所训、所风等文化元素，形成具有感染力、亲和力、驱动力的价值理念，进一步凝聚人心、鼓舞士气。各所创办戒毒文化季刊或双月刊刊物，注重思想性、科学性、趣味性有机结合，满足戒毒人员多样化的文化需求。组建禁毒戒毒宣讲队，由警察和戒毒人员共同组成，利用“6·26”国际禁毒日、“12·4”国家宪法日及全国法制宣传日等重要节点，到学校、社区、企事业单位进行巡回演讲，加强警示教育，展示戒毒成果。各戒毒所编写国学读本、学习手册，全省形成一套“八本八册”的“国学·齐鲁文化入心工程”教材体系。成立文化戒毒课题组，加强对“国学·齐鲁文化入心工程”的经验总结和理论研究，特别是加强对王阳明心学与戒毒工作对接的理论研究，挖掘文化主题内涵，创新戒毒方式方法。举办国学·齐鲁文化戒毒征文和理论研讨活动，编印国学·齐鲁文化戒毒理论文集。

三是打造大队文化。定期举办文化讲堂，在警察中培养国学讲师，采取多媒体教学等形式，举办警察讲堂，使国学·齐鲁文化入脑入心，卓有成效。注重调动戒毒人员参与学习的积极性，开展国学经典集中诵读活动，建立读书笔记制度，举办学员讲堂，使戒毒人员自学自悟、完善人格。丰富大队文化，突出大队戒毒文化特色主题，组建各类兴趣爱好小组，开展创建个性化班组和“戒毒之星”评选活动，打造“一所一品、一队一品、一室一品”特色文化品牌链。

四是打造帮教文化。坚持“节日搭台，文化唱戏”，结合春节、元宵节、清明节、端午节、中秋节、妇女节、母亲节、劳动节、国庆节、重阳节等节日节点，开展主题式社会帮教活动，每年第三季度举办戒毒文化节，明确主题，创新形式，积极营造“节日育人”文化氛围。建立网络互动平台，建立微博、微信、微视、亲情帮戒 QQ 群的“三微一群”，开办“戒毒课堂”“亲属学校”，拓宽沟通渠道，提升帮戒效果，推进所务公开。推进全系统“新生”教育矫治网络平台建设，整合教育资源，节约教育成本，提高教育效果。健全社会帮教长效机制，开展“文化戒毒共建”活动，组建社会帮戒专家团，定期邀请社会知名文化学者、心理医疗专家、戒毒志愿者等到戒毒所举办专题讲座、专业培训。与孔子研究院、孟子研究院、齐文化研究院等社会文化机构、高等院校、科研单位沟通合作，结成“共建对子”，开展多领域课题合作攻关，实现优势互补、合作共赢。

（五）食疗

食疗就是结合中医理论和营养学，合理搭配饮食，帮助戒毒人员调理机体平衡，恢复体质，有效减轻和缓解戒毒人员急性戒断反应及稽延性戒断症状，促进戒毒人员身体康复。在具体实践中综合运用“谨和五味、综合调摄、调顺四时、饮食有节、辨证施膳、全面膳食”的食疗原则，坚持“食药同源，寓戒于膳”的理念，制定系统的食疗戒毒方案和工作流程，构建“三期食疗、三分辨疗、四季食养、五味调摄”的工作模式。

1. 三期食疗

在脱毒期，以培补元气、益胃健脾为主，以羹、粥、汤菜为主要烹饪方式，选择清淡、松软、温热，易消化、护脾胃的食物，起到振食欲、补营养、助消化的作用，帮助戒毒人员恢复身体机能。在康复期，以益膳疗补，调理脏腑为主，提高饭菜的营养价值，注重钙、磷、镁等矿物质和蛋白质、维生素的摄取。这一时期戒毒人员的食欲及健康状况基本恢复正常，按照戒毒人员伙食实物量标准安排伙食，做到吃熟、吃热、吃饱，提高运动强度，锻炼心肺功能。进入巩固期，在回归社会前期，以培养戒毒人员食疗养生观为主，培育戒毒人员“勤俭、感恩”的食德观和“营养、绿色”的健康观，提高对饮食健康的认识，帮助戒毒人员养成良好的饮食习惯和生活习惯。

2. 三分辨疗

区分戒毒人员的年龄、性别和吸食毒品种类等三种因素对戒毒人员体质的影响，根据《中医体质分类与判定》标准辨别判定戒毒人员的体质特征，因人而异，因人施治。在实践中显示，戒毒人员的体质主要分为气虚、阴虚、阳虚、血瘀、痰湿、湿热、气郁七大类型。针对不同体质类型，采取益气、补阴、温阳、祛湿的中医方法辨证食疗。

3. 四季食养

春季天气转暖，阳气上升，肝气当令，而脾胃虚弱，新陈代谢不平衡、不稳定，饮食应以养肝健脾、通利肠胃为原则，宜少酸多甘，忌生冷、油腻。夏季气候炎热，阳气外发，伏阴在内，气血运行旺盛，新陈代谢较快，而脾胃功能减弱，食欲较低，汗液流失多，体能消耗大，饮食应以清热祛暑、益气生津为原则，宜食清淡、质软、酸甘类食物，忌肥甘、厚味及燥热之品。秋季天高气爽，气候干燥，天气由热转凉，阳消阴长，人津亏体燥，易致津伤肺燥，饮食应以生津润燥、滋阴润肺为原则，宜少辛多酸，忌辛辣食物。冬季气候严寒，阳气密藏，阴寒盛极，消耗能量增多，饮食应以温补助阳、补肾益精为原则，宜适苦少咸，多吃黑色食物，忌食咸味偏重食物。

4. 五味调摄

遵循中医辨证施治、综合食疗原则：酸味开胃生津，过多则伤肝损脾；苦味清热泻火，过多则脾胃虚弱；甘味补养气血，过多则损伤心肾；辛味发汗活血，过多则伤精耗气；咸味补益强肾，过多则伤及骨骼、肌肉。注重食物配伍调节，注意食品的相生相克，合理搭配膳食营养，形成相对固定、适合戒毒人员的四季健康食谱。

（六）工疗

工疗就是组织戒毒人员参加习艺劳动教育、劳动康复以及生产劳动和职业技能培训，教育和引导戒毒人员改变好逸恶劳思想意识，养成尊重劳动和珍惜劳动成果观念，磨炼戒毒人员意志，培养吃苦耐劳品质，培养戒毒人员规则意识、秩序意识和纪律意识，并鼓励和帮助戒毒人员掌握一技之长，增强戒毒人员就业谋生的本领。

开展劳动教育，纠正不良思想。要把生产劳动、安全生产教育纳入戒毒人员教育体系之中，完善课程设置，合理设计教育内容，创新教育方法，丰富教育形式。教育戒毒人员认识劳动的重要意义，认清劳动的价值与功能，帮助戒毒人员纠正好逸恶劳、贪图享受等不良思想，引导戒毒人员树立正确的劳动意识，培养积极的劳动观念，养成良好的劳动习惯。

实施劳动康复，恢复身体机能。按照“三期”管理要求，将劳动锻炼纳入戒毒人员康复训练体系之中。根据戒毒人员身体健康状况，组织参加适宜的生产劳动，在生产劳动中实现体能、耐力、灵敏度、力量等训练，帮助戒毒人员恢复肢体功能和机体功能，促进戒毒人员身心康复，巩固戒治效果。

开展职业技能培训，助力回归社会。根据戒毒人员实际情况，结合社会经济发展需求，合理制定职业技能培训规划，落实定点培训机构，选择技能培训项目，强化培训组织管理，完善相应教学设施、设备，落实资金补助政策，做好职业技能培训工作，帮助戒毒人员掌握一技之长，增强就业创业谋生能力。注重与合作企业及戒毒企业实施“就业直通车”，签订就业安置意向书，打造阳光就业平台，帮助戒毒人员顺利实现再社会化，降低复吸率。

注重习艺劳动文化建设，营造劳动文化氛围。将安全生产、教育戒治、康复训练、效率质量、劳动观念、励志警句、国学文化名言等内容制作匾牌，上墙悬挂，形成浓厚的戒毒文化氛围，在潜移默化中影响戒毒人员的思想和行为。编制山东工疗戒毒歌诀，组织戒毒人员在班前、工间、收工时演唱和朗诵，倡导“快乐劳动”理念，振奋精神，洗涤心灵。注重人性化关怀，加强车间美化绿化，营造良好人文环境，摆设绿色植物，装点生产车间；配备音响设备，定时播放音乐，缓解压力，舒缓心情。

三、搭建“三个平台”

（一）建设社会支持平台

树立开放式戒毒、社会化戒毒的理念，加强与政府有关部门、企事业单位、科研院所、社会团体、社会志愿者组织、专家顾问团、新闻媒体等部门、单位、组织的交流与沟通，争取支持与合作。重点加强与中医药研究机构、中医院的交流与合作，创新中医药戒毒的方法和措施，充分发挥中医药戒毒优势，突出中医药戒毒特色；加强与孔子学院等齐鲁文化研究机构的合作，开展传统文化教育，突出文化教育特色。同时，积极争取财政支持，通过政府购买服务的方式购买社会优质资源。

（二）建设亲情支持平台

帮助戒毒人员重建、修复、完善家庭关系，树立和强化其家庭观念；动员、引导、指导戒毒人员亲属开展亲情帮教，激发和调动戒毒人员自愿戒治的内生动力和戒治毅力。创造条件，创新方法措施，增进戒毒警察、戒毒人员、戒毒人员亲属三者之间的沟通交流，充分发挥好亲情帮教的作用。如利用 QQ 网、家长学校等方式增进戒毒警察与戒毒人员亲属的交流，利用固定电话、视频电话、探访、探视等方式增加戒毒人员与其亲属的交流。

（三）建设后续照管平台

与各地政府部门联合建立社区戒毒社区康复指导站，建设后续照管平台，对解除强制隔离戒毒的人员登记造册，定期跟踪回访，了解他们的情况，有针对性地鼓励、引导、帮助他们戒断毒瘾。这既是巩固强制隔离戒毒成效的需要，也是针对他们存在的普遍性问题，有的放矢地改进和完善戒治措施的需要。

第四节 全国统一司法行政戒毒工作基本模式

全国司法行政机关认真贯彻落实习近平总书记对司法行政戒毒工作的重要指示精神，结合实际，积极探索，勇于实践，不断提高戒毒工作的科学化、专业化水平，取得了较好的成效。在认真总结各地探索推行戒毒模式的基础上，合理划分不同戒毒期的时间节点，科学确定不同期段管理、教育、医疗、康复等工作的目标、任务和措施，明确不同期段之间流转标准和程序，建立科学、统一、规范的司法行政戒毒工作模式的条件已经成熟。2018 年 5 月，司法部召开全国电视电话动员会，就推进全国统一司法行政戒毒工作模式作出了部署。

一、建立全国统一司法行政戒毒工作基本模式的重要意义

（一）推进司法行政戒毒工作由转型到定型的重要标志和平台

劳教制度废止后，司法行政戒毒工作进入转型期。这是全国司法行政系统从职能、理念到工作方式方法发生根本性转变的时期，需要解决的主要矛盾是履行戒毒职能的新要求与旧理念、旧方式方法之间的矛盾。经过近五年的不懈努力，司法行政戒毒制度不断健全完善，转型期的任务已经基本完成，戒毒工作迈向了新的发展阶段。新发展阶段的主要任务是定型，定型的关键是立支柱、定架构，把已经成型成熟的工作成果固定下来，形成制度化、程序化、模式化的主体框架，为戒毒工作在新历史起点上规范发生、科学发展、创新发展提供重要支撑。建立符合戒毒工作规律、具有中国特色、全国统一的司法行政戒毒工作基本模式，有助于更好地发挥司法行政戒毒工作的职能作用，为攻克戒毒这一世界难题提供中国方案。建立全国统一戒毒工作模式，在新的历史起点上开启司法行政戒毒工作的新征程。

（二）实现司法行政戒毒工作统筹协调发展的必然选择

多年来，戒毒工作在探索中不断发展，也在发展中不断探索。全国

司法行政戒毒机关结合实际，总结提炼了一批具有特色的戒毒工作模式，丰富了司法行政戒毒工作的理论和实践。进入新的发展阶段后，各地戒毒工作发展不平衡，不同省份、不同场所之间的管理、教育、医疗、康复训练等方面做法不一，戒毒工作机制、戒毒方法体系、戒毒效果评价等方面也都存在较大差异，这也不利于戒毒工作的全面协调发展，需要在更高层面上进行统筹和规范。应该说，从顶层设计上统一戒毒工作的基本模式，推进全国所有场所按照科学、规范的模式运行，符合戒毒工作规律，也符合当前工作实际，有利于司法行政戒毒工作的长远发展。

（三）深入推进规范化建设，解决工作中存在的不科学不规范问题的迫切需求

在加快戒毒工作发展实践中，全国司法行政戒毒系统在大力推进教育戒治科学化、专业化上呈现日益蓬勃的活力，戒毒工作的规范化水平得到整体提升。但有些场所在思想认识和工作理念上依然停滞不前，惯性思维和习惯做法依然存在；有些场所戒治手段单一，依然将劳动作为场所内主要的戒治方法；有些地方在戒毒模式运行方面依然存在着不科学、不规范等问题。建立全国统一的戒毒工作基本模式，就是为了在全国司法行政系统进一步破除旧观念的桎梏，将戒毒工作中不完整的链条补齐、不科学的部分剔除、不清晰的流程理顺、不严密的地方规范，通过全链条、体系化、科学规范的戒毒模式，将规范化建设推向深入，实现全系统教育戒治质量的整体提升，进一步提高教育戒治科学化、专业化水平。

二、统一戒毒模式的框架结构和具体形式

司法部推行实施全国司法行政戒毒工作统一模式，坚持按照遵循工作规律、注重实际效果、着力规范流程、促进戒毒措施和现代信息化技术集成高效的总体思路，通过合理划分不同戒毒期限的时间节点，科学确定不同期段管理、教育、医疗、康复等各项工作的目标、任务和措施，明确不同期段之间的流转标准和程序，构建区域分设、专业戒治、医教并重、有效衔接的工作体系，努力形成工作标准、流程和制度更加完善，基层基础更加坚实，工作特色更加明显，戒治质量更加优良的工作格局，推动全国整体司法行政戒毒工作提升到新的水平。

全国统一司法行政戒毒工作模式的基本框架，主要是建立以分期分区为基础、以专业中心为支撑、以科学戒治为核心、以衔接帮扶为延伸的工作模式。

(一)分期分区和流转，实现戒治流程的规范运行

分期分区是指根据戒毒人员从入所到出所全过程的不同时间、不同期段，统一设置生理脱毒区、教育适应区、康复巩固区、回归指导区，实现不同期段之间的区域分设。

1.设置生理脱毒区

对新收治的需要急性脱毒的戒毒人员，统一在生理脱毒区开展为期7～15日的急性生理脱毒，采取病房式戒治管理方式。开展入所建档体检、吸毒史调查、脱毒观察；根据吸毒种类和成瘾程度，制定脱毒方案，分类实施脱毒治疗，消除急性戒断症状，确保戒毒人员安全脱毒。对公安机关转送的已经度过急性脱毒期的戒毒人员，在生理脱毒区进行不少于7日的入所观察，开展入所体检。同时，开展性病、艾滋病、肝病、肺结核等传染病和高血压、糖尿病等慢性病以及精神障碍筛查，进行安全风险性评估和转区流转评估。

2.设置教育适应区

戒毒人员完成生理脱毒并通过转区流转评估后，统一在教育适应区接受不少于一个月的入所适应性教育。在继续缓解和消除戒毒人员稽延性症状、恢复生理机能的同时，开展入所教育和行为养成教育，帮助其熟悉场所环境，适应戒毒生活。开展认知教育，引导戒毒人员正确认识毒品危害，明确戒毒目标，进行入所心理测试、心理健康教育和心理危机干预。建立心理治疗档案、教育矫治档案和诊断评估档案，对教育适应期满的戒毒人员进行考核评估，合格者转入康复巩固区。

3.设置康复巩固区

由教育适应区转入的戒毒人员在康复巩固区接受教育戒治，采取校园式戒治管理方式，综合运用多种戒治手段，帮助戒毒人员恢复身心康复。开展日常治疗、疾病防控、定期体检，开展针对性传染性疾病、慢性病和精神障碍监测和防治，开展戒毒知识、法律常识、文化素质、思想道德教育，开展心理健康教育、个案化心理矫治和团体心理辅导，开展拒毒能力和防复吸训练，开展身体机能的康复训练，开展以职业技能培训为核心的习艺劳动，对戒毒人员进行期满一年的综合诊断评估。

4.设置回归指导区

戒毒人员在期满前一个月或提请提前解除强制隔离戒毒后，由康复巩固区转入回归指导区，进行回归适应性教育。开展综合性诊断评估，出具综合性诊断评估报告；开展形势政策教育、就业指导；鼓励被责令社区康复的人员到戒毒康复场所进行社区康复，帮助戒毒人员了解社区戒毒（康复）的机构和流程；出所前体检；为戒毒人员构建后续帮扶平台、构建家庭和社会支持系统，做好回归社会后续衔接帮扶工作。

（二）专业中心实体化运作，实现科学、专业、精准戒毒

根据戒治工作的需要，建立戒毒医疗中心、教育矫正中心、心理矫治中心、康复训练中心和诊断评估中心五个专业机构，配备专业人员，承担戒毒医疗、教育矫正、心理矫治、康复训练、诊断评估等专业戒治工作。依托五个中心，以帮助戒毒人员戒除毒瘾为根本目标，融科学理念、专业方法、综合措施为一体，加强戒毒医疗、康复训练、教育矫治优势项目的研发实施，加强新技术、新方法的研发、运用和推广，形成综合配套的戒毒技术标准和规范体系，实现科学精准戒毒。

戒毒医疗中心的主要任务是开展戒毒人员急性脱毒治疗和所内基本医疗工作。要重点建设好生理脱毒病房、戒毒康复门诊、精神卫生门诊科室，配备戒毒治疗和传染病筛查设备，建立具有戒毒等相关知识和专业技能的医师队伍。戒毒医疗中心采取和使用的生理脱毒方法应当科学规范，确保安全。要至少配备或聘任一名精神卫生医生，并管理使用好麻醉药品和精神药品。要加强与社会医院合作，建立专家定期来所坐诊，开展远程会诊制度，开通戒毒人员救治绿色通道，方便疑难病症诊治和急难危重戒毒人员的抢救与治疗。

教育矫正中心的主要任务是改变戒毒人员的错误认识，增强戒毒人员戒毒动机和戒毒信心。要设置教学、图书阅览、禁毒展览、文化活动、职业技能培训设施，配备电化教学设备，建立集教学点播、教学效果考核、教育管理信息采集于一体的教育管理网络，建立涵盖多学科的专兼职教师队伍。要采取资源共享、购买服务、教研合作等多种方式，引进社会力量参与所内教育矫正工作。要以帮助戒毒人员掌握就业谋生技能、增强社会适应能力为目标，开展实用性的职业技能教育培训。要引进现代化教育理念，运用启发式、引导式互动教育方法，调动戒毒人员主动参与的积极性。

心理矫治中心的主要任务是帮助戒毒人员戒断“心瘾”。要设置心理咨询室、心理测验室和心理治疗室，配备生理测验、生物反馈、毒瘾测试等专业设备，由专业的心理咨询师对戒毒人员开展心理健康教育、个案化心理矫治、团体心理辅导。要开展抗复吸训练，传授拒毒技巧。要针对吸食传统毒品和新型毒品戒毒人员的不同心理特点，与社会专业机构合作开发专用测试量表，探索戒断“心瘾”的新方法、新手段。

康复训练中心的主要任务是增强戒毒人员意志力，恢复和改善身体机能。要设置室内运动康复训练馆和满足需要的操场（运动场）、球场等，配备用于力量、柔韧性、耐力、速度、灵敏度、平衡协调训练的器械设备和测试仪器，建立专兼职康复训练指导队伍。要对戒毒人员身体状况进行测试，由专业人员开具有针对性的个人运动处方，合理确定训练项目和运动强度。要对运动效果进行定期测试评估，根据评估结果调整训练计划。

诊断评估中心的主要任务是开展戒毒效果阶段性评价和全过程效果评估。要从医师、心理咨询师、教师、康复训练专业指导员和大队干警中选拔专兼职诊断评估人员，建立诊断评估会商制度，对戒毒人员的生理脱毒、身心康复、行为表现、社会环境与适应能力等情况进行综合考核、客观评价。要出具综合性诊断评估报告，提出有针对性的建议或指南。

（三）衔接帮扶，实现戒毒康复指导社会化延伸

衔接帮扶主要是大力推进强制隔离戒毒与社区康复、社区戒毒的无缝对接、资源聚合、力量整合，突出戒毒康复指导的社会化延伸。

做好出所衔接工作。主动做好解除强制隔离戒毒人员信息对接工作。建立与禁毒部门，社区戒毒、社区康复等部门，社会组织之间的信息对接平台，签订帮教协议，做到互通信息、沟通顺畅，实现出所人员后续照管的有效衔接。

开展出所评估调查。通过电话联系、面对面回访和微信平台等现代信息化手段，定期对出所人员开展跟踪调查，收集出所人员的就业状况、家庭情况、生活情况、交友情况和保持操守情况，建立出所人员信息库。

协助重建社会支持系统，给予心理支持和精神鼓励，进行就业指导，根据情况及时制定和调整相应的帮助措施。

支持、指导社区戒毒、社区康复。通过建立戒毒康复指导站等形式，对社区戒毒、社区康复人员进行专业指导。利用司法行政戒毒场所的专业优势，开展社区戒毒、社区康复社工、义工培训，引导戒毒专家、社会工作者、戒毒志愿者、戒毒人员家属等参与指导站工作，为戒毒人员在就业、社会保障、技能培训等方面提供指导和帮助，延伸所内戒毒效果。

办好戒毒康复场所。按照“自愿为前提、康复为中心、安居为条件、生产为平台、教育为手段、治疗为保障、回归为目标”的原则，为戒毒康复人员提供服务。实行分别、分类管理，有针对性地进行综合戒治。按照自愿原则，营造尊重、信任、互助的人文矫治氛围，充分调动戒毒康复人员自觉主动参与戒治的主体意识。

第五章　戒毒方式方法创新

第一节　戒毒方式方法概述

多年来，医务工作者、科研人员和相关机构工作人员为帮助吸毒人员彻底戒断毒瘾进行着持续不断的探索。目前，常用的戒毒方法主要包括自然戒断法[①]、药物戒断法[②]、非药物戒断法[③]、手术戒断法[④]。

科学戒毒方法是对戒毒本质和规律认识的结果，是对戒毒工作经验的总结和提炼，应随着戒毒人员特点、毒品种类、社会环境等不断变化发展。近年来，全国司法行政戒毒系统坚持科学化、专业化的发展方向，不断加大对科学戒治的探索创新力度，形成了实用有效的戒毒新技术、新方法，推进戒毒工作不断完善，教育戒治质量持续提升。这主要体现在以下四个方面：

一是教育戒治的科学化、专业化。围绕影响复吸的关键因素，构建一个科学化的课程体系，从帮助戒毒人员强化戒毒动机、纠正认知偏差、管理负性情绪等方面，掌握防复吸的技能，构建社会支持系统，不断丰富

---

① 自然戒断法，又称“冷火鸡法”，是指强制中断吸毒者的毒品供给，仅提供饮食与一般性照顾，使其戒断症状自然消退而达到脱毒目的的一种戒毒方法。

② 药物戒断法，又称“药物脱毒治疗”，是指给吸毒者服用戒断药物，以替代、递减的方法，减缓、减轻吸毒者戒断症状的痛苦，逐渐达到脱毒的戒毒方法。

③ 非药物戒断法是指采用针灸、理疗仪等，减轻吸毒者戒断症状反应的一种戒毒方法。

④ 手术戒断法就是通过神经外科手术，医生将有选择性地破坏脑内某个或某几个核团神经纤维传导束，达到戒除毒瘾的目的。

教育的内容。

二是戒毒医疗的科学化、专业化。开展科学规范的生理脱毒治疗和疾病治疗，应用科学规范的诊疗技术和治疗措施，由专业的医务人员进行对症治疗，构建完善的、全面的诊疗体系，把医疗工作覆盖到戒毒人员从入所到出所的各个环节。在戒毒人员当中，身患各种严重疾病的占有一定的比率，因此对戒毒人员的医疗是戒毒工作当中很重要的一个方面。

三是康复训练的科学化、专业化。对戒毒人员进行体能测试和科学的评定，科学制定训练的规划，设计训练的项目，为戒毒人员开具运动处方，组织开展有针对性的身体康复训练。以恢复正常的心理功能、塑造积极人格特征为重点，来加强心理康复训练，开展脱瘾训练和拒毒训练，帮助戒毒人员戒除心瘾。康复训练主要包括两个方面：一个是身体的康复，一个是心理的康复。尤其是涉及心理的康复，专业性、科学性更强。

四是戒毒方式方法的科学化、专业化。目前，已研究推出了一批戒毒康复的新技术、新方法，为科学戒毒、精准戒毒提供了有力的科技支撑。

第二节　国内戒毒新方法概述

为了全面提高戒治质量，全国各地司法行政戒毒系统拓展思路，大胆创新，将现代医学、心理学、运动康复、中医中药等技术和方法引入戒毒工作的实践，创立并尝试了经颅磁戒毒、内观心理治疗、正念心理治疗、戒毒康复操、中医推拿、VR 戒毒、中药和藏药戒毒等新的方式方法。

一、VR 戒毒

这是一种新型的戒毒方式，让戒毒人员戴上虚拟现实技术（Virtual Reality，VR）设备并进入虚拟场景，从而帮助他们戒掉毒瘾，与传统疗法有着巨大的区别。

（一）VR 戒毒的主要内容

据介绍，虚拟现实毒瘾评估矫治系统主要利用虚拟现实技术以及心电技术，内容分为记忆提取、厌恶治疗、回归治疗三个部分。

1. 记忆提取

利用虚拟现实技术带来的沉浸感，真实还原吸毒人员大脑中关于吸毒的记忆片段。VR 戒毒疗法的环节中首先就是记忆提取，为后续治疗做准备。

2. 厌恶治疗

在厌恶治疗中，VR 毒瘾评估系统内部会设置 6 个短片，较为全面地展示吸食毒品的后果，如并发症、副作用等，从而令吸毒者对毒品产生心理厌恶。通过 VR 技术，吸毒人员沉浸在环境中，体验到吸毒的危害，能让其产生强烈的心理记忆，只要其接触到相关东西就会自动在心理上产生厌恶反应。

3. 回归治疗

在回归社会后，VR 中的虚拟环境，可以不间断地增强吸毒人员的治疗效果，从多方面引导患者的心理、生理状况发生变化，达到完好的治疗效果。

（二）VR 戒毒特有的优势和潜力

1. 成本低

我国每年投入禁毒经费有 30 亿人民币，而且还在不断增加。虽然我国每年投入大量的人力、物力，但是吸毒人数还是居高不下甚至逐年增多。原因有很多，其中一个重要原因在于戒毒康复没有真正普遍开展起来。而 VR 戒毒系统可以大规模建立，并且重复使用，这样有利于降低戒毒成本。

2. 效果好

据悉，在此前的临床治疗上，吸毒人员在经过 15 天 6 次虚拟现实系统治疗之后，对毒品渴求度降低比例达到 75%，而同一时间内，使用传统戒毒手法的吸毒人员仅有 3%降低了渴求度。临床治疗的研究表明，VR 在戒毒应用领域的效果比传统的治疗手段要好，这对于吸毒人员来说是福音。对于吸毒人员来说，通过戒毒所或者其他方式戒毒回归到社会之后保持不再沾染毒瘾相当困难。研究表明，戒毒人员的复吸率相当高，而通过 VR 模拟毒品环境可以测试到戒毒人员对毒品的抵抗能力。

3. 接受度高

目前常见的戒毒方法有三种：自然戒断法、药物戒断法和非药物戒断法。其中,吸毒人员最常使用的戒毒方法为干戒法,又称“冷火鸡法”或“自然戒断法”。干戒法是最常见的戒毒方法,是指强制中断吸毒者的毒品供给,仅提供饮食与一般性照顾,使其戒断症状自然消退而达到脱毒目的的一种戒毒方法。但干戒法会让吸毒者身体难受,相当痛苦,使吸毒者对戒毒机构产生恐惧,尽量躲开,失去求治的积极性。而且,这一方法对于年老体弱者不适用,有时可能会危及生命。国内外的经验都证明,单纯的强戒断会使医护和吸毒者关系紧张,不利于心理治疗,导致出所后复吸率很高,收效甚微。因此,VR 戒毒方法将是科学戒毒治疗中的综合一环,可以让吸毒者减少身体痛苦,避免医患关系紧张,积极治疗。

二、重复经颅磁刺激戒毒

经颅磁刺激是近年来在国内外开展的一种无创、非侵入的、绿色安全的大脑功能调控手段,它是根据电磁感应原理,将电流通过一个靠近头皮的线圈,线圈的周围产生一个与线圈中电流方向相互垂直的磁场,磁场无衰减地穿过颅骨,进入大脑皮层,随之在相应的皮层部位引起大脑皮层的局部电流的改变,达到兴奋或抑制脑组织特定区域的目的。一般来讲,低频刺激(＜1Hz)能够抑制目标脑区,而高频刺激(＞5Hz)能够兴奋相应脑区。这种新型的神经刺激技术具有安全高、不良反应少等优势,已被广泛应用于精神科领域。研究表明,重复经颅磁刺激不仅能够降低戒毒人员的渴求度、改善睡眠、调节情绪,也能一定程度上提高认知。当前,我国运用重复经颅磁刺激戒毒的代表省份是浙江、江苏。

三、内观疗法戒毒

内观疗法是一种引自国外的心理治疗方法,在静坐的状态下,有目的、有指向地进行系统的自我回顾与反省,矫正人格及行为模式中的弱点,获得心灵的净化,从而达到矫治戒毒的目的。内观戒毒疗法是一种心理治疗方法,是在严格设置的与外界隔离的环境下进行的。

在内观治疗中,主要从“别人为我所做的、我为别人所做的、我给别人添的麻烦”三个问题入手,让戒毒人员以自我提问的形式进行反思,帮助他们自觉产生对吸毒的耻辱感,对亲人、朋友、同事、社会的连带感,对自我、他人和社会的信任感。在民警的引导下,戒毒人员在内观过程中寻找曾经得到过的爱和温暖，回顾给别人造成的麻烦，将注意力集中在被爱、被给予的回忆里，体验幸福和满足的感受。在内观治疗中，民警注重放大戒毒人员在自诉中的积极面，加以正面引导和鼓励，让他们感受和补充生命中的缺憾，促成内观转机的到来。

内观治疗对内观治疗师的专业要求很高，除了要严格遵循内观设置，带领内观面接师根据三个核心问题每天进行六轮面接引导外，还要设计吸毒成本、说谎、模拟临终遗言等四次专项内观，尽量放大积极面，加以正向引导和鼓励，促成内观转机到来。而参加内观治疗的戒毒人员须经专业内观治疗师指导，在独立的空间对人生经历中重要的人际关系进行回忆和反思，获得对个人感知、情绪、人际、个性等多方面洞察，进而调整心境，觉察自省，净化内心，积累正向力量和戒治动力。

内观疗法为戒毒人员营造一个客观审视自我的机会，引导他们重新认识自我，体会他人。通过对人生再回顾、对恩情再体验、对人生再定义，帮助戒毒人员自觉产生对吸毒的耻辱感，对亲人、朋友、同事、社会的连带感，对自我、他人和社会的信任感，以及跟戒毒直接相关的自我控制力。有了这些，其戒毒的内在动机和力量才能被进一步激发，更好地抵御一个个诱发吸毒的因素。

四、正念疗法戒毒

正念戒毒，概而言之就是通过冥想修行戒毒，即通过正能量的教育感化培育手段来对其吸毒行为、心理、意念进行干预，从而影响戒毒者的人格蜕变，帮助戒毒人群摆脱心瘾，最终回归社会的一种戒毒方法。其宗旨是培养和树立对社会主义核心价值观的信念，帮助戒毒者戒除心瘾，重塑人生，恢复生命价值、身体心理以及社会生活等全方位的重建，使戒毒者完全彻底脱离毒瘾。正念戒毒强调的是内心强大，就是说心灵深处或骨子里对国家、对执政党、对领袖、对社会、对未来有坚定的信念。这种内心执着的力量会让戒毒者绝处逢生，脱离对毒品的依赖，从而戒毒者自身的性格、价值观、伦理观、责任感发生蜕变，真正回归社会，以达到对中国特色社会主义核心理论、制度、道路、文化自信的根本目的。

正念戒毒技术主要包括综合运用认知疗法、心理暗示法、静思冥想法、团体互助疗法、导师引导法、艺术疗法等社会心理学、社会行为学等尖端社会科学理论，通过营造心理感应、生理触发、环境感染等手段将正能量植入、校正、稳固作用到戒毒人员意识深处的科学的、人文的戒毒技术。该方法主要是以借鉴寺庙戒除吸毒心瘾为案例研究正念戒毒的实践意义和应用价值，提炼出社会心理学、社会行为学的相关理论及治疗方法，深入贯彻党的禁毒方针政策、法律法规，形成一种独特的、对戒除心瘾切实有效的正念戒毒的技术方法，推出一批正念戒毒的理论成果、技术标准、教案软件、戒毒典型、影视作品，从而为正念戒毒的深化和推广提供借鉴意义和参考价值。依据正念戒毒的理论，分四个阶段进行，时间根据患者的轻重缓急而定。

第一阶段：心理脱瘾康复期。在此阶段，正念戒毒只要通过以佛法成功戒毒的个案现身说法，通过爱和关怀的方式，照顾他们，服务（侍）他们，为他们进行心理咨询和辅导（祷告读经），让他们从心里平静下来，激发吸毒者戒毒的信心，增强彻底戒断的可能。

第二阶段：心灵康复期。虽然身体得到恢复，但心灵深处还有很多恶念，如罪恶感、伤害感等。这个阶段是专门针对心瘾进行心灵内在的矫正辅导，用社会主义核心价值观来引导他们，让他们树立正确的人生观和价值观，解决罪疚感的问题，从而改变他们的心态，加强拒绝毒品的决心。

第三阶段：行为矫正期。培养他们带着责任心步入社会，以正念爱心的原则规范他们的言行举止，养成健康的生活习惯和作息，并分配给戒毒人员一些工作和职责，锻炼他们的责任心以及面对逆境的抗逆能力。

第四阶段：重返社会操练期。大多数吸毒者都长期生活在一个与主流社会相隔绝的小圈子里，导致他们原有的理念和生存技能都与当今社会脱节，不利于他们最终回归社会。在这一阶段，重点是用正念帮助他们了解社会，认识自己，并在社会中给自己作正确的定位，保持灵修祷告，读经辅导，巩固在戒毒所建立的新生活模式以及新的人际关系网络，帮助他们更好地融入社会。当前，我国实行正念疗法戒毒的代表省份是北京。

五、中药和藏药戒毒

戒毒采用西医治疗，常用的有替代法、冬眠法、递减法，因为这些药物本身是海洛因的同属阿片类物质，长期或反复使用可产生新的依赖和耐受性，从根本上是戒不断毒瘾的。而纯中药和藏药戒毒药“福康片”的诞生，在毒瘾医学界掀起了轩然大波，其戒毒效果引起了世界关注。福康片是国家卫健委正式批准的唯一不含成瘾性物质的纯天然中药和藏药戒毒药品，并由国家中医药管理局中国传统医药国际交流中心监制。福康片开创了世界戒毒新方法，即用排毒法治疗吸毒者，使其断瘾康复。这是一项以家传秘方为基础的中药和藏药科研成果，其配方精确，疗效独特。它摆脱了替代法、递减法、冬眠法等传统戒毒模式，开创了解毒排毒的全新疗法，能在三至六天内将吸毒成瘾者体内的毒素迅速、彻底地排出体外，达到迅速康复之目的。这是我国戒毒基础理论研究的重大突破，是对传统中医药学和藏医药学的继承和创新的结晶，是科研成果转化为生产力的典范。

中医认为，气血为人之根本，人的生命及其形体皆赖气血的充养。而鸦片性敛，行皮行肺，清中含浊，能束人之气、缩人之血。吸食后，起初气得束缚则行势激迫，鼓动有力，血得收缩则脉管松弛，周流无滞，使倦者不倦，乏者不乏，感到陡然爽快，精神倍增。所以，吸食者渴望再吸，如此往复，使人体气血处于束缩被困之中，缺乏生机。鸦片味苦助火，其毒入内，首先侵犯肺胃，耗津动阴，而致肺热胃燥，初期可见鼻干、口渴、胸烦、便秘之象。鸦片又因其臭香而能散气，加之一身气血皆受束缚抑遏，日久气血必虚，阴损及阳，则五脏六腑阴阳失调，发生功能障碍。成瘾者可见皮毛不华、肌肉不润、筋骨不健、四肢痿弱、腰膝酸软，动辄心悸气怯，诸病生，如痰饮、积聚、泻痢、虚劳等症，一旦停吸则气血松懈、涣散颓唐，无以温里卫表。福康片根据中医学理论，融会藏药戒毒特长，辨证论治，反复修改组方，终于获得成功。

福康片的技术属国际领先水平。该药获得国家新药中药保密品种证书及生产批件，国家中医药管理局、中国传统医药国际交流中心联合发文同意作为“福康片”向国际出口、推广销售的“监制单位”。福康片已获得了美国政府 FDA 允许进美销售、使用的注册登记以及美中国际交流中心颁发的成就证书。该项成果还获得了“’96 加拿大首届国际中医药博览会”金奖、“’95 中国医药卫生成果及实用技术展览会”金奖、“北京国际发明博览会”金奖等多项国际金奖。

福康片以其独特的疗效，带给患者以健康，带给人类以幸福。传统的中医药学以及各少数民族医药学正焕发着勃勃生机，受到人们越来越多的关注。当前，我国运用中药和藏药戒毒的代表省份是青海。

六、中医按摩戒毒康复技术

中医按摩戒毒康复技术是甘肃省戒毒管理局自2014年以来为提高戒毒工作专业化、科学化水平，实现提高戒断率、降低复吸率目标，根据传统中医经络学说和推拿按摩治疗的原理，从戒毒人员医疗戒治、躯体康复、神经修复的需求出发，与甘肃太昊职业培训学校、甘肃中医药大学、甘肃省中医院、兰州大学第一医院、兰州大学信息科学与工程学院等院所，共同研究创立的一项戒毒康复新技术。

据介绍，中医按摩戒毒康复技术，就是依据中医的整体观念和辨证论治特点，运用按摩手法在人体适当位置所产生的刺激信息，通过反射方式对人体的神经体液调整功能，施以影响，改变人体内循环系统，调整脑神经机质，调解生理机能，节制负面情绪，放松身心，减轻压力的原理，从而达到缓解稽延性症状、恢复身心健康、有效阻抗复吸的目的。研究表明，中医按摩戒毒康复技术对缓解和改善稽延性戒断症状，恢复因吸毒受损的机体机能、脑神经功能和社会功能均有较为明显的作用，整套技术要求戒毒人员自我按摩，表现出了简便易学、安全可靠、疗效明显、成本低廉的技术优势。

与该技术配套的《中医按摩戒毒培训教材》和《中医按摩戒毒实用技术与方法》两套教材，已经获得国家知识产权保护。2019年3月7日，甘肃省市场监督管理局发布甘肃省地方标准发布公告，由甘肃省戒毒管理局负责起草《中医按摩戒毒康复技术规范》(2019年第1号文件)正式发布，标准代号为DB62/T2965-2019。

七、AR戒毒治疗方法

近年来，四川司法行政戒毒系统利用增强现实(Augmented Reality，AR)技术与认知行为疗法相结合，逐步形成以客观数据为基础的毒瘾渴求常模数据库，利用人工智能毒瘾渴求评估系统与AR戒毒矫治系统相结合，深入探索AR戒毒治疗方法。

通俗地讲，AR如同一个对毒品心理依赖的照妖镜，通过人工智能监测，可以客观真实地将戒毒人员内心对毒品的渴求度数据化、标准化地量化出来，制定针对性的脱敏及对抗治疗方案。通过加强对不同个体成瘾性分析，将AR技术与认知行为疗法相结合，同时结合心理暴露疗法、干预训练等专业的手段，帮助戒毒人员掌握防毒、拒毒方法，增强戒毒人员戒除毒瘾的信心，从而达到促进戒毒人员有效社会回归，降低复吸率的目的。

据了解，这是国内首个针对甲基苯丙胺（冰毒）的增强现实（AR）戒毒矫治系统。AR技术可以将真实世界和虚拟信息集成的特点，营造一种逼真的环境，并开创性地将AR技术与认知行为疗法相结合，对戒毒人员进行反复多次的脱敏治疗。

八、人工智能毒瘾渴求评估技术

人工智能毒瘾渴求评估技术是人工智能（Artificial Intelligence，AI）技术与新兴VR技术在物质成瘾领域的开创性融合应用，通过虚拟现实技术呈现成瘾物质相关线索，同时采集戒毒人员的脑电、皮肤电、心率三种生理数据，利用人工智能机器学习算法，通过对戒毒人员多维度的生理数据进行深层次挖掘，建立较为复杂的模型，实现对毒瘾渴求准确的量化预测。目前，该方法已在国内外专业学术会议公开发表了科研结果，该种方式也是目前行业内最为客观可靠、实时性较强的渴求度评估方式。

2018年5月，山东省戒毒管理局大力推进戒毒工作与信息技术的深度融合，引入北京望里科技有限公司研发的“人工智能＋脑电信息”毒瘾渴求评估系统。该系统利用“人工智能＋脑电信息”采集戒毒人员客观生理数据，计算机根据人工智能模型的训练进行持续的科学计算，客观有效地分析和判断某个个体在一定时间段的戒毒康复效果。该体系还可以准确判断吸毒后是否成瘾，为戒毒人员制定个性化处方式治疗方案提供科学依据。山东戒毒管理局“甲基苯丙胺依赖者大脑神经递质相关性研究”课题，利用脑电超慢涨落图技术测量甲基苯丙胺依赖者脑内的DA、Glu等神经递质的水平，特别是脑内DA水平的异常改变，作为人工智能毒瘾渴求评估系统补充指标因子，进一步提高毒瘾渴求评估的信度与效度。

人工智能毒瘾渴求评估技术在山东省济东强制隔离戒毒所完成近500名戒毒人员的毒瘾渴求评估及百余名戒毒人员的干预疗效评估，建立全所动态渴求数据库。通过该数据库提供的数据可视化展示，可清晰掌握所内戒毒人员的基本情况及实时渴求状态，实现戒治工作的科学化管理。通过对强制隔离戒毒人员基本情况及渴求度的累积记录及分析，形成大数据中心，实现信息化管理，是实现智慧戒毒的数据基石；同时，可以为有针对性地采取管教对策、制定戒治措施提供建议和参考，促进精准戒毒。

（一）利用渴求评估技术掌握全所戒毒人员渴求度分布

该技术通过人工智能机器学习算法提供百分比形式的渴求评估值，对戒毒人员的渴求状态实现科学精准的评估。通过全所戒毒人员毒瘾渴求分布，可以清晰地掌握各渴求区间的人数及比例，并可准确定位“高危”人员，及时进行干预训练与教育矫治。

（二）利用大数据库记录和了解戒毒人员基本情况

人工智能毒瘾渴求评估系统同时对戒毒人员的基本情况进行了全面记录，除人口学情况，即年龄、身高、体重、婚姻状态、受教育程度外，戒毒人员的吸毒年限、吸毒类型、每次吸毒用量以及入所时间等信息均进行了记录，并对每项指标的人数占比进行自动统计。

（三）利用渴求评估技术评价旋磁康复疗效

山东省济东所开创性地将旋磁治疗应用于对戒毒人员毒瘾降低或戒除的干预中，将人工智能评估技术引入旋磁康复的疗效评价体系来确定旋磁康复的有效性。经过严谨的干预方案及实施流程，研究结果发现，旋磁干预对特定戒毒人员存在明显的毒瘾降低效果，即对于吸毒史较短且吸毒用量较少、入所时间较短的戒毒人员群体而言，旋磁治疗有降低毒瘾渴求的趋势，对新入所戒毒人员的旋磁干预研究进一步支持了这一推论分析。

（四）“六疗”的评价指标体系引入量化指标

“六疗”一直是山东戒毒的特色和品牌。在进行“六疗”品牌精品化的同时，山东省济东所将人工智能毒瘾渴求评估技术运用到“六疗”的评价指标体系中，对戒毒人员的渴求度有了即时的量化评价，运用客观的标准化量化指标对戒治疗效进行科学评判。

人工智能毒瘾渴求评估技术的应用价值。一是提供了一套客观、标准化的量化评价指标体系。该渴求评估技术提供了一种客观的量化评价指标,该项技术的核心就是用人工智能(AI)翻译“不说谎”的生理信号,其评价结果不依赖于主观报告,不存在主观偏差,解决了目前诊断评估大多使用自我报告产生的信效度较低的问题。二是进一步提供戒治效果的衡量指标。有了标准客观的评价指标,可进一步提供戒治效果的衡量指标。在戒毒人员分期分区流转考核中做出科学评价,对不同阶段戒治效果进行量化考核,实现对不同戒治方法的疗效评估。如在已有旋磁康复治疗研究的经验基础上继续深入探索,建立“六疗”戒毒量化指标评价体系,真正帮助戒毒管理实现戒治目标和方案的科学调控、动态调整,形成更灵活有效的戒治方案,提升戒治工作的精准化。

将人工智能毒瘾渴求评估技术纳入戒毒工作,加强戒毒新技术新方法的运用和推广,形成全国第一的戒毒技术标准和规范体系,实现科学精准戒毒。在全国统一戒毒工作基本模式总体要求下,借助科技优势创新打造智慧戒毒体系,提高戒毒工作的开展效率,逐步提升戒毒的特色化及先进性。有关数据显示,人工智能毒瘾渴求评估技术在3000多样本基础上,已达到对戒毒人员毒瘾渴求状态87%的判断准确率。该项目为2018年AI开发者大会创新项目展参选项目,得到各方代表的关注。2018年6月,中央电视台“社会与法”频道《平安365》栏目组在山东对人工智能毒品渴求评估成效进行了采访报道。

第三节　山东“六疗”戒毒方法

“一朝吸毒,十年戒毒,终身想毒”,这是以往人们对吸毒者的普遍认识。然而,随着科技的发展、认识的提高和经验的积累,“戒毒难,难于上青天”的宿命论不再是那么牢不可破。近年来,山东司法行政戒毒系统在转型中探索、在实践中创新,首创性推行了医疗、心疗、文疗、体疗、食疗、工疗——“六疗”戒毒方法,抓住了戒毒的切入点和着力点,为破解戒毒这个世界难题创造了无限可能。目前,“六疗”戒毒体系不断完善,形成了山东特有的医疗服务体系、“一二三”戒毒康复体系,推行了“阳明心学心理教练戒毒”技术、“三三四五”食疗戒毒模式，特别是在全国率先系统开展了齐鲁文化戒毒和中医中药戒毒，在破解戒毒这个世界性难题的征程中迈出了坚实步伐。

一、医疗——中医中药戒毒

2016年1月，山东省戒毒管理局与山东中医药大学联合成立了全国首家省级中医药戒毒研发基地，计划通过充分发挥、挖掘中医理论优势，探索中医经方、中医特色治疗在戒毒工作中的应用。国家重点研发计划课题“中医经方对戒毒效果及机理研究”于2016年7月获科技部批复立项。该课题在中医理论指导下，通过研究历代文献和对大量戒毒人员进行临床流调资料分析整理，进行辨证分析，选取中医经方，探索中医经方在戒毒人员急性脱毒期毒品戒断的疗效评价及作用机制。经过研究发现，中医经方可以快速有效缓解吸毒人员的渴求感、焦虑、抑郁、失眠、食欲不振、便秘等急性戒断症状，降低戒毒人员痛苦，使他们平稳度过急性脱毒期。根据中医“治未病”的思想，通过改善戒毒人员的偏颇体质，调整戒毒人员的身体功能状态，提高戒毒人员的身体素质，加快现有疾病的痊愈，有效提升戒毒人员的戒治效果。

（一）中医体质学研究内容及偏颇体质分类

体质是指在人体生命过程中，在先天禀赋和后天获得的基础上所形成的形态结构、生理功能和心理状态方面综合的、稳定的固有特质。它主要表现为结构、功能、代谢以及对外界刺激反应等方面的个体差异性，体质医学是研究人类体质特征、体质类型、差异规律及其与健康疾病关系的一门应用性学科。它反映了不同体质类型的个体对某些病因和疾病的易感性，以及疾病传变转归中的某种倾向性。体质的差异现象是先天因素和多种后天因素共同作用的结果。

中医体质是一种客观存在的生命现象，是在个体生命过程中、在先天禀赋和后天获得的基础上所形成的形态结构、生理功能以及心理状态等方面综合、相对稳定的特质。体质决定着人体对某种致病因子的易感性及其病变类型的倾向性。目前广泛认可的中医体质分型及养生方案调理为国医大师王琦的《中医体质分类判定标准》，所创体质辨识法被纳入《国家基本公共卫生服务规范》。该方法将人体体质分为平和质、气虚质、阳虚质、阴虚质、痰湿质、湿热质、瘀血质、气郁质、特禀质九个类型，并强调了体质的可调性。其中平和质为大多数健康人常见的体质类型，是最为理想的体质，也是体质调理的总体方向；后八种体质则为偏颇体质，也叫病理性体质，是受多重因素影响而形成的临床常见偏颇体质类型，预示了该类人群疾病的易感性和发展的倾向性。

(二)吸毒人员中医体质辨识及干预调节的意义

自山东省戒毒局将中医中药戒毒作为“一四六”戒毒工作思路重要内容以来的几年时间里，中医中药戒毒课题组通过不断摸索、实践、总结，从理论研究到体系建立，再到实践成果都取得了一定成绩。不论中医经方在急性脱毒期和身心康复期的干预治疗，免疫力低下戒毒人群传染病的预防治疗，针灸推拿、穴位贴敷在戒毒工作中的应用，都已经部分形成理论成果。而中医养生作为中国传统医学的一项重要内容，与科学化戒毒的要求还未形成较好对接。通过长期临床医疗观察与分析，对戒毒人员进行的中医体质辨识与偏颇体质干预调理，与山东省戒毒局“一四六”工作思路和“三六三”戒毒模式相符，可以进一步创新戒毒方式方法，拓宽戒毒渠道，有效提高戒毒人员身心康复效果，有很强的现实意义。

由于吸毒人员长期沉溺于毒品和伴随的无规律生活节奏的影响，毒品会对身体各器官功能造成时间上长短不一、程度上轻重不一的损害，有的已经形成了典型的临床常见疾病，而有的尚未达到阈值，临床并未达到疾病的诊断标准，所以不易引起重视。但是，毒品对身体的危害已经在逐渐的积累中，容易引发为新的疾病。反映在吸毒人员体质辨识中，临床上会形成几种典型的偏颇体质，与毒品危害有明显的因果关系。

1. 可有效规范指导戒毒医疗工作

让戒毒人员彻底恢复毒品对身体和心理造成的损害，是戒毒康复工作努力的方向。对戒毒人员进行的体质辨识分类研究，可以完善、丰富医疗健康档案内容，使医务人员更加全面地了解戒毒人员生理状态，对现有疾病的治疗和可能出现的疾病有更加清晰的认识，从而有效规范和指导戒毒医疗工作。

2. 可更好地促进戒毒人员的康复

对戒毒人员进行中医体质辨识和偏颇体质中医中药干预调理研究，通过入所查体完善中医体质辨识工作，可以对偏颇体质实现早期发现，有效防止其逐渐加重并发展为疾病，做到防患于未然，从而促进戒毒人员更好的康复。

3. 可提高综合戒治成效

以中医中药戒毒工程中“养”字的中医养生观念为指导，通过情志调节、中药方剂、运动疗法、中医食疗、穴位按摩等特色疗法对戒毒人员进行偏颇体质干预，可以有效发挥传统中医理论及实践优势，是进一步落实《关于实施中医中药戒毒工程的意见》要求，彰显以人为本、科学戒毒工作原则的需要，中医体质辨识调理中的个性化、优质的调理方案还可以与“六疗”戒毒工作中的医疗、心疗、体疗、食疗有效结合，以科学的方案来规范戒毒人员各项身心康复的戒治活动，从而帮助戒毒人员最大程度地恢复身心健康。

(三)戒毒人员偏颇体质干预调理的研究方法及进展

选取目前山东省直戒毒所内处于急性脱毒期和康复巩固期的戒毒人员进行临床调查，按照《中医体质辨识分类与判定》对戒毒人员进行体质测试并进行归纳分类，尽量采集标本数量最大化，使测试结果更加客观真实。对测试结果进行大数据统计，总结出戒毒人员临床常见的偏颇体质类型。对需要进行干预调理的戒毒人员，按照中医养生体质调节方案，从精神养生(心疗)、起居、食疗、运动(体疗)、药物(医疗)等方面进行干预调节，使其偏颇体质得到纠正，逐步接近平和质。因人而异的个体化体质改善方案，彰显“以人为本、科学戒毒”的工作方针，使各项戒治活动更加科学规范，有利于戒毒康复过程更加顺利地开展，从而降低戒毒人员所内疾病发生概率，有效提高戒毒康复效果。

山东省司法行政戒毒系统利用中医体质辨识仪，随机对省鲁中强制隔离戒毒所、省女子强制隔离戒毒所处于急性脱毒期和身心康复期的954名戒毒人员的体质情况进行了测试。其中男性为612名，女性为342名。

本次测试的纳入标准如下：①符合ICD-10阿片类药物依赖诊断标

准和苯丙胺类药物依赖诊断标准的脱毒患者;②无精神疾病病史;③本人同意参加本次调查;④对调查中的各种评估量表能够理解、正确回答,能够配合完成问卷调查者。研究对象排除标准:排除肝、肾、心功能不全者及精神病患者中不能配合者。测试由经过培训的专业人员操作中医体质辨识仪,按照预设问卷对研究对象逐项询问填写。问卷完成后,经预设程序分析得出体质类型结果。本次测试共纳入954人,其中无效问卷为28份,有效问卷为926份。问卷分析结果可见表5-1。

表5-1　　戒毒人员体质辨识各种体质分布情况

体质类型	平和	气虚	阳虚	阴虚	痰湿	湿热	瘀血	气郁	特禀	共计
例数	584	82	30	76	27	31	14	70	12	926
百分比(%)	63	8.9	3.2	8.2	2.9	3.4	1.5	7.6	1.3	100

注:测试结果为多重体质者,按得分最高的体质统计。

结果显示,研究对象中体质类型人数最多的是平和质,占比达到63%,这可能与调查人群年龄分布多在20～38岁的青壮年有关。除平和质外,偏颇体质中气虚质(8.9%)、阴虚质(8.2%)、气郁质(7.6%)比例较高,湿热质(3.4%)、阳虚质(3.2%)、痰湿质(2.9%)、瘀血质(1.5%)、特禀质(1.3%)比例较低,与毒品危害中医分析结果相符。

(四)戒毒人员中医体质辨识研究结果分析

冰毒,即甲基苯丙胺,属于苯丙胺类兴奋剂,为新型合成毒品。人吸食后能强烈兴奋人的精神活动,使人体处于亢奋状态,产生欣快感,起到缓解疲劳的作用。长期吸食会造成人体神经系统、循环系统、消化系统功能紊乱,从而导致多器官功能损害,临床常见急性戒断症状和戒断稽延性症状。

以下对除平和质以外占比较高的气郁质、气虚质、阴虚质的临床表现和中医理论进行分析。

1.气郁质

气郁质临床常见表现:①体型偏瘦,性格不稳定,忧郁脆弱,敏感多疑,时常闷闷不乐。②胸胁胀满,走窜疼痛,善太息,睡眠较差,食欲减退,大便多干,舌淡红,脉弦细。

中医认为毒品使人产生欣快感是“因周身卫气被其牵引，倦者不倦，乏者不乏，陡然爽快，疑为精神长也”[①]。一旦中断吸食，失去了毒品之辛香走窜、开泄气道、振奋精神的作用，肝脏疏泄和调理气机功能大为减弱。肝郁气滞，情志不畅，则焦虑、抑郁、眠差，从而表现出典型气郁体质症状。

2. 气虚质

气虚质临床常见表现：①目光少神，面色不华，毛发稀疏，头晕，健忘，大便容易不成形。②倦怠乏力，气短懒言，精神不振，易出汗。③性格内向，情绪不稳定，胆小，舌淡，舌体胖大，脉沉缓。

中医认为，长期吸毒，可以耗竭人体正气。轻则见精神萎靡，周身疲惫，倦怠乏力，嗜卧懒言，咳嗽气喘，语音低怯等症；重则见大汗淋漓，泄泻不止，或冷汗不止，四肢厥逆，发为气虚证。中医古籍中记载的“瘾发证”[②]，也与此相符。

3. 阴虚质

阴虚质常见临床表现：①性情急躁，外向好动，耐寒不耐热。②面色潮红，眼干发涩，唇红微干，皮肤发干，头晕耳鸣，睡眠差。③五心烦热，易口干咽燥，喜冷饮，小便短涩，大便干燥，易便秘，舌红少津少苔，脉细数。

中医认为，长期吸食毒品，吸而犯肺，肺气失宣；食而入胃，腑气不通；肝郁乘脾，脾虚不运则纳差，气郁化火，上扰清窍，神不安则不寐；水谷不化则精微无以生，不眠不寐则精微无以布，从而导致脏腑功能紊乱，气血阴阳失调，而见潮热、盗汗、五心烦热诸多阴虚症状。

（五）戒毒人员八种偏颇体质调理方案

1. 气郁体质养生方法

气郁体质养生以疏肝解郁、理气行滞为原则。由于气郁体质的直接问题是肝气郁结，因此在养生过程中要护肝养肝，使肝脏疏泄有度、收放自如。

---

① （清）王燕昌撰，程传浩、吴新科校注：《〈王氏医存〉校注》卷一三《洋烟伤元气与诸病不同》，河南科学技术出版社2014年版，第122页。

② 又名“瘾脱证”，即今之戒断综合征。

(1)精神养生法

气郁体质者多表现出忧郁不开心、敏感多疑的性格特点。根据《黄帝内经》“喜胜忧”的原则,气郁体质者应主动寻求快乐,多参加社会活动、集体文娱活动,广交朋友;要注意自我完善,多走向户外,接触自然,培养广泛的兴趣爱好,转移注意力;应培养乐观豁达的性格,知足常乐,在郁闷不开心时,及时向亲朋好友倾诉发泄,对情绪的疏通至关重要。

(2)饮食养生法

在饮食方面,气郁体质者宜食具有行气解郁作用的食物,如橘子、柑子、橙子、山楂、海带、佛手、萝卜、洋葱、丝瓜、香菜、玫瑰花、陈皮等,还有具有补肝血的红枣、葡萄干、蛋黄等食品。不可多食冰冻食品,如雪糕、冰激凌、冰冻饮料等。可适量饮酒以活血脉、调情绪,但不可过度饮用。

(3)运动养生法

气郁体质者适合运动量较大的锻炼方式,如快走、跑步、登山、游泳等,以运动身体,畅通气血,调节情绪。而且要多参加群体性的体育运动项目,如打球、跳舞、下棋等,多与人协作沟通,以解除自我封闭状态。气功方面,着重锻炼呼吸吐纳功法,以开导郁滞。

(4)起居作息法

由于气郁体质者易致气机郁结,故其起居养生宜动不宜静,不宜总待在家中,应尽量增加户外活动,以放松身心,和畅气血;居住环境应安静,防止嘈杂烦乱的环境影响心情。睡前避免喝茶、咖啡等具有兴奋作用的饮料,以免影响睡眠。

(5)季节养生法

气郁体质的季节保养,应以春季为主。因为气郁体质养生以疏肝养肝为原则,而春属木,与肝相应,所以春季应顺应春阳生发之气,夜卧早起,舒展形体,做到心情舒畅,心胸开阔,使体内阳气得以疏发;春季阳气初生,宜食辛甘发散之品,如香椿、芫荽、葱、荠菜、花生等,而不宜食酸收之味。

2.阴虚体质养生方法

阴虚体质者养生以补阴清热、滋养肝肾为原则。五脏之中,肝藏血,肾藏精,精血互化,故阴虚体质者之调养以滋养肝肾二脏为要。

(1)精神养生法

阴虚体质者多性情急躁,心烦易怒,情绪波动大,这是阴虚火旺、热扰心神之故。中医认为,静能生水,静能生阴,故应遵循《黄帝内经》中“恬淡虚无”“精神内守”之养神法来镇静安神,舒缓情志。在工作和生活中,要加强道德修养和意志锻炼,培养良好的性格,对非原则性问题,要少与人争,用理性克服情感上的冲动,保持稳定的心态。平时多听一些舒缓、轻柔的音乐,防止动怒。

(2)饮食养生法

饮食调养宜清淡,远肥腻厚味、燥烈之品;多吃甘凉滋润的水果、蔬菜,比如梨、石榴、葡萄、柠檬、苹果、荸荠、甘蔗、西瓜、香蕉、苦瓜、番茄、莲藕、绿豆、冬瓜、芝麻、百合、枸杞等。少食羊肉、狗肉、韭菜、辣椒、葱、姜、蒜等性温燥烈的食物。

(3)运动养生法

运动切勿太过,锻炼时要控制出汗量以防伤阴,消耗体力,应及时补充水分。适合做中小强度、间断性的身体锻炼,可选择太极拳、太极剑等。阴虚体质更易较早出现关节涩滞,故步入中年后应减少磨损关节的运动方式,如上下楼梯、登山等。

(4)起居作息法

起居作息应有规律,忌熬夜,居住环境宜安静。生活工作宜妥善安排,有条不紊,以防焦虑。阴虚体质者常畏热喜凉,夏季应避免在高温酷暑下工作。

(5)季节养生法

适于阴虚体质保养的重点季节是秋季,以养肺阴、肃降肺气为原则。阴虚体质者多形体瘦小,常手足心热,口咽干燥,畏热喜凉,故在炎热的夏季应注意避暑,不宜出汗太多,可适当服用梨汁、西瓜汁、酸梅汁等甘凉之品。冬季气候寒冷,不可过食辛辣甘温之物,以免耗伤阴精。

3.气虚体质养生方法

气虚体质养生以补气养气健脾为原则。因肺主一身之气,肾藏元气,脾胃为“气血生化之源”,故脾、肺、肾皆当温补。

(1)精神养生法

气虚体质者常表现出内向、胆怯、情绪不稳定、敏感等性格特点,多伴有肺脾功能低下。过度思虑伤脾,常悲忧易伤肺,故气虚体质者的精神调养应避免过度思虑与悲忧,避免七情郁结。要学会转移注意力,培养兴趣爱好,移情于琴棋书画;要多交朋友,注意培养开朗外向的性格,使七情畅达又适度。

(2)饮食养生法

宜常食益气健脾食物,如糯米、粳米、小米、大麦、黄米、山药、莜麦、马铃薯、大枣、桂圆、蜂蜜、胡萝卜、香菇、黄豆、白扁豆、豆腐、鸡肉、兔肉、鹌鹑、牛肉、狗肉、青鱼、鲢鱼、黄鱼等。少食生冷苦寒、辛辣燥热之品。

(3)运动养生法

气虚体质者由于气不足,且过劳更易于耗气,故其运动时容易疲劳、汗出气喘,所以不宜剧烈运动以防耗气,宜选择比较柔缓的锻炼方法,如散步、慢跑、打太极、五禽戏、气功等。气功、打太极、五禽戏等传统健身法,强调意念、呼吸和躯体运动的配合,以达到外强肢体、内和脏腑、通畅经络的作用,从而使身体各部分得到全面均衡的锻炼。在运动过程中,不宜做大负荷运动和出大汗的运动,忌用猛力和长久憋气以防耗气,平时可按摩足三里穴以健脾益气,来调整气虚的体质状态。

(4)起居作息法

气虚体质者多脾肺功能较弱、卫气不足而易受外邪侵袭,故应注意保暖,避免劳动或激烈运动时出汗受风。起居宜有规律,夏季午间可适当休息,保持充足睡眠,增强体质。不要过于劳作,以免损伤正气。

(5)季节养生法

春季气温不稳,乍暖还寒之时,应注意“春捂”。这不仅有助于阳气升发,也有助于防御风寒。夏季暑热炎蒸,可以多食冬瓜、绿豆、扁豆、荷叶粥、茯苓莲子粥,以健脾祛暑湿;亦可进食黄鳝、西洋参茶,以补气抗暑热。早秋气候干燥,气温较高,但昼夜温差大,所以气虚体质者在白天可以喝萝卜水、酸梅汁、西洋参茶以清热润燥,夜晚要注意防寒避风。深秋天气转凉,注意保暖,不宜“秋冻”,以防伤损阳气。冬季进补不宜太过滋腻,以防遏阻气机。

4.湿热体质养生方法

湿热体质的基本特征是湿热内蕴,因此其养生应以疏肝利胆、清热祛湿为原则。要保证肝胆疏泄有常，祛除湿热的道路畅通，截断滋生湿热的源头。

（1）精神养生法

湿热体质者性情多急躁易怒，亦常出现紧张、压抑、焦虑等不良情绪，故应避免五志过极，化火助热。宜静养心神，安神定志，因为静能生水清热，有助于舒畅肝胆。平时多听舒畅悠扬、有镇静作用的音乐，多练习腹式呼吸以及瑜伽、气功、太极拳等以放松身心，舒缓情志。

（2）饮食养生法

湿热体质饮食宜清淡，应少甜少辣，少酒少油。可多食冬瓜、丝瓜、苦瓜、绿豆、芹菜、荠菜、竹笋、芥蓝、紫菜、海带、赤小豆、薏米、西瓜、梨、绿茶、鸭肉等。不宜多食性热生湿、肥甘厚腻的食物，尤其是经过油炸、煎炒、烧烤等高温加工烹制而成的食物，如狗肉、羊肉、韭菜、生姜、辣椒、胡椒、花椒等。应戒烟限酒。

（3）运动养生法

运动养生适合高强度大运动量的锻炼方法，如中长跑、游泳、爬山、球类、武术等，增加出汗以祛湿散热。运动锻炼时注意舒筋骨利关节，增加身体的柔韧度，以利肝胆的疏泄，减轻烦躁、紧张、焦虑等情绪。

（4）起居作息法

居住环境宜干燥、通风，尽量避免在炎热潮湿的环境中长期工作和居住。不要熬夜、过于劳累，保证睡眠时间和质量对于减轻和改善湿热体质非常重要。穿衣宜宽松舒适，宜选棉麻、天然纤维等质地的衣物。

（5）季节养生法

夏季气候炎热，多雨潮湿，湿热体质更容易出现胸闷纳呆、四肢无力、精神萎靡的状况，所以湿热体质者夏季可常用空调以避暑湿，饮食要少吃油腻厚味以减轻脾胃负担，可多吃薏米、赤小豆、丝瓜、苦瓜等祛暑清热利湿之品。早秋季节多燥热，湿热体质者宜多食清甜水果，多喝白粥，多吃粗纤维食物以保持大便通畅，以利湿热的排出。春季多做舒展关节的运动，以利肝胆。冬季不宜多进补，以防气血壅滞，不利于湿热的祛除。

5.阳虚体质养生方法

阳虚体质以畏寒怕冷为主要特点，养生应以补阳祛寒、温补脾肾为关键。因为五脏之中，肾为一身阳气之根，脾为阳气生化之源，故当着重补之。

(1)精神养生法

阳虚体质者常表现出安静、沉静、内敛的性格特点，因此应因势利导、顺势而为，不可强行令其兴奋、张扬。但是，阳虚体质者在遇到情感困扰、环境变化、秋冬寒冷天气时很容易陷入抑郁、忧愁、悲哀等不良情绪中，故必须加强其精神调养，调节其情感。可以多听轻快、活泼的音乐或增加户外运动，以去忧悲、防惊恐、和喜怒，消除或减少不良情绪的影响。

(2)饮食养生法

阳虚体质者宜温补脾肾阳气，应多食温补之品，比如牛羊狗肉、虾、黄鳝、韭菜、茴香苗、葱、姜、蒜、核桃、栗子等食物。不宜多食生冷寒凉之品，如梨、黄瓜、西瓜、荸荠、苦瓜、藕等，少喝冰冷饮料，以免遏伤脾阳。

(3)运动养生法

阳虚体质者畏寒怕冷，故以选择能振奋阳气的锻炼方法为主。因"动则生阳"，故阳虚体质的人要坚持体育锻炼，但运动量不宜过大，尤其注意不可因运动而大量出汗，以防汗出伤阳。可选择自己感兴趣又易行的慢跑、散步、舒缓的舞蹈，还有传统的体育锻炼方法，如静神而动形的太极拳、五禽戏、八段锦等。而且户外活动时宜选择在阳光充足的温暖天气进行，多与阳光接触，阳气则易被调动起来；不宜在阴冷风寒天气或潮湿之地进行，以防伤阳。

(4)起居作息法

阳虚体质者的起居作息方面要养成良好的睡眠习惯，尽量少熬夜以防耗伤阳气。注意身体各关节、颈背部、腰腹以及脚部的保暖，对于年老及体弱之人，夏季不要在外露宿，不要让电风扇直吹，也不要在树荫下停留过久。

(5)季节养生法

根据中医养生理论中"春夏养阳，秋冬养阴"的原则，阳虚体质者尤其要注意在春夏季节顾护自身的阳气。在气候炎热的夏季，不要贪凉饮冷，少用、不用空调，亦可在全年气温最高、阳气最盛的时节即"三伏天"适当进食鸡肉、羊肉等温补之品。阳虚体质者多形寒肢冷，喜暖怕凉，耐春夏不耐秋冬；而冬季严寒易伤及肾阳、筋骨关节，故宜进食温补之品，注意保暖。四季转换时，宜“春捂”，不宜“秋冻”。

6.痰湿体质养生方法

痰湿体质养生以健脾祛湿为原则，脾主运化水湿，又为生痰之源，故痰湿体质的养生最主要是养护脾胃。

（1）精神养生法

痰湿体质者性格多温和，敦厚善良，多善于忍耐；但易神疲困顿，宜多参加各种活动，多听轻快的音乐，培养广泛的兴趣爱好，以舒畅情志。

（2）饮食养生法

痰湿体质者饮食宜清淡，可多食健脾、祛湿、化痰的食物，如山药、薏米、白扁豆、赤小豆、海藻、海带、紫菜、冬瓜、萝卜、鲫鱼和生姜、柑橘等。少食肥甘、油腻、滋补、生冷冰冻、苦寒之品，酒类也不宜多饮，因酒能助湿生痰。食饮应有节制，不宜过饱。

（3）运动养生法

痰湿体质者多形体肥胖，身重易于困倦，故平时应多进行户外活动，根据自己的具体情况循序渐进，长期坚持体育锻炼，如散步、慢跑、球类、游泳、太极拳、五禽戏以及各种舞蹈等方法均可选择，运动量宜大，出汗为宜。气功方面，以动桩功、保健功、长寿功为宜。

（4）起居作息法

痰湿体质应起居有常，作息规律。居住环境宜干燥而不宜潮湿，平时多进行户外活动，不要过于安逸，宜常晒太阳或进行日光浴。当运动出汗特别多的时候，不要马上吹空调和风扇，也不宜立即冲凉，以免外湿内湿相合，加重体质偏颇。在阴雨湿冷的气候条件下，应减少户外活动，以避湿邪侵袭；衣着应宽松，以利于透气散湿。痰湿体质多伴有阳虚，故要少熬夜，以免耗伤阳气，加重痰湿。

（5）季节养生法

痰湿体质者季节养生的重点在夏、冬二季。夏季少食冰冻食品，多吃生姜，少用空调，以免伤阳，加重痰湿。秋、冬季节少进补。尤其是补益作用较大的人参、鹿茸、阿胶、大枣、肉类、骨头、动物内脏等，都不太适合痰湿体质，以防壅滞气机，加重痰湿。

7.瘀血体质养生方法

气行则血行，活血必先调气，所以瘀血体质养生应以益气疏肝，活血化瘀为原则。

(1)精神养生法

瘀血体质者常表现出阴郁、郁闷或急躁易怒、心烦健忘等情绪特点。在精神调养上,应广交性格开朗的朋友,培养自己乐观豁达的性格;要注意培养兴趣爱好,再配合舒展肝气、促进循环的形体运动,比如唱歌、跳舞、散步、爬山等;若有广泛的兴趣爱好,精神愉快则气就不易郁结,血就不易瘀滞而气血和畅,营卫流通,有利瘀血体质的改善。

(2)饮食养生法

饮食养生方面宜多食行气活血的食物,如山楂、金橘、桃仁、油菜、黑木耳、紫皮茄子、黑大豆、慈姑、海藻、海带、紫菜、醋等;多以玫瑰花、茉莉花泡茶饮,有疏肝理气、活血化瘀之作用;可少量常饮红葡萄酒、糯米甜酒。不宜多食收涩、油腻、寒凉冰冻的食品,如柿子、番石榴、肥肉、冰冻饮料等。

(3)运动养生法

适宜选择太极拳、太极剑、八段锦、保健按摩术,舞蹈、散步、慢跑等有助于气血运行的锻炼方式。瘀血明显者不宜参加爆发的、剧烈的、无氧的运动。

(4)起居作息法

起居有常,不要过于安逸,以免气机郁滞而加重瘀血;少熬夜,保持足够的睡眠,可早睡早起多锻炼,以畅气血。

(5)季节养生法

对瘀血体质的人来说,保养的关键季节是春天。春天阳气展放,肝胆疏泄有常,则气行血行。因此,应多做舒展侧体的动作,还要"披发缓行",宽衣着,利于肝胆的疏泄,气血的展放。秋冬要注意保暖。

8.特禀体质养生方法

特禀体质常先天失常,以生理缺陷、过敏反应等为其主要特征,故其养生应根据个体情况进行相应调护。

(1)精神养生法

因特禀体质者是由于先天遗传因素造成的特殊体质,其性格心理因禀质差异而不同。由于其禀质的特殊性,往往多数特禀体质者会表现出程度不等的敏感多疑、焦虑抑郁、自卑内向等心理反应,故应主动参加有益身心的活动，多与人沟通交流，增进了解，消除自卑，培养自己乐观豁达的性格。

(2)饮食养生法

特禀体质者的饮食宜清淡，粗细搭配适当，荤素配伍合理，营养均衡。过敏体质者宜食宜气固表的食物，如山药、小麦、糙米、大米、香菇、蔬菜等。少食辛辣之品、腥膻发物及含致敏物的食物，如荞麦、蚕豆、白扁豆、牛肉、鱼、虾、蟹、酒、辣椒、浓茶、咖啡等。

(3)运动养生法

根据禀质特异情况的不同，选择适宜的运动方式和锻炼方法。由于特禀体质的形成与先天禀赋密切相关，所以可常练气功中的“吹”字功，以培补肾精肾气。

(4)起居作息法

特禀体质者应根据禀质特异情况的不同来调护起居。过敏体质者由于对外界环境适应能力较差，故应注意在陌生环境的日常养护，减少户外活动，尽量避免接触各种致敏原，减少发病机会。

(5)季节养生法

过敏体质者对易致过敏季节适应能力差，易引发宿疾，故应避免在春天或季节交替时进行长时间户外活动，防止过敏性疾病的诱发。

二、心疗——阳明心学戒毒教练技术

心学作为儒学的一个学派，最早可推溯至孟子，北宋程颢开其端，南宋陆九渊大启其门径，与朱熹的理学分庭抗礼，至明朝，由王守仁首度提出“心学”两字。阳明心学以儒家学说为根本，整合了包括佛教、道家(道教)在内的不同思想形态的合理内涵以及宋代以来理学思想之精义，完成了以“良知”为根本理念的思想体系架构，体现出极为宏阔的理论涵容度与相当精致的思想结构。教练技术起源于20世纪70年代的美国体育界。20世纪90年代，心理学神经语言程式学(Neuro-Linguistic Programming，NLP)的权威人士蒂姆·哈尔布姆(Tim Hallbom)、珍·雅芳(Jan Elfline)等一批心理学学者对教练技术产生兴趣，并运用心理学知识对教练技术进行改进和丰富。经过多年的发展，心理教练技术在企业管理领域被深入应用。同时，在个人成长、家庭和社会生活等领域也被广泛应用，以帮助人们改善工作学习或解决生活问题。山东司法行政戒毒系统研究的“阳明心学戒毒教练技术”是本着“中学为体、西学为用”的原则，以阳明心学为“道”、以心理教练为“术”，借鉴科学心理学的原理与手段，验证、实践、传播中国心学的传统智慧，以“训练戒毒人员戒除心瘾，修炼强大内心”为目标的一种心理戒毒矫治方法。

吸毒人员被执行强制隔离戒毒措施后，原有的生活被突然改变，心理上容易产生强烈的反应。新入所强制隔离戒毒人员面对陌生的环境、被隔离的现实以及以后的戒治生活，容易产生抑郁、焦虑等情绪。特别是甲基苯丙胺滥用者在戒断期内，由于苯丙胺类物质影响脑内前额叶单胺类神经递质调节系统，导致脑部器质性改变，产生“伪抑制”状态，多以精神低迷、困乏、易怒、烦躁、抑郁的形式表现出来。

已有研究证明，应对方式和自我效能对情绪和心理健康水平有正性作用，进而对戒毒人员的戒毒动机、戒毒生活以及今后的生活发展均产生严重的影响。采用阳明心学戒毒教练技术，以团体心理干预的形式对急性脱毒期的强制隔离人员抑郁、焦虑症状进行干预，同时提高戒毒人员自我效能感，改善应对方式，帮助他们尽快地融入强制隔离戒毒生活。

（一）研究对象选取

1. 研究对象

2017 年 4 月 18 日至 6 月 20 日，本次研究收治了 220 名吸食甲基苯丙胺的强制隔离戒毒人员，其中 80 名男性戒毒人员来自山东省济东强制隔离戒毒所，60 名男性戒毒人员来自烟台市强制隔离戒毒所，80 名女性戒毒人员来自山东省女子强制隔离戒毒所。全部人员均较好地完成了测量和团体心理干预，未出现脱失情况。

2. 入组标准

（1）对 MA 滥用者的诊断符合《中国精神障碍分类与诊断标准（第三版）》（CCMD-3）中依赖综合征和戒断综合征的诊断标准。

（2）年龄在 18 周岁以上。

（3）无重大躯体疾病、重型精神障碍及其他脑器质性精神障碍。

（4）戒毒人员已签署知情同意书。

3. 各组一般资料

采用随机数字法将入组戒毒人员分为实验组和对照组，两组各包括70名男性和40名女性戒毒人员。实验组与对照组在各项指标上均无明显差异（$P>0.05$）。

（1）实验组：年龄18～48(30.16±6.71)a；均为汉族；文化程度：初中68人，高中31人，大专及以上11人。大麻滥用资料：使用毒品时间最短7个月，最长6.6a，平均(5.24±2.01)a；大麻日用量最少0.1g，最多1.5g，平均(0.36±0.34)g。

（2）对照组：年龄18～47(30.96±7.05)a；均为汉族；文化程度：初中63人，高中30人，大专及以上17人。大麻滥用资料：使用毒品时间最短1a，最长7.8a，平均(5.09±2.75)a；大麻日用量最少0.1g，最多2.00g，平均(0.35±0.41)g。

（二）研究方法

1. 评定工具

90项症状清单（Symptom Checklist 90，SCL-90），又称症状自评量表，由美国心理学家德若伽提斯（L. R. Derogatis）于1973年编制。该量表共有90个项目，包含有较广泛的精神病症状学内容，从感觉、情感、思维、意识、行为直至生活习惯、人际关系、饮食睡眠等均有涉及，采用10个因子分别反映10个方面的心理症状情况。

一般自我效能感量表（General Self-Efficacy Scale，GSES），由德国临床心理学家拉尔夫·施瓦泽（Ralf Schwarzer）等编制。此量表为单维结构量表。量表共10个项目，采用Likert 4点计分，得分越高，表明自我效能水平越高。中文版的GSES由张建新1995年翻译并使用，信度和效度良好。

特质应对方式问卷（Trait Coping Style Questionnaire，TCSQ）是自评量表，由20条反映应对特点的项目组成，包括两个方面：积极应对与消极应对（各含10个条目）。用于反映被试者面对困难挫折时的积极与消极的态度和行为特征。各项目答案从“肯定是”到“肯定不是”采取5，4，3，2，1五级评分。

2. 团体心理干预方案

根据阳明心学戒毒教练技术的内容，对实验组成员采用封闭式、结构式的咨询成长团体的方式进行干预,对照组成员按照所内安排参加日常戒治活动。干预时间2017年7~8月,每7天1次,共计6次,每次1.5小时,采用团体互动、角色扮演、情景模拟、自我探索等方式,鼓励和协助团体成员积极调动自身潜力,对团体内其他成员的发言给予积极的反馈,分享自己的感受。6次活动分为三个阶段,每阶段包括1~3个主题,活动方案详见表5-2。活动前和结束时,分别对参加团体的实验组成员和对照组成员进行前测和后测。

表5-2　　团体心理干预方案

阶段	次数	主题	主要内容
开始阶段	1	团队建设	相互认识,团体契约,培养信任与合作
训练阶段	2	心学与教练	阳明心学的理论,心学与心理教练戒毒的关系
	3	积极自我	自画像,红色教育,我的生命线
	4	双赢的沟通	密码传递,学习PAC人际交往理论和沟通技巧
结束阶段	5	重建希望	从A到B,决策平衡单,畅想"无毒"明天
	6	总结与尾声	永远是朋友,最美的祝福,相亲相爱一家人

3.数据处理

采用SPSS 19.0对研究数据进行统计分析和处理,统计方法采用描述性统计和单样本t检验。

(三)研究结果

表5-3显示,参加本次研究的全部220名戒毒人员与全国常模比较结果:SCL-90量表中的全部九项因子分均高于全国常模,并具有统计学意义。结果表明,强制隔离戒毒人员存在着较为广泛和严重的心理问题。

表5-3　　戒毒人员SCL-90各因子评分与常模比较($\bar{x}\pm s$)

项　目	实验组	对照组	t值	P值
躯体化	1.57±0.61	1.37±0.48	4.941	<0.001
强迫症状	1.98±0.71	1.62±0.58	7.513	<0.001
人际关系	1.81±0.70	1.65±0.51	3.474	0.001

续表

项　目	实验组	对照组	t 值	P 值
抑郁	1.75±0.74	1.50±0.59	5.024	<0.001
焦虑	1.68±0.73	1.39±0.43	5.906	<0.001
敌对	1.76±0.82	1.48±0.56	5.030	<0.001
恐怖	1.44±0.63	1.23±0.41	4.871	<0.001
偏执	1.67±0.70	1.43±0.57	5.187	<0.001
精神病性	1.58±0.61	1.29±0.42	7.023	<0.001

从表 5-4 可知，团体心理干预前，实验组和对照组 SCL-90 量表中各项因子、自我效能和应对方式均无显著差异。

表 5-4　　团体心理干预前实验组、对照组组间差异比较($\bar{x}\pm s$)

项目	实验组	对照组	t 值	P 值
躯体化	1.57±0.66	1.57±0.55	−0.03	0.973
强迫症状	1.99±0.73	1.97±0.69	0.18	0.857
人际关系	1.82±0.76	1.81±0.64	0.15	0.879
抑郁	1.75±0.81	1.75±0.67	−0.03	0.976
焦虑	1.71±0.81	1.65±0.65	0.62	0.540
敌对	1.76±0.82	1.76±0.82	−0.04	0.971
恐怖	1.47±0.71	1.41±0.54	0.70	0.481
偏执	1.67±0.76	1.68±0.64	−0.10	0.920
精神病性	1.58±0.69	1.57±0.52	0.12	0.903
自我效能	2.72±0.64	2.73±0.53	−0.08	0.936
积极应对	31.61±9.13	32.23±9.22	−0.50	0.618
消极应对	31.13±7.03	29.25±7.04	1.98	0.049

表 5-5 显示，经过 6 次团体心理干预后，实验组 SCL-90 量表中各项因子得分全部低于对照组，其中强迫症状、人际关系、焦虑、敌对、精神病性因子得分显著降低，抑郁因子得分极其显著的低于对照组；实验组自

我效能感显著高于对照组。此外，尽管在团体干预后，实验组的应对方式与对照组没有显著差异，但是从得分来看，实验组的均分都优于对照组。

表 5-5　团体心理干预后实验组、对照组组间差异比较($\bar{x}\pm s$)

项目	实验组	对照组	t 值	P 值
躯体化	1.40±0.44	1.52±0.59	−1.72	0.088
强迫症状	1.68±0.50	1.87±0.77	−2.12	0.035
人际关系	1.55±0.52	1.72±0.67	−2.00	0.046
抑郁	1.44±0.42	1.70±0.72	−3.30	0.001
焦虑	1.42±0.40	1.60±0.70	−2.27	0.024
敌对	1.47±0.43	1.62±0.79	−1.90	0.059
恐怖	1.19±0.30	1.38±0.59	−3.05	0.003
偏执	1.44±0.49	1.58±0.64	−1.87	0.063
精神病性	1.37±0.38	1.52±0.55	−2.26	0.025
自我效能	2.87±0.55	2.68±0.57	2.59	0.010
积极应对	34.30±8.03	32.74±9.13	1.34	0.181
消极应对	29.44±7.66	30.74±6.36	−1.36	0.175

表 5-6 显示，参加团体心理干预后，戒毒学员的 SCL-90 中的各项因子和自我效能感较干预前均显著降低，其中强迫症状、抑郁和恐怖因子显著降低。实验组特质应对方式得分，较干预前有所变化，但未见显著差异。

表 5-6　团体心理干预前后实验组均分与组内差异比较($\bar{x}\pm s$)

项目	干预前	干预后	t 值	P 值
躯体化	1.57±0.66	1.40±0.44	2.29	0.023
强迫症状	1.99±0.73	1.68±0.50	3.57	<0.001
人际关系	1.82±0.76	1.55±0.52	3.06	0.003
抑郁	1.75±0.81	1.44±0.42	3.54	<0.001
焦虑	1.71±0.81	1.42±0.40	3.39	0.001

续表

项目	干预前	干预后	t 值	P 值
敌对	1.76±0.82	1.47±0.43	3.25	0.001
恐怖	1.47±0.71	1.19±0.30	3.75	<0.001
偏执	1.67±0.76	1.44±0.49	2.68	0.008
精神病性	1.58±0.69	1.37±0.38	2.81	0.005
自我效能	2.72±0.64	2.89±0.55	−1.86	0.048
积极应对	31.61±9.13	32.74±9.13	−0.92	0.357
消极应对	31.13±7.03	29.44±7.66	1.70	0.091

从表 5-7 可知，对照组两次测量中各项因子得分未见明显差异。

表 5-7　团体心理干预前后对照组均分与组内差异比较($\bar{x}$±s)

项目	干预前	干预后	t 值	P 值
躯体化	1.57±0.55	1.52±0.59	0.73	0.466
强迫症状	1.97±0.69	1.87±0.77	1.01	0.315
人际关系	1.81±0.64	1.72±0.67	1.04	0.300
抑郁	1.75±0.67	1.70±0.72	0.51	0.608
焦虑	1.65±0.65	1.60±0.70	0.61	0.545
敌对	1.76±0.82	1.62±0.79	1.18	0.238
恐怖	1.40±0.54	1.38±0.59	0.31	0.759
偏执	1.68±0.64	1.58±0.64	1.10	0.271
精神病性	1.57±0.52	1.52±0.55	0.78	0.437
自我效能	2.73±0.53	2.68±0.57	0.69	0.493
积极应对	32.23±9.22	34.30±8.03	−1.78	0.077
消极应对	29.25±7.04	30.74±6.36	−1.64	0.103

（四）讨论

1. 分析

数据显示，干预前戒毒人员 SCL-90 的各项因子得分均高于正常人常模。在进入戒毒所初期，戒毒人员常表现出自暴自弃、低自尊、自我封闭、易激惹、敌意、人际冲突频繁等不同程度的心理问题。开展为期6周的"阳明心学戒毒教练技术"团体心理干预活动后，SCL-90测评结果显示，戒毒人员的各因子的心理问题都已显著得到缓解。表5-6显示，团体干预后，各因子得分均比干预前要低，且都达到了显著性水平，在强迫症状、抑郁、恐怖三个方面均有极其显著的改善。戒毒人员的自我变得更开放、更自信了，能做到自我接纳并能与他人和谐相处，心理功能得到了较好恢复。这反映了戒毒人员在"阳明心学戒毒教练技术"团体干预中，能够有所获益。干预后得分的降低，也说明了设计的团体方案能够一定程度上解决成员的共性问题，体现了"阳明心学戒毒教练技术"的实用性和针对性。

自我效能(self-efficacy)由美国心理学家班杜拉(Albert Bandura)于1977年最早提出，是指个体感知到对自己某种行为结果的效能期望或主观信心程度，即个体成功地实施并完成某个行为目标或应付某种困难情境能力的信念和信心。自我效能是个体行为的决定因素，也是个人因素的中心。自我效能往往影响个体行为的选择和继续，其水平越高，行为的采取、维系和努力程度越高。近年来的研究表明，吸毒者自我效能明显降低，严重影响戒毒康复质量。虽然本次干预不是以提升戒毒动机和自我效能为主要目的设计的，但测量结果显示，实验组戒毒人员的自我效能感得到了显著提升，这与相关研究结果是相一致的：心理干预有助于改善戒毒者的负性情绪，提高戒毒者的自我效能感，并增强其对自身戒毒行为的管理能力。

Edwards等认为，心理应付方式的位置处在应激与健康之间，应激能否引起健康损害与应激原的强度、社会支持、性格特征、应对方式和生活经历有关，但就个体而言，只有应对方式能自我控制。就目前的研究结果而言，应对方式是影响心理健康水平的重要因素，调整和改变应对方式对提高心理健康水平有重要作用。研究显示，强制隔离戒毒人员对待生活事件越消极，其心理健康水平越低，主要表现在躯体化、强迫、焦虑、抑郁、敌对、恐怖等方面，反之亦然。因此，消极应对方式是毒品依赖者心理健康状况差的影响因素之一。同时，低心理健康水平也会一定程度地影响应对方式。本次研究中，尽管实验组的特质应对方式较团体干预前没有显著差异，但是从得分来看，干预后的平均得分均优于干预前。

特质应对方式的改变是一个长期过程，通过短暂的几次心理干预难以见到明显效果并长久保持。

2.创新和不足

阳明心学戒毒教练技术将阳明心学与心理教练技术相结合，既能发挥阳明心学从根源上解决“心”的问题并易于被国人接受的优势，又能充分激发戒毒人员潜能与提升心理戒治成效。

阳明心学与心理教练技术相结合，并应用于戒毒人员的心理康复中，是国内心理学领域和戒毒领域的首创。在团体干预中，应秉持“圣人之道，吾性自足”的信念，应用阳明心学的理论和心理教练的方法，通过积极的、开放性的问题发问以及适当的回应打开戒毒人员的思维，让戒毒人员理解“良知在人，随你如何，不能泯灭”的含义，探索发现自己的盲点，从而充分挖掘自身隐藏的潜能，善用自身的所有资源，实现自身素质和能力的提高。在这个过程中，戒毒人员不仅可以通过发掘自己的潜力，利用自己的力量来解决工作或生活中遇到的问题，从而感到自己是有力量的，还可以以最佳的状态达成目标，创造卓越的成果。对于长期被毒品侵蚀的戒毒人员来说，由于自身成长环境的限制，可能会忽视自己本身具有的一些潜能，很多时候对戒毒会有无力感。教练技术可以使戒毒人员发现自己更多的潜能，感受到自身的力量，这样不仅有利于心理健康的维护，更有利于他们在戒毒历程中发挥自己的潜力，以最佳心态达成戒毒目标，创造卓越的成果。

（五）结论

本研究创造性地将阳明心学理论和心理教练技术结合，并运用至强制隔离戒毒领域，在国内为首创。这不仅为阳明心学与和心理学领域的结合提供了有效的实践参考，还对提高我国强制隔离场所的心理戒毒工作水平具有较大的指导意义。研究显示，阳明心学戒毒教练技术的实施，缓解了戒毒人员的抑郁、焦虑等精神症状，改善了戒毒人员的自我效能感和应对方式，对提升戒毒人员的心理健康水平具有明显作用。

综上所述，在强制隔离戒毒场所实施阳明心学戒毒教练技术，可有效地提高急性脱毒期的强制隔离戒毒人员的心理健康水平，为其迅速适应强制隔离戒毒生活、强化戒毒动机提供良好的心理保障。

三、文疗——齐鲁文化戒毒

1973 年，世界卫生组织将吸毒成瘾统一称为“药物依赖性”，现代医学研究认为“药物依赖”包括生理依赖和心理依赖，因此戒毒也就分为生理脱毒和心理脱瘾两个阶段。从戒毒工作实践看，心理脱瘾是戒毒过程中最难克服的环节，也就是所谓的“生理毒瘾易戒，心瘾难除”。从世界各国禁毒工作实践来看，预防、挽救、关怀、求助是一种潮流趋势，即通过宣传、教育、治疗等柔性方法来帮助吸毒成瘾人员戒除毒瘾，减少危害。党的十八大以来，习近平总书记在不同场合对弘扬和继承中国优秀传统文化作出了一系列重要指示。2017 年 1 月，中央印发了《关于实施中华优秀传统文化传承发展工程的意见》，从研究阐发、教育普及、保护传承、创新发展、传播交流等方面，对中华优秀传统文化传承发展作出了全面部署。针对毒品成瘾者这个特殊群体，运用中华优秀传统文化分析探讨毒品成瘾者吸毒的原因，从而对其进行道德、人格的修复和矫正，增强其社会适应能力，促进其再社会化。这是强制隔离戒毒场所教育戒治的重要内容，对于创新戒毒模式，从精神层面探索一条祛除心瘾的戒毒新路有着十分重要的意义。

（一）毒品成瘾者构成特征、人格、认知及道德失范现状调查

为全面分析毒品成瘾者，我们以收治的戒毒人员为例，抽取了山东省鲁中戒毒所、山东省济东戒毒所、山东省女子戒毒所在 2017 年 3 月 1 日后入所的 200 名（其中男 100 名，女 100 名）戒毒人员作为研究样本，通过问卷调查、面对面座谈、查阅档案等方式进行调查研究，分析现阶段收治毒品成瘾者的构成特征及吸毒后情绪性格、人际关系、道德观念等方面的变化。

1. 人员构成呈现出“四多”的特点

从统计数据看，吸毒人员中青少年较多，35 岁以下占 80％，呈现低龄化趋势；学历低的多，初高中以下文化程度占 86％；吸毒时间长的多，有 3 年以上吸毒史的占了 71％；吸食新型毒品的多，达到了 82％。从问卷调查来看，吸食新精神活性物质的问题渐渐凸显，具体可参见表 5-8。

表 5-8 戒毒人员构成情况表

年龄	分类	20 岁以下	21～35 岁	36～59 岁
	人数	12	148	40
	比例(%)	6	74	20
文化程度	分类	小学及以下	初高中(含中专)	大学专科及以上
	人数	66	106	28
	比例(%)	33	53	14
吸毒时间	分类	3 年以内	3～7 年	7 年以上
	人数	58	91	51
	比例(%)	29	45.5	25.5
吸毒种类	分类	传统毒品	新型毒品	其他
	人数	14	164	19
	比例(%)	7	82	9.5

2.情绪性格、人际关系、道德观念方面呈现三个层面、七大变化

统计数据显示,吸毒人员吸毒后在情绪性格层面,脾气变坏了,自我控制能力变差了。人际关系层面,家庭中家人矛盾冲突增多,关系紧张;有合法婚姻状态的少,其中女性更为突出;与正常的朋友、同事关系疏远,交往的朋友多限于毒友。道德观念层面,对未来生活丧失信心,遵守法律法规、社会道德、职业道德等的意识淡漠(见表 5-9)。

表 5-9 戒毒人员吸毒后变化情况表

层面	吸毒后变化状况	人数	比例(%)
情绪变化	脾气性格变坏了	163	81.5
	自我控制能力变差了	157	78.5
人际关系	与家人矛盾冲突增多,关系紧张	162	81.0
	有合法婚姻状态的少	58	29.0
	与周围朋友、同事关系疏远,交往的朋友多限于毒友	167	83.5
道德观念	对未来生活失去信心,得过且过	151	75.5
	对遵规守纪变得满不在乎,社会道德、职业道德意识淡化	125	62.5

3. 毒品成瘾者道德失范、人格扭曲的表现及原因分析

吸毒人员因长期吸食毒品，形成了身体与心理的依赖性，沦落为毒品成瘾者，在行为模式、思维方式和情绪表现方面，均显示出有悖于社会环境和伦理道德的非正常状态。通过调查戒毒人员与父母关系、夫妻关系、与朋友关系、对未来的打算以及对学习传统文化的看法等方面，显示出戒毒人员道德、人格缺陷主要表现在“五个缺乏”：一是亲情缺乏，家庭观念普遍淡薄。81％的人与父母关系紧张，只有29％的人存在合法婚姻状态，在成长过程中普遍缺乏家庭的关爱，叛逆情绪严重，“孝”观念缺乏。二是社会责任缺乏，价值观念以自我为中心，社会化失败。83.5％的人除了“毒友”基本没有别的朋友，行为标准以自我为核心，缺乏公民应有的责任感，表现为狂妄、自大、自负、自私自利、目中无人等。三是认知水平低下，注重物质享受。多数吸毒人员文化程度较低，导致他们的认知水平差，盲动性大，崇拜金钱万能，为筹“毒资”经常不择手段，极易陷入毒品深渊，不能自拔，形成恶性循环。四是精神信仰缺乏，心瘾难戒。毒品使其人格发生了深刻的变化，对毒品的心理依赖性使戒毒人员丧失了精神信仰，缺乏羞耻感，伦理道德扭曲，急需学习强化和重建价值观。五是抵制诱惑的意志力缺乏，规则意识差。76％的人曾因吸毒被公安机关多次拘留，68％的人曾被强制隔离戒毒或社区戒毒。他们大多法律意识淡薄，自身意志力薄弱，缺乏是非判断力，缺少理性自控意识，经不住诱惑，突出表现在复吸率居高不下。

（二）中华优秀传统文化对毒品成瘾者影响的价值途径分析

中华优秀传统文化是经过数千年来不断丰富发展起来的民族文化和民族精神，既蕴含着丰富的人生哲理，又反映出高尚的道德修养和人生价值，完整、固定、严密的道德体系和行为规范是中华优秀传统文化在每名中国人身上打下的深刻烙印。在当前大力弘扬传承优秀传统文化的背景下，戒毒工作如何传承和弘扬传统文化应该有一个新的定位和认识。

1. 戒毒工作引入中华优秀传统文化的现实意义

党的十八大报告提出建设社会主义文化强国的战略决策，习近平总书记要求我们要大力弘扬优秀传统文化，增强“文化自信”。作为文化强国组成部分之一的戒毒场所文化建设，只有充分吸收优秀传统文化，特

别是中华传统美德的营养，才能凝聚共识、汇聚力量，推动戒毒工作科学创新发展。对于毒品成瘾者而言，要想从根本上矫正恶习，不能仅靠法律的威慑和惩戒，必须借助于传统文化“润物细无声”的内在感化力量，发挥道德约束的自觉性与感召性，主动地趋善避恶、崇德尚法。戒毒人员只有置身于一种抑恶扬善、积极正向的所区文化氛围中，才能更好地修正不良恶习，重新确立道德价值观念。因此，在戒毒工作中引入中华优秀传统文化是顺应时代发展要求、推动戒毒场所文化建设的迫切需要，是建设平安和谐戒毒场所、构建戒毒人员道德价值体系的基本要求，更是提高戒毒教育矫治质量、降低复吸率的现实举措。

2.运用中华优秀传统文化戒毒的独特价值分析

要从根本上帮助戒毒人员戒除心瘾，“心”结还须“心”药医。要使戒毒教育发挥最大功效，传统文化戒毒无疑是最佳“良方”。与其他教育戒治手段相比，传统文化无论从教育目标和教育方法上，还是在教育形式与教育内容上，均自成中华民族特色的规范体系，更贴近戒毒人员的思想实际，让他们更易于认可和接受。

(1)传统文化形式多姿多彩易入眼

传统文化包括琴棋书画、诗词歌赋等多种表现形式，以各种喜闻乐见的形态存在。戒毒人员很多都没有受到系统的传统文化教育，未养成良好的学习习惯，而传统文化形式多样的表现形式，可以与他们自身的优势和兴趣爱好结合起来，激发他们的求知热情。如《三字经》《弟子规》等文字表现形式简单，韵律感极强，易于背诵，容易记住；戏曲、民乐、书法、国画等我国优秀传统文化艺术形式，上手简单，只要持之以恒，就会水滴石穿，同时让人在审美过程中获得愉悦，感受魅力，提升品位。

(2)传统文化内容雅俗共赏易入耳

传统文化的内容为历代传承下来的种种物质的、制度的和精神的文化实体和文化意识，集中表现为中华优秀传统文化核心价值理念、中华传统美德、中华人文精神。诸多传统国学经典富含人生哲理，短小精悍，老少皆宜；历代流传下来的家喻户晓的经典故事，如尧舜禅让代表仁、关羽千里走单骑代表义、孔融让梨代表礼、曾子杀彘代表信、曹冲称象代表智等。小故事蕴含大智慧，不论文化程度高低、生活阅历多少，戒毒人员都乐意听、听得懂、印象深刻，而且明白其中的道理。久而久之，戒毒人员在传统文化的熏陶下会改变过去错误认知，培养内在人格，重树理想信念，走向新生。

(3)传统文化基因传承久远易入心

传统文化基因已经深入每个中国人内心深处，只要通过坚持不懈地进行传统文化教育唤醒这个基因，就能促使戒毒人员完善人格，坚定戒毒信心，为他们今后的漫漫人生路打下坚实的文化底蕴和牢固的思想基础。传统文化是古人立言立行之作，真实感人，可以让戒毒人员产生代入感。通过传统文化的力量，使戒毒人员在面对人生各种境遇时有应对措施。如王阳明的心学，通过心上觉、事上磨、当下用，去私欲、明内心，产生强大的内心力量，让戒毒人员在面对毒品诱惑时能够不忘初心、坚定信念，真正实现知行合一。

3.优秀传统文化对毒品成瘾者的影响途径分析

利用传统文化加强对毒品成瘾者的影响与修复，可以通过以下四种途径来实现：一是环境文化的熏陶。环境是文化的物质承载，良好的人文环境对毒品成瘾者有潜移默化的感染教化和熏陶启迪功能。在场所建筑中融入优秀传统文化元素，通过修、改建场所硬件设施承载文化内容；在戒治环境中融入优秀传统文化，区分不同区域，营造古朴、典雅、安静的戒治环境，引导其养成积极向上向善的良好道德习惯。二是品牌文化的引领。品牌文化是一种价值内涵、一种道德品位、一种情感追求。戒毒场所的品牌文化能有效促进毒品成瘾者形成正向的文化理念和情感认同，发挥传统文化的价值引领作用。结合戒毒场所地域特色，将代表本地的传统文化引入戒毒场所，形成有基础、有内涵、易接受的文化价值导向，有效增强毒品成瘾者的团队意识、责任意识和文化归属感。三是课堂文化的重塑。课堂教学是戒毒场所开展传统文化教育的最主要手段之一。根据戒毒管理模式和戒治实际，将传统文化教育纳入常规课堂化教学，开设专家讲堂、警察公开课、戒毒人员"微课堂"，采取示范讲解、主题讨论、经典诵读、故事案例等互动式教学方法，增强课堂教学的趣味性。四是同伴文化的影响。同伴教育是戒毒矫治的重要手段，同伴文化可以起到营造氛围、达成共识、互增动力和信心的目的。通过组织所内戒毒人员现身说法、邀请解教后保持操守人员或社会其他成功戒毒人士来所帮戒，利用社会资源成立戒毒志愿者协会、同伴互助小组，增强戒治信心，坚定保持操守信念，发现和培养戒毒明星，以此带动全体戒毒人员共同成长。

（三）山东司法行政戒毒系统文疗工作实践

1. 主要做法

山东是孔孟之乡、礼义之邦，也是儒家文化的发祥地。山东戒毒场所很早就探索实践优秀传统文化戒毒，从 2015 年开始实施了“国学·齐鲁文化入心工程”，分别以“礼”“善”“智”“德”“和”“信”“孝”“仁”为主题，在戒毒所打造了 8 个文化戒毒品牌，通过优秀传统文化的灌输和熏陶，帮助戒毒人员提升道德，矫正行为，祛除心瘾，重塑灵魂，形成了“一所一品牌、一队一特色”的戒治格局，提升了教育矫治成效。

(1)统筹谋划，营造文化戒毒浓厚氛围

一是突出品牌意识。通过设计制作具有本所文化品牌元素的主题雕塑、主题灯箱和标牌、路牌、门牌，编写所（队）歌、所（队）训、戒毒誓词等，健全以彰显中华优秀传统文化和齐鲁文化色彩的视觉形象识别符号，使戒毒人员一进戒毒所就感受到传统文化的浓厚气氛。同时，深入打造“一大队一特色一理念一讲堂”的大队文化和“一寝室一亮点一雅称一载体”的班组文化，形成所、大队、班组三级文化品牌链。二是丰富文化载体。通过改造办公、教学、习艺、宿舍、餐厅以及礼堂、多媒体教室、多功能厅等硬件设施，打造主题文化广场、励志走廊、图书室、阅览室等文化场所，将美化、绿化、文化三者有机融合，使戒毒人员时刻接受传统文化的熏陶，达到“随风潜入夜，润物细无声”的效果。三是提升人生品位。通过组建书法、绘画、装裱、茶艺、陶艺、烙画、围棋、刺绣、剪纸、舞蹈、古琴、太极拳等兴趣小组和文艺团队，设立专门才艺展室和书法、绘画教育基地，以文化涵养品行，使戒毒人员在潜移默化中改变生活品位，重塑人生追求。

(2)突出特色，打造文化戒毒亮丽名片

一是高标准兴办孔子学堂。与中国孔子基金会合作，在 8 个戒毒所全部设立“孔子学堂”，这在全国尚属首家；围绕“写好字、读好书、做好人”的学堂宗旨，开展标准化、特色化学堂建设活动，开展具有浓郁传统文化色彩的学堂教育活动，通过组织国学经典诵读比赛，开设国学大讲堂，举办国学特色培训班，使传统文化在戒毒场所得到发扬光大。济宁市戒毒所"孔子学堂特别家书"活动在第二届山东省青年志愿者服务项目大赛中荣获铜奖，山东省戒毒局被评为"全国孔子学堂推广先进集体"。二是高水平举办国学巡讲活动。成立全省戒毒系统国学经典讲师团，在8个所成功举办中华优秀传统文化巡讲活动，以讲座和现场课的形式，为近4000余名警察、戒毒人员进行了18场文化巡讲、8节国学公开课授课，使戒毒人员在互动和分享中学会了为人处事之道，凝聚了戒毒正能量，使传统文化在戒毒场所得到发扬光大。巡讲活动先后被人民网、新浪网、大众网、中国山东网、中国孔子网、山东法治网·齐鲁普法网等多家网站和山东省人民政府"山东发布""今日山东"官方微博以及中国孔子基金会等微信公众号报道。三是高质量开展文化戒毒研究。山东省戒毒局组织编写《国学·齐鲁文化入心工程国学读本》系列丛书和《学习手册》，形成八本八册的国学教材体系，累计200余万字，为全省戒毒人员提供了完整的国学教材和宝贵的精神食粮，得到了司法部领导的充分肯定。各戒毒所小报全部提档升级为独具本所特色的戒毒文化季刊，提高了戒毒场所的文化软实力。成立文化戒毒课题组，加大"文疗"课题研究：山东省局调研课题被司法部犯罪研究所列为二级课题、被司法部戒毒局列为一般课题；山东省女子戒毒所调研课题被部局教育处列为教育矫治优势项目；山东省鲁中所文化戒毒所代表在全国第四届弘扬传统文化经验交流大会上作了"力行传统文化，创新戒毒理念"的发言。

(3)把握节点，探索文化戒毒模式

一是抓住时间节点，深化文化戒治活动。利用"七一""十一"、中秋、春节等节日，因势利导开展文化教育、文化娱乐、主题帮教等活动，使戒毒人员在参与中启迪思想、涵养身心。二是利用文化节搭建文化戒治平台。坚持在每年第三季度举办戒毒人员文化节活动，将中华优秀传统文化与戒毒人员戒治实际有机结合，开展国学公开课、国学情景剧和国学征文比赛等系列国学经典学习教育和戒治实践活动，将国学经典融入日常戒治生活，实现优秀传统文化在戒毒场所的创造性转化与创新性发展。三是围绕"三期"拓展文化戒治内涵。围绕戒毒人员生理脱毒、身心康复、回归适应"三期"不同的生理、心理特点，充实文化戒治内涵，将传统国学文化、饮食文化、养生文化、中医文化等融入其中，成为特色鲜明、各有侧重的文化形态。

2. 工作成效

为更直观地反映近几年齐鲁文化戒毒成效，我们从山东省鲁中戒毒所、山东省济东戒毒所、山东省女子戒毒所随机选取300名（其中男200名，女100名）入所一年以上戒毒人员为调查对象，通过电话、微信、实地走访等方式联系强制隔离戒毒期满解除操守保持较好的典型人员，综合分析实施“国学·齐鲁文化入心工程”对戒毒人员身心的影响与修复。

(1)戒毒场所教育戒治水平显著提升

通过警察在国学教育中的“先学先做”，使整个警察队伍的学习氛围、精神面貌发生了深刻变化，警察教育戒治理念由过去千篇一律的课堂化灌输式教育，向形式多样的综合性人性化矫治转变，专业化的教育戒治能力不断加强。调查中，戒毒人员90%以上能够背诵国学经典名篇等，95%以上能够主动参加各种文化娱乐活动，90%以上养成健康向上的兴趣爱好，场所文化氛围越来越浓厚。

(2)戒毒场所戒治秩序更加和谐

传统文化的润物无声、潜移默化，不仅搭建起了警察与戒毒人员之间沟通的桥梁，使场所管理戒治关系更加融洽，而且规范了戒毒人员的言行举止和日常操守。调查中，95%以上戒毒人员认为接受传统文化教育对个人成长有比较重要的作用，98%的戒毒人员认为应与人为善、真诚相待、处理好自己的人际关系，95%的戒毒人员认为自我控制能力得到了改善，在戒治生活中出现了“三多三少”转变：反躬自省的多了，怨天尤人的少了；文明礼貌的多了，污言秽语的少了；看书学习的多了，无事生非的少了。场所秩序呈现出和谐文明、积极向上的新气象。

(3)戒毒人员戒治效果进一步增强

经过传统文化的教育和熏陶，戒毒人员的思想境界和人生品位有了明显改变。调查结果显示，98%的戒毒人员对仁、孝、忠等传统道德观念有了新的认识，并以讲述戒毒故事的形式，反思沉痛的过去，立志戒断毒瘾；92%的戒毒人员以传递家书的形式感恩父母和家人，表达坚决祛除毒瘾的信心和决心；81%的戒毒人员主动把省下来的劳动报酬汇给家人，进一步修复融洽了家庭关系；一些解除强戒离所后的戒毒人员保持了较高的操守率，凭着在戒毒所学到的本领成家立业，开启了崭新人生。山东省鲁中戒毒所的一名戒毒人员和山东省女子戒毒所的一名戒毒人员由于在所内接受了中华优秀传统文化的熏陶，有了相同的价值观和共同语言，出所后不仅结为夫妻，而且双双成为戒毒志愿者，主动回所为戒毒人员进行现身说法，协助社会开展戒毒宣传活动，传递戒毒正能量，受到社会各界的广泛赞誉。

四、体疗戒毒

戒毒人员因长期吸食毒品，严重损害了身体系统和器官，破坏了人体的正常生理机能。从戒毒人员“病人”的属性出发，开展科学的体能康复训练，帮助其养成良好的生活习惯，培养意志力，增强和恢复身体机能，对促进毒品戒断具有不可或缺的作用。近年来，山东司法行政戒毒系统把开展戒毒人员体能康复训练，作为戒毒工作的重要课题，从理论上去研究，从实践中探索，形成了初具山东特色的体能康复训练模式，形成了“六疗”戒毒之一的体疗。

（一）戒毒体能康复训练的内涵

在通常意义上，体疗是借助身体康复训练来调整患者身心、恢复健康的一种方法，以改善躯体、心理健康，促进情绪改善等为主要目标。我们这里针对戒毒人员的体疗，是体能康复训练开展的运动疗法，是戒毒人员重要的戒毒康复手段。目的是通过运动干预增强身体素质，有效缓解戒毒人员焦虑、抑郁等负面情绪，进而提高其心理健康水平，为毒品戒治奠定良好的身体、心理基础。

戒毒人员长期吸食毒品，导致身体素质水平严重下降，肌肉萎缩，机体各项功能紊乱，直观地反映在肌肉力量、心肺功能、机体协调性、柔韧性等素质的下降，严重的甚至出现器官衰竭、精神性疾病。因此，戒毒体疗的作用是帮助戒毒人员恢复身体机能。许多研究者做了相关的大量研究证明，康复训练可以改善心理健康状况，增加血液流动，防治高血压，提高血管舒缩功能，改善疼痛症状，促进肌肉力量的提高，增强关节稳固性，提高平衡能力。康复训练还可以消除负面情绪，调节心理失衡，促进心理素质的发展，提高心理适应能力。研究学者发现，运动是提高和维持良好心态的手段，长期运动可以预防压抑症状，降低焦虑状态，减少沮丧症状及提高自尊等，尤其是有氧运动非常有助于情绪的改善。体疗作为戒毒工作的重要一环，对戒毒人员戒除毒瘾、机体恢复的重要性不言而喻。

(二)山东司法行政戒毒系统体疗工作实践

山东省戒毒管理局加强戒毒人员体能康复训练工作规律性研究,先后制定《强制隔离戒毒人员体能康复训练大纲》《戒毒场所体能康复训练计划》《戒毒人员体能测试标准》《全省戒毒场所体能康复设施配备标准》,成立康复操创作专家组,根据戒毒人员生理脱毒期、康复期、回归期的身体状况,组织创编了三套极具山东特色的康复操,分批举办了五期康复操推广培训班和全省戒毒系统体能康复训练师(国家健身教练)培训班,培养了一批具有国家认证资质的戒毒警察康复训练师(体疗师)。

山东省各戒毒所投入数百万元,改、扩建或新建室外运动场地和室内康复训练馆,购置康复训练设备及多种测试仪器。同时,制定训练计划和施训方案,明确各期体能康复训练的项目、内容和要求,选派康复训练师,创新康复训练方式,积极开展康复基础知识教育、日常康复操训练、体能素质训练、器械训练、特色训练、拓展训练,努力促进戒毒人员形成自觉锻炼、自主康复的良好习惯,实现了康复操训练全覆盖。在组织集体康复训练的同时,尊重戒毒人员兴趣爱好,根据戒毒人员身体特质和病、残等特殊人群,分类施教。建立体能康复档案,全程展现戒毒人员体能素质变化。根据测试结果及时调整运动处方,保证训练科目和训练效果相统一,将测试成绩、康复训练表现与戒毒人员诊断评估相挂钩,调动戒毒人员的参训积极性。各所在体疗中做出了有益的探索和实践。下面以山东省济东所为例,系统总结体疗的经验做法。

1. 加强教育引导,提高康复信心

一是教育动员。对戒毒人员开展教育动员活动,重点引导戒毒人员正确认识体疗的目的和意义,使其积极参加康复训练课程。二是理论教育。由所专职体疗师对生理脱毒期的戒毒人员每周至少要开展一次康复训练理论教育课程,使其掌握基本的运动原理及技巧。三是实践教育。对康复巩固期的戒毒人员每月至少开展两次康复训练理论及实践教育课程,包含运动训练学、运动生理学、运动心理学、运动医学等方面的理论知识,让其进一步了解运动原理、身体构造、关节特性、如何避免及治疗运动损伤等知识。四是增设专栏。在戒毒人员康复训练中心开设康复训练宣传专栏,定期或不定期张贴康复训练相关指导内容。五是树立典型。在所区大院宣传栏不定期张贴戒毒人员康复训练照片,多树立积极、正面的典型,以此鼓励戒毒人员康复训练的积极性。六是激发热情。教育日或休息日不定期组织戒毒人员收看体育类节目或视频，激发戒毒人员训练热情。

2.培育专业人才，提升软实力

为使戒毒康复工作走得更长远、更科学、更系统，戒毒所医疗康复部门加大人才培养，做到“人马未动，粮草先行”，主动加强体疗人才培养，构建人才储备体系，提升体疗工作软实力。一是所内获取国家职业健身教练、社会体育指导员的警察，分别担任戒毒所强戒大队的康复训练指导师。二是科学制定体疗戒毒工作实施方案与训练计划，组织和督促康复训练的科学开展，建立康复训练工作实时台账与资料库，设专人管理。三是完善戒毒康复工作体疗数据库，为未来体疗工作的发展和进一步提高，完善体疗效能，打下坚实基础。

3.开展处方式训练，完善康复体系

(1)建立评价机制

建立体质测试评价机制，以戒毒所康复训练指导站为主导，按照省局推行的《强制隔离戒毒人员体能康复评估手册》标准，建立戒毒人员体质测试评价机制。

(2)掌握系统数据

对在所戒毒人员进行系统全面的体质测试，通过体质测试，将戒毒人员体质状况全面量化，精确掌握戒毒人员体质状况；建立戒毒人员康复训练档案，实时跟踪记录体质发展状况，明确体疗工作发展方向。

(3)开展三期测试

对每一名戒毒人员的测试分为三期：一期为戒毒人员入所一个月以内，二期为戒毒人员入所一年后，三期为戒毒人员解除出所前。而后针对不同情况人群分别制定科学的康复训练计划，按计划规范组织训练，将体疗工作落到实处。

(4)科学制定处方

济东戒毒所开创性地将体疗过程分为三个部分，在全面掌握戒毒人员健康状况的基础上，分别按照戒毒人员的身体状况划分为不同的康复群体，针对不同群体的康复人员进行不同强度的系统锻炼。

通过戒毒人员入所体检、调查问卷等方式，掌握戒毒人员身体健康状况，是否存在临床病症或家族病史等。入所程序主要包括以下三个步骤：

一是对戒毒人员全面开展制定运动处方前的健身测试。

二是对戒毒人员的各项身体指标进行测试与评价。这主要包括三个方面:其一,静态指标测试与评价。戒毒人员安静状态下的心功能指标,如心率、血压和ECG(心电图)等。其二,心肺适能测试与评价。一个理想的运动处方应当建立在对个体运动负荷试验反应的客观评价基础之上。试验包括运动中的心率、血压、RPE(对运动的主观感觉)、ECG(心电图)和在递增运动负荷试验中直接或间接测量的VO_{2max}(最大摄氧量)等。其三,身体形态和成分测试与评价。对于体重指数(BMI)大于24的戒毒人员,应以身体形态(腰、臀等部位的围度)和身体成分评价,以便判断超重和肥胖程度以及与相关疾病的关系。其四,肌肉和柔韧适能的测试与评价。为了有针对性地制定运动处方,应对戒毒人员进行肌肉和柔韧适能的测试与评价。

三是运动处方的制定。依据前期掌握的戒毒人员身体健康状况以及健身测试结果,按照不同群体的戒毒人员分类处方,一般为心肺耐力处方、肌肉骨骼的病损与康复(如肌肉无力、柔韧性差、颈椎病、肩周炎、骨质疏松等)处方、常见慢性病(如高血压、糖尿病等)处方。下面仅列举一般人群(非患临床疾病及慢性病、无残疾等戒毒人员)的具体做法。

①运动方式:采取以有氧运动为主,器械训练、徒手无氧运动和球类训练为辅的方式。

②运动强度和时间:采用HRR(心率储备)法来设定运动强度,运动过程中通过设定靶心率作为运动强度区间。对于健康的戒毒人员,通常采用40%或50%~85%的储备心率作为靶心率;对于心肺功能较弱的戒毒人员,通常采用40%~50%的储备心率作为靶心率;对于特殊情况的戒毒人员,通常采用30%及以下的储备心率作为靶心率。运动后结合RPE(自觉疲劳分级表)适度调整强度,实行动态化处方强度。有氧运动训练中,保证心率在靶心率范围的基础上进行20~30分钟的运动;无氧器械、徒手操和球类运动依照戒毒人员体能康复需要与身体状况分别制定时间。

③运动频率:一般情况下,运动频率按照所内制定的体疗课程来执行,如有特殊情况,则视情况适当调整。

4. 三期体疗实施方案

(1)生理脱毒期康复训练

在每天日常性康复训练(晨操、康复操、工间操等)的基础上,每周保证至少一课时康复训练。采取以低强度有氧训练为主、力量及拓展训练为辅的恢复性训练方式，帮助戒毒人员掌握基础训练技巧，初步恢复体能，平稳度过生理脱毒期，为康复巩固期的康复训练打牢基础。适用器械或运动项目有慢跑、健步走、踏步机、椭圆机、足球或篮球绕桩、康复操、工间操、太极拳等。

(2)康复巩固期康复训练

在每天日常性康复训练(晨操、康复操、工间操等)的基础上，每周保证至少两课时康复训练。采取以强度适中的有氧训练与无氧器械或徒手训练相结合的训练方式。前期以有氧运动为主，通过修复、提升心肺功能带动神经、免疫系统恢复，提高体能储备与机体基本素质；后期结合器械训练、徒手训练、静力性训练，如平板支撑、侧撑等，加强核心力量、肌肉绝对力量与肌耐力，在每节康复训练课中后段加入柔韧性训练，拉伸韧带的同时放松肌肉疲劳。根据戒毒人员一期体质测试情况，偏重弱项制定处方式康复训练计划，实时监测戒毒人员身体机能指标变化并记录，根据身体状况及时调整训练处方或训练计划。各部分适用的器械或运动方式分别如下：

心肺功能：跑步机、椭圆机、卧式椭圆机、踏步机、立式登山器、动感单车、卧式健身车等。

肌肉及核心力量：综合力量器械、拉力绳、划船器、平板支撑、两头起、侧撑、仰卧起坐、俯卧撑等。

耐力：跑步机(变速跑、爬坡跑)、25米折返跑、动感单车、跳绳、立式登山器、卧式健身车等。

灵敏度：左右横跨、反口令动作、折返跑、中华毽等。

协调性：太极拳、中华毽、篮球或足球绕桩、侧身跑等。

(3)回归适应期康复训练

在每天日常性康复训练(晨操、康复操、工间操等)的基础上，每周保证至少两课时康复训练。经过一年左右的系统训练，此阶段的戒毒人员身体机能基本已恢复到正常人水平，根据戒毒人员二期体质测试成绩，以康复巩固期训练计划为基础，针对弱项适度调整计划，并增加训练强度，为其健康顺利地回归社会打下坚实的基础。适用器械或运动项目参考康复巩固期，增加球类项目的训练和比赛，定期开展社会性的拓展训练。

（三）戒毒人员体能康复训练数据对比分析

为进一步掌握戒毒人员体能康复训练成效，指导下一步的康复训练工作。鲁中戒毒所医疗康复科采取体质测试仪器，对戒毒人员进行体能康复训练前和系统一年康复训练后进行测试，并进行对比分析。入所后康复训练前测试数据如表 5-10 所示。

表 5-10　　入所康复训练前体质测试表(一期)

项目	肺活量	台阶指数	坐位体前屈	握力	纵跳	闭眼单脚站立	俯卧撑	选择反应时间
受试人数	222	211	221	220	193	220	190	218
合格及以上人数	170	170	138	120	129	171	112	107
20～39 岁平均成绩	4039 mL	59.31 次	10.38 cm	45.47 kg	34 cm	33.80 s	22.18 个	0.55 s
40～59 岁平均成绩	3961 mL	59.71 次	12.07 cm	42.26 kg	未测	24.93 s	未测	0.62 s
平均成绩	3961 mL	59.4 次	10.6 cm	45.1 kg	34 cm	32.7 s	22 个	0.56 s
合格率	76.58%	80.57%	62.44%	54.55%	66.84%	77.73%	58.95%	48.08%

分析表 5-10 的测试数据，戒毒人员入所初期各项素质明显低于同年龄段国民体质正常水平，合格率极低，具体表现在心肺功能、肌肉力量、耐力、灵敏度、柔韧性等方面。

在系统训练期间，合理规划，科学训练。严格执行山东省戒毒管理局“12·26”一日戒治规定，保证戒毒人员每天至少一小时康复训练。此外，戒毒人员每周至少参加一次系统的康复训练课，在此基础上根据戒毒人员身体康复需要，抽取部分休息时间开展对应到个人的康复训练。

一年后，鲁中戒毒所医疗康复科组织开展戒毒人员二期体质测试，数据如表 5-11 所示。

表 5-11　　　康复训练一年后体质测试表(二期)

项目	肺活量	台阶指数	坐位体前屈	握力	纵跳	闭眼单脚站立	俯卧撑	选择反应时间
受试人数	222	214	222	222	185	222	189	222
合格及以上人数	191	182	157	156	139	196	166	135
20～39 岁平均成绩	4615 mL	62.51 次	12.7 cm	52.32 kg	36.71 cm	42.09 s	36 个	0.48 s
40～59 岁平均成绩	3698 mL	61.01 次	10.46 cm	48.2 kg	未测	37.37 s	未测	0.52 s
平均成绩	4478 mL	62.04 次	11.37 cm	51.71 kg	36.71 cm	41.41 s	36 个	0.49 s
合格率	86.04%	85.05%	70.72%	70.27%	75.13%	88.29%	87.83%	60.81%

通过为期一年的系统康复训练,参加体测的 200 余名戒毒人员中大部分人的各项素质都已达到正常水平。

将体质测试数据进行对比,得到如图 5-1、图 5-2 所示结果:

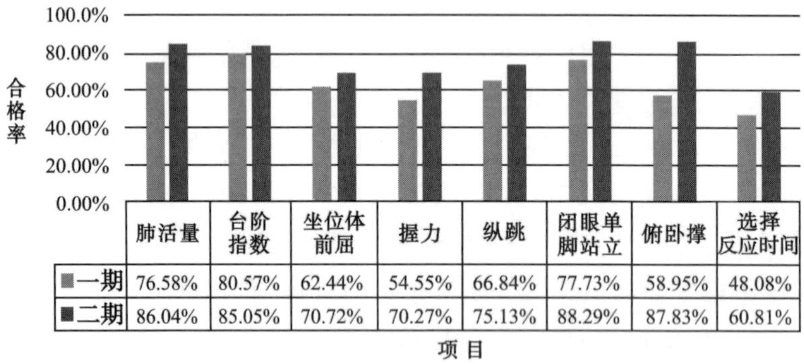

图 5-1　两期体质测试合格率对比

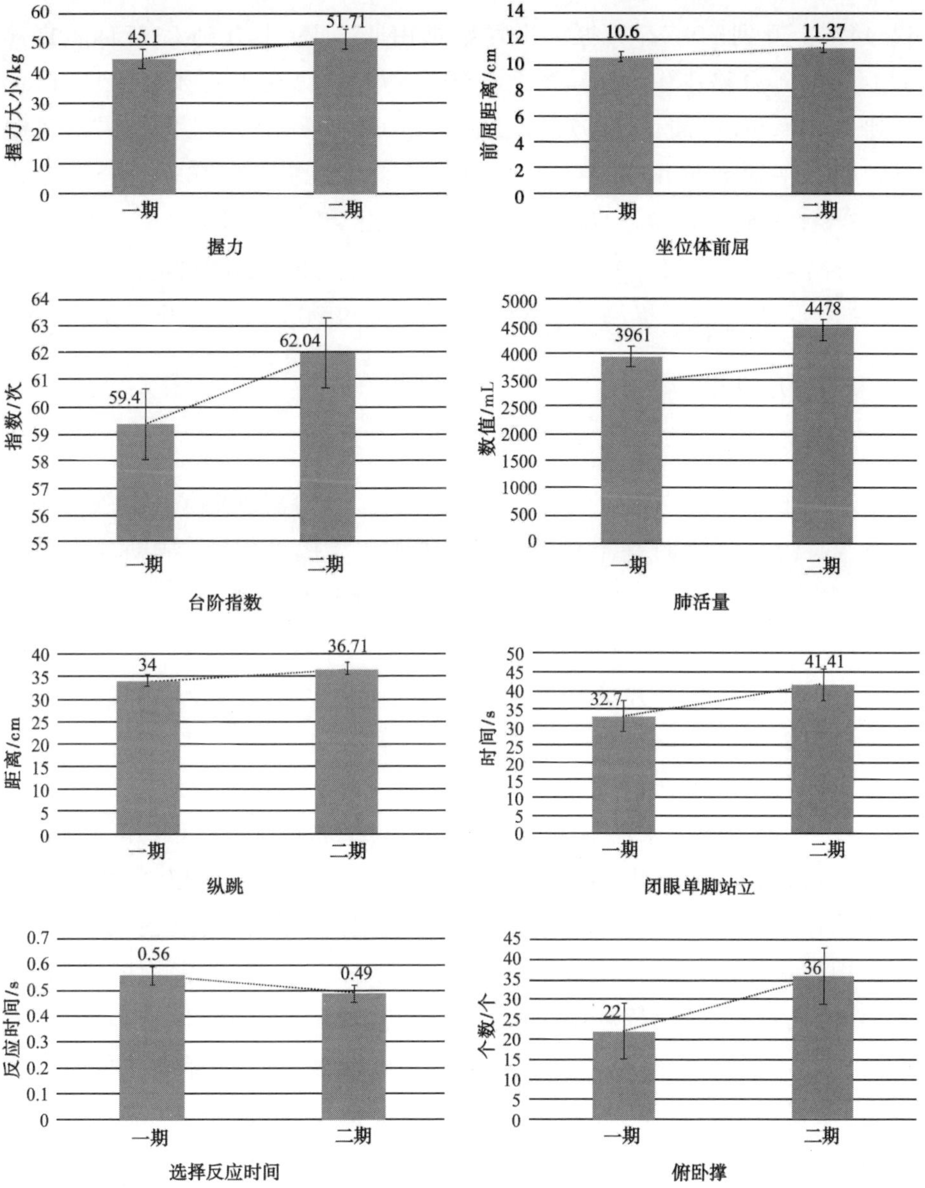

图 5-2　两期各项目平均数据对比

如上两图所示，肺活量平均数据由 3961mL 上升到 4478mL，提高 13.05%，合格率由 76.58%上升到 86.04%；台阶指数平均数据由 59.4 次上升到 62.04 次，提高了 4.44%，合格率由 80.57%上升到 85.05%；

坐位体前屈平均数据由10.6cm上升到11.37cm，提高7.26%，合格率由62.44%上升到70.72%；握力平均数据由45.1kg上升到51.71kg，提高了14.66%，合格率由54.55%上升到70.72%；纵跳平均数据由34cm上升到36.71cm，提高了7.97%，合格率由66.84%上升到75.13%；闭眼单脚站立平均数据由32.7s上升到41.41s，提高了26.63%，合格率由77.73%上升到88.29%；俯卧撑平均数据由22个上升到36个，提高了63.63%，合格率由58.95%上升到87.83%；选择反应时间平均数据由0.59s降低到0.49s，提高了20.41%，合格率由48.08%上升到60.81%。

五、食疗戒毒

毒品不仅对吸毒人员的心脑血管系统、呼吸系统、神经系统、运动系统等造成了器质性损害，而且造成了其精神上的高度依赖。山东司法行政戒毒系统从食疗的基本理论入手，加强食疗戒毒实践，帮助戒毒人员恢复或增强身体机能，对减轻戒毒人员戒断反应和缓解稽延性戒断症状，有效提升矫治质量具有基础性作用。

（一）中医食疗及食疗戒毒基本理论

1.中医食疗基本理论

中医食疗是中医药宝库中的重要组成部分，其主要研究食物的性能、实用价值、方义、饮食卫生、加工配制方法与加工工艺等，并与现代营养学、植物化学、生物化学等相关学科以及烹饪加工技术相结合，研究具有治疗作用的食物的应用规律，以帮助人们保健强身、防病治病、延年抗衰。中医食疗注重整体观念、辨证论治、辨食论治，根据食物的性味、营养、功效及宜忌等，发挥其便于食用的优势，或配合药物，以食借药力、药助食威，防治某些疾病或改善亚健康状态。食物的选择标准主要有三方面：一是根据寒、热、温、凉四种偏性选择食物；二是根据酸（涩）、苦、甘、辛、咸、淡六大类选择食物，但习惯上仍沿称“五味”；三是根据脏腑功能偏颇选择相应的食物调节脏腑功能。

2.体质学说食疗理论

体质是指人体在生命过程中、在先天禀赋和后天获得的基础上所形成的形态结构、生理功能和心理状态方面综合的、稳定的固有特质。它主要表现为结构、功能、代谢以及对外界刺激反应等方面的个体差异性，对某些病因和疾病的易感性，还有疾病的传变与转归中的某种倾向性。目前广泛认可的体质有九种，每类体质特点都有相对应的食疗方式。

3. 食疗戒毒的理论依据

戒毒人员无论是吸食传统毒品还是新型毒品，或者具有多种消化道症状表现，存在营养不良和营养不良风险；或者具有中枢神经的损伤。一项针对海洛因依赖者进行问卷调查和营养评价的研究显示：海洛因依赖者消化道症状中，便秘、呕吐、腹泻高频出现；其营养状况评价中，营养不良者占比 66.7%，存在营养不良风险者占比 31.7%。据研究，通过合理的食疗可以缓解这些症状，并且能够促进身体康复，降低生理康复期时的患病率和发病率。实践工作中，对于吸食海洛因而导致的肠燥便秘者应用芝麻双仁粥（黑芝麻、核桃仁、松子仁、蜂蜜、粳米），滋阴润燥通便效果明显；对于心悸气短、神疲乏力的，应用参芪山药粥（党参、黄芪、山药、红枣、粳米），益气健脾效果明显。对于吸食苯丙胺类毒品导致的烦躁易怒者，应用苡枣粳米粥（薏仁、大枣、枣仁、粳米），益气安神效果明显；对于失眠健忘者，应用莲枣粳米粥（莲子肉、炒枣仁、麦冬、粳米），安神除烦效果明显。

综上所述，运用中医食疗理论、体质学说食疗理论，制定适应戒毒人员生理特征的食谱，调整戒毒人员的膳食结构，对症进行辨证食疗，可明显增强其身体素质，降低疾病发病率，具有理想的戒毒效果。

（二）戒毒人员体质抽样测试分析

为进一步了解戒毒人员身体状况，为食疗戒毒提供第一手资料，山东司法行政戒毒系统利用中医体质辨识仪，随机抽样对山东省戒毒监测治疗所、山东省济东强制隔离戒毒所、山东省鲁中强制隔离戒毒所的 612 名戒毒人员的体质情况进行了测试。研究对象为强制戒毒人群康复期人员，均为男性，纳入标准如下：

（1）符合 ICD-10 阿片类药物依赖诊断标准和苯丙胺类药物依赖诊断标准的脱毒患者。

（2）无精神疾病病史。

（3）本人同意参加本次调查。

（4）对调查中的各种评估量表能够理解并正确回答，能够配合完成问卷调查者。

研究对象排除标准：排除肝、肾、心功能不全者及精神病患者中不能配合者。

本次测试由经过培训的专业人员操作中医体质辨识仪，按照预设问卷对研究对象逐项询问填写。问卷完成后，经预设程序分析得出体质类型结果。本次测试共纳入 612 人，其中无效问卷 7 份，有效问卷 605 份。问卷分析结果如表 5-12 所示。

表 5-12　　强戒人员康复期体质分布情况

体质类型	平和质	气虚质	阳虚质	阴虚质	痰湿质	湿热质	淤血质	气郁质	特禀质
例数	374	53	26	69	22	26	10	55	5
所占比例(%)	61.8	8.8	4.3	11.4	3.6	4.3	1.7	9.1	0.8

注：双重体质 35 人。

结果显示，研究对象中体质类型人数最多的是平和质，占比达到 61.8%，这可能与调查人群多为青壮年有关。除平和质外，偏颇体质中阴虚质(11.4%)、气郁质(9.1%)、气虚质(8.8%)比例最高。

曾有研究结果表明，气郁体质者由于其本身自主神经功能的不稳定，从而导致了心情郁闷、情感脆弱、精神紧张、焦虑不安，或易激怒，或敏感多疑的一系列情绪不稳定症状，而毒品成瘾可导致大脑内多巴胺系统异常，多巴胺的分泌异常可影响情绪变化。这些症状与气郁质的定义相符合。本研究调查对象处于戒毒康复期阶段，其以心理康复为主，易出现焦虑、易怒等情绪，可认为强戒人员在康复期的心理变化与气郁体质相关联。从中医学的角度则考虑戒毒者在脱离毒品后，其原本受损的脏腑功能紊乱，气机不畅，气滞症状表现明显。

长期吸毒耗竭人体正气，轻则见精神萎靡、周身疲惫、倦怠乏力、嗜卧懒言、咳嗽气喘、语音低怯等症，重则见大汗淋漓、泄泻不止，或冷汗不止、四肢厥逆、发为气虚证。中医古籍中记载的“瘾发证”①，也与此相符。长期吸食毒品可导致大脑内多巴胺等神经递质分泌异常。中医认为，长期吸食毒品，耗损人体的精微物质，阴阳失衡，故而产生阴虚、阳虚体质。

① 又名“瘾脱证”，即今之“戒断综合征”。

(三)食疗戒毒工作实践

近年来,结合山东司法行政戒毒实际,针对戒毒人员的特点,对戒毒积极探索实践,综合运用“谨和五味,综合调摄,调顺四时,饮食有节,辨证施膳,全面膳食”的食疗原则,坚持“食药同源,寓戒于膳”的理念,制定系统的食疗戒毒方案和工作流程,初步构建了“三期食疗、三分辨疗、四季食养、五味调摄”(简称“三三四五”)的具有山东特色的食疗戒毒模式。

1.“三三四五”食疗戒毒模式

(1)三期食疗

脱毒期:以培补元气,益胃健脾为主,以羹、粥、汤菜为主要烹饪方式,选择清淡、松软、温热、易消化、护脾胃的食物,起到振食欲、补营养、助消化的作用,帮助戒毒人员恢复身体机能。

康复期:以益膳疗补,调理脏腑为主,提高饭菜的营养价值,注重钙、磷、镁等矿物质和蛋白质、维生素的摄取。适应的食疗方案主要是:这一时期戒毒人员的食欲及健康状况基本恢复正常,可以按照戒毒人员伙食实物量标准安排伙食,做到吃熟、吃热、吃饱,提高运动强度,锻炼心肺功能。

巩固期:在回归社会前期,以培养戒毒人员食疗养生观为主,培育戒毒人员“勤俭、感恩”的食德观和“营养、绿色”的健康观,提高对饮食健康的认识,帮助戒毒人员养成良好的饮食习惯和生活习惯。

(2)三分辨疗

区分戒毒人员的年龄、性别和吸食毒品种类等三种因素对戒毒人员体质的影响,根据《中医体质分类与判定》标准辨别判定戒毒人员的体质特征,因人而异,因人施治。实践中,山东省戒毒人员的体质平和、气虚、阴虚、阳虚、血瘀、痰湿、湿热、气郁、特禀九个类型均有,针对不同体质类型,采取益气、补阴、温阳、祛湿的中医方法辨证食疗。

具体食物配比为:平和体质的调养为进食饱饥有度,多吃五谷杂粮、蔬菜瓜果,少食过于油腻及辛辣之物。气虚体质调养为多吃益气健脾的食物,如黄豆、白扁豆、香菇、大枣、桂圆、蜂蜜等。湿热体质的调养为饮食清淡,多吃甘寒、甘平的食物,如绿豆、空心菜、苋菜、芹菜、黄瓜、冬瓜、藕、西瓜等,少食辛温助热的食物;戒除烟酒,不要熬夜、过于劳累。阴虚体质的调养为多吃甘凉滋润的食物,比如绿豆、冬瓜、芝麻、百合等,少食性温燥烈的食物，中午保持一定的午休时间，避免熬夜。瘀血体质的调养为多食黑豆、海带、紫菜、萝卜、胡萝卜、山楂、醋、绿茶等具有活血、散结、行气、疏肝解郁作用的食物，少食肥猪肉等；保持足够的睡眠。气郁体质的调养为多吃小麦、葱、蒜、海带、海藻、萝卜、金橘、山楂等具有行气、解郁、消食、醒神的食物；睡前避免饮茶、咖啡等提神醒脑的饮料。阳虚体质的调养为多吃甘温益气的食物，比如葱、姜、蒜、花椒、韭菜、辣椒、胡椒等，少食生冷寒凉的食物，如黄瓜、藕、梨、西瓜等。痰湿体质的调养为饮食清淡，多食葱、蒜、海藻、海带、冬瓜、萝卜、金橘、芥末等食物，少食肥肉及甜、黏、油腻食物；可服用化痰祛湿方。特禀体质的调养为饮食清淡、均衡，粗细搭配适当，荤素配伍合理；少食荞麦、蚕豆、白扁豆、牛肉、鱼虾、鹅肉、茄子、酒、辣椒、浓茶、咖啡等辛辣之品、腥膻发物及含致敏物质的食物。

（3）四季食养

根据四季特点，春季天气转暖，阳气上升，肝气当令，而脾胃虚弱，新陈代谢不平衡、不稳定；饮食以养肝健脾，通利肠胃为原则，宜少酸多甘，忌生冷、油腻。夏季气候炎热，阳气外发，伏阴在内，气血运行旺盛，新陈代谢较快，而脾胃功能减弱，食欲较低，汗液流失多，体能消耗大；饮食以清热祛暑、益气生津为原则，宜食清淡、质软、酸甘类食物，忌肥甘、厚味及燥热之品。秋季天高气爽，气候干燥，天气由热转凉，阳消阴长，人津亏体燥，易致津伤肺燥；饮食以生津润燥、滋阴润肺为原则，宜少辛多酸，忌辛辣食物。冬季气候严寒，阳气密藏，阴寒盛极，消耗能量增多；饮食以温补助阳，补肾益精为原则，宜适苦少咸，多吃黑色食物，忌食咸味偏重食物。

（4）五味调摄

遵循中医辨证施治、综合食疗原则：酸味开胃生津，过多则伤肝损脾；苦味清热泻火，过多则脾胃虚弱；甘味补养气血，过多则损伤心肾；辛味发汗活血，过多则伤精耗气；咸味补益强肾，过多则伤及骨骼、肌肉。注重食物配伍调节，注意食品的相生相克，合理搭配膳食营养，形成相对固定、适合戒毒人员的四季健康食谱。

2. 食疗戒毒成效

经过探索实践，根据戒毒人员体质情况，完成如下工作：

一是完善了系列食疗方案。目前，山东省初步完善了戒毒人员《脱毒期食疗参考方案》《“七虚”体质食疗参考方案》《四季食养参考方案》《五味调摄参考方案》等食疗方案。

二是形成了较为成熟的分期食疗机制。生理脱毒期食疗，以羹、粥、汤菜为形式，选择清淡、松软、温热、易消化、护脾胃的食物，以煮、炖、烩为手段，文火慢慢将食物加工至易消化状态。制作绿豆粥、甜沫、各种蔬菜鸡蛋汤等养生康复粥供戒毒人员食用，达到了振食欲、补营养、助消化的食疗作用，恢复戒毒人员的身体机能。康复期食疗，以益膳疗补、调理脏腑为目的，以扶正固本、滋养五脏为原则，注重调节戒毒人员内在脏腑功能，并运用“五味五色”“五入五禁”等方法，丰富饭菜种类和花样，提高蛋白质、钙、磷、镁等矿物质和维生素的摄取。实行每名戒毒人员早餐一个鸡蛋、一碗养生粥和馒头，配以榨菜、海带丝、花生米、拌三丝等特色咸菜；午、晚餐大灶则根据季节和个人需求等烹制特色营养餐，如香菇炖鸡、土豆丝炒肉、豆腐炖肉等，提高食欲，补充身体营养；每周分别以大骨汤、鸡汤、肉汤等为高汤，烹制大灶菜，提高饭菜质量，补充更多营养。巩固期食疗，培养全面饮食健康和食疗养生观念，形成良好的饮食习惯，即在吃好吃饱的前提下，提高对饮食健康的认识。

三是各所食疗各具特色。各所根据戒毒工作的实际情况，积极探索食疗食养的特色方法。山东省戒毒监测治疗所设立中医食疗室，实施了每周五粥，每周一膳的药粥组方。联合山东中医药大学开展中医中药戒毒研究，推广中药熏蒸、中药食疗粥、中药代茶饮等方法，在食疗方面取得新突破。山东省济东戒毒所借用中医食疗理论，紧密结合戒毒人员的实际，注意食物配伍调节，注意食品的相生相宜，合理搭配膳食，形成了食疗戒毒“五彩”馒头、“五彩”蔬菜、“五彩”养生粥、“五彩”咸菜、“五彩”水果的“五彩”食疗系列。同时，其他各所也都进行了有益的探索和实践。

六、工疗戒毒

随着强制隔离戒毒工作的开展，越来越多的矫治手段和技术在戒毒实践中被应用。山东司法行政戒毒系统在不断探索和实践的基础上，赋予了生产劳动新的内涵，形成了具有山东特色的工疗戒毒工作体系。

工疗戒毒是指以组织戒毒人员参加劳动教育、劳动康复以及生产劳动和职业技能培训为主要内容的综合性戒治措施。围绕如何加快推进工疗戒毒工作，充分发挥其戒治功能，立足实际，进行了实践和探索，并对工作中的突出问题进行了深入研究。

（一）工疗戒毒的功能和作用

工疗戒毒作为教育戒治戒毒人员的措施，具有教育和矫治功能。开展工疗戒毒，能促进吸毒人员戒除毒瘾，身心得到康复，树立正确的价值观念；能促使戒毒人员积极融入社会，实现自食其力、自力更生的生活目标，从而使戒毒人员延长操守，避免复吸。

1. 开展工疗工作是戒毒人员锻炼体质、磨炼意志的需要

戒毒成功与否的关键在于心理治疗，心理干预与行为干预是戒除毒瘾最好的行为训练方式。“人生天地间，劳动最为先。”戒毒人员从事每周5天、每天6小时、小强度、有规律的劳动。首先，劳动能促进戒毒人员急性脱毒后身体机能的恢复，改变因长期吸食毒品造成的身体器官损伤、抵抗力下降、身体病态虚弱等不良状况，使身体的协调性和机体功能得到康复，身体素质得到改善。其次，劳动能促进戒毒人员心理恢复正常。现代医学认为，良性心理对健康的积极作用是任何药物所不能替代的，一定强度的劳动，锻炼了戒毒人员的意志力、注意力、记忆力、耐受力、持久力；劳动中的配合、协作，帮助戒毒人员消除心理障碍，敞开心扉，及时排解不良情绪，从而实现由病人向身心健康的正常人的转变，为彻底戒除毒瘾打下坚实的基础。

2. 开展工疗工作是戒毒人员纠正恶习、重塑价值观的需要

价值观念，是对政治、道德、金钱等事物是否有价值进行主观判断后形成的主观看法，一个人的价值观念会不断变化。生物学家巴甫洛夫曾指出：反复强化某一种信息可以改变他原有的习惯。在生产劳动过程中，首先通过团队活动，进行管理教育、劳动教育，共同关注，相互配合。共同协作，从事有益的组织活动，纠正戒毒人员好逸恶劳、贪图享受等不良思想，养成规则意识、秩序意识和纪律意识。其次通过参加劳动，创造效益，获取劳动报酬，彰显其在社会和家庭中的价值，使戒毒人员建立对

自己的理智力量的信心，实现个人价值和人格独立，从而重塑他们正常的行为模式和思想观念，使他们脱胎换骨，重新成为社会的新人。

3.开展工疗工作是戒毒人员学习技能、顺利回归的需要

据山东省强制隔离戒毒相关数据统计，戒毒人员中无业人员占72.56%，绝大部分人员长期混迹于社会，没有相对固定的职业，缺乏立足社会的一技之长，就业能力普遍较差。山东省戒毒所按照循序渐进的戒治规律开展工疗戒毒工作，分别开展入所劳动教育、康复期生产劳动和出所职业技能培训，让戒毒人员从易到难、从认知到实践、从所内到所外，逐步学习劳动技能，树立“民生在勤，勤则不匮”的观念，培养自力更生、自食其力的能力，提前适应社会角色和责任，为顺利回归社会铺就一条光明之路。

（二）山东司法行政戒毒系统工疗戒毒工作实践

为遵循戒毒工作规律，适应戒毒工作发展新要求，在总结过去生产劳动工作经验基础上，山东司法行政戒毒系统大胆实践，进一步创新和丰富工疗戒毒方式方法，推进工疗戒毒工作向科学化、规范化和标准化方向发展，最大限度地发挥工疗戒毒的戒治功能，形成了工疗戒毒工作体系。

1.建立和完善管理体系

(1)完善管理制度

在学习考察先进省份生产劳动经验基础上，山东戒毒工作结合自身特点，形成了山东工疗戒毒的总纲——《关于开展工疗戒毒工作的意见》。为完善工疗戒毒工作内容，山东省先后下发了《关于进一步加强强制隔离戒毒人员生产劳动现场管理工作的通知》《强制隔离戒毒场所生产劳动项目准入实施细则》《关于强制隔离戒毒人员劳动报酬的指导意见》《强制隔离戒毒场所生产劳动车间标准化考核办法》《安全生产工作考核办法(试行)》等制度规范，形成了完备的管理制度体系。

(2)实行分类管理

针对戒毒人员不同时期的心理、身体特点，采取不同的工疗戒毒措施，即在教育适应期开展劳动和生产安全教育，康复巩固期开展生产劳动和技能培训，回归适应期开展技能培训、创业就业技能指导、戒毒企业学习实践等，形成了独具特色的工疗三期分类管理模式。

(3)建立支持平台

社会各方面的支持是巩固工疗戒毒效果，促进戒毒人员顺利回归，保持操守不可或缺的重要力量。戒毒所依托自身和社会资源，构建起了社会支持、家庭支持、后续照管的“三个平台”。建立了以生产车间劳动、职业技能培训、戒毒企业工作实践为核心的技能培训中心。戒毒所与大专院校和合作厂家深度合作，借助社会力量拓展技能培训和就业渠道，进一步完善了就业创业指导和就业推介机制。全方位、多渠道支持平台的建设，为戒毒人员回归社会提供了有力的支持。

2.大力推进规范化建设

按照全国司法行政戒毒工作规范化建设要求和相关法律、法规、规章和规范性文件，结合山东戒毒工作实际，全面规范工疗戒毒各项业务工作，在全系统大力推进规范化建设。

(1)规范劳动组织管理

严格生产劳动工具管理，由警察统一保管刀具、刃具、钝器等危险性劳动工具并实行链锁管理。严格按标准配备消防设施和器材，并实行专区放置、专人管理。严格原材辅料管理，落实出入库登记制度。落实外协人员和外协单位车辆管理规定，并与客户签订安全生产协议。推行现代化企业管理手段，开展现场“6S”管理、QC、TPM全员质量管理等活动。实行功能分区和定置管理，划分生产作业区、警察执勤办公区、技术人员工作区、原材物料周转区、设备作业区等功能区域，落实定置定位管理。组织开展劳动标兵、纪律标兵、技术标兵、质量标兵、安全标兵等评先评优活动。

(2)规范劳动项目管理

加强生产劳动项目管理，落实《山东省强制隔离戒毒场所生产劳动项目准入实施细则》相关规定，加强与优质客户的合作，引进具有一定技术含量、附加值高、稳定性好、安全性强的生产项目。实行“三统一”管理，即统一引进生产项目，统一安排生产任务，统一对外结算。严格项目准入，成立项目引进评估机构，对项目的安全性、合法性、效益性、环保性、稳定性等各方面情况进行分项、分类评估。强化项目戒治功能，与合作企业签订戒毒人员就业安置意向书，在制度上保证项目的经济效益和社会效益。

(3)规范安全生产管理

健全安全生产管理体系,牢固树立安全生产首位意识,强化监督管理和责任落实。严格落实安全生产责任制,健全落实各项安全生产管理制度和技术措施,建立健全风险分级管控和隐患排查治理双重预防体系,健全落实安全生产考核与奖惩机制,推行安全生产标准化建设。规范安全生产档案管理,每一个步骤、环节都要留下痕迹,做到责任追溯"有据可依,有据可查"。

(4)规范劳动报酬发放

规范成本核算,根据财务部有关规定,确定生产劳动成本核算办法,形成生产劳动报酬核算的基本依据。规范提取比例,劳动报酬所需资金,从生产劳动创收总额中按照不低于30%的比例提取,并记入生产劳动成本。规范报酬使用,劳动报酬的使用范围为所内消费、回馈家庭、就业基金。鼓励各戒毒所结合生产劳动发展情况,逐步提高戒毒人员生产劳动报酬计提比例。

(5)规范场所文化建设

营造劳动文化氛围,将安全生产、教育戒治、康复训练、效率质量、劳动观念、励志警句、国学文化名言等内容制作成匾牌,上墙悬挂,形成浓厚的戒毒文化氛围,在潜移默化中影响戒毒人员的思想和行为。开展歌诀唱诵活动,编制工疗戒毒歌诀,组织戒毒人员在班前、工间、收工时演唱和朗诵,倡导"快乐劳动"理念。实施人性化关怀,加强车间美化绿化,摆设绿色植物,装点生产车间,配备音响设备,定时播放音乐,缓解压力,舒缓心情。

(6)规范环境硬件建设

积极争取财政专项资金,鼓励有条件的单位从生产劳动收入中提取一定比例的资金,吸引客户投入资金和设备,用于生产车间改造和添加设施设备,创造良好生产环境和条件。新建生产劳动车间按照《强制隔离戒毒所建设标准》要求,结合生产劳动的特点和要求,以工业生产厂房的标准进行设计和建设。改建生产劳动车间,充分考虑了现代化工业生产需要及现场管理需要,超前设计,精心规划,积极推进功能区域划分。

(7)开展标准化达标活动

按照司法行政戒毒工作规范化建设要求,在学习借鉴外省先进经验和做法的基础上，山东省局制定了生产劳动车间标准化考核办法和12项78条考核内容，在全省戒毒系统组织开展生产劳动车间标准化达标活动。2017年开始第一批达标验收，年底每个戒毒单位至少有一个车间达标；2018年底，戒毒场所所有生产劳动车间均达到标准化建设要求。

3.不断提高保障水平

工疗戒毒体系建设是一个庞大而复杂的工程，必须积极调动各方面积极性，为工作开展提供良好的环境。

(1)组织保障

为确保工疗戒毒措施有效落实，以实现工疗戒毒效果最大化，山东省局和各戒毒所把工疗戒毒当作提高教育戒治质量的重要内容来抓，成立了山东省戒毒协会生产劳动专业委员会，戒毒所成立了工疗工作领导小组和生产劳动项目评估小组，并由班子成员专人负责抓具体工作。

(2)人才保障

制定出台了《山东省司法行政戒毒专业人才管理办法(试行)》，按照规定，职能科室配备2名，各大(中)队配备2～3名工疗戒毒专业人才。采取“请进来”“走出去”的办法，聘请专家进行业务技能培训，组织警察到先进省区市参观学习、挂职锻炼等方式，开阔视野，增强业务本领，提升警察专业管理技能。

(3)经费保障

各戒毒单位积极争取财政建设资金，按照《强制隔离戒毒所建设标准》和省局《强制隔离戒毒场所生产劳动车间标准化考核办法》，结合戒毒人员生产劳动的特点和要求，超前设计，精心规划，大力实施生产劳动车间改造，投入资金1000余万元，对生产车间进行标准化整体改造，夯实了工疗戒毒基础。

4.健全完善考核机制

任何一种管理体系能否发展和创新，能否发挥应有的调节和激励作用，都离不开考核评价机制。为充分发挥工疗戒毒的综合矫治功能，实现培养戒毒人员劳动技能、促进场所稳定、创造经济效益和戒治效益的多赢效果，我们对工疗戒毒考核指标进行了充实和完善。

(1)完善考核否决指标

将不发生生产安全死亡责任事故和一次重伤3人及以上的责任事

故、不发生生产安全一次性直接经济损失100万元以上的责任事故、不发生严重污染环境事故作为硬性否决指标，突破指标的取消一切评先创优资格。

(2)完善生产考核指标

将戒毒人员出工率不低于80%、年人均创收不低于1万元、劳动报酬占创收净值不低于30%，作为日常考核指标。

(3)完善综合考核指标

依据《山东省强制隔离戒毒三分戒治办法(试行)》《山东省强制隔离戒毒诊断评估实施细则》和《山东省强制隔离戒毒人员考核奖惩实施细则》，对戒毒人员的生产劳动戒治效果、康复效果、劳动效益、安全意识等方面进行综合考核评价，制定了劳动表现与个人处遇挂钩等措施，突出工疗戒毒在戒治过程中的特殊作用。

第六章　戒毒执法管理

执法管理是戒毒工作的重要组成部分，是保障戒治工作秩序的基础性工作。戒毒人员具有违法者、病人、受害者三种身份，多数戒毒人员具有继续滥用毒品的“瘾”性冲动，容易引发自伤自残及其他违法行为。因此，必须以强有力的管制措施，保障戒毒人员的人身安全和合理的戒治秩序，杜绝戒毒人员继续接触、滥用毒品，为戒治工作顺利开展创造良好环境。这是戒毒工作法治性、权威性的集中体现。

第一节　戒毒执法管理概述

执法是国家机关为执行法律、法规、规章，实现国家行政管理职能，依照法定职权和法定程序，对公民、法人和其他组织实施的影响其权利和义务的具体行政行为。管理是通过执行法律规定的计划、组织、领导、控制等职能，有效整合人员、资源、时间、空间等要素，实现组织既定目标的活动过程。执法具有法定权限，管理是保证执法活动顺利实施的重要手段，两者是互补的关系。

一、戒毒执法管理的概念

戒毒执法管理是戒毒场所依据《禁毒法》《戒毒条例》等法律法规，为戒毒人员提供一个相对封闭的空间予以隔离。在无毒的环境中，戒毒警察通过计划和组织、领导和控制等手段，运用科学、有效的管理方法，确保法律、法规得到落实，营造所内正常的戒治秩序，促进戒毒人员顺利戒治。

二、戒毒执法管理的特点

(一)法定性

强制隔离戒毒是一种行政强制措施,戒毒执法管理的实施必须依照法律、法规的规定,并在法律授权的范围内进行。强制隔离戒毒工作的法律依据由法律、行政法规、司法部部颁规章构成,形成了比较完整的法律体系。《禁毒法》是我国第一部在全面禁毒方面的综合法典,标志着我国禁毒戒毒工作步入了法治化的轨道。《戒毒条例》是我国第一部全面系统的规范戒毒工作的法规,既总结了我国多年来戒毒工作的成功经验,又汲取了国际戒毒工作的新理论、好做法,对依法做好戒毒工作具有十分重要的意义。《司法行政机关强制隔离戒毒工作规定》的发布施行,对场所设置,戒毒人员接收、管理、治疗康复、教育、出所,场所生活卫生和强制隔离戒毒解除等作出规定,为强制隔离戒毒执法提供了基本依据。

(二)强制性

强制隔离戒毒是最为严格的戒毒方式,集中体现于要限制戒毒人员一定的人身自由,并以强制力为保障,单方面对被执行对象进行执法。强制隔离戒毒执行的内容,如生理脱毒、教育矫治、医疗康复等,都以国家强制的意志为主导。这要求戒毒人员一方面要服从相关的管理制度,另一方面要在管理制度下戒除毒瘾。因此,戒毒执法管理是在坚持教育与约束相结合的基础上,在无毒的环境中,在规定的期限内,通过戒毒场所专业队伍对戒毒人员的有效戒治,最终达到帮助其戒除毒瘾的目标。

(三)矫治性

吸毒成瘾人员多为各种原因导致的社会化失败者,是毒品成瘾性的受害者,吸毒成瘾者多为心理承受能力较差、人格缺陷较深、情绪波动大人员。因此,戒毒工作与戒毒人员再社会化密切相连。戒毒人员或因家庭不完整另寻寄托,或因情感受挫而受到诱惑,归结起来都是社会化过程中出现问题的连锁反应。戒毒工作的根本目的在于帮助戒毒人员重塑人格,修正家庭关系、社会关系,帮助戒毒人员复归正确航向,并逐步将效果延伸至家庭、社区和社会。戒毒执法管理作为戒毒法律规定权威性的直接体现,其根本目的在于矫治违法者,为社会输送守法公民、合格“产品”。

(四)系统性

戒毒人员执法管理是一个系统复杂的社会工程。从一般意义上讲,戒毒执法管理符合普遍意义上的管理思想、管理原理和管理方法。从特殊意义上讲,戒毒执法管理不同于普通的管理执法行为。就戒毒场所执法管理而言,自收治之日乃至公安部门的决定之日即已形成,其过程受到场所、家庭和所在单位的共同影响;就出所后的执法管理衔接而言,受到合作公安部门、家庭及社会帮戒力量的直接影响。俗话讲:“一朝吸毒,十年想毒,终生戒毒。”戒毒执法管理看似是戒毒所内的单一、单项行为,但与家庭、社区等社会力量密切相关,尤其是戒毒人员出所后的后续跟踪照管,除当事者自律外,更有赖于社会力量的支持配合。

三、戒毒执法管理的原则

(一)奉法依律

《禁毒法》《戒毒条例》是戒毒执法所遵循的根本依据。在全面依法治国的时代背景下,戒毒工作必须纳入规范化、法治化的轨道,切实做到“有法必依,执法必严,违法必究”。要严格落实《司法行政机关强制隔离戒毒工作规定》,健全承接和落实制度,把法律规定真正贯彻到戒毒人员日常戒治生活中。教育警察要树立正确的权力观,端正用权心态,严守纪律规矩,严格履职尽责,切实用好执法管理权力,做到严格执法、规范管理。着力健全戒毒执法管理监督体系,自觉接受检察监督、群众监督、新闻监督等,完善党内监督和行政监察,强化所务公开,促进规范执法。

(二)以人为本

以人为本是坚持以人民为中心的发展理念在戒毒工作中的具体体现。以人为本,从人的本性出发,宣扬人的价值、人的尊严和人的权利,推崇人的理性权威。戒毒执法管理贯彻以人为本的原则,体现以戒毒人员戒毒需要为出发点,围绕激发和调动戒毒人员的主动性、积极性开展工作。戒毒工作最终目的在于帮助戒毒人员戒断毒瘾、顺利回归社会,这要求在戒毒执法管理过程中,要充分体现人道主义和人文关怀,关注戒毒人员的价值和需求,尊重其人格,使他们得到认可、感到温暖、获得尊重。戒毒执法管理带有强制性,但要通过融入人本性的内容,设定递进式的目标,充分调动戒毒人员的积极性,发挥其戒治主体作用。

（三）关怀救助

就某种意义而言，吸毒人员是一个越轨的群体，违反了正常的社会准则。其行为偏差，使其得不到家属和社会的认可，这便使其成为需要关怀和救助的“弱势”群体。戒毒执法管理过程始终坚持以需求为导向，定向关怀，精准救助，探索多元化的关怀救助模式，实施法律、教育、医疗、心理、文化、就业等多方面的帮助。对无生活来源、患病、有精神障碍等的戒毒人员予以定期和临时救助，通过开展心理疏导、精神抚慰等方式，帮助戒毒人员走出困境。同时，要更加注重激励戒毒人员追求高层次的需求，促使其增加生活的动力，学会适应社会，学会构建人际网络，学会谋生技能，学会自己面对和解决生活、工作中遇到的困难和问题，并从中找寻个人价值，坚定戒除毒瘾的信心。

四、戒毒执法管理的方式

（一）直接管理

《司法行政机关强制隔离戒毒工作规定》第十七条规定：“强制隔离戒毒所人民警察对戒毒人员实行直接管理，严禁由其他人员代行管理职权。”因此，对戒毒人员的管理必须由人民警察直接进行。严格执行直接管理制度有利于及时了解和掌握戒毒人员的思想动态，及时处理和解决发生的问题，树立警察的执法权威。

警察直接管理的内容主要包括：建立健全警察岗位责任制、责任追究制度、交接班制度、现场管理制度等，定岗定位，明确职责；严禁由除警察以外的临时聘用人员、戒毒人员等代为行使执法职权。具体内容涉及对戒毒人员的身体和所携带物品的检查，对强制隔离戒毒所以外的人员交给戒毒人员的物品和邮件进行的检查，执法文书的制作和档案管理，诊断评估工作以及探访、探视、保护性约束措施、单独管理、离所就医、所外就医等重要执法活动的组织实施等。

（二）现场管理

现场管理是戒毒警察在戒毒人员的生产、生活、学习、医疗康复等现场，对戒毒人员的活动内容、活动方式、活动方法、活动安全直接进行的组织、指挥、监督和控制等的管理活动。

生活现场管理是对戒毒人员起居生活活动的管理工作，包括建立戒毒人员一日生活制度,就餐、就寝活动的管理,戒毒人员就寝后宿舍巡查工作,科学地安排戒毒人员生活用品、被服的发放和管理工作,重视戒毒人员生活卫生习惯的养成,经常性地开展生活现场卫生检查工作。

生产劳动现场管理是警察对戒毒人员从事生产劳动时的管理工作,包括把生产劳动现场的各个环节、各个要素进行细化,并制定相应的规范和制度,合理组织现场的各生产要素,使之有效地结合起来,形成一个有机的整体,并处于良性运转状态,从而达到安全生产、高效生产的目标。

学习现场管理是警察对戒毒人员学习及参加其他教育活动的现场管理,其目的是维持教育矫治秩序,保证教育戒治效果,防止发生安全事故。

医疗康复现场管理是警察对处以医疗救治、康复训练期间的戒毒人员的管理,应由具有医学知识和康复训练技能的警察参与,便于医疗救治的开展和康复训练的指导。对于生理脱毒阶段的戒毒人员进行严格的约束和管控,防止意外发生。对危重病人的救治过程要全程录音录像,戒毒所内无条件救治的要及时转诊到社会医院。戒毒人员康复训练时,警察要根据体能状况合理地安排康复项目,并给予正确的指导,防止造成身体伤害。

(三)文案管理

文案管理是从戒毒人员被公安机关决定强制隔离戒毒起到解除强制隔离戒毒措施中形成的一系列文书的管理。文案管理既是戒毒人员戒治过程的反映,也是警察执法管理的留痕和依据,更是戒毒工作实现前后无缝衔接的重要载体。《司法行政机关强制隔离戒毒工作规定》第六十三条规定:“强制隔离戒毒所应当妥善保管戒毒人员档案。档案内容包括:强制隔离戒毒决定书、强制隔离戒毒人员入所登记表、强制隔离戒毒人员入所健康状况检查表、财物保管登记表、病历、心理健康档案、诊断评估结果、提前解除强制隔离戒毒决定书或者延长强制隔离戒毒期限决定书、解除强制隔离戒毒证明书以及在强制隔离戒毒期间产生的重要文书、视听资料。”这里的重要文书一般包括在办理戒毒人员所外就医、变更社区戒毒、探视、单独管理、考核奖惩、检举、笔录、死亡鉴定等过程中形成的文书材料。视听资料一般包括戒毒人员患病抢救过程记录、参与违法犯罪活动等事件的视频资料及其他需要记录的重要音像资料。

文案要形成档案并规范管理。戒毒所坚持一人一档，把各类文书按照时间轴依次存放于戒毒人员档案，做到分类科学、整理规范、排列有序，并建立档案统计台账，便于清楚地掌握档案的收进、整理、利用、移出、销毁等情况。戒毒人员档案分正、副卷，所政管理部门负责管理正卷，保存强制隔离戒毒决定书等重要文书；大队负责管理副卷，保存日常戒治形成的文书。戒毒人员解除强制隔离戒毒后，由所政管理部门负责统一整理归档。

戒毒所医疗机构应建立戒毒人员健康档案，内容须包括：戒毒人员入所体检表；在所期间定期健康检查体检表、诊疗记录；外诊、住院病历，出所体检表，辅助检查报告以及其他有关资料（含公安机关移交的资料）等。戒毒人员解除强制隔离戒毒后，戒毒所医疗机构应将戒毒人员健康档案交所政管理部门归入正卷。

档案保存根据戒毒人员情况及文书种类，分永久、长期和短期三种。永久保存的档案包括强制隔离戒毒决定书，提前解除、按期解除、延长强制隔离戒毒决定书证明书等；长期保存的档案是有重大影响的戒毒人员的档案；短期保存的是无特殊情况的戒毒人员档案材料。除法律明确规定外，戒毒所不得对外提供戒毒人员档案信息，查阅档案信息要严格按照规定办理。

五、戒毒执法管理的常规内容

（一）安全管理

为维护教育戒治秩序，强制隔离戒毒所必须加强安全管理，完善安全管理硬件设施，建立健全安全管理长效机制，维护场所安全稳定。①加强安全警戒建设。严格按照司法部颁布的《强制隔离戒毒所建设标准》，加强场所物防、技防设施设备建设，达到安全管理硬件基本要求。②建立安全警戒护卫组织机构，按规定配备安全警戒警力，明确安全警戒职责，落实警戒值守与巡查工作制度。③建立健全安全排查与研判机制。建立戒毒管理局—强制隔离戒毒所—职能科室及大队三级安全检查机制，开展常态化的安全检查与排查，对检查出的安全问题与隐患，建立专门台账，全面落实整改措施、整改责任人、整改时限、复查责任人等；

建立安全稳定形势研判机制，实行省戒毒管理局月研判、强制隔离戒毒所周研判、大队日研判制度，及早发现安全隐患并采取相应的防范措施。④加大安全防控力度。坚持全面防控与重点防控相结合、所内防控与所外防控相结合的原则，明确重点人员、重点时段、重点环节、重点部位、重点物品的防控内容，做好门卫管理、值班管理、带班管理、直接管理、定置定位管理以及外协人员管理。⑤做好应急预案和突发事件处置。提高预防和处置突发事件的能力，保证突发事件应急工作快速、高效、稳妥、有序进行，避免或减少突发事件及其造成的人员伤亡和财产损失。

（二）收治与解除

戒毒所根据县级以上人民政府公安机关强制隔离戒毒决定书接收戒毒人员。戒毒所在接收戒毒人员时，应当核查戒毒人员身份，核对强制隔离戒毒决定书、吸毒人员动态管控情况表、吸毒成瘾认定意见书和询问笔录等法律文书以及公安机关在县级及以上医院对戒毒人员进行健康检查的相关证明。戒毒所应当对戒毒人员进行必要的健康检查，填写入所健康检查表。检查过程中应当询问戒毒人员目前的身体状况、既往病史、药物过敏史、家族病史及其他特殊情况。在接收过程中，戒毒所应对戒毒人员身体以及携带物品进行安全检查，并有两名以上警察在场。女性戒毒人员的身体检查由女性警察进行。戒毒人员入所后，戒毒所应及时采集戒毒人员一寸免冠照片，提取其右手食指指纹，填写强制隔离戒毒人员登记表，详细记录戒毒人员基本情况、强制隔离戒毒起止日期、入所日期、家庭成员及主要社会关系、既往吸毒戒毒史、有无前科劣迹等，建立戒毒人员档案。戒毒人员入所后，所政管理部门应书面通知其家属。

《司法行政机关强制隔离戒毒工作规定》第五十八条规定："强制隔离戒毒所应当按照有关规定对戒毒人员进行诊断评估。对强制隔离戒毒期限届满且经诊断评估达到规定标准的戒毒人员，应当解除强制隔离戒毒。"解除强制隔离戒毒需要严格依照法律规定标准和程序进行，这标志着强制隔离戒毒所与强制隔离戒毒人员之间的法律关系消失。按照解除强制隔离戒毒的情形和时间，解除大致可分为按期解除、提前解除、合并执行期限届满解除和所外就医人员解除强制隔离戒毒（或变更戒毒措施）四种类型。办理解除强制隔离戒毒是一项重要的法律行为，必须履行相关手续。司法部的《司法行政机关强制隔离戒毒工作规定》第五十九条规定:“强制隔离戒毒所应当在解除强制隔离戒毒三日前通知强制隔离戒毒决定机关,同时通知戒毒人员家属、所在单位、户籍所在地或者现居住地公安派出所将其按期领回。”解除前通知是强制隔离戒毒所的法定职责和义务,电话通知的号码、接听人、内容须记录在案,由戒毒人员本人和经办警察签字。强制隔离戒毒所于解除出所当日向戒毒人员发放解除强制隔离戒毒证明书,并由其签字确认。解除强制隔离戒毒证明书是证明强制隔离戒毒人员执行强制隔离戒毒完毕的法律依据,共一式两份,戒毒人员和强制隔离戒毒所各留存一份。同时,应对代为保管的物品和个人账目进行核对,结清账目,确认无误,由戒毒人员签字领回。

在完成安全检查后,办理出所手续。戒毒人员由家属、所在单位、户籍所在地或者现居住地公安派出所领回的,由经办民警与领回人办理交接手续并签字。解除强制隔离戒毒的所外就医人员,强制隔离戒毒所应当及时通知其来所办理解除手续。

(三)通信、通邮管理

戒毒所可以批准戒毒人员使用指定的固定电话或者符合安全规定的专用计算机与其亲属、监护人或者所在单位、就读学校有关人员通话或者视频通话。戒毒所在戒毒人员宿舍区设置固定录音电话或者符合安全规定的计算机,警察负责通话审批、登记、录音或录像、现场管理。电话录音或录像保存期限不少于 30 天。与国外、境外通话的,须经戒毒所负责人批准。戒毒人员拨打电话时,要服从管理,遵守规定,使用普通话。

戒毒所应当依法保护戒毒人员的通信自由和通信秘密。戒毒所应当依法处理戒毒人员申诉、控告、检举、揭发等信件,及时将戒毒人员对强制隔离戒毒决定不服提起的行政复议或者行政诉讼的材料登记后转送有关部门。戒毒人员在戒毒所内不得持有、使用任何移动通信设备。戒毒人员可以与亲属、监护人和所在单位或就读学校的工作人员通邮,警察负责登记、收发邮件,填写强制隔离戒毒人员发出邮件登记表、强制隔离戒毒人员收到邮件登记表。警察应当对交给戒毒人员的邮件进行检查,防止夹带毒品和其他违禁品,检查时应有两名以上警察和戒毒人员本人在场。

(四)探访、探视管理

戒毒人员的配偶、直系亲属(父母、子女、祖父母、外祖父母、孙子女、外孙子女)和戒毒人员所在单位或就读学校的工作人员,可以按照规定探访戒毒人员。戒毒人员的其他亲属要求探访的,应经所政管理部门核实,报戒毒所负责人批准。戒毒人员亲属探访时,应持本人居民身份证(护照)、居民户口簿或者结婚证等证明本人与被探访戒毒人员关系的证件;所在单位或者就读学校的工作人员探访时,应当持本人居民身份证和单位出具的公函、介绍信、证明书等证明本人与被探访戒毒人员关系的证件。对正在被采取保护性约束措施或者正处于单独管理期间的戒毒人员,不予安排探访。因特殊情况确需探访的,应当经戒毒所负责人批准。探访时警察应当在现场全程直接管理,并填写强制隔离戒毒人员探访情况登记表。

戒毒人员因配偶、直系亲属病危、死亡或者家庭有其他重大变故,可申请探视。戒毒所可以批准戒治效果好的戒毒人员探视其配偶、直系亲属。戒毒人员一次探视时间不得超过10日(包含路途时间)。

(五)离所就医和所外就医

戒毒人员在戒毒期间因病、因伤确需到社会医院诊治的,可以离所就医。戒毒人员离所就医,应当使用执法执勤车或社会急救车辆接送,按照警察与戒毒人员不低于3∶1的比例配备警察全程看护和管理。戒毒人员存在可能逃脱等危险情形的,可以依法使用约束性警械。戒毒人员离所就医,所内医务人员应当随行,负责将戒毒人员病情如实告知就诊医院医生。戒毒人员离所就医期间应当穿着便于识别且有特殊标识的服装,负责管理的警察应当告知戒毒人员离所就医期间必须遵守的规定。戒毒人员住院治疗时,应当与社会就医人员隔离,入住独立病房。病房位置便于管理,设有必要的安全防护设施,危险医疗设备定置管理。戒毒人员住院治疗期间,警察实行24小时直接管理,并安排足够的警力轮流管理,确保戒毒人员不脱离警察视线。在戒毒人员住院治疗期间,负责管理的警察应当对戒毒人员的治疗、管理情况进行详细记录。未经戒毒所主要负责人批准,负责管理的警察不得将戒毒人员离所就医事项告知其亲属。离所就医期间,严禁戒毒人员亲属探视,严禁使用互联网和移动通信工具，严禁与社会人员接触，严禁个人保存药品。

戒毒人员患有严重疾病，不出所治疗可能危及生命的，戒毒所应当依法、及时办理所外就医。戒毒人员出现生命危险需立即出所治疗时，经省级司法行政戒毒管理机构同意，戒毒所可以先行安排出所治疗，再补办审批手续。戒毒人员经批准所外就医的，戒毒所应当发放强制隔离戒毒人员所外就医证明书，并于5日内书面通知戒毒人员亲属或者所在单位、就读学校以及户籍所在地或者居住地公安机关。对患传染病的，离所前戒毒所应按照有关规定通知疾病防控部门。戒毒人员所外就医的，应当由其亲属来所接回。戒毒所应当每季度至少了解一次所外就医戒毒人员疾病治疗情况并予以记录。戒毒人员所外就医条件消失而强制隔离戒毒期限未满的，戒毒所应当填写撤销强制隔离戒毒人员所外就医审批表，及时收所并执行强制隔离戒毒，在回所当日对其进行毒品检测。

（六）变更戒毒措施

戒毒所遇有下列情形，应当填写强制隔离戒毒人员变更戒毒措施审批表，向戒毒决定机关提出变更社区戒毒的建议：对不满16周岁的戒毒人员，发现其学业正常或者监护人监护到位的；戒毒人员在所外就医期间，健康状况不再适宜回所执行的；对确因严重疾病危及生命，公安机关因办案需要对戒毒人员办理变更社区戒毒的，由办案单位提供县级以上公安机关公函及责令社区戒毒决定书。戒毒人员家中出现重大变故，确需本人出所照顾等特殊情形，需要变更戒毒措施的，由本人或其直系亲属提出申请并报批。

（七）保护性约束措施

保护性约束措施是指戒毒人员在毒瘾发作，可能发生自伤、自残或者可能伤害他人的情形时，戒毒所为保护其本人及他人的安全而采取的一种强制措施。采取保护性约束措施应当遵守有关医疗规范，防止戒毒人员受到人身伤害。对戒毒人员采取保护性约束措施时，戒毒所可以使用约束带、约束服、约束床等约束工具。采取保护性约束措施应当遵守有关医疗规范，严格按有关规范使用，民警和医护人员应当密切观察戒毒人员，防止使用不当导致戒毒人员受伤。对具有一定危险性的戒毒人员可以采取单独管理措施，即与他人隔离的管控措施。单独管理应当在单独管理室进行，由人民警察专门负责，对被单独管理的戒毒人员应当及时审查和教育疏导，问题已经查清、现实危险已经消除的，应及时解除单独管理。一次单独管理时间不得超过 5 日，单独管理不得连续使用。对单独管理超过 5 日但危险尚未消除的戒毒人员，可采取其他确保安全的防范措施。

（八）考核奖惩

对戒毒人员的考核是检验戒治效果的主要手段，也是诊断评估以及奖惩的重要依据。戒毒人员的行为表现考核的是戒毒人员在戒治期间的外在行为表现，主要围绕戒毒人员的行为是否违法、违规违纪以及违反社会公德等方面进行。在违法行为方面，以我国颁布的各项法律内容为标准，考核戒毒人员是否有违法行为。在违规违纪方面，依据《强制隔离戒毒诊断评估办法》和《司法行政强制隔离戒毒所强制隔离戒毒人员行为规范》的内容开展考核工作，从戒毒人员在所期间的生活、学习、医疗康复、生产劳动、文明礼貌等方面的行为标准进行对照考核。在戒毒人员道德考核方面，依据《公民基本道德规范》和司法部戒毒局制定的《司法行政强制隔离戒毒所戒毒人员守则（试行）》中规定的内容对照考核。戒毒人员的考核坚持依法、科学、公正、公开的原则，围绕各方面行为表现情况进行综合考核、客观评价。对戒毒人员的考核采取日考核、月累计、季评比方法，根据其行为表现给予奖惩。考核内容包括遵守纪律、治疗康复、教育矫治、生活卫生和康复劳动。行为考核结合诊断评估工作进行，当戒毒人员执行强制隔离戒毒时间达到一年后，要对其行为表现进行综合性的评价，累计的行为考核分数合格时，其行为表现评估才为“合格”，否则“不合格”。行为表现合格与否，直接影响着戒毒人员是否提前解除或者延长解除强制隔离戒毒期限的执行期变更。

奖励是激励戒毒人员专心戒毒、提高戒治效果的重要手段，可以使戒毒人员产生直接的、强烈的情绪体验。奖励的种类多种多样，有精神层面的奖励，如因表扬、嘉奖、记功等颁发荣誉证书，对戒毒效果较好的戒毒人员给予“戒毒之星”的称号等；有物质层面的奖励，如实行习艺劳动奖金制度、生活用品奖励等；还有从行政层面的奖励，如在分级管理上给予较为宽松的管理级别并提高处理级别，强制隔离戒毒场所也可向强制隔离戒毒决定机关提出提前解除强制隔离戒毒措施的建议。精神奖励、物质奖励、行政奖励这三类奖励互为运用、紧密相连。所有类型的奖励可按规定给予计分考核，在诊断评估时作为提前解除强制隔离戒毒期限的重要情节。对违纪的戒毒人员，应当根据不同情节分别给予警告、训诫、责令具结悔过等措施。

（九）诊断评估

诊断评估是指强制隔离戒毒所对戒毒人员在强制隔离戒毒期间的生理脱毒、身心康复、行为表现、社会环境与适应能力等情况进行综合考核、客观评价。诊断评估结果是戒毒所对戒毒人员按期解除强制隔离戒毒，提出提前解除强制隔离戒毒，或者延长强制隔离戒毒期限意见及责令社区康复建议的直接依据。诊断评估采取阶段性评估与即时性评估相结合的方法。阶段性诊断评估是对戒毒人员强制隔离戒毒满一年后的诊断评估和期满前诊断评估；即时性诊断评估是对戒毒人员奖惩、单独管理以及严重违规违纪情形的评估。目前，我国在各省（自治区、直辖市）司法行政强制隔离戒毒主管机关（省或市级戒毒管理局）设立了强制隔离戒毒诊断评估工作指导委员会，负责指导、监督所辖省、区、市强制隔离戒毒所的诊断评估工作。与省级司法行政强制隔离戒毒主管机关的组织机构相对应，各个强制隔离戒毒所成立由所领导、管理、教育、医疗、康复劳动等多岗位工作人员组成的诊断评估委员会，并下设诊断评估委员会办公室。在诊断评估实际运行过程中，强制隔离戒毒所还可以邀请政府有关部门工作人员、社会工作者以及本所以外的执业医师等各类专家参加诊断评估工作，确保诊断评估工作更加科学、公开、公平、公正。卫生计生行政部门应当对诊断评估中的生理脱毒、身心康复评估工作进行指导，必要时可以指派专业医师参与诊断评估工作。

诊断评估的内容包括生理脱毒评估、身心康复评估、行为表现评估、社会环境与适应能力评估，采用百分制。诊断评估秉持以下原则：①依法原则。根据《禁毒法》《戒毒条例》《强制隔离戒毒诊断评估办法》等法律法规和规章，依法对戒毒人员开展诊断评估工作。②科学原则。坚持以人为本，遵循强制隔离戒毒客观规律，科学设定诊断评估的内容和标准，形成有科学依据的诊断评估结论。③公正原则。以法律法规和规章制度为导向，严格诊断评估工作各个环节的执法程序，确保诊断评估工作公平、公正。④公开原则。坚持以公开促公平，规范诊断评估执法内容，公示诊断评估执法结论，自觉接受各级主管部门、戒毒人员及其亲属、社会各界的监督。⑤及时原则。根据戒毒人员计分考核结果，在强制隔离戒毒执行期间规定的时限内完成对戒毒人员诊断评估工作。

诊断评估的基本程序为：确定评估对象—考试测评—确定初评结果—评估材料初审—诊断评估委员会集体评议—所务会集体评议—结果公示—呈报审批—宣布执行—出所衔接。对戒毒人员开展诊断评估，是强制隔离戒毒所科学评价戒毒人员强制隔离戒毒效果，帮助戒毒人员戒除毒瘾，有效地保障戒毒人员合法权益的重要手段。

第二节　戒毒执法管理实践

在戒毒法律法规规定的框架下，戒毒场所在执法管理实践中积累了诸多有益经验。在此，以山东戒毒工作实践为基础，我们介绍部分具有典型性的戒毒执法管理工作做法。

一、分期分区管理

根据戒毒人员在戒治过程中不同时期表现出的生理、心理特征以及戒断症状和药物依赖等情况，以戒毒人员入所时间为起点，按照不同时间期段，统一设置生理脱毒区、教育适应区、康复巩固区和回归指导区，实现不同期段之间的区域分设，分别采取病房式、军营式、校园式、社区式的管理方式。

（一）生理脱毒区的主要任务

生理脱毒期实行病房式管理，管理对象为经入所体检、需采取病房式脱毒治疗的戒毒人员，时间一般不超过15日。这一期段的主要任务是重点防控戒毒人员自杀（自伤、自残）、逃跑、行凶等安全性问题；开展心理疏导，实施心理干预，增强脱毒信心；开展脱毒治疗、诊治疾病、防控传染病，组织适度的康复训练等。

（二）教育适应区的主要任务

教育适应区实行军营式管理，管理对象为病房式脱毒治疗合格的戒毒人员和生理脱毒期的其他戒毒人员。这一期段的主要任务是严格管理，开展行为养成训练、团队意识培养，重点管控逃避戒治的各类行为，保持场所规范有序；组织适应性学习教育，提高认知和适应能力；诊治稽延性戒断症状、吸毒相关疾病、精神相关疾病，进行健康知识教育；开展适应性康复训练，恢复身体功能；入所满30日后安排适度的生产培训等。

（三）康复巩固区的主要任务

康复巩固区实行校园式管理，管理对象为处于身心康复期的戒毒人员，以课程表的方式组织实施管理、戒治。这一期段的主要任务是严明组织纪律，严格行为管理，强化行为养成；组织以国学·齐鲁文化为主体的文化教育，培养家庭观念和社会责任感；开展康复训练、生产劳动，恢复健康、强健体魄；开展心理矫治，修复心理缺陷，培养健康心理和精神意志力，坚定戒治信心；开展职业技能培训，提高谋生能力；开展丰富多彩的活动，培养、激发积极向上的心态，提升防复吸“免疫力”等。

（四）回归指导区的主要任务

回归指导区实行社区式管理，管理对象为处于回归适应期的戒毒人员，扩大其自我管理、自主开展活动的自由度和活动空间。这一期段的主要任务是：模拟社区环境，实行宽松管理；帮助戒毒人员重建社会支持系统，提高社会适应能力；加强与社会各方面的联系，落实社会衔接；开展国情、社情教育，提高社会认知度；开展回归社会适应性训练，提升防复吸能力；加大康复训练、生产劳动的强度，进一步强健体魄等。

二、分类分级管理

根据戒毒人员的性别、患病种类、吸毒类型、接受强制隔离戒毒的次数、同案或有利害关系、年龄结构、兴趣爱好、自身特长等诸多因素，对戒毒人员细化分类，实施更具个性化、针对性、实效性的分别管理。根据戒毒人员在不同戒治期内的戒治效果和现实表现，实施分级管理，即依据不同戒治期内戒毒人员的戒治效果，实行递进式、逐步适应社会的分级处遇，依据戒毒人员的不同现实表现，实行严管、普管、宽管的分等级管理。严管级适用对象一般为生理脱毒期的戒毒人员，采取由警察直接严格管束的管理方式；普管级适用对象一般为身心康复期的戒毒人员，采取警察直接管理与戒毒人员民主管理相结合的管理方式；宽管级适用对象一般为回归适应期的戒毒人员，采取在警察监督指导下以自我管理为主的管理方式。

警察对戒毒人员的每日表现进行考核，根据月累计结果，经集体研究，评定每名戒毒人员的管理等级，并报所政管理部门备案。生理脱毒期表现特别突出的戒毒人员，可被确定为普管等级，控制一定比例。身心康复期表现特别突出的戒毒人员可被确定为宽管等级，控制一定比例。表现差的可被确定为严管等级，控制一定比例。回归适应期表现差的戒毒人员可被确定为普管等级，控制一定比例。

(一)严管级戒毒人员处遇

享受政策性基本保障；每月可申请拨打亲情电话(语音电话或视频电话，下同)2次；每月可申请探访1次；每月购物、自费加餐金额(优先使用劳动报酬，下同)一般不超过×元，表现好的不超过×元；戒毒所确定的其他处遇。

(二)普管级戒毒人员处遇

享受政策性基本保障；每月可申请拨打亲情电话3次；每月可申请探访1次；每月购物、自费加餐金额一般不超过×元，表现好的不超过×元；可参选民管组织成员和班组长；依法获得劳动报酬；可参加职业技能培训；可参加社会公益性活动；戒毒所确定的其他处遇。

(三)宽管级戒毒人员处遇

享受政策性基本保障；每月可申请拨打亲情电话4次；每月可申请探访2次；每月购物、自费加餐金额一般不超过×元，表现好的不超过×元；依法获得劳动报酬；可参选民管组织成员和班组长；可优先安排职业技能培训；可申请奖励性探视；可参加社会公益性活动；戒毒所确定的其他处遇。

(四)戒毒人员入所第一个月内特别处遇

可申请拨打亲情电话4次；可申请探访2次；自费加餐和购买食品金额不超过×元。

三、网格化管理

借鉴社会治理网格化管理先进经验，戒毒所建立扁平式、网格化安全管理体系，精简管理层级，打通执行梗阻，构建上面千根线、下面一张网的安全管理格局，明确安全管理职责任务，严格执行司法行政戒毒工作规范化建设标准，规范机制，优化流程，全面提升戒毒安全管理效能，确保戒毒场所持续安全稳定。

（一）网格化安全管理体系

1. 网格化安全管理中心

戒毒所设立网格化安全管理中心（以下简称“管理中心”），作为网格化安全管理的中枢，负责全所网格化安全管理工作；设立管理中心办公室，具体承办网格化管理信息采集、情况汇总、上传下达等工作。

2. 网格

戒毒所内设以各有关职能单位（戒毒科室、戒毒大队）为管理中心的网格，具体承办网格化安全管理事务。单位负责人同时为网格负责人，由其指定本单位一名同志担任网格管理员，负责安全管理信息梳理汇总，并与中心办公室联系。各网格相互间的日常联系、沟通、协调、协作经由管理员链接，推进共建共治共融共享。

（二）网格化安全管理职责

科学划分和设置网格化安全管理职责，为落实安全管理各项措施打牢基础。第一，划分安全管理责任区域。明确界定监管区域，根据职责分工，划分成若干责任区域，落实到相应的网格进行监管，避免重叠或空白。第二，划分安全管理事项。根据安全管理工作要求，全面梳理每个责任区域包含的安全管理工作事项，归纳分类，依据职责分工落实到相应的网格具体承办，避免交叉或漏项。第三，分配管理对象。根据有关规定将戒毒人员、临时寄戒人员分配到相应的网格进行管理，避免脱管漏管。第四，明晰安防设施设备管理职责。建立安防设施设备管理清单，将保管、使用、维护、更新、添置等职责落实到相应的网格进行管理，避免遗漏。

1. 管理中心安全管理职责

管理中心安全管理的职责要求：研究落实上级有关安全管理工作的部署和要求，研究部署本所安全管理工作，研究解决本所重要安全问题；组织学习、落实安全工作制度，开展安全检查、隐患排查、安全督查等；指导、督导各网格落实安全管理工作任务；全面收集各类安全信息，认真研判场所安全稳定形势，针对问题及时采取有效措施；及时研究解决网格上报的重要安全问题;对网格化安全管理工作进行考核;其他安全管理职责。

2.管理中心办公室安全管理职责

管理中心办公室安全管理的职责主要有:承办管理中心及其负责人决定的安全工作事项;承办管理中心日常安全管理工作;统一协调处理网格上报的安全问题;其他安全管理职责。

3.网格安全管理职责

网格安全管理的职责主要有:严格落实上级的部署和要求;认真执行安全工作制度、落实安全工作任务;创新方式方法和工作载体,主动收集各类安全信息,及时发现和解决安全问题;及时上报自身难以解决或超出其职责范围的安全问题;按照管理办公室的统一指派和要求,完善安全措施,整改安全问题,消除安全隐患;其他安全管理职责。

(三)网格化安全管理工作流程

1.执行安全制度工作流程

(1)学习制度。每年第一季度统一组织开展全员(包括警察和戒毒人员)安全制度集中学习并进行测试。

(2)执行制度。网格负责人负责组织、指导本网格所属工作人员执行安全制度,加强日常管理,及时发现、纠正偏离或背离安全制度要求的倾向和行为。

(3)排查监督。管理中心每周组织一次全面安全排查,并在规定时限内完成问题整改。

(4)总结通报。管理中心办公室应根据日常监管情况,每月对执行安全制度情况进行总结、通报。

2.落实安全任务工作流程

(1)研究安全任务。每年两次集中研究安排本所总体安全任务,每月至少一次就安全稳定形势进行研判,并随时研究专项安全任务。

(2)部署安全任务。管理中心办公室在管理中心做出决定之日起两个工作日内,将有关安全任务及要求下达到相关网格,并附配档表,紧急任务应当在做出决定当日下达。

(3)落实安全任务。网格负责人负责组织、指导、监督本网格所属人员落实安全任务,并细化分解、责任到人。

(4)通报落实情况。管理中心办公室组织对安全任务逐项定期调度、督导,并适时总结相关网格完成任务情况。

3.处置安全问题工作流程

(1)发现问题。各网格及每名警察都应及时发现、研判安全问题,并做好记录。

(2)分类处置。依据发现问题的主体、问题的性质、影响范围、解决难度等情况,分别由网格、管理中心办公室提出办理意见,落实办理措施。

(3)特殊情形处置。对于情况紧急、可能发生“六无”事故风险的安全问题,应立即报告、及时处理,有效控制安全风险或消除安全隐患。

4.畅通安全信息工作流程

(1)安全信息处理流程。及时传达、通报安全信息,并限定反馈时间。

(2)意见建议处理流程。注重接收意见建议,并在规定时限内论证,提出是否采纳的意见。

(3)先进典型、先进经验处理流程。注重改进和创新安全工作方式方法,发现和培育安全工作先进典型。

四、民主管理

民主管理是以人为本的戒毒工作原则的基本体现,强调在民主、公平、公开的原则下,充分保障戒毒人员的合法权益,充分发挥戒毒人员在戒治过程中的积极性、主动性,通过警察的直接管理和指导,开展戒毒人员自主管理活动,促进场所管理秩序稳定。

(一)民主管理委员会

康复巩固大队、回归适应大队应成立民主管理委员会,设主任一名,由大队警察担任;设纪律监督委员、康复矫治委员、生活卫生委员、文体活动委员、生产劳动委员各一名,由戒毒人员担任。民主管理委员会的主要职责是:在警察指导下做好纪律监督、康复矫治、生活卫生、文体活动、生产劳动等方面的民主管理工作;了解和反映戒毒人员对执法管理、康复矫治、生活卫生、文体活动、生产劳动等方面的意见和建议;对戒毒人员的考核奖惩、诊断评估等工作进行民主监督。民主管理委员会每月至少召开一次会议，并做好记录。

（二）班组长、值班员

在戒毒人员中设班组长、值班员，在警察管理下认真履行职责，值班员应佩戴值班标志。班组长的主要职责是：在警察指导下，督促本班组人员遵守所规所纪，维护班组戒治秩序；组织本班组人员搞好个人内务卫生、班组卫生和环境卫生；组织本班组人员积极参加教育戒治、习艺劳动及康复训练等集体活动；在警察指导下，做好对重点病号、重点人员的包夹看护；及时向警察反映本班组人员的戒治表现及异常情况。值班员的主要职责是：在警察指导下做好本队戒毒人员的人数点验、巡查报告；对重点、重病及有戒断症状的人员进行重点关注，如实、及时地向警察汇报；负责对夜间队内秩序的巡查，对异常情况及时报告。

大队每季度对民主管理委员会委员、班组长、值班员考核一次。考核按照胜任、基本胜任、不胜任三个等次进行公开测评、考核，对不胜任的及时撤换。有严重违规违纪行为的，应立即撤换。所政管理部门应定期对民管会委员、班组长、值班员进行集中的教育培训。

五、联动互助管理

戒毒人员联动互助是通过联组联号等方式，在所内实施全程互助帮扶，强化戒毒人员自我管理监督的有效措施。戒毒人员联动互助实行区域化管理，采取“六固定”措施，即就餐餐位固定、就寝床位固定、队列站位固定、学习座位固定、劳动岗位固定、康复训练走位相对固定。

（一）联动互助方式

戒毒人员联动互助采取联组和联号两种方式。联组是指戒毒人员以班组或生产线小组等为单元组成联动互助组，依序联动。联号是指在联组的基础上，戒毒人员之间实行3人以上全程、全方位互助联号。当联号缺位无法发挥作用时，其联组成员自动补位联号。

（二）联动互助具体操作

戒毒人员联组联号应相对固定，遇有特殊情形，可指定临时联号。劳动场所复杂、戒毒人员流动性较大的可实行动态联号；戒毒人员出现异动等情况要随时调整戒毒人员联号；每名戒毒人员均应设有联号，不得以岗位特殊、情况特殊为由给戒毒人员提供独处、无人监督的机会；新入所或者三期流转的戒毒人员到所在戒毒大队的当日应确定联号。需确定临时联号的，由戒毒大队警察指定并记入当日值班记录表，不得由戒毒人员任意组成联号。

选配戒毒人员联号，要综合考虑戒毒人员年龄、籍贯、入所时间、性格特点、身体状况、岗位工种、稳定程度、戒治表现等。联号时可采取性格相容、表现积极与落后、生活学习以及康复训练互相帮助、日常管理相互监督的搭配方式。一般戒毒人员可3～4人形成一个机动联号小组，便于动态管控。重点管控戒毒人员应与表现积极的戒毒包夹人员或特岗戒毒人员联号。戒毒人员联号可根据其学习、生活、康复训练、教育学习、生产劳动等情况实施灵活联动，由戒毒大队根据戒毒管理实际情况确定。

(三)联动互助考核监督

联号戒毒人员应同吃同住同行，互相帮助，相互监督，责任连带，禁止单独行动。戒毒人员在劳动现场，班组劳动原则上应集中一处。重点部位、安全通道等处设置戒毒人员值班岗，记录现场戒毒人员的出入及联组联号情况，加强互助监督和自主管理。戒毒人员就寝后，值班戒毒人员同出入宿舍戒毒人员临时联号(特殊情况下安排专门联号)，值班戒毒人员负责联动互助监督。

戒毒人员联组联号联动互助由包组警察提出初步意见，戒毒大队召开全体警察会议，集体研究和确定戒毒人员联号，及时公布，并报戒毒管理科(处)备案。戒毒大队确定戒毒人员联号小组人员后，统一制作戒毒人员联组联号台账，台账应根据动态管理原则随时进行更新调整，确保戒毒人员联动有效。

戒毒大队应加强对戒毒人员联动互助情况的考核，每月兑现奖惩。戒毒人员脱离联号、擅自离开指定区域或者发生违规违纪行为的，应给予相应的处罚；与之联号的戒毒人员未履行监督义务、报告不及时或不报告的，应承担连带责任，根据事件性质、严重程度给予相应的处罚；联号戒毒人员共同违规违纪的，应从严处罚；对主动帮扶戒毒人员成效显著、及时制止或报告戒毒人员违规违纪的联号戒毒人员，应给予奖分，对有立功表现的应及时兑现奖励。

第三节　戒毒执法管理监督

监督即监察督促之意，法律监督是一定社会主体依法对其他社会主体活动的合法性所进行的监察督促，是法治建设的重要环节，是法律得到有效实施的保证。

一、戒毒执法管理监督的概念

戒毒执法管理监督，是指法律授权的国家机关、其他社会组织以及公民个人对强制隔离戒毒机关及其警察依法履行职责、行使职权的活动和遵守纪律的情况所实施的监督。戒毒执法管理监督涉及三个方面的内容，即监督主体、监督客体和监督内容，这三个方面构成了完整的戒毒执法管理监督概念。

戒毒执法管理监督是对强制隔离戒毒这一严肃执法活动的监督，必须遵循以下原则：

（一）法治原则

在依法治国的环境下，戒毒执法监督必须体现法治原则，以宪法和其他法律为依据，以法治方式开展，促进戒毒工作在法治轨道上运转。

（二）制衡原则

有效监督是防止权力失衡的有效手段。构建完整的戒毒执法监督体系，有益于让戒毒执法管理权力按规则运行，保持和维护社会公平正义的本质属性。

（三）公开原则

阳光是最好的防腐剂。公开透明是防止戒毒执法管理权力变异的有效手段。同样，戒毒执法管理监督也要在规则之内规范运行。

二、戒毒执法管理监督的构成

（一）戒毒执法管理监督的主体

法律监督的主体即法律监督行为的实施者，在法律监督活动中处于主导地位。我国法律监督的主体大体可以分为国家机关、社会组织和公民三类。相应地，戒毒执法管理监督的主体包括立法机关、司法机关、行政机关、社会组织和公民个人。

（二）戒毒执法管理监督的客体

戒毒执法管理监督的客体是戒毒执法管理主体的行为，包括：强制隔离戒毒立法活动，即有关强制隔离戒毒的法律法规的立改废情况；强制隔离戒毒司法活动，即强制隔离戒毒的行政诉讼活动；戒毒工作部门规章及工作制度的制定情况；强制隔离戒毒行政执法活动，即强制隔离戒毒的审批、决定和执行活动。

（三）戒毒执法管理监督的实现形式

戒毒执法管理监督的主体不同，其监督的内容也有所差异，其实现形式主要包括以下三种：

1. 国家权力机关的监督

国家权力机关的监督是各级人民代表大会及其常务委员会或其组成人员对戒毒机关及警察执法活动的监督。在我国政治生活的各种监督中，人大监督是最高层次的监督，既是国家根本制度的监督，又是人民当家做主、参与国家事务管理权利的体现，因此具有极大的权威性和严肃性。

国家权力机关对强制隔离戒毒机关及其警察的监督，主要通过以下途径实现：

（1）通过制定相应的法律、法规对强制隔离戒毒机关及其警察行使职权的活动进行制约。

（2）撤销同宪法、法律相抵触的，与戒毒执法管理有关的行政法规、决定和命令。

（3）各级人民代表大会听取戒毒法律实施情况的报告，对法律实施情况进行监督和检查，提出批评意见、建议或作出决定。

（4）督促强制隔离戒毒机关纠正执法错误，防止滥用权力的行为。

（5）受理人民群众对戒毒警察违法行为提出的申诉和控告。

2. 检察监督

检察监督是指由具有法律监督职能的人民检察院依法对戒毒执法管理活动的监督。人民检察院对戒毒执法管理监督的内容主要包括四个方面内容：

第一，对强制隔离戒毒决定执行情况的监督。这包括收治、提前、延期、按期解除强制隔离戒毒是否符合规定，外出探视、所外就医是否按规定条件和程序办理等。

第二，对戒毒场所管理活动的监督。这包括对管理、考核奖惩、诊断评估等活动的监督，对治疗康复活动的监督，对教育、生产劳动的监督，对生活卫生的监督等。

第三，依法处理戒毒场所发生的刑事案件。这包括戒毒人员在戒毒期间犯罪案件，发现戒毒人员在决定强制隔离戒毒时没有发现的罪行需要处以刑罚的案件，直接受理戒毒所内发生的属于人民检察院管辖的警察犯罪案件，上级检察院或本院检察长交办的案件。

第四，依法处理强制隔离戒毒人员及其家属的申诉和控告。这包括不服强制隔离戒毒决定、向决定机关申诉被驳回又向人民检察院申诉的，检察院认为可能有错误的，对戒毒警察违法犯罪行为提出的控告，上级检察院和本院检察长交办的申诉、控告案件。

当前，由于上位法规定的缺失，检察机关对戒毒执法管理的监督尚处于各省自行探索阶段，明确检察机关对戒毒执法管理的监督特别是实现驻所监督的仍为少数。山东省人民检察院与山东省司法厅共同制定了《山东省人民检察院、山东省司法厅开展司法行政强制隔离戒毒检察监督试点工作方案》，明确了六个方面的监督重点：接收戒毒人员，解除强制隔离戒毒措施，提前或延长戒毒期限情况；准予戒毒人员所外就医、外出探视，对戒毒人员采取保护性约束措施、单独管理，对戒毒人员警告、训诫、责令具结悔过情况；分别管理、分期管理、分级管理情况；安全生产事故、所内吸毒、所内死亡、涉嫌犯罪等事故处理情况；戒毒人员申诉、检举、揭发、控告等处理情况；其他需要重点监督的事项。同时，确立了监督机制和方式，即建立联席会议制度，实地检查制度，受理戒毒人员检举、申诉制度，提前介入制度，检察院建议处理机制等，为实现检察监督全面覆盖做出了有益探索。

3. 社会监督

社会监督是指来自国家机关以外的各种社会组织、群众团体及其他组织、公民个人等对强制隔离戒毒机关及其警察执法活动的监督。社会监督是一种非国家性质的监督，一般不具有严格的法定程序，也不直接具有强制性的法律后果。虽然社会监督只是间接地通过批评权、建议权、控告权、申诉权的行使来实现，但这种监督通过其广泛的网络体系，由浅及深地影响和改变着戒毒执法管理活动，成为国家机关监督的重要补充和信息来源。社会监督主要包括以下三个方面：

（1）社会组织的监督。社会组织一般包括参政党、政治团体、社会团体、群众组织、企事业单位等，主要通过批评、建议、协商、对话等方式进行监督。

（2）新闻舆论的监督。新闻舆论的监督主要指舆论机构通过新闻媒介的作用，反映广大人民的意志和要求，对戒毒执法管理工作中的违规违法行为进行揭露和批评。

（3）公民个人监督。公民对强制隔离戒毒机关及其警察的违法或不当行为，有权检举、控告，要求对责任人进行惩处；对自己受到的不公正处理，有权提出申诉，申请复议，提起行政诉讼，要求恢复自己的权利并补偿自己的损失。

三、所务公开

所务公开是社会监督的重要基础。所务公开是强制隔离戒毒机关向戒毒人员及其亲属、社会公众公开执法依据、执法程序和执法结果，并接受社会监督的活动，也是司法行政机关政务公开的重要内容。

（一）所务公开基本原则

所务公开包括严格依法、真实客观、及时便民三个基本原则。

1. 严格依法原则

要严格按照有关法律法规规定的内容和程序，向戒毒人员及其亲属、社会公众公开相关执法信息。

2. 真实客观原则

要按照“公开为原则，不公开为例外”的要求，除涉及国家秘密、工作秘密和戒毒人员戒毒的个人信息以及公开后可能妨害正常执法活动的信息外，应真实准确、客观公正地公开相关执法信息。

3. 及时便民原则

对应该公开的事项，采用方便、快捷的方式及时公开，使戒毒人员及其亲属、社会公众方便及时地获得公开信息。

（二）所务公开的主要内容

所务公开的主要内容包括：关于强制隔离戒毒工作的法律法规和规章，强制隔离戒毒诊断评估的规定及诊断评估结果，强制隔离戒毒戒治流程，戒毒人员行为规范、戒毒人员守则和一日生活制度，戒毒人员分别、分期、分级管理的规定，戒毒人员治疗康复的规定，戒毒人员教育矫治的规定，戒毒人员通信、探访的规定，戒毒人员外出探视的规定，戒毒人员所外就医、变更戒毒措施的规定，对戒毒人员使用警械、采取保护性约束措施及单独管理的规定，对戒毒人员采取惩戒措施的规定，对戒毒人员脱逃和自伤自残处理的规定，戒毒人员参加职业技能培训和生产劳动的规定，戒毒人员生活卫生管理的规定，戒毒人员财物保管的规定，戒毒人员个人伙食费、被服费、医疗费的使用情况，戒毒人员申诉、检举、揭发、控告处理的规定，提前解除强制隔离戒毒或延长强制隔离戒毒期限的规定，解除强制隔离戒毒的规定，司法行政强制隔离戒毒所人民警察纪律要求和执法责任，对司法行政强制隔离戒毒所及其人民警察执法管理工作进行监督的规定，需要公开的其他事项。

此外，对于公民、法人或其他组织根据自身生产、生活、科研等特殊需要，提出的获得相关信息申请，司法行政强制隔离戒毒所应当依法予以办理。不能确定申请公开事项是否可以公开时，应当依据法律、法规和国家有关规定报请有关主管部门或同级保密部门确定。

（三）所务公开的工作方式方法

所务公开的工作方式方法包括：印发所务公开手册，设立所务公开栏，开展所务咨询，开通并公布所务公开咨询电话，建立健全所领导接待日制度；开发网上咨询功能，加强所务公开信息平台建设，发挥新闻媒体作用，充分利用报刊、电台、电视等传统媒体，探索运用互联网、手机短信平台、微博、微信等新兴媒体，向社会各界公开有关信息。

四、戒毒执法管理监督的意义

完善执法监督机制是法治建设的内在要求。戒毒执法管理监督的实施对于加强我国法治建设、完善强制隔离戒毒制度及保障公民权益都有着重要意义。

（一）有利于法律效果的实现

法律因立法而成立，因执法和守法而产生其社会作用。法律只有在社会中被切实地贯彻和实现，才是真正的法律、现实的法律，否则再好的法律也只是纸上的法律。对强制隔离戒毒法律的监督有利于国家禁毒、戒毒法律法规的有效实施。戒毒执法管理监督对于推进强制隔离戒毒的立法、司法和执法活动都具有积极意义，进而有利于维护法律秩序，促进社会公平正义。

（二）有利于戒治目标的实现

戒毒执法管理监督是戒毒工作权威性的有力支撑。对戒毒执法的管理监督使法律规定执行不走样，并使强制隔离戒毒机构及时听取社会各界关于戒毒工作的合理化建议，保障戒毒工作从制度层面到执行层面的合法性、正当性。因此，完善的强制隔离戒毒法律监督，有利于推动强制隔离戒毒工作走上法治化、规范化和专业化道路，也有助于维护强制隔离戒毒场所常态化戒治秩序，进而促进戒治目标的实现。

（三）有利于权益保障的实现

一般意义上讲，法律监督是针对任何人的特别是权力拥有者。戒毒执法管理监督是强制隔离戒毒制度及其目的实现的重要一环，有利于防止执法者滥用权力，进而保障戒毒人员的合法权益，促使其接受治疗和矫正，戒除毒瘾，顺利回归社会。同时，戒毒执法管理监督也为警察戴上了“金箍”，既是警察严格规范、公正文明执法的保障，又是对警察的特殊保护。

第七章　戒毒工作社会化

国家禁毒委员会发布的《2018年中国毒品形势报告》显示，截至2018年底，全国现有吸毒人员240.4万名（不含戒断三年未发现复吸人数、死亡人数和离境人数），同比下降5.8%。随着毒品来源、吸毒人员、毒品种类的不断增多，我国的禁毒、戒毒工作形势依然严峻。随着《中华人民共和国禁毒法》的实施和各类戒毒措施的不断完善，我国的戒毒工作取得了较为显著的成果，但是高复吸率仍然是我们不得不正视的严峻现实。2014年7月，中共中央、国务院印发的《关于加强禁毒工作的意见》对戒毒工作提出了一系列具体要求，特别强调要重视和推动戒毒工作社会化。党的十九大报告提出："打造共建共治共享的社会治理格局。加强社会治理制度建设，完善党委领导、政府负责、社会协同、公众参与、法治保障的社会治理体制，提高社会治理社会化、法治化、智能化、专业化水平。"[①]在此背景之下，山东省戒毒工作紧紧围绕帮助戒毒人员戒断毒瘾、顺利回归社会这一目标，以探索共享共治为导向，主动作为，创新社会治理，积极推进戒毒工作社会化进程，取得了明显的成效。

第一节　戒毒工作社会化概述

戒毒人员来自社会又必须回归社会，缺少社会各界的支持，就无法确保戒毒工作的成效。司法行政戒毒机关要在与社会各界的交流合作

① 《决胜全面建成小康社会　夺取新时代中国特色社会主义伟大胜利——在中国共产党第十九次全国代表大会上的报告》，人民出版社2017年版，第49页。

中，使全社会形成了解戒毒、支持戒毒、参与戒毒的良好氛围。作为戒毒工作的主导者，司法行政戒毒工作管理机关要将各类社会资源有效整合、无缝对接，协调推动戒毒机关与政府部门、社会团体、爱心人士及戒毒人员家庭的良性互动，共同形成戒毒工作合力。[①]

一、戒毒工作社会化的法律依据

2008 年颁布的《中华人民共和国禁毒法》第三条规定："禁毒是全社会的共同责任。国家机关、社会团体、企业事业单位以及其他组织和公民，应当依照本法和有关法律的规定，履行禁毒职责或者义务。"第四条第二款规定："禁毒工作实行政府统一领导，有关部门各负其责，社会广泛参与的工作机制。"第十条规定："国家鼓励志愿人员参与禁毒宣传教育和戒毒社会服务工作。地方各级人民政府应当对志愿人员进行指导、培训，并提供必要的工作条件。"

从以上法律规定中我们可以看出，国家机关、社会团体、企事业单位及其他组织和公民，都可成为禁毒工作的主体；该法律明确了社会广泛参与的工作机制，确认了志愿者在禁毒宣传教育和戒毒社会服务工作中的重要作用。基于禁、戒毒工作不可分割的属性，上述社会化属性对于戒毒工作同样适应。

《禁毒法》还以法律的形式将社区戒毒与社区康复确定为戒毒措施。《禁毒法》第三十三条规定："对吸毒成瘾人员，公安机关可以责令其接受社区戒毒，同时通知吸毒人员户籍所在地或者现居住地的城市街道办事处、乡镇人民政府。社区戒毒的期限为三年。戒毒人员应当在户籍所在地接受社区戒毒；在户籍所在地以外的现居住地有固定住所的，可以在现居住地接受社区戒毒。"《禁毒法》第四十八条第一款规定："对于被解除强制隔离戒毒的人员，强制隔离戒毒的决定机关可以责令其接受不超过三年的社区康复。"

社区戒毒、社区康复既是一项戒毒措施，也是社会管理创新的重要举措。社区戒毒、社区康复充分发挥社区、家庭在帮助吸毒成瘾人员戒

① 参见高加军：《构建戒毒工作多元化社会支持系统的难点与对策思考》，《中国司法》2015 年第 11 期。

除毒瘾方面的作用,从法律层面上明确了运用社会化资源,从人性化的角度出发,动员社会力量帮助吸毒人员戒除毒瘾的必要性与可行性。

二、戒毒工作社会化的背景及概念

戒毒工作是一项复杂的社会工程,仅靠司法行政戒毒机关的自身力量和传统方法难以有效地完成工作任务。加之当前禁毒形势严峻,复吸率居高不下,涉毒违法犯罪活动日益猖獗,吸毒违法行为呈现多样化、公开化、低龄化趋势。同时,受历史和现实等因素的影响,部分群众对司法行政戒毒场所心存偏见,对戒毒人员和解除强制隔离戒毒的人员存在多方面歧视。在这样的大背景下,司法行政戒毒工作必须从服务大局、融入社会治理创新的高度,按照社会化发展思路创新机制,争取更多社会支持和社会主体参与,拓展社会功能,加深社会活动,推动戒毒工作由封闭式孤立化向联动式开放化的战略转变。

戒毒工作社会化,是指承担强制隔离戒毒任务的司法行政戒毒机关,在我国现行法律框架内,根据戒毒工作规律,双向延伸工作范围,在充分整合、协调社会资源、协助开展戒毒工作的基础上,联合各类社会主体对内开展相关戒毒工作。同时,以各类社会主体为媒介,结合戒毒工作实际对外开展戒毒宣传工作,并对解除强制隔离戒毒的人员进行必要的后续照管,帮助其保持操守、防止复吸以及回归正常社会生活的具体工作。

戒毒工作的社会化,不仅能为戒毒人员在强制隔离戒毒期间内优化教育资源,提高戒治质量,严密衔接流程,还将对强制隔离戒毒、戒毒康复、社区戒毒、社区康复等一系列戒毒措施的一体化运作、戒毒执法的规范化和透明化产生深远影响,对于提高戒断率、降低复吸率也具有重要的现实意义。促进戒毒工作社会化,必将为解决戒毒工作的社会矛盾提供帮助,为戒毒工作创新发展注入活力,为提升戒治效果提供有力保障。戒毒工作的社会化既是司法行政戒毒机关全新的职责使命,也是顺应时代发展的必然要求。

三、戒毒工作社会化的现实意义

(一)是提高戒断率、降低复吸率的必然要求

自开展强制隔离戒毒工作以来,山东省在实践中总结出了许多行之

有效的方式方法，形成了所内戒毒的成功模式，实现了所内百分之百戒断的目标。然而，回归社会后，大多数人不能保持操守，使得复吸率居高不下。据山东省某戒毒所跟踪调研结果显示：2015 年解除强制隔离戒毒的 50 名被跟踪调查的吸毒人员，保持三年不复吸的有 22 人，占比为 44%。也就是说，超过半数的强制隔离戒毒人员在回归社会后，三年以内又开始吸食毒品，复吸问题非常突出。近年来，戒毒所始终强调对解除限制的戒毒人员进行回访，但是因为缺乏有效的机制支持，即使能够与个别人员取得联系，也仅限于听取调查对象的口述或者了解当时的情况，对于防止复吸的实际意义有限。因此，要有效巩固强制隔离戒毒的成果，防止出所人员复吸，后续照管工作就显得尤为重要。要将强制隔离戒毒场所的所内工作延伸到所外，协助社区及有关部门落实强制隔离戒毒回归人员的后续照管工作，一人一档，精准帮扶；在衔接方面，通过采取出所衔接、出所调查、指导支持社区戒毒社区康复等措施，打通戒毒工作的“最后一公里”。这对于实现戒毒工作中提高戒断率、降低复吸率的目标，无疑具有积极意义。①

(二)是帮助戒毒人员重新融入社会的必要手段

我国目前正处于城镇化的快速转型期，社会经济发展变迁提速显著，在这样的时代背景之下，新思想、新事物层出不穷。与此相反，戒毒人员在长达两年的强制隔离戒毒过程中，失去了与社会接触的机会，一旦重新回归社会，难免对新的社会生活产生不适感。在这种前提之下，解除强制隔离戒毒的人员，重新回到社会之后如何妥善安排自己的未来生活，以何种精神面貌面对家人与朋友，再次面对毒品时是否能够抵挡住赤裸裸的诱惑，这些问题对他们来说都是需要认真思量的。解除强制隔离戒毒的人员在回归社会之后，就业、生活、情感都面临诸多歧视，“谈毒变色”的思想在当今社会中仍然广泛存在。

针对以上问题，鼓励更多社会主体、整合更多社会资源投入戒毒人员回归社会的指导工作当中，切实帮助他们从生理和心理两个方面适应新的社会生活节奏，掌握适应当前社会需求的谋生技能，摆正心态面对

---

① 参见甘肃省司法厅课题组：《司法行政戒毒工作社会化的调查与思考》，《中国司法》2015 年第 6 期。

亲朋好友，树立积极向上的理想信念，增强抵御毒品诱惑的能力；同时，可以使更多的人了解戒毒工作，摘掉“有色眼镜”，正视回归社会的戒毒人员，为他们营造鼓励、宽容、友爱的社会环境。这对于帮助戒毒人员重新融入社会，增强生活信心，回归正常生活起着至关重要的作用。

（三）是遏制吸毒现象持续蔓延的必要措施

根除毒品，就必须形成全民禁毒的氛围。这不仅需要政府相关部门加大打击力度，更需要从广大人民群众的教育和防范抓起。因此，戒毒工作的社会化不仅仅是“请进来”的单向行为，除了鼓励社会主体协助司法行政戒毒机关开展戒毒工作，提升戒治效果之外，还要充分发挥“走出去”的作用，以各类社会主体为媒介，结合戒毒工作实际，对外开展戒毒宣传工作。当前，吸毒低龄化趋势明显，《2018 年中国毒品形势报告》显示，截至 2018 年底，全国现有不满 18 岁的吸毒人员 1 万名，占 0.4%；18～35 岁的有 125 万名，占 52%。面对毒品向青少年蔓延，尤其是新型毒品层出不穷的严峻趋势，需要采取切实有效的措施对社会大众特别是青少年群体进行正面宣传引导。

在此背景之下，司法行政戒毒机关可以与中小学校、大中专院校、企业及社区等社会主体联合，充分发挥戒毒所等单位的专业优势，培训志愿人员参与禁毒宣讲教育，组织所内戒治效果明显的戒毒人员现身说法，成立禁毒宣讲团外出宣讲或者组织学生、职工等到所内禁毒宣传基地参观，让更多的人了解毒品危害，认清当前社会毒情，学习防毒拒毒技巧，从而实现有效遏制吸毒现象持续蔓延的目标。以这种“走出去”的方式发挥戒毒工作社会化的积极作用，还社会一份安宁。

（四）是巩固强制隔离戒毒工作成果的必然选择

强制隔离戒毒工作是一项由人民警察承担，对吸毒人员的违法行为进行强制矫治，对其毒瘾进行隔离戒除的专门性工作。这项工作的专门化属性表明，强制隔离戒毒工作应当具有更高的水准、更稳固的戒治效果。事实上，自 2008 年《禁毒法》正式明确设立了强制隔离戒毒制度以来，在近十年的实践探索中，广大戒毒工作者不仅总结出了一套行之有效的矫治吸毒人员违法行为的方法，而且在帮助吸毒人员戒除毒瘾方面也做了大量有益的尝试，取得了较好的效果。但是，总体上看，强制隔离戒毒工作水平还是不够高，当前仍普遍存在重管制、轻矫治，重当下、轻长远等问题。特别是在所内实行的针对毒瘾戒毒的一些非常有效的方法，仅仅局限在所内应用，没有在戒毒人员回归社会后发挥作用，这是不符合戒毒工作的规律性要求的。[①]

针对此问题，在强制隔离戒毒期间，戒毒所除了及时有效地对戒毒人员开展所内的教育矫治工作，还可以寻求社会专业心理咨询机构或临床经验丰富的心理咨询师给予帮助，以专业化的视角帮助戒毒人员打开心结，认清毒品本质；也可以充分发挥亲属帮戒功能，以亲情的力量感化他们，重塑其家庭意识及责任意识，强化其自制力与责任感，从而实现延长强制隔离戒毒工作成果"保质期"的目标。

（五）是打赢新时代禁毒人民战争的必由之路

2014 年 7 月，中共中央、国务院印发的《关于加强禁毒工作的意见》（以下简称《意见》）对戒毒工作提出了一系列具体要求，特别是强调要重视和推动戒毒工作的社会化。戒毒司法机关要认真贯彻《意见》的要求，在全面做好强制隔离戒毒所内工作的基础上，拓展工作领域，加强与戒毒工作相关方面的联系、协作，运用戒毒工作成果，不断推动戒毒工作向前发展。自 2016 年底，我国禁毒人民战争打响以来，广大社会力量积极参与其中，充分发挥自身在戒毒工作中的优势。2018 年"国际禁毒日"前夕，习近平总书记就禁毒工作作出的重要指示中强调，要加强党的领导，充分发挥政治优势和制度优势，完善治理体系，压实工作责任，广泛发动群众，走中国特色的毒品问题治理之路，坚决打赢新时代禁毒人民战争。他还强调，全社会要关心支持禁毒工作，为推进平安中国、法治中国建设做出新的更大的贡献。从《意见》到习近平总书记的指示，我们可以清晰地感受到社会力量的广泛参与对于当前我国戒毒工作的重要性和必要性，我们有理由相信，随着戒毒工作社会化的持续深入，打赢新时代禁毒人民战争的宏伟目标必将会早日实现。

四、戒毒工作社会化进程中要处理好的几个关系

戒毒工作的社会化是一个复杂的工程，并非单纯依靠司法行政戒毒

① 参见甘肃省司法厅课题组：《司法行政戒毒工作社会化的调查与思考》，《中国司法》2015 年第 6 期。

机关的一己之力就可以完成的。因此，在这个过程中，需要与众多的社会主体相互协作，发动更多更优质的社会资源投入戒毒工作当中。这就需要妥善处理好以下几个方面的关系：

（一）要处理好强制隔离戒毒所与帮戒社会主体的关系

当前，强制隔离戒毒所内实施的强制隔离戒毒依然是戒毒工作的中心，因此，戒毒所与参与戒毒工作的帮戒社会主体之间的关系就显得尤为重要。可能有人会质疑，既然是强制隔离戒毒，怎么还会与其他社会主体产生联系呢？当前的强制隔离戒毒工作并不能单纯地从字面上去理解，强制隔离的目的只是让戒毒人员暂时性地远离毒品和吸毒的环境，而非刻意将戒毒人员与社会隔离开来。相反，强制隔离戒毒所十分重视帮戒社会主体对于戒毒工作的作用。戒毒工作是一项专业性极强的工作，需要医学、心理学、社会学、管理学等诸多学科的人才和各类医疗卫生、康复训练等专业设施，仅仅依靠场所自身力量难以达到专业化的水平。以山东省为例，戒毒所与山东省中医药大学合作建立“中医戒毒”课题组，与山东师范大学建立“心理戒毒”研究生实践教学基地，与中国孔子基金会联合建立孔子学堂等。此类方式可以有效补充戒毒场所专业化发展的短板，争取社会力量，以提高教育戒治实效。

（二）要处理好与戒毒人员家庭的关系

吸食毒品使戒毒人员的生理和心理特征都发生了显著变化，对他们的思维、情绪和行为表现产生了深刻影响，部分具有较长吸毒史的戒毒人员在记忆力、注意力和持久力等方面都受到了明显损害，造成他们在生活、学习和工作等方面意志衰退、行为拖沓、自制力差、意志力薄弱，不能较好地配合戒毒工作的有效开展。在此情形下，家庭的作用就显得尤为重要。不论是在社区戒毒、强制隔离戒毒还是社区康复等措施下，家庭更容易与戒毒人员建立起良好有效的情感上的联系，帮助他们积极参与到戒毒矫治当中，提高戒毒人员自身的责任感和戒治的依从性。以山东省的强制隔离戒毒工作为例，除了充分保障每名戒毒人员的亲情探访、亲情电话、家属通信的权利之外，每年都会利用春节、母亲节、父亲节、中秋节等具有特殊意义的节日，将戒毒人员家属请进所内，与戒毒人员进行面对面的沟通交流。这一举措受到了戒毒人员及其家属的一致好评，对于修复家庭功能、改善家庭关系、增强戒毒动力发挥了不可替代的作用。

（三）要处理好强制隔离戒毒与后续照管的关系

《禁毒法》《戒毒条例》赋予了司法行政戒毒机关指导、支持社区戒毒和社区康复的职责，推进戒毒工作社会化的主要方向在于衔接社区康复。因此，在继续做好强制隔离戒毒工作的同时，还要研究、探索与社会化工作的衔接，真正打通强制隔离戒毒工作的“最后一公里”。这就要求在工作思路上，彻底转变过去“铁路警察，各管一段”的观念，在强制隔离戒毒的各个环节中，都要融入有利于强制隔离戒毒人员回归社会后，戒毒所继续帮助、支持的理念，并尝试相应的方式方法，为社会化建立必要的工作基础。① 在此过程中，应坚持做到“履职不越权，帮忙不添乱”。具体需要注意以下几个方面：一是在人员对象上，要突出以强制隔离戒毒回归人员为重点，体现出司法行政戒毒工作的完整性、延续性。二是在工作方式方法上，要以指导和支持为重点，紧紧依靠公安禁毒部门、社区禁毒部门开展工作，通过培训、宣传、策划专项工作计划等方法，指导、帮助和支持社区落实戒毒人员后续照管措施。三是在工作内容上，要以发挥司法行政戒毒专业优势为重点，对社区戒毒专干进行业务培训，为戒毒人员提供心理援助、危机干预。②

（四）要处理好司法行政戒毒部门与公安禁毒部门的关系

事实上，戒毒人员一旦解除强制隔离戒毒回归社会，就意味着强制隔离戒毒所对其管理执法权的终结。但是，公安禁毒部门作为戒毒人员回归社会后的管理主体，可以起到主导、管理、监督等职责。为此，司法行政部门要落实对戒毒回归人员的后续照管措施，履行指导支持社区戒毒社区康复工作的职责，就必须主动加强与公安禁毒部门的协调联系，通过召开联席会议、形成会议纪要的形式，达成一致，密切配合，以更好地落实对戒毒人员的跟踪帮教和监督管理，建立起戒毒人员回归社会帮扶工作机制。③

---

① 参见甘肃省司法厅课题组：《司法行政戒毒工作社会化的调查与思考》，《中国司法》2015 年第 6 期。

② 参见甘肃省司法厅课题组：《司法行政戒毒工作社会化的调查与思考》，《中国司法》2015 年第 6 期。

③ 参见甘肃省司法厅课题组：《司法行政戒毒工作社会化的调查与思考》，《中国司法》2015 年第 6 期。

第二节　社会支持平台建设

戒毒是一项社会系统工程，单靠戒毒所和戒毒民警的力量远远不够，还需要全社会力量的积极参与。因此，我们提倡更多的社会主体积极主动地参与到戒毒工作当中，共同搭建起戒毒工作的社会支持平台，为戒毒工作提供更多、更优质的社会资源，能够有效补充戒毒工作专业化发展的短板，填补戒毒工作各个环节衔接处的空白，以提高戒毒工作的实效。

一、社会支持平台的概念

有研究结果显示，男性强制隔离戒毒人员的社会支持水平与其复吸倾向有显著的负向预测作用。[①] 也就是说，个体所获得的社会支持水平越高，其复吸的可能性越低。因此在戒毒和复吸预防的过程中，我们应该创设条件，为戒毒人员提供更多客观实在的社会支持。同时，还应培养和增进他们对社会支持的主观感受的能力，积极主动地去获得社会、家庭的支持和帮助，以提高戒毒工作的成效。社会支持作为一种支持性资源或支持性行为，对维持戒毒人员良好的情绪体验，促进其安心、积极戒治具有重要意义。要实现戒毒工作社会化，离不开社会支持平台的建设，只有把社会支持平台打造好，充分发挥各级政府、各相关职能部门、各相关社会团体及各类相关人员的积极性，充分利用各类对于戒毒人员戒除毒瘾能够发挥积极作用的社会资源，才能切实为戒毒人员在纷杂的社会环境中营造良好的戒治氛围，促进他们远离毒品，洁身自好。

心理学界对于社会支持的研究始于20世纪60年代。但是直到20世纪70年代，社会支持才首次被作为专业概念由卡斯尔(Cassel)和科布(Cobb)在精神病学文献中提出。之后，很多著名学者将其作为一门科学进行了广泛深入的探讨和研究。

---

① 参见葛丽霜、应柳华：《内外向人格和社会支持对男性隔离戒毒者的复吸倾向影响》，《中国健康心理学杂志》2016年第4期。

按照当今社会学学术上较为正式的定义，社会支持是指一定社会网络运用一定的物质和精神手段对社会弱势群体进行无偿帮助的行为的总和。

基于上述理论，戒毒工作中社会支持平台的概念可以归纳为各类社会主体（政府、社区、企事业单位、社会团体、家庭、警察、社区工作人员、亲人、朋友等）能够从物质和精神（金钱、设施、场所、情感、政策、信息等）上，支持和帮助戒毒人员彻底戒断毒瘾、重新回归正常社会生活的各种积极社会行为的总和。

二、社会支持平台建设的意义

面对当前的禁毒戒毒形势，如何在日益开放和动态信息化的社会环境下，突破传统工作模式的束缚，构建多元化社会支持系统，做到戒毒工作依托社会、对接社会、服务社会，既是司法行政戒毒机关全新的职责使命，也是戒毒工作社会化转型的时代呼唤。[①]

（一）是适应当前戒毒工作形势的需要

《2018 年中国毒品形势报告》的相关数据显示，当前我国的禁毒形势依然严峻，吸毒违法行为呈现多样化、公开化、低龄化趋势。同时，受到历史和现实等因素的影响，部分单位和群众对戒毒人员和解除强制隔离戒毒的人员存在偏见和歧视。在此背景下，山东省司法行政戒毒机关全力争取社会支持，拓展社会功能，加深社会互动，建设社会支持平台；采取顺应时代发展需要的重要举措，为解决戒毒工作的社会矛盾提供帮助，为戒毒工作创新发展注入活力，为戒毒工作综合保障开拓资源。

（二）是更好履行戒毒职能的需要

戒毒人员来自社会又必须回归社会，没有社会各界的支持就做不好戒毒工作。社会支持平台的建设，不仅会使戒毒人员在强制隔离戒毒期间得以优化教育资源，提高戒治质量，严密衔接流程，还会对强制隔离戒毒、戒毒康复、社区戒毒、社区康复等一系列戒毒措施的一体化运作和戒毒执法的规范化、透明化产生深远影响，切实提高戒毒机关执法的规范

---

① 参见高如军：《构建戒毒工作多元化社会支持系统的难点与对策思考》，《中国司法》2015 年第 11 期。

化水平,促进戒毒机关成为平安法治建设的坚实力量。[①]

(三)是戒毒工作融合发展的需要

我们必须将戒毒工作放在社会治理的大视野下来谋划,放在禁毒工作的大链条中来推动,放在戒毒人员再社会化的大工程中来实施。与社会各界的交流合作,可以使全社会形成了解戒毒、支持戒毒、参与戒毒的良好氛围。司法行政戒毒管理机关作为戒毒工作的主导者,要将各类社会资源有效整合、无缝对接,协调推动戒毒机关与政府部门、社会团体、爱心人士良性互动,共同形成戒毒工作合力。[②]

三、社会支持平台建设的现状与困境

戒毒工作是一项系统工程,需要司法行政戒毒机关与社会力量的紧密协同配合。为戒毒人员建立社会支持平台就是以戒毒人员为中心,重构涵盖政府、社会、戒毒所等方方面面对戒毒人员支持所构成的社会关系网络系统。山东省在社会支持平台建设的过程中,注重突出支持方式上的多样性。当前,全省戒毒场所基本建立了以地方政府部门、社会爱心企业、医院、中小学、高校、社会团体和志愿者为主体的帮戒体系,通过采取“走进来”的方式,邀请他们从法律问题、医疗指导、就业安置、文体教育、戒毒规劝等方面为戒毒人员提供更多帮助,并取得了初步成效。同时,在重点解决共性问题的基础上,还注重个体问题的处理,讲究针对性和人性化,给予力所能及的帮扶和救助,有效避免了支持的错位,稳定了戒毒人员的戒治情绪,起到了积极的帮戒作用。[③]

然而,从目前社会支持平台运作的情况来看,发展的瓶颈依旧存在。一方面,戒毒场所由于缺少社会资源,在戒治过程中往往“单打独斗”,一定程度上削弱了教育戒治效果;另一方面,社会支持平台构建的不健全,又削弱了戒毒机构的社会影响,无法在全社会形成关注戒毒、参与戒毒

---

① 参见高如军:《构建戒毒工作多元化社会支持系统的难点与对策思考》,《中国司法》2015 年第 11 期。

② 参见高如军:《构建戒毒工作多元化社会支持系统的难点与对策思考》,《中国司法》2015 年第 11 期。

③ 参见高如军:《构建戒毒工作多元化社会支持系统的难点与对策思考》,《中国司法》2015 年第 11 期。

的良性互动，进而加剧戒毒工作的封闭和孤立。[①]

当前，社会支持平台建设面临的困境主要体现在以下几个方面：

（一）构建社会支持平台的组织机构缺失

在具体实践中，戒毒机关在寻求社会支持时，一般都是由戒毒机关或者戒毒场所主动与地方政府机构和社会组织单独联系，没有形成统一的、便于统筹协调的领导机构来引导社会力量参与戒毒工作，各种社会力量因为缺乏统一领导，对戒毒工作关注度、影响力、协调性的认识受主观因素影响较大，不利于该项工作的持续健康发展。构建社会支持平台这项全局性、长期性、系统性的工作由谁领导，由谁决策，由谁指导，由谁监督等问题必须及早加以明确。[②]

（二）社会支持平台的工作制度体系亟待完善

当前，戒毒机关与社会力量相互联系、相互支持的工作体系还没有完全形成。制度上的缺位割裂了原本就相对疏离的合作共建关系，往往造成两者的支持与合作进入只顾眼前不谋长远、只重形式忽略内容、只讲影响不讲质量的误区。

（三）各项戒毒措施与社会资源的整合交流渠道不畅通

当前，各类社会力量对社区戒毒、强制隔离戒毒、戒毒康复、社区康复等戒毒措施的理解和参与程度参差不齐。从社会支持的内容来看，侧重于亲情帮教的多，对文化帮教、戒毒方法、医疗康复、康复训练、回归社会后的政策保障等相关内容虽有所涉及，但内容较为单一，不够系统全面；在支持的广度、深度和持久性上，与戒毒工作社会化要求尚有较大差距。

（四）社会力量支持的尺度难以把握

在强制隔离戒毒期间，从戒毒安全角度考虑，目前，戒毒所主要是通过“请进来”的方式，对戒毒人员开展所内帮教支持。相对于通过“走出去”的形式，组织戒毒人员尝试所外康复体验，则存有较大的安全风险，如对符合条件的戒毒人员开展所外试学、试工、试农、试回家，有时顾虑

---

① 参见高如军：《构建戒毒工作多元化社会支持系统的难点与对策思考》，《中国司法》2015年第11期。

② 参见高如军：《构建戒毒工作多元化社会支持系统的难点与对策思考》，《中国司法》2015年第11期。

较多,担心离所后有可能产生复吸或探视不归的情况。戒毒所束手束脚,不愿拓宽支持的范围,社会支持的开放度受到较大影响。[①]

四、社会支持平台建设的具体实践

根据戒毒工作规律和社会治理创新的要求,我们必须加快社会支持平台建设进度,以弥补资源劣势,主动使戒毒工作与社会资源互相融入,发挥社会支持平台的价值。具体可从以下七个方面展开实践活动:

(一)与相关政府部门合作搭建综合性社会支持平台

相关政府部门的积极参与对于戒毒工作的开展起着重要作用,戒毒机构与社会力量的交流融合不能仅局限于共同组织的个别活动,而更为重要的是将司法行政戒毒工作与卫生、人社、综治、公安、民政、检察、社区等政府各界力量有力整合,形成常态化、针对性强、覆盖面广的社会支持平台。以山东省的实践为例,在所内戒毒工作中,山东省济东所与九三学社联合开展"牢记初心,协力戒毒"的社会帮戒活动,共同建立了九三学社山东省委财经委员会社会帮戒基地,旨在进一步加深双方在禁毒法治教育、戒毒康复研究等领域的合作。山东省济东所与章丘区司法局建立长期合作关系,定期向戒毒人员开展普法宣传教育,提供法律援助,为戒毒人员经常遇到的法律问题答疑解惑。在所外戒毒工作中,各戒毒所积极联合地市级政府相关部门,共同建立社区戒毒社区康复指导站,先后在全省 12 个市建立社区戒毒社区康复指导站 27 个,不断健全戒毒衔接帮扶机制。以上这些做法对于加强戒毒人员的后续照管,戒毒所推动强制隔离戒毒和社区戒毒社区康复工作实现无缝对接,进一步巩固戒治效果,提高操守率,降低复吸率具有非常大的意义。后续照管类的问题将在本章第四节内容中做详细介绍。

(二)与医院、社会医疗机构等合作搭建医疗、食疗社会支持平台

医院及相关社会医疗机构的介入,为强制隔离戒毒工作提供更加专业、精准的技术保障。山东省戒毒所在实践中,为提高戒毒工作中的中医食疗专业化水平,与济南市中医医院成立中医食疗戒毒科研基地,提

① 参见高如军:《构建戒毒工作多元化社会支持系统的难点与对策思考》,《中国司法》2015 年第 11 期。

供科学合理的膳食营养,有助于戒毒人员快速恢复体质,减轻和缓解急性戒断反应和稽延性症状。双方还在此基础上共同签署了中医食疗干预甲基苯丙胺成瘾者毒瘾科研项目合作协议。此外,戒毒所还邀请口腔专家走进场所内,为戒毒人员进行义诊,在现场给予初步治疗,让戒毒人员不出高墙就享受到社会医院的专业治疗,切实为他们消除了病痛。在合作中,戒毒所依托山东中医药大学设立中医药戒毒实验室,开展中医药戒毒理论研究和课题攻关,促进科研成果转化,组织学术研讨活动,培养中医药戒毒专业人才。

(三)与社会爱心团体或社会知名人士合作搭建专业性社会支持平台

各类社会爱心团体和社会知名人士的介入,能够为戒毒工作提供更多专业化的人才和技术支持,有针对、有侧重地提升戒毒人员的戒治效果。山东省济东所通过与社会爱心团体和社会知名人士的合作开展了多项活动:邀请山东快书表演艺术家、山东快书高派第三代传人阴军来所授课,并建立长期合作关系,传授山东快书,这样既推动了民族经典的文化传承,又提升了戒毒人员的艺术修养,更提高了戒毒人员创业谋生技能,是推进再社会化进程的有益探索。聘请心理学博士、国际分析心理学会分析师杜大干博士担任戒毒智库学者,与济南心理卫生协会一起成立张洪涛心理工作室等,为戒毒人员开展专业心理辅导,这对于拓宽心疗戒毒的视野和思路,借助社会专业力量消除戒毒人员的心瘾,发挥心疗在戒除心瘾、防止复吸、激发潜能、重塑人格方面的治本效能起着积极作用。与中国孔子基金会联合建立孔子学堂,与章丘区清照文学艺术协会、淄博市民俗文化研究会开展社会帮戒活动,进一步发挥文疗功效,对于巩固和强化戒毒人员戒毒操守,提高教育戒治质量,加深对社会主义核心价值观的认同和实践产生了积极深远的影响。省鲁中所邀请山东省体育人才服务中心入所举办二级社会体育指导员专业培训,调动了戒毒人员参与康复训练的积极性,让戒毒人员更好地享受科学健身和精准戒治有机结合所带来的实惠。

(四)与各类学校合作搭建双向教育社会支持平台

学校与戒毒所开展的合作,一方面将戒毒所作为禁毒教育宣传基地,让更多的青少年学生明确毒品的危害性,有效避免遭受毒品侵害;另一方面,可以充分发挥学校特有的教育属性,通过专业的师资力量对戒毒人员实施教育指导,提升教育质量。山东省各地戒毒所积极与驻地周边中小学、本专科院校开展合作,发挥禁毒教育宣传主阵地的作用,邀请在校师生来所参观,从毒品特征、吸毒的违法性、吸毒的危害等方面让广大师生认清毒品的罪恶本质,适时组织戒治效果突出的戒毒人员现身说法,进一步提升受教育者的感受,加深他们对于毒品危害的认识。与此同时,戒毒所还邀请广大师生入所,对戒毒人员开展帮教工作。在山东省的实践中,省戒毒管理局与山东师范大学心理学院联合开展心理戒毒课题研究并建立心理戒毒实验室。该实验室的建立既为山东师范大学心理学院的师生进行科研课题研究、实践教学工具提供平台,更为全省戒毒场所培养心理戒毒专业人才提供了力量。山东省司法厅与山东体育学院等单位联合设立戒毒康复实验室,山东体育大学等单位为实验室提供了硬件设备、人才资源、文献材料、研究基础等全方位的保障,成为体疗戒毒的"设计师"和"规划师"。在我国人口老龄化加剧的背景下,山东省济东所联合齐鲁理工学院举办戒毒人员养老护理员培训班,有效增强了戒毒人员职业技能培训工作的针对性和回归就业的能力,帮助戒毒人员更好地适应社会发展需求。

(五)与戒毒志愿者组织搭建志愿帮戒社会支持平台

戒毒志愿者组织是戒毒工作的社会支持平台建设中不可或缺的重要一环,单纯依靠司法行政戒毒机关自身力量来带动全社会参与戒毒工作当中是不现实的,只有戒毒志愿组织的积极参与,才能让社会上更多的人真正了解戒毒工作的真正内涵及意义,鼓励更多的人投入志愿帮戒的工作当中。在实践中,山东省各戒毒所积极组织戒毒人员在所内学习各类职业技能,为其出所后能够自食其力打下基础。在此背景之下,不少戒毒志愿组织利用各自的行业优势,与戒毒所积极开展合作,帮助戒毒人员学习职业技能。同时,其作为招聘单位参加戒毒人员就业推荐会,与符合企业用工条件的戒毒人员签订就业意向协议书。此举为戒毒人员提供了就业机会,拓宽了就业渠道,增强了其融入社会的信心,对于探索并打通戒毒人员回归社会的"最后一公里"具有重要的现实意义。除此之外,戒毒所还邀请已经解除离所且能保持良好操守的戒毒人员,作为社会帮戒志愿者回所开展帮戒活动,用他们的实际行动告诫戒毒人员要坚定信心，适应戒治环境，心平气和地主动接受戒治，磨炼和培养坚强的意志，确保回归社会后与毒品和心瘾的彻底断绝，这对在所的戒毒人员能够产生极大的激励作用。

（六）与各类媒体合作搭建戒毒宣传社会支持平台

戒毒宣传工作是社会支持平台建设的重要组成部分，只有宣传到位，才能动员更多的社会力量投入戒毒工作中来。宣传的方式多种多样，但要想取得实效，立竿见影，就必须注重与各类媒体的合作。以山东省戒毒宣传工作为例，每年的“6·26”国际禁毒日，各戒毒所都会开展丰富多彩、主题鲜明的系列活动。但由于强制隔离戒毒场所本身的封闭性，并不容易被全社会广泛了解，一旦缺少了宣传，就使这一系列活动的开展失去了应有的意义。为此，2019 年，山东省济东所在“6·26”国际禁毒日举行了媒体开放日系列活动，积极联系各路媒体来所报道。新华网、中国新闻社、《法制日报》、山东广播电视台、《山东法制报》《齐鲁晚报》、“今日头条”等数十家媒体对活动进行了报道。本次媒体开放日活动，让更多的人了解了戒毒工作，认识了戒毒工作，从而有兴趣参与戒毒工作。同样，在 2019 年 8 月 8 日，由省戒毒管理局和省戒毒协会开展的禁毒戒毒法治宣传走进大明湖风景区活动，不仅邀请众多媒体进行现场报道，还首次通过网易进行网络直播。此举正是不断拓展禁毒戒毒法治宣传领域的创新举措，将“阵地”宣传教育向科技化、信息化、数字化方向推进，让更多人了解戒毒工作，从而吸引更多的社会力量参与到戒毒工作中来。

（七）与有关科研机构合作搭建科学戒治社会支持平台

科学戒治是戒毒工作的核心，社会支持平台的建设离不开科学的戒治方法。这就需要更多的相关科研机构积极投入戒毒工作当中，与司法行政戒毒机关共同进行戒治技术的研发。在吸收和借鉴医学、心理学、教育学、行为学等的客观规律和先进学术成果的基础上，戒毒局利用科研机构在研究人才、研究资源、研究场所和研究设备等方面的优势，提高戒治的科学性和实效性。为此，山东省积极开展了多项实践措施，例如，山东省戒毒管理局与山东体育学院联合成立项目研发组，共同研发强制隔离戒毒 VR 体感康复训练方式，量化评价戒毒人员康复训练对改善身体机能的效果。双方共同设计了虚拟室内和室外攀岩、虚拟冬季和春夏秋季自行车和虚拟划船五种训练场景，使戒毒人员在虚拟场景中充分体验到在大自然中体能康复训练的愉悦，增强戒毒人员参与体能康复训练的主观能动性，激发其健身热情，释放自身潜能，并通过适当调节体育游戏强度和科学开具个性化运动处方实现对戒毒人员体能、体质的改变。山东省济东所与北京望里科技合作打造“人工智能甲基苯丙胺毒瘾渴求评估与旋磁干预”项目，通过该戒毒科研平台的搭建，研发毒瘾干预技术，科学客观地评估戒毒人员毒瘾渴求程度，从而有效实现戒治目标、戒治方案的科学调控、动态调整。

第三节　亲情支持平台建设

根据相关调查显示，在戒毒人员认为最受益的教育方式一问中，亲情帮教高达 74.6%。而复吸的原因中，没有亲情温暖、经济和生活压力大、生活中突发事件刺激等三项与家庭相关的因素占 31.4%，这表明家庭在帮助吸毒人员戒除毒瘾、防止复吸方面有非常重要的作用。[①] 戒毒人员在戒毒过程中最先要面对的就是心理方面的渴求。但同时，戒毒人员在生活中很难摆脱环境对家庭的影响，这些客观环境中最重要的就是家人对他们产生的影响。许多戒毒人员在平时生活中常常表示，如果能改变身边的环境，戒毒成功的可能性就会大大增加，否则戒毒将无从谈起，所以改善戒毒人员周围的社会和家庭环境就显得非常重要。邓时坤、徐雄心在对 1880 名戒毒人员进行研究后得出结论：所有的戒毒人员都肯定戒毒的成功与否与家庭的关系很大。[②] 李思贤等在 2010 年的研究中认为，在戒毒人员防复吸过程中，家人的支持与帮助将起着无可替代的作用。[③] 基于上述研究理论，结合司法行政戒毒工作的实践经验，亲

① 参见甘肃省司法厅课题组：《司法行政戒毒工作社会化的调查与思考》，《中国司法》2015 年第 6 期。

② 参见邓时坤、徐雄心：《对 1880 例解除劳动教养戒毒人员的跟踪调查报告》，《犯罪与改造研究》2006 年第 5 期。

③ 参见李思贤等：《毒品罪再犯率与保护因子研究：以基隆地区为例》，《犯罪学期刊》（台北）2010 年第 13 期。

情支持尤其是以家庭为单位的家庭成员的亲情支持，对于戒毒人员成功戒除毒瘾具有重要作用。

一、亲情支持平台的概念

亲情，特指亲属之间的特殊感情，不管对方怎样也会爱对方，无论贫穷或富有，无论健康或疾病，甚至无论善恶。亲情有两个特点：一是互相的，不是专一的；二是立体的，不是单方面的。亲情是一种很密切的关系，不管发生什么事都不会改变这一血缘关系。

通过亲情的定义和特点，我们不难发现这种情感特有的属性，它承载着基于家庭关系而天然产生的爱。这份爱和由爱而生的支持力，正是戒毒人员在戒治过程中不可或缺的。因此，在戒毒工作中，开展亲情支持平台建设，为戒毒人员提供必要的亲情支持，是对传统戒毒方法的有效补充。

鉴于亲情支持平台建设的必要性及其在戒毒工作实践中发挥的作用，我们可以把亲情支持平台的概念归纳为戒毒人员的亲属，尤其是家庭内部关系密切的成员，在社区戒毒、戒毒康复、强制隔离戒毒和社区康复等戒毒措施实施过程中，在戒毒人员解除戒毒回归社会的过程中，从物质和精神方面，支持和帮助戒毒人员彻底戒除毒瘾，融入正常社会生活的各种积极行为的总和。

二、亲情支持平台建设的意义

在我国，亲情对个人的影响不言而喻，可以说，个人终其一生也难以摆脱亲情的影响。一般来讲，亲属关系和谐、亲情功能良好的戒毒人员更容易坚持戒毒，并且戒毒的积极性和信心较高，戒毒成功及顺利回归社会的可能性也更大。众多实践和实证研究都表明，亲情帮戒对于戒治效果具有明显的帮助作用，对于改善戒毒人员的心理活动，促进其积极参与戒治活动具有重要作用。基于此，再结合我国戒毒工作发展的实际，进行亲情支持平台的建设有着重要的现实意义。

（一）有助于戒毒人员修复家庭关系

多数戒毒人员因吸食毒品将家中资产基本挥霍一空，有的更是负债累累，更有甚者为了毒资或在毒瘾发作的情况下伤害家人。众多吸毒人员家属反复规劝却不见效果，长此以往，戒毒人员与家庭成员之间关系极度紧张，无法进行正常的沟通。而且中国人性格较内敛、含蓄，不易将感情进行面对面表达。即使经过戒毒所的教育后，戒毒人员虽产生了悔改之心、感激之情，但是仅通过亲情会见、亲情电话等形式，戒毒人员出于自尊或环境等各方面的考虑，无法将自己的感情展现给亲人。这样，亲人也无法知道戒毒人员是否已经悔改，不利于亲情帮戒在实际工作中的开展。亲情支持平台的搭建，可以有效增强亲人在戒治过程中发挥的作用，提高家人与戒毒人员沟通的频率和有效性，增强双方之间的信任，这对于家庭关系的修复，对于帮助戒毒人员顺利回归家庭发挥着积极作用。

（二）有助于戒毒人员强化戒毒动机

戒毒人员走向社会时面临的直接问题就是家人的歧视和不信任，这会使他们的戒毒动机不复存在。戒毒人员在情感和实际生活中比普通人更加依赖家人，当在戒治过程中感到空虚、迷茫时，家人的爱与期待会从情感上支持戒毒人员，让他们感受到家的温暖。所以说，家人是他们戒毒的主要动力和动机之一。通过亲情支持平台的建设，戒毒所可以帮助戒毒人员家属掌握戒毒的方法和技巧，通过签订联合帮教协议等方式，让戒毒人员获得来自家人的关心与支持，与他们共同应对戒毒过程中的困难和问题。在此过程中，戒毒人员感受到家人的爱与呵护，感受到自身存在的价值，感受到自己是被需要的而不是被家庭排斥和边缘化的，从而坚定戒治信念，时刻提醒自己要做对家庭和社会有用的人，避免中途放弃或者复吸，以达到强化戒毒动机的目的。

（三）为戒毒人员提供立体保障

导致戒毒人员吸毒和复吸的社会因素是多方面的，主要体现在戒毒人员在面临职业问题、经济问题、居所的稳定性问题、与家庭成员的关系问题以及负性生活实践问题时，若处理不当，容易使戒毒人员对实际问题采取逃避的态度，从而深陷吸毒的旋涡。在上述问题发生时，如果家人能及时介入，采取适当的措施为戒毒人员提供精神、情感和物质支持，就能起到及时挽救的作用。同样的问题还存在于戒毒人员解除戒毒措施之后，他们可能重新接触原有的朋友圈，有再次沾染毒品的概率。这时就应该充分发挥亲情支持平台的作用，家人要担负起主要的教育和监管工作，为戒毒人员提供良好的无毒环境，监控他们断绝与身边“毒友”的联系，帮助戒毒人员与毒友隔离。同时，家人需要为戒毒人员提供必要的物质帮助，避免他们在回归社会之初，因为游手好闲或者基于生活所迫等其他因素，再次走上违法犯罪的道路。总的来看，亲情支持平台的建设，可以从精神、情感和物质等多个方面，为戒毒人员提供全方位、立体化的保障，同时从家庭层面持续发挥教育、监督作用，提高戒治的成功率。

三、亲情支持平台建设的现实困境

亲情支持平台作为戒毒工作中的一个良好补充，在各个戒毒措施实施的过程中都发挥着积极的作用。但是，由于戒毒工作自身的敏感性与特殊性，司法实践中还存在诸多因素制约着亲情支持平台在戒毒工作中的作用。亲情支持平台的建设工作存在如下困境：

（一）缺乏有效的时间保障

基于戒毒人员的特殊身份，特别是在强制隔离戒毒阶段，由于戒治环境的封闭性和相关戒治信息的保密性，亲情支持并不能经常性地发挥作用，这使亲情支持在戒毒工作中的作用受到制约。虽然多数戒毒人员的家属有意愿参与到戒毒工作当中，愿意发挥自身的作用，帮助戒毒人员戒除毒瘾，但是机会有限，只能依靠亲情会见、亲情电话和亲情通信等几种特定方式开展。戒毒人员的家属与戒毒人员见面的机会少，时间短，难以满足戒毒人员对于亲情的需求与渴望；短时间的交流仅停留在嘘寒问暖的层面上，不能实现戒毒人员与家属更深层次的沟通，较难实现触及心灵的效果，这影响了亲情支持的深刻性和延续性。

（二）存在沟通渠道不畅的问题

不论在强制隔离戒毒阶段还是在社区戒毒等其他戒毒措施的实施阶段，亲情支持平台都发挥着重要作用。然而在戒毒工作实践当中，相关主管部门与戒毒人员家属之间普遍存在沟通渠道不畅的现象。一方面，在强制隔离戒毒工作当中，基于强制隔离戒毒制度的特殊性，戒毒所与家庭之前缺乏统一有效的沟通渠道。戒毒人员家属不能及时掌握戒毒人员的心理变化和行为动态情况，从而无法及时满足戒毒人员对亲情帮助的渴求，难以在第一时间发挥亲情支持的作用。另一方面，在社区戒毒等戒毒所外戒毒措施的实施阶段，需要多个部门予以配合，尚没有形成统一工作模式，存在责任分工不明晰等情况，这就使得一些政策信息的上传下达不明确、不及时，使家属对家庭如何配合做好戒毒人员的工作不清楚。

（三）面临亲情支持不足的情况

在现实的戒毒工作当中，部分戒毒人员家属主动配合开展戒治工作的意识不强。有的戒毒人员数月内无亲属探访，部分戒毒人员家属存在放弃照管的念头，甚至个别亲属由于戒毒人员屡教不改，决意断绝亲属关系，这势必会对戒毒人员的戒治积极性造成消极影响。强制隔离戒毒人员身处特殊环境，更容易出现意志消沉等负面情绪，从而影响心理状态和戒治效果。这种情况，对于戒毒人员的戒治欲望打击很大，对于亲情支持平台的建设也是极为不利的。戒毒人员在强制隔离戒毒阶段，尚有专职警察对其进行教育戒治，一旦戒毒人员离开戒毒所回到社会，戒毒人员的亲属就成为其戒毒行为最直接、最有力的支持者。作为亲属，要积极地接纳他们，特别是在接到戒毒人员的求助后，要帮助他们共同研究应对方法，解决现实问题。戒毒人员的康复是由依赖物质转变为依赖人的过程。我国现在缺少物质成瘾互戒协会和心理治疗机构等专业的社会康复机构，家庭成员就成为戒毒人员最可靠的资源。家庭成员的不接纳、不理解、不支持将使戒毒人员重现陷入药物依赖的困境中。[①]

（四）缺乏专业支持

绝大多数戒毒回归人员都要在家庭生活，与家庭成员朝夕相处，对于他们的情况，家庭成员最为了解。家庭成员在帮助戒毒人员戒除毒瘾、防止复吸方面有非常重要的作用。吸毒人员的家庭，有的与吸毒戒毒者能够保持正常的关系，家庭成员对他们多加关爱，能全心全意帮助其戒除毒瘾。但是，有的家庭因为各种原因，或听之任之，或歧视、放弃、孤立他们，把他们推出家庭。更为突出的问题是，即使那些尚存关爱的家庭，基于社会影响等方面的考虑，也不愿意声张。所以，几乎所有吸毒人员的家庭帮助照管都缺乏社会的支持，在很大程度上影响了亲情支持

---

① 参见刘玉强、孙进良：《强制隔离戒毒人员复吸行为的影响因素及应对策略》，山东省戒毒协会第一届理论研讨会暨“专业戒毒”论坛，济南，2016年。

平台应有的效果。戒毒工作社会化的工作之一，就是协助社区与回归人员的家庭建立起联系，对亲情支持平台的建设给予必要的、专业性支持。[①]

四、亲情支持平台建设的具体实践

当前戒毒工作的开展主要从戒毒所内的强制隔离戒毒阶段和戒毒所外的社区戒毒和社区康复等阶段的两个空间维度。同样的，亲情支持平台在所内和所外所担负的任务并不完全相同。由于社区戒毒和康复等阶段的亲情支持平台建设属于后续照管所包含的内容，社区戒毒与社区康复两者间关系密切，故在此处不做分开讨论。结合强制隔离戒毒所内的工作情况，以下简要对山东省戒毒工作中亲情支持平台建设的具体实践进行介绍：

（一）积极开展宣传引导，为亲情支持平台建设提供情感支撑

戒毒工作除了针对戒毒人员开展，还不能忽略对戒毒人员亲属的宣传和引导。要让戒毒人员亲属认识到戒毒人员既是违法者又是受害者的现实处境，戒毒工作迫切需要家人的参与和配合，需要亲情的支持和帮助。正确的宣传引导，会使更多的戒毒人员亲属主动配合戒治工作的开展，发挥亲情支持平台的积极作用。具体宣传引导方式可分为两个方面：一方面可以帮助那些原本不愿意配合戒治工作的亲属端正思想态度，避免将戒毒人员标签化，认为他们罪大恶极，不可原谅，甚至产生放弃帮戒的念头；向他们讲解鼓励亲情帮戒的政策法规、戒毒工作开展的科学理论依据和现实中的成功戒断案例，使他们对戒毒人员的未来重燃希望，从而扭转过去对戒毒人员不理解、不接纳、不支持的心态。另一方面，可以通过多角度、深层次对相应政策法规的宣传，让那些愿意配合并参与戒治工作的亲属了解正确的方式方法，帮助他们以科学有效的方式开展帮戒工作，以达到事半功倍的效果。

为此，山东省在戒毒工作实践当中，注重对戒毒人员家属的宣传引导工作，充分利用外出宣传、探访日、场所开放日等有利时机，通过宣传

---

① 参见甘肃省司法厅课题组：《司法行政戒毒工作社会化的调查与思考》，《中国司法》2015 年第 6 期。

栏、电子屏、普法单页等传统方式，利用新媒体公众号、“家属学校”等新型方式，向戒毒人员家属宣传国际国内禁毒形势和国家的禁毒政策，讲明亲情支持在戒毒工作中的地位和作用，传授戒毒知识和方法，教会戒毒人员家属如何帮助戒毒人员巩固戒毒效果，增强亲情支持在戒毒工作中的作用。2018 年“6·26”国际禁毒日前夕，央视《平安 365》栏目与山东省禁毒管理局联合制作了一集特别节目《孽债》，节目中的真实案例讲述的就是通过戒毒所的积极宣传和戒毒警察的真诚沟通，最终帮助一名被家人“放弃”的戒毒人员重获亲情，成功戒断毒瘾的故事。该案例正是通过积极开展宣传引导，搭建亲情支持平台帮戒成功的典型。

（二）严格落实相关制度，为亲情支持平台建设提供政策保障

戒毒人员在强制隔离戒毒期间依法享有收发书信、亲情通话、探视、被探访等基本权利。除此之外，为提高戒毒人员家属参与戒毒工作的积极性，戒毒所还采取了远程视频会见、亲情开放日等措施，极大丰富了亲情帮戒的有效途径，为亲情支持平台的建设夯实了基础。通过制度的严格落实，一方面是对戒毒人员强制隔离戒毒期间享有权利的基本保障，另一方面能够通过加深戒毒人员与亲属之间的沟通交流，发挥亲情支持平台的帮戒作用。在工作中，要充分利用每一次家属与戒毒人员沟通的机会，避免流于形式，要引导双方实现深入交流，尽量满足戒毒人员的亲情需求，帮助他们重建良好的关系，改善家庭模式和经济状况；同时，让家人最大限度地了解戒毒人员的具体表现情况，对戒毒人员的消极矫治问题，尽可能让戒毒人员家庭参与，协助戒毒所耐心劝导，排解其心理压力，增强戒毒信心。山东省在 2018 年春节前夕，通过周密部署，积极稳妥开展了强制隔离戒毒人员春节期间外出探视工作，3 个戒毒所的 15 名戒毒人员喜获外出探视奖励，回家过年。2 月 20 日，15 名外出探视戒毒人员全部提前返回，无一起逾期未归和治安事故发生，尿检结果全部呈阴性。省戒毒管理局除了扎实落实外出探视奖励工作外，还组织各戒毒所在节前、节中、节后策划开展了一系列主题教育活动。例如，春节前利用亲情探访、亲情电话、亲属到所等主打“亲情帮戒牌”；春节期间通过春节晚会、文娱活动、场所布置等突出“场所文化牌”；春节过后借助分享探亲感悟、讲述亲情故事、收心政策宣讲等主推“思想教育牌”，确保各项政策充分落实，达到了“出去一个，教育一片”的效果。

（三）充分利用现代科技，为亲情支持平台建设提供科学支持

戒毒工作的社会化进程必然伴随着戒毒工作的科技化，在亲情支持平台建设的过程中，也要充分利用现代科技手段的优势。在利用好传统媒介的基础上，充分发挥微信群、公众号等新媒体的作用，增强戒毒人员家属了解戒毒工作政策的便利性，拓宽与戒毒人员家属有效沟通的渠道。山东省当前戒毒工作的宣传依托微信公众号的新媒体，邀请戒毒人员家属进行关注，通过公众号适时更新戒毒所内最新的戒治动态和各类戒治活动，家属可以借助公众号的推送了解戒毒人员近期的戒治情况。比如，戒毒人员近期学习了哪些康复劳动技能，参与了哪些康复训练项目，接受了哪些教育矫治措施，等等。此举突破了以往家属对戒毒人员在所内情况一无所知的困境，通过了解戒毒人员焕然一新的精神面貌，能够有效提升家属对于戒毒人员成功戒毒的信心。此外，各戒毒所加大投入，积极建设网络视频探访室，实现远程无障碍会见，打破家庭帮戒在时间和空间上的界限，方便了家属与戒毒人员的实时沟通，从而增强了亲情支持平台发挥作用的灵活性，深受戒毒人员与广大家属欢迎。

（四）不断创新方式方法，为亲情支持平台建设提供合理举措

随着戒毒工作的深入开展及各种科技手段的应用，亲情支持平台建设也在不断尝试新的方式方法，以增强亲情支持平台在戒毒工作中所发挥的作用。除了传统的探访、亲情通话等方式之外，戒毒所还尝试开展了场所开放日活动、家属学校等新形式。通过定期举办场所开放日活动，戒毒人员与家属的亲情实现零距离融合，并产生正能量，有助于增强亲情支持平台建设的针对性和时效性。家属学校的开办，由戒毒警察或受邀而来的社会学者，向戒毒人员家属讲授戒毒知识和防止戒毒人员复吸的方法，增强家属对戒毒人员戒断毒瘾的信心，帮助戒毒人员提高操守率，巩固戒毒成效。除了上述日趋常态化的措施以外，戒毒局还可以依托新鲜事件借势发挥，凸显亲情支持平台建设的重要性。例如，2017年在山东省济东所举行了一场特殊的婚礼，婚礼是一名戒毒人员与他的前妻复婚。前妻看到了该戒毒人员在戒毒所内的改变和进步，希望重新用爱去包容他、接纳他，从而使他能够安心戒治，而戒毒人员本身也极其渴望能与前妻重修旧好。最终，经过多方沟通与协调，这名戒毒人员终于如愿以偿。这一事件，既是山东省戒毒系统践行人本关怀的生动范

本，也是助力戒毒人员顺利回归社会的重要实践，更是探索亲情支持平台建设的具体举措，取得了良好的社会效果。

第四节　后续照管平台建设

《中华人民共和国禁毒法》第四十八条规定："对于被解除强制隔离戒毒的人员，强制隔离戒毒的决定机关可以责令其接受不超过三年的社区康复。"社区康复制度存在的意义在于，充分利用社会上的各种资源为解除强制隔离戒毒的人员提供医疗、康复、帮扶等工作，提供后续管照。因此，戒毒人员解除强制隔离戒毒后，并不意味着戒毒的成功与终结，还有赖于社会康复巩固和深化戒毒人员的戒毒矫治效果。

吸毒的社会控制理论认为：个人与各种社会群体、组织之间的正常关系作为一种社会约束因素对个体是否选择吸毒有着约束作用，这种关系越紧密，约束力越强大，个体吸毒可能性就越小。① 也就是说，社会力量的参与和社会资源的投入，可以为戒毒人员远离毒品提供约束力，这一理论也凸显了后续照管工作在戒毒工作中的重要作用。因此，后续照管平台的建设与社会支持平台和亲情支持平台的建设同等重要。

一、后续照管的概念

根据司法部的相关文件要求，戒毒所应打通最后"一公里"的障碍，与社会实现无缝对接，妥善安置戒毒人员，营造良好的可持续的康复环境。戒毒所在戒毒人员出所后，应当与其当地基层政府取得联系，共同落实后续管照制度，严防脱管现象的出现。当地主管政府应协调工商、公安、教育、劳动、卫生等部门共同制定帮扶政策，保障戒毒人员在医保、低保、社保等方面合法权益的取得，特别是在就业、创业、就医、就学等方面应给予重点帮助。在后期的管控中，政府要明确各部门的职责，如公安部门管治安，司法部门提供援助，卫生部门包治疗，劳动部门供就业，

① 参见周海忠：《我国戒毒人员复吸的社会机制缺陷及对策研究》，中共中央党校硕士学位论文，2011 年。

民政部门保社保等，各司其职。在信息化的背景下，公安部门要积极完善动态管控系统，逐人建档，全天候跟踪，定期排查，实现资源共享，做到尽早发现问题，及时采取干预措施。①

政府在落实帮扶工作的同时，应加强对国家禁毒政策的宣传，积极正面引导社会成员和企业正确看待戒毒人员，消除社会上的各种歧视，营造一种和谐、友爱、互助的社会氛围。《中华人民共和国禁毒法》第五十二条规定："戒毒人员在入学、就业、享受社会保障等方面不受歧视。有关部门、组织和人员应当在入学、就业、享受社会保障等方面对戒毒人员给予必要的指导和帮助。"第七十二条还规定："有关单位及其工作人员在入学、就业、享受社会保障等方面歧视戒毒人员的，由教育行政部门、劳动行政部门责令改正；给当事人造成损失的，依法承担赔偿责任。"对于积极参与帮扶工作的企事业单位，政府应给予政策的奖励和税收的优惠；对于歧视和排斥戒毒人员就业、就医、就学的人员单位应给予相应的处罚。只有通过各界的共同努力，才能使戒毒人员能够感受到来自社会的关爱，深悟自身的过错，增强其戒毒的信念，加快其融入社会的步伐，以塑造全新的自我。②

综上所述，后续照管，是对解除强制隔离戒毒人员的照料和管理工作，是指戒毒人员在戒毒所完成戒毒离所后，将戒毒责任从其在所期间主要由戒毒所负担转为由社会、家庭、社区等共同承担，对戒毒人员实施系统照管服务，帮助其解决回归社会后出现的生活困难，协助其顺利渡过复吸危机，继续对其进行教育、矫正、督导、帮扶等一系列有益于他们避免复吸、保持操守的再社会化活动。

二、后续照管平台建设的意义

经过戒毒所一系列标准化的脱毒治疗、心理矫治和行为矫正，绝大多数戒毒人员的各项生理指标基本趋于正常，心理健康水平和个性缺陷也得到了一定程度的修复和提高。但是，作为影响戒毒效果的重要方

① 参见陈金峰：《浅析戒毒人员复吸的社会因素及防控措施》，《法制博览》2017 年第 8 期。

② 参见陈金峰：《浅析戒毒人员复吸的社会因素及防控措施》，《法制博览》2017 年第 8 期。

面，社会环境因素却很难在短期内彻底改变。因此，帮助戒毒人员适应社会是一项长期的工作，是戒毒人员后续照管阶段的主要工作内容。实践证明，对戒毒人员回归社会后的后续照管工作的重视程度如何，措施是否落实到位，直接与戒毒人员的最终戒毒效果紧密联系、息息相关。同时，强制隔离戒毒所通过后续照管联系，收集戒毒人员回归社会后的社会适应情况和戒断操守保持情况，分析一定期间内的复吸率，可以为戒毒所下一步教育矫治工作总结经验、提供参考。①

（一）有利于保障戒毒人员的人身权益

文明、法治是现代社会发展的主流趋势，保障公民权益则是法治社会的应有之义。但《禁毒法》并没有明确规定后续照管职能是强制隔离戒毒工作的延伸，还是社区戒毒的重要组成部分，导致两者对后续照管工作的指导原则和侧重点各不相同。从强制隔离戒毒的角度来看，后续照管是国家行政机关的一项执法活动，必须遵循依法管理原则。对戒毒人员的照管则更加侧重违法性，过于强调严格要求，以防卫社会和维护法律尊严作为戒毒工作的根本出发点。从社区角度来看，后续照管是对戒毒者社会化失败后的再社会化过程，在对戒毒人员的管理上更加侧重人文关怀，依托行政区域内的社会资源，强调通过人与人之间、人与社会之间的良性互动，不断提高戒毒者的社会认同感，进而达到心理康复和社会康复。由于是强制隔离戒毒和社区戒毒受制于各自的局限性，两者过于彰显自身理念，对于戒毒者权益却产生了不同程度的淡化甚至忽视。② 因此，后续照管平台的建设，是最大限度地维护戒毒人员人身权益的需要。

（二）有利于缓和戒毒人员的抵触心理

强制隔离戒毒对戒毒人员有一定的人身自由限制，而许多戒毒人员平时就习惯于随性、自由的生活，不受拘束，人身自由一旦受到限制，不满情绪和抵触心理都是不可避免的。强制隔离戒毒是又一种相对封闭的管理环境，身在其中的戒毒人员不免会与社会有一定的“隔绝”，而且

① 参见李国锋：《强制隔离戒毒人员后续照管问题探讨》，《中国司法》2015 年第 3 期。

② 参见吴忠等：《明确后续照管 合理构建戒毒综治体系 完善全程戒治 科学提升戒毒矫治实效》，《2014 年全国司法行政戒毒系统优秀理论调研论文集》，法律出版社 2015 年版。

还会面临远离家人的问题，这进一步增加了他们的抵触情绪。失去自身动力、缺少家庭的温暖以及面临今后与社会脱节等问题，在一定程度上影响了强制隔离戒毒的效果。后续照管阶段就不会限制人身自由，使戒毒人员继续生活在自己熟悉的社区里，还可以与家庭成员朝夕相处，感受到来自家人的关心与呵护，这样可以有效缓和吸毒人员的抵触心理，提升戒治成效。

(三)有利于维护社会的和谐稳定

戒毒人员不论通过何种形式进行戒毒，他们终归还是要回到社会的。在后续照管中，戒毒人员可以在自己生活的家庭、社区中接受戒毒，对戒毒人员来说，熟悉的环境不仅有利于消除心理隔阂，还可以自由地参加社会生产劳动以获取报酬，有一定的成就感；能与家人、朋友保持正常的接触和交流，保持一定的正常社交活动，有利于增强对社会的归属感和认可度。对戒毒人员家属来说，家庭能够保持完整，家庭成员能安心生活、学习和工作，子女能够享受父母的关怀和照顾，可以在一定程度上减少问题青少年的产生。对其他社会成员而言，通过与戒毒人员的近距离接触，能够对戒毒人员产生客观的认识，从而减少对于戒毒人员的偏见，有助于消除对戒毒人员传统的歧视思想，避免误解发生；同时，通过拉近距离，增加了解，也能从另一个方面有效减少戒毒人员危害社会事件的发生。另外，后续照管工作还是维护社会治安稳定的有效措施，后续照管的过程也是教育、矫正、监督的过程，可以使戒毒人员在社区中科学戒毒、守法生活，有效避免他们成为影响社会治安稳定的隐患，对于完善社会综合治理、促进社会和谐稳定有着十分重要的作用。[①]

(四)有利于充分发挥社会力量的作用

后续照管工作需要全方位整合戒毒人员家属、禁毒志愿者、社区甚至其他社会组织等资源，在一定程度上缓解了政府财力、人力等方面的压力。后续照管平台的建设，可以充分挖掘、发挥社会资源的作用，将各类资源进行整合；结合戒毒工作实际予以运用，对戒毒人员进行戒毒治疗、康复指导，可以使他们真正融入社会。后续照管平台的建设有利于

---

① 参见秦总根:《社区戒毒社区康复工作社会化的思考》,《犯罪与改造研究》2017 年第 11 期。

落实管控措施，有效降低复吸率；有利于切实巩固戒毒成果，从源头上减缩毒品消费市场，实现禁毒斗争形势持续好转。这其实也是"以人为本，科学戒毒，综合矫治，关怀救助"戒毒理念的具体体现。

（五）有利于提高戒治成效

后续照管平台的建设是一项系统工程，强制隔离戒毒场所、派出所、社区、家庭等在后续照管过程中本身各有侧重、各有优势。通过社会帮教部门的广泛参与，各类社会主体联合起来，形成合力，从法律、亲情、创业、就业、医保、社保等各个方面发挥后续照管平台的作用，为戒毒人员提供全方位的保障，为他们脱离吸毒圈子，彻底戒断毒瘾，融入正常社会生活提供必要条件，从而巩固戒治效果，提高戒治成效。后续照管平台还能够依托公安机关进行毒情监测，及时发现吸贩毒违法犯罪苗头，一方面对戒毒人员起到监督、预警作用，另一方面维护无毒的社会环境。另外，后续照管平台的建设，可以大大提高戒毒人员的心理认同度，从而更易于激发他们戒断毒瘾的决心和潜能，增强戒毒的主动性和积极性。通过戒毒人员戒毒动机的转变，从"要我戒毒"变为"我要戒毒"，可以最大限度地提高戒治成效。

三、后续照管平台建设的现状与困境

评判一项戒毒矫治措施的成功与否，关键在于整个戒毒过程中能否结合戒毒者的行为、心理特点，能否帮助戒毒者成功远离毒品，能否在具体戒治方法上真正体现出科学性、实效性和可操作性。后续照管平台的建设作为戒毒工作的重要一环，既是维护国家法律尊严的执法措施，也是促进个体社会化的教化措施。其不仅使毒品成瘾者避免了"标签效应"的产生，也有效地克服了封闭式强制隔离戒毒带来的消极后果。但由于我国《戒毒法》的出台实施和强制隔离戒毒工作起步较晚，完善后续照管工作在我国还处于探索阶段，各方面亟待规范与完善。

从保障制度来看，当前只有《戒毒法》和《禁毒条例》对后续照管工作做了简单阐述，各种较为规范、系统的配套机制和实施细则基本处于空白状态；从参与主体来看，有公安机关、司法部门、民政部门、卫生部门、疾控中心、强制隔离戒毒所、家庭（亲属）、志愿者等多个主体，责任分解不清，没有实现资源配置的有机统一，且缺乏有效的对接工作的协调机制和联席会议机制;从照管方式来看,主要为家庭约束、社区矫正、社会帮教、所在地公安机关不定期尿检,整个流程简单粗放,执行乏力;从照管实效来看,很少有戒毒人员回归社会后,在宽松的环境中能自觉抵制毒品诱惑,保持操守。

以上问题,究其原因主要是当地政府、公安机关与强制隔离戒毒场所交接不力,后续照管工作没有跟上,导致回归人员脱管失控后陷入自我不适的盲区,造成"免疫力"低下的戒毒回归人员再次被毒品侵蚀。[①]当前,后续照管体系未完全形成,还面临着许多困难和问题。

(一)后续照管平台建设的执行程序缺乏规范

我国目前的戒毒工作仍带有"摸着石头过河"的行动哲学特点,往往孤立地从抽象的人性或片面的群体性心理现象来研究,尤其是在后续照管等矫治工作的疑难问题上存在研究盲区,缺乏微观层面的实证性智力支持。后续照管作为对强制隔离戒毒矫治效果的反馈镜,很多制度和措施尚不成熟,缺乏科学合理的指导理念,没有规范的执行程序和实施办法,也没有现成的模式可供参考。另外,我国目前的后续照管由于过于注重"管",往往淡化了"教",认为只要"管得住"就能抵制毒品的诱惑,尤其是在戒毒人员作为"人"的社会属性上缺乏必要的认识,忽视了对戒毒人员自我管理意识和自我批判思维的培养。[②]

(二)后续照管平台建设的制度体系有待完善

通过对我国戒毒工作现状的调查和分析研究表明,后续照管职能并没有发挥其应有的作用,"高投入,低回报"是我们不得不面对的尴尬现状。究其原因,关键就是体系构建出现了偏差。现有的戒毒部门各自为政,互不干涉,甚至相互推诿、扯皮,各种戒毒力量过于分散,缺乏应有的组织协调系统,以致强制隔离戒毒良好的矫治效果无法延伸到社会。[③]《禁毒法》等法律法规虽然规定了戒毒人员的后续照管,但以社区康复为

---

① 参见吴忠等:《明确后续照管 合理构建戒毒综治体系 完善全程戒治 科学提升戒毒矫治实效》,《2014 年全国司法行政戒毒系统优秀理论调研论文集》,法律出版社 2015 年版。

② 参见吴忠等:《明确后续照管 合理构建戒毒综治体系 完善全程戒治 科学提升戒毒矫治实效》,《2014 年全国司法行政戒毒系统优秀理论调研论文集》,法律出版社 2015 年版。

③ 参见吴忠等:《明确后续照管 合理构建戒毒综治体系 完善全程戒治 科学提升戒毒矫治实效》,《2014 年全国司法行政戒毒系统优秀理论调研论文集》,法律出版社 2015 年版。

基础的社会后续照管工作制度、队伍建设、相关配套政策等的滞后和欠缺,制度的不完善,使执行主体之间彼此权限不明、责任不清。后续照管体系不完善,后续照管工作缺乏标准、监督和考核,往往造成后续照管的具体落实不连续、不系统,致使后续照管实际效果差。[①]

(三)后续照管平台建设的方式方法存在不足

后续照管作为一种教育矫治手段,同时又属于一门社会科学,是指利用各种资源,纠正戒毒人员的心理行为障碍,使之最终摆脱毒品,适应社会生活,而不是简单地拉开他们与毒品的联系。但在实际执行过程中,执行主体由于受行政思维影响,因此带有浓厚的执法色彩和主导意识。在照管方式上,后续照管往往以针对戒毒人员的违法行为和不良行为为出发点,多采取注入式教育,或以上对下的生硬式照管,并通过法律的强制手段加以保障,难免使戒毒人员产生反感甚至抵触情绪。另外,由于每个戒毒人员的气质、能力、性格、需要各不相同,生活经历和行为举止也是千差万别,后续照管的矫治实效往往取决于受教者的个体差异。但我国现有的后续照管工作往往采用的是“一招鲜”,只能解决部分共性问题,很难解决戒毒人员的深层次需求。[②]

(四)后续照管平台建设中戒毒人员社会处境堪忧

近年来,随着禁毒戒毒宣传力度的加大,人们对待戒毒人员更加理性,能够给予更多的支持和关爱。但受传统观念影响,仍有一些人把戒毒人员看成“另类”“坏人”,认为其本性难易,不可救药,对其多加歧视,造成回归社会的戒毒人员的朋友圈子越来越小,生活烦恼无人倾诉,困难无人帮扶,精神压力大。有的家庭尽管对戒毒人员实施了帮教,但方法往往简单粗暴,难以走进戒毒人员的内心世界,容易使戒毒人员产生逆反心理。而且,大多数戒毒人员缺乏就业技能,长期体弱多病。在当前严峻的就业形势下,许多单位和个人都不愿意接纳有吸毒经历的回归社会的戒毒人员就业,从而造成他们就业难的问题。有的戒毒人员回归社会后家庭困难,生活窘迫,不能及时得到社会救助,无法享受政府提供

---

① 参见李国锋:《强制隔离戒毒人员后续照管问题探讨》,《中国司法》2015 年第 3 期。

② 参见吴忠等:《明确后续照管 合理构建戒毒综治体系 完善全程戒治 科学提升戒毒矫治实效》,《2014 年全国司法行政戒毒系统优秀理论调研论文集》,法律出版社 2015 年版。

的廉租房、最低生活保障、医疗救助、失业救济、子女学费减免、免费职业培训、创业税收减免等福利待遇，加剧了家庭关系的恶化，加重了家庭负担，一系列现实困境使他们处于非常沮丧的境地。

四、后续照管平台建设的具体实践

后续照管平台建设的目的是帮助戒毒人员巩固戒治效果、提高社会适应能力，是戒毒人员戒断毒瘾、回归社会后，决定戒治能否最后成功的必不可少的环节。当前，对戒毒人员的后续照管工作还存在着制度上的欠缺、观念上的陈旧和救助措施上的困难等因素，严重制约着后续照管功能的发挥和预期效果的实现。只有解决了这些制约后续照管的不利因素，才能达到预期效果。后续照管平台建设是一项系统工程，必须依靠社会帮教部门的广泛参与，强制隔离戒毒所、派出所、社区、家庭在后续照管过程中各有侧重、各有优势，只有联合起来，形成合力，才能使戒毒人员顺利回归社会，推动后续照管工作走向深入。

（一）舆论先行为后续照管平台奠定群众基础

后续照管平台在通过网络、电视、广播、报纸等进行禁毒戒毒宣传教育的同时，要对处于后续照管阶段的戒毒人员身份进行充分说明。要让人民群众能够理性对待戒毒人员，要说明他们已经接受了良好的戒毒教育，且是在生理脱毒、身心康复、行为表现和社会环境适应能力等方面的考核中达到相应标准之后才回归社会的。处于后续照管阶段的戒毒人员是需要被全社会共同帮助和挽救的群体，而非与其他违法犯罪人员等同。只有通过此类正向舆论引导，才能让更多的人民群众了解他们，走进他们。在此前提之下，其他个人或者社会主体才能给予他们充分的尊重、支持和包容，为他们在后续照管阶段营造良好的外部环境和社会基础。山东省在实践中一直注重对后续照管工作的宣传，在各类禁毒警示教育宣传等活动中，详细阐明了后续照管的概念和意义，也使后续照管工作的开展得到了广大人民群众和各类社会主体的大力支持，提高了戒毒人员在后续照管过程中配合开展各项工作的积极性。

（二）制度落地为后续照管平台完善工作体系

要严格落实后续照管工作的各项制度，确保落实力度，完善后续照管工作体系，将后续照管工作的管理部门、职责、任务、责任等从制度上进行规范。各级地方禁毒委要切实组织、协调、指导好本行政区域内的禁毒工作，明确部门权限和职责，理顺业务关系，配齐配强相关人员，进行必要的业务培训。财政部门要切实保障戒毒人员后续照管所需经费，积极改善办公场所设施和工作条件。后续照管服务部门应安排或吸收责任心强、有爱心、业务精通的专业人员，提高后续照管的工作效率，增强后续照管的实际效果。山东省在后续照管中严格按照相关制度要求开展工作，例如，按时进行回访、走访活动，及时掌握戒毒人员回归社会后的家庭情况、工作情况和交友情况，协助戒毒人员家属、社区等重建社会支持系统，修复家庭关系，给予及时的心理支持和精神鼓励；对有严重复吸危机的回归社会戒毒人员，及时进行心理咨询和心理危机干预；根据个人特长及能力妥善安置就业，保障戒毒人员基本生活需求等。通过制度的落实，山东省确保了后续照管工作的科学化、规范化，有效地对后续照管平台工作体系的建设进行了完善。

（三）机构健全为后续照管平台提供立体支撑

按照规范机构工作模式的要求，设立三级机构：市司法局设立解除强制隔离戒毒人员后续照管工作指导站，县、区司法局设立解除强制隔离戒毒人员后续照管工作站，乡镇、街道司法所设立解除强制隔离戒毒人员后续照管工作室。[①] 同时，要根据司法行政机关与地方政府的协调，从强制隔离戒毒所抽调业务精通的戒毒警察在吸毒人员较为集中的乡镇（街道）建立社区戒毒和社区康复工作指导站，构建以司法行政戒毒机关为主导、社区为依托、家庭为基础、部门联动为平台的戒毒康复管理体系。[②] 上述机构的设立，为后续照管工作的针对性提供了支持，为后续照管平台的建设和工作的开展提供了立体支撑。山东省司法行政戒毒机关通过与县区禁毒委、街道办事处等单位合作，在青岛、烟台等 9 市建立了 19 个社区戒毒社区康复指导站，累计培训戒毒康复工作人员 65 人，为 400 余名社区戒毒康复人员提供服务，取得了良好的社会效果。

① 参见司法部戒毒管理局：《司法行政戒毒工作概论》，法律出版社 2017 年版，第 256 页。

② 参见司法部戒毒管理局：《司法行政戒毒工作概论》，法律出版社 2017 年版，第 258 页。

(四)社会支持为后续照管平台提供有效保障

后续照管平台的建设离不开相关社会力量的支持,正是社会力量的广泛参与,才使得后续照管工作能够取得实效。例如,为了促进回归社会的戒毒人员快速融入社会生活,解决没有收入来源的问题,山东省在实际工作中紧密结合当前社会就业需求及热门工种,为正在接受强制隔离戒毒的人员和处于社区戒毒和社区康复阶段的人员引入就业门槛低、前景广阔的技能培训项目,先后开设了市场营销、保健按摩、养老护理、中式面点等多个专业培训班,帮助他们习得一技之长,早日融入社会。[①]除此之外,社会爱心企业积极搭建招聘平台,并为通过相关职业技能培训、熟练掌握劳动技能的戒毒人员提供就业支持。让那些有意愿通过自己的努力和劳动改变现状的戒毒人员有事可做,有业可就,有钱可赚,从而巩固戒治效果,有效降低复吸率。

(五)亲情支持为后续照管平台提供精神支撑

以家庭照管为主的亲情支持在后续照管平台中发挥关键作用,家庭是社会的基本单位,是由婚姻或血缘建立起来的特殊关系,家庭成员间联系紧密,是感召力最强、最有效的后续照管方式。有调查数据显示,93%的戒毒成功者有稳定的家庭和关心他们的亲人。亲情支持可以激发戒毒人员的家庭责任感,是树立戒毒信心的关键因素,是成功戒毒的重要条件。为此,山东省注重"家所联戒共同体"的建设工作,通过构建场所主导、社会参与、家庭介入的联戒共同体,积极开展戒毒工作。为此,山东省积极开办家属学校、戒毒微课堂等形式宣传教育活动,帮助戒毒人员修复破损的亲情,向戒毒人员及其亲属传授毒品预防知识和防复吸技巧,增进戒毒人员亲属对戒毒工作的了解和支持,为戒毒人员顺利回归社会、融入家庭、延长戒毒操守奠定了基础。[②]

(六)部门联动为后续照管平台提供政策保障

后续照管是一项复杂的工作,单纯依靠司法行政戒毒机关是不够的,需要协调公安、综治、人社、民政、卫生、财政等多个部门。各级政府

---

① 参见张凯等人:《坚持双向延伸 全力打造联防联戒共同体》,第四届全国司法社会工作理论与实务研讨会论文,山东济南,2018年。

② 参见张凯等人:《坚持双向延伸 全力打造联防联戒共同体》,第四届全国司法社会工作理论与实务研讨会论文,山东济南,2018年。

应针对戒毒人员就业出台优惠政策，对戒毒人员创业给予税收减免或资金支持。戒毒人员所在社区、民政等部门应在廉租房、最低生活保障、医疗救助、失业救济、子女学费减免等方面给予扶助，保障戒毒人员最基本的生活需求。医疗卫生部门应及时免费安排戒毒人员进行常规体检和传染病检查，努力提高戒毒人员生存质量。同时，还要做好无家可归、无亲可投、无就业能力“三无”人员等生活特别困难人员的救助服务，在教育、医疗、住房等方面给予必要、适当的扶持和救助，有效保障后续照管服务对象的基本生活。在提供各类保障的基础上，还要发挥公安机关的动态管控作用。公安机关肩负着维持社会秩序和打击吸贩毒违法犯罪行为的责任，是所在辖区毒情监测的主体，要与司法行政戒毒机关做好信息互通。[①] 对于多次吸毒、吸毒成瘾的人员要加强动态管控，加大抽查力度，营造禁毒防毒的高压态势，对社会中的涉毒行为起到震慑作用。

① 参见李国锋:《强制隔离戒毒人员后续照管问题探讨》,《中国司法》2015 年第 3 期。

第八章　戒毒工作保障

“十二五”时期特别是劳教制度废止以来，山东省司法戒毒系统在司法部和省委省政府的正确领导下，认真贯彻上级关于保障工作的各项要求，加强协调，积极争取，使得戒毒保障工作基本适应转型发展的需求。2015 年，时任中央政法委书记孟建柱对山东政法工作提出“五个走在全国前列”的要求，为全省司法戒毒工作指明了前进方向。要实现“五个走在全国前列”的目标，加强戒毒保障工作是必不可少的基础性工作。本章主要从戒毒工作机制建设、规范化建设和信息化建设等三个方面介绍山东省戒毒工作保障的相关内容。

第一节　戒毒工作机制建设

戒毒场所职能转型后，在工作机制方面存在许多与戒毒工作不相适应的地方，制约了戒毒工作的开展。要适应新职能新形势新任务的要求，必须摆脱惯性思维，克服习惯做法，通过理念创新、机制建设，推动戒毒工作提档升级，构建全新的制度体系和运转机制。机制建设既是顶层设计，又是发展根基，是戒毒工作的“压舱石”，在全局工作中发挥着“定海神针”的作用。2016 年，山东省戒毒局印发了《关于实施戒毒工作机制创新工程的意见》，从戒毒执法、戒毒管理、教育矫治、医疗康复、场所保障和社会支持等六个方面推进戒毒工作机制建设，以期形成符合戒毒工作规律、具有山东特色的戒毒工作机制。

一、戒毒工作机制建设的意义

（一）是推动事业发展的需要

习近平总书记指出："唯改革者进，唯创新者强，唯改革创新者胜。"[①]创新居"五大发展理念"之首，是引领事业发展的动力和源泉。戒毒工作具有很强的专业性，不敢创新，不会创新，靠老路子、老办法是行不通的。加快戒毒事业发展，必须坚持科学规划，加强顶层设计，通过机制创新推进各项工作的创新发展。

（二）是职能定型发展的需要

为适应职能转型带来的挑战，必须对工作理念、工作机制、工作方式方法等做出针对性调整。戒毒场所职能转型后，工作机制方面存在许多与实际需要不适应的地方，制约了司法行政戒毒工作的开展。要适应新形势、新任务的要求，特别是摆脱惯性思维、克服习惯做法，必须通过机制创新，建立符合戒毒工作要求的工作机制。

（三）是破解戒毒难题的需要

戒毒是世界性难题，是一项极具探索性的工作。目前，国内外都没有成熟有效的方法。面对这一神圣而又艰巨的任务，只有用创新的思维统筹谋划，用创新的方式方法推进工作，才能探索出更加有效的戒毒路径和措施，从而为帮助吸毒人员戒除毒瘾创造更多的可能性。

（四）是提升工作水平的需要

山东省的戒毒工作起步相对较晚，与先进省份相比还存在一定差距。推动山东省戒毒工作提档升级，促进工作由常规向专业、由粗放向精细转变，实现"走在全国前列"目标，必须通过机制创新，构建新的制度体系和运转机制，形成具有山东特色的戒毒模式，打造一批在全国有影响力的亮点和特色工作品牌。

二、戒毒工作机制建设的原则

（一）遵循规律原则

准确把握司法行政戒毒工作的职能定位和内在要求，吃透上级精

---

① 《党的十九大报告辅导读本》，人民出版社 2017 年版，第 151 页。

神，总结工作经验，按照戒毒规律推进各项工作。

（二）实用管用原则

围绕提高教育戒治质量这一中心任务，突出工作机制创新的针对性和有效性，确保每一项举措都经得起实践和历史的检验。

（三）破立结合原则

坚持以“破”为先、以“立”为要，做到“破”要有力，“立”要有理，着力解决制约戒毒工作发展的机制性障碍。

（四）统筹推进原则

树立大局观念，正确处理局部与整体、当前与长远的关系，做到统筹协调，重点推进，增强机制创新的系统性、协调性。

三、戒毒工作机制建设的内容

（一）戒毒执法方面

1. 健全警察执法机制

建立健全并贯彻《禁毒法》《戒毒条例》等法律法规的执法体系，重点完善入所收治、警戒具使用、保护性约束、离所就医、所外就医、诊断评估等关键执法环节的标准和流程，构建警察执法权益保障机制。健全重要执法活动备案和证据留存制度，完善法律援助、法制宣传教育等工作机制，畅通复议、诉讼、申诉等渠道，健全戒毒人员合法权益保障机制。

2. 健全执法公开机制

健全所务公开制度，明确公开范围，细化公开内容。通过编印所务公开手册，设立公示栏、咨询电话、接待日、开放日，开通门户网站、政务微博、微信公众号等形式，拓宽所务公开渠道。建立执法公示公开平台，健全重要执法活动公示制度。

3. 健全执法监督机制

坚持视频倒查、实地抽查等做法，通过视频监控、网络报批等方式，健全警务督察、审计监督等执法内部监督机制。建立执法监督员制度，健全接受人大、政协、检察机关及舆论、公众、戒毒人员亲属等外部监督工作机制。

4. 健全执法合作机制

健全与公安机关的决策议事、通报会商、协调处置、案件办理、配合协作“五项机制”和联络员制度，完善入所接收、诊断评估、变更戒毒措施、解除、延期等执法标准，推进与公安机关网络互联互通，实现戒毒执法无缝衔接。

(二)戒毒管理方面

1. 健全场所安全管理机制

健全人防、物防、技防、联防“四防”一体化运转机制和安全研判、安全排查、安全防控、应急处置和领导责任五项机制。完善警察直接管理制度，健全生活、学习、康复、劳动四大现场管理工作机制。完善外来人员、车辆管理及探访探视等重点环节管理制度，建立防范毒品、违禁品流入所内的长效机制。建立符合“六无”要求的场所安全考核标准和办法，健全安全事故查处和责任追究机制。

2. 健全安全生产管理机制

出台安全生产责任制，建立健全安全生产主体责任落实机制。完善安全生产培训、调度、检查通报等制度，建立隐患排查治理闭环管理工作机制。健全生产劳动风险评估、项目准入、现场管理等机制。完善生产安全事故应急预案，落实安全生产应急演练机制。实行安全生产量化考评，健全安全生产事故查处通报机制。

3. 健全戒毒矫治管理机制

推行“12·26”一日戒治模式和“周教育日”制度，创新分类收治、分期戒毒、分区管理、分级处遇的工作机制，丰富固定山东戒毒模式。完善戒毒人员探视、回归适应训练等工作，建立戒毒人员全天探访制度，覆盖周末和节假日。健全生产劳动效益考评机制，通过改进劳动报酬发放方式和标准，创新生产劳动激励机制。建立戒毒人员一日行为规范，完善警察指导下的戒毒人员自主管理形式。

(三)教育矫治方面

1. 健全教育矫治工作的基础平台

科学设定教育矫治岗位，明确教师配备标准和职责要求，建立常态化培训机制。修订《戒毒教育工作办法》，制定《戒毒教育工作考核工作细则》，健全教育矫治工作规范和考核标准。建立“新生”教育矫治网和教育矫治资料库，建立一体化、智能化教育矫治网络平台。

2. 健全教育矫治工作的运转机制

完善戒毒教材体系，健全课堂教学工作机制。实行个别教育导师制，建立戒治个案数据库，健全循证矫治工作机制。坚持“一所一主题、一队一特色”，健全“国学·齐鲁文化入心工程”的组织实施及文化戒毒工作、文化品牌创建等长效机制。加强心理矫治专业队伍建设，健全心理矫治研究与应用机制，完善将王阳明心学引入教育矫治的工作机制。

3. 完善戒毒人员回归指导工作机制

与有关部门建立常态化联系及职业技能教育日常组织机制。建立戒毒人员回归就业信息资源库，完善就业创业指导和就业推介机制。健全跟踪回访制度，建立保持操守人员信息库，完善回所帮戒机制。

（四）医疗康复方面

1. 健全戒毒医疗工作机制

完善《戒毒所医疗机构基本标准（试行）》，以省戒毒监测治疗所为依托，其他省属戒毒所建立与之相关联的医疗机构，市属戒毒所设立独立的医疗机构，最大限度地整合和优化医疗资源配置。协调有关部门，为戒毒人员办理医疗保险。完善体检、坐诊、会诊、转诊、服药管理等制度，建立标准化诊疗工作机制。深化与社会医院合作机制，建立远程诊疗网络。强化资金、人员、设施、技术保障，建立健全中医中药戒毒工作机制。

2. 健全生活卫生工作机制

建立生活卫生工作机构，履行食疗工作职能。完善《生活卫生管理规定》，细化配套制度，健全生活卫生管理工作机制。建立戒毒人员网络购物支撑平台和控制体系。健全疾病防控工作制度，完善场所疾病急救和公共卫生事件应急处置体系。

3. 健全康复训练工作机制

修订《戒毒人员康复训练大纲（试行）》《戒毒人员体能测试标准（试行）》，完善康复训练工作标准和程序，健全康复训练工作机制。丰富康复训练的形式和载体，强化劳动康复组织和考评，健全体疗工作机制。坚持戒毒人员体能康复档案管理制度，建立档案数据分析、应用机制。

（五）场所保障方面

1. 完善经费保障机制

按照《关于制定司法行政系统强制隔离戒毒所基本支出经费标准的

通知》要求，及时调整实际执行标准，建立经费动态增长机制。协调建立政府购买服务、科研攻关等经费保障机制，推动解决市属所跨市收治戒毒人员经费保障问题。加强事前控制、事中监管和事后跟踪，健全经费支出监督检查机制。

2. 健全信息化建设、应用机制

建立专门队伍，强化经费落实，加强应用维护，建立信息化建设保障机制。整合业务系统和数据资源，建立综合业务管理平台和戒毒系统大数据中心，建立数据智能分析和资源共享机制。优化完善指挥中心及警务通信、视频监控、视频会议等系统，提高信息化应用水平。

3. 健全警察队伍建设机制

完善警队文化建设和警察职业风险防范机制。科学设定警察岗位及职责，建立警察分类管理制度，制定完善的考评办法，健全激励和约束机制。改进警察值班执勤模式，加强科技装备应用，集约使用警力。实施戒毒专业人才培育工程，完善警察队伍教育培训和专业人才引进、培育、使用、考评、激励等机制，优化警察队伍年龄、知识和性别结构。

4. 健全基层大队工作机制

按照戒毒工作需要，科学设置基层大队组织架构，配齐配强基层大队警力，配齐配优基层大队警用装备。建立职级晋升、政策、经费向基层大队倾斜机制，为基层警察锻炼成长创造条件。

5. 完善新体制下纪检监察工作机制

强化党内监督，完善党委和纪委“两个责任”落实机制。把握运用“四种形态”，抓早抓小，形成发现问题、纠正偏差的机制。树立程序意识，规范纪律审查工作机制。突出执纪重点，完善重点领域和关键岗位风险防控机制。推行视频倒查、驻点督查等方式，形成警务督察常态化机制。坚持关口前移，打造廉政教育网络平台。通过完善纪检监察工作体系，构建“不敢腐”“不能腐”“不想腐”的有效机制。

6. 建立适应现代企业制度要求的企业运转机制

对省属戒毒企业进行公司制改革，完善公司法人治理结构，实行母子公司管理体制，建立健全适应新体制要求的生产经营、技术研发、劳动用工、激励约束等工作机制。企业集团公司与市属所戒毒企业建立松散型合作关系，健全相应工作机制。健全戒毒人员生产劳动管理、考核、激励等机制，实行公司化运营管理。

(六)社会支持方面

1. 完善社会协作机制

健全“开门办戒毒”的工作机制，加强与卫生、疾控、人社等部门的沟通协作，构建“大戒毒”工作格局。建立健全省戒毒协会工作机制，充实人员，办好会刊，搭建戒毒理论研究平台。

2. 完善社会帮戒机制

建立教育戒治、戒毒医疗、康复训练等社会帮戒专家团，健全沟通协作机制。运用亲情帮戒QQ群、戒毒课堂、家属学校等形式，为戒毒人员亲属及社会各界参与戒毒工作搭建平台。

3. 完善后续照管机制

完善与自愿戒毒、社区戒毒、社区康复的衔接机制，建立并吸纳自愿戒毒、社区戒毒、社区康复人员的戒毒康复所(区)，健全工作机制。出台关于建立司法行政机关社区戒毒社区康复指导站试点工作的指导意见，完善指导站布局和工作机制。

4. 完善戒毒宣传机制

保障工作经费，建立宣传队伍，加强与电视、报纸等主流媒体的合作，运用微信、微博、微电影、微视频等新兴媒体，建立禁毒警示教育基地，开展禁毒戒毒宣讲活动，健全戒毒宣传工作机制。

第二节　戒毒工作规范化建设

当前，司法行政戒毒工作发展态势良好，组织机构体系基本建立，教育戒治质量不断提高，场所持续安全稳定，执法能力和水平进一步提升，保障体系和制度体系逐步健全，我国司法行政戒毒工作已经站在了新的历史起点上。与此同时，戒毒工作也面临新的挑战。一方面，我国正处于毒品问题持续蔓延期、毒品犯罪高发多发期和毒品治理集中攻坚期，戒毒场所收治人员数量不断加大，构成日益复杂，教育戒治难度也不断加大，戒毒工作任务日益繁重。另一方面，戒毒工作自身还存在一些困难和问题。例如，执法管理水平和教育戒治质量有待进一步提升，戒毒方式方法和制度机制需要进一步探索和完善，一些场所的安全稳定等基础性工作仍然不够扎实，等等。因此，亟须以更高的标准、更严的要求来规范司法戒毒工作。

一、山东省规范化建设已取得的成效

司法行政戒毒工作转型以来，在山东省司法厅党委的正确领导下，全省戒毒系统按照“一四六”工作思路，以提高教育戒治质量为中心，以确保安全稳定为前提，以规范化建设为重点，着力打基础、练内功、上水平，各项工作取得了显著成效。首先，坚持严格公正文明规范执法，不断健全长效安全机制，确保了场所持续安全稳定。其次，转变戒毒工作理念，把握戒毒工作规律，推行了具有山东特色的“三六三”戒毒模式，形成了“六疗”并举的戒毒矫治体系，建立了山东特有的“一所一中心两实验室”戒毒医疗服务体系，特别是齐鲁文化戒毒、中医中药戒毒等首创性经验，成为山东戒毒特色品牌，在全国发挥了引领和示范作用。再次，场所保障能力不断加强，率先出台了戒毒经费保障机制，6 个建设项目纳入国家“十三五”规划并有序实施，省属戒毒所企业工人养老保险问题得到圆满解决，信息化建设规划和方案有序推进。最后，大力加强队伍专业化建设，实施戒毒专业人才培育工程和教育培训五年规划，开展全员轮训和全员读书活动，队伍的年龄结构和知识结构不断优化，戒毒专业技能明显提升。

二、加强规范化建设的意义

2017 年 2 月 21 日，司法部召开了全国司法行政戒毒工作规范化建设座谈会，这是继 2014、2015 年连续两年召开全国司法行政戒毒工作会议后，召开的又一次具有全局意义的重要会议。这次会议对规范化建设提出了明确要求，作出了全面部署，具有很强的前瞻性、针对性和指导性，为戒毒工作定型发展指明了方向。

（一）是推动戒毒工作定型发展的必然选择

梳理转型以来的戒毒工作，可以看到几个具有特殊意义的标志性事件。首先是 2014 年 4 月习近平总书记的批示，确立了司法行政戒毒工作转型发展的根本遵循；其次是 2014 年 7 月、2015 年 9 月两次全国司法行政戒毒工作会议，分别就司法行政戒毒工作转型和定型作出了全面部署；最后是这次规范化建设座谈会，指明了戒毒工作定型发展的具体路径。

(二)是全面提升戒毒工作水平的客观要求

戒毒工作是新时期司法行政工作的重点之一。与司法行政其他职能相比，强制隔离戒毒是一项新职能、新任务。经过近几年的努力，戒毒工作转型发展取得了显著成效，但工作中仍存在一些劳教的痕迹和影子，影响着戒毒工作的形象和效能。加强规范化建设，有助于从思想观念、思维方式、执法理念等各个方面摆脱劳教工作惯性思维的束缚，有助于建立符合戒毒工作特点的工作机制和方式方法。

(三)是贯彻厅党委“五位一体”总体要求的有效举措

山东省司法厅党委历来高度重视规范化建设工作。2015 年，厅党委主动适应新常态，提出了执法规范化建设、公共法律服务体系建设和班子队伍建设三项重点工作，把规范化建设摆在了突出位置。2017 年，全省司法行政工作会议提出了制度科学化、标准体系化、管理信息化、队伍专业化、监督经常化“五位一体”的总体要求，明确了推进规范化建设的具体路径。推进规范化建设，既是司法部作出的战略决策和统一部署，又是山东省司法厅党委近年来的工作思路和总体要求。要从讲政治、顾大局的高度，充分认识加强规范化建设的重要意义，把思想和行动统一到决策部署上来，统一到全国会议精神上来，以抓铁有痕、踏石留印的精神推进规范化建设，确保见到实效。

(四)是山东戒毒工作提质增效、走在前列的现实需要

近年来，山东省戒毒工作以走在全国前列为目标，“一四六”工作思路落地生根，“三六三”戒毒模式全面推开，“四个工程”强力推进，“六疗”戒毒完善成型，各项工作齐头并进、亮点纷呈，形成了自身的特点和优势，在全国具有了一定影响和声势。但是，工作中也存在一些短板和不足。比如，在企业改革、信息化建设、队伍专业化建设等方面，仍存在制约戒毒工作发展的“瓶颈”问题。推进规范化建设，有利于破解难题、补齐短板，有利于抓好基层、夯实基础，有利于重点突破、整体推进。

三、加强规范化建设的要求

认真学习贯彻党的十八届历次全会和十九大精神，深入学习贯彻习近平总书记系列重要讲话和关于司法行政戒毒工作的重要指示精神，贯彻落实全国司法行政戒毒工作会议和全国司法行政戒毒工作规范化建设座谈会精神，按照省厅“三项重点工作”和省局“一四六”工作思路的部署要求，坚持以安全稳定为前提，以提高教育戒治质量为中心任务，进一步健全戒毒制度标准体系，切实强化目标管理和日常考核，扎实推动教育戒治、管理执法、戒毒康复、生产劳动、场所保障、队伍建设等各项工作的规范运行、提质增效，努力实现戒毒场所制度科学化、标准体系化、管理信息化、队伍专业化、监督经常化的“五位一体”工作目标。

通过努力，建立科学、统一、规范的戒毒工作流程和标准体系，形成制度标准更加健全、基层基础更加坚实、工作落实更加有力、戒治质量持续提高的工作格局，打造戒治科学、执法公正、管理精细、安全有序、功能完备、具有山东特色的规范化戒毒场所，全省戒毒场所全部成为规范化达标所，过半数戒毒场所成为规范化示范所，全省司法行政戒毒工作水平得到整体提升。

四、加强规范化建设的任务

（一）规范场所管理和安全防范

1.推行“三分”管理

全面落实《山东省强制隔离戒毒三分戒治办法（试行）》，深入推行“三分”管理，丰富完善“三六三”戒毒模式。“三分”管理即分期、分区、分类管理。具体为：进一步加强分期管理，根据不同期段的戒毒人员特点，科学确立每个管理期的目标、任务，严格把握不同期段的时间节点；进一步加强分区管理，完善“四区”建设，科学划分区域，设立明显标识，配齐功能用房和戒治设施，严格分区管理的对象和时间，落实各项戒治措施，规范分区考核流转；进一步加强分类管理，根据戒毒人员的性别、患病种类、吸毒类型、戒治效果等，实施更具针对性、实效性的管理戒治，严格评定严管、普管、宽管这三个管理等级，兑现相应处遇。

2.规范基础管理

严格执行领导带班、双人双岗值班、定期巡查等制度，严格落实警察直接管理，加强生活、学习、康复、劳动“四大现场”管理，强化重点人员、重点时段、重点部位、重点环节、重点物品管理，采取针对性管控措施。完善警察一日工作规范，注重戒毒人员行为养成，深入开展争创基础管理示范科(处)室和示范大队活动,加强平时考核和定期考评,提升基础管理规范化水平。推行联动互助制度,深化民主管理和自我管理,加强戒毒人员间相互监督和制约。完善戒毒管理信息平台,实现管理信息互联互通、实时共享。

3.健全安全防控体系

严格执行“六无”要求,健全安全研判、排查、防控、应急处置、责任追究等机制,建立全方位的立体管控体系。坚持三级安全研判制度,建立分类评估分级预警风险研判机制,突出全局性、动态性、预测性分析研判。加强局所两级信息调度,实行日报告、周统计、月分析制度。落实安全隐患排查整治制度,对重大安全隐患明确责任、挂牌督办。实行网格化管理,促进安全制度和措施的落实。加强安全检查专业化队伍建设,创新安全检查形式,采取交叉检查、突查、不定期巡查、专项检查等方式,提高安全检查效能。推进警戒护卫达标工作,按照部局标准进行全面考核验收。加强物防、技防设施建设,完善警戒安防系统,发挥监控、防逃、搜索和预警功能。

(二)规范戒毒执法

1.规范执法工作流程

依法依规办理戒毒人员接收、解除、提前或延长戒毒期限,探访探视,通信通话,单独管理,离所就医,所外就医,变更戒毒措施,收监执行刑罚或拘留、逮捕等,明确每一个执法部门、执法岗位的职责,做到主体合格、程序规范、结果公开。规范考核奖惩和诊断评估,全面落实省局新修订的实施细则,统一执法标准。建立管理执法工作手册,对重要执法事项建立执法工作流程,明晰执法主体、环节和程序。统一规范管理执法文书和记录表册,留存执法证据材料,保障警察执法安全。做好戒毒人员收治工作,确保依法收治、应收尽收。

2.健全执法保障机制

构建科学的执法绩效评估机制,加强执法过程动态化考核。建立执法容错免责机制,保障警察的正当权益。健全执法过错责任追究机制,对发生问题的严格按照规定严肃问责。完善戒毒人员救济机制,推动法律援助工作站工作的规范化、常态化,依法处置戒毒人员的申诉、控告、检举,切实保障戒毒人员的合法权益。完善与公安机关的执法协作机制，落实联席会议制度，健全戒毒执法审批机制，实行网上执法审批。

3.完善执法监督体系

完善法律顾问、执法监督员聘任及工作机制，健全内部监督、社会监督等制度。加大所务公开力度，规范公开范围，细化公开内容，拓宽自助查询终端、公开手册、公开栏及电话、网络、媒体等公开渠道。加强执法信息化建设，配备便携式执法记录仪，对重要执法活动实行全程记录、全程留痕，实现执法活动全程监督。

（三）规范教育矫治

1.规范常规教育

根据戒毒人员分期、分区、分类戒治需求，规范入所教育、法律常识、戒毒常识等九项教育，完善课堂化教学工作流程。统筹考虑教学对象、内容、形式等因素，规范课程运行，提高教学质量。落实集中备课、听课评课、教学考核等制度，确保教学效果。

2.完善教育方法

规范个案矫治工作，健全戒毒教育导师制。强化心理矫治工作，完善操作流程和考核评价机制。丰富场所文化建设，打造文化戒毒成果展览室。抓好职业技能培训，完善就业创业指导和就业推介机制，打造阳光就业平台。健全社会联合帮戒体系，完善与高等院校、社会团体等联合的帮戒工作机制，建立戒毒人员视频探访和亲属帮戒 QQ 群、微信群，定期举办“场所开放日”“家属帮戒训练营”等活动，打造高品质亲情帮戒平台。

3.强化教育保障

加大专业化教师队伍建设，通过资格考证、网络远程、高校培训等方式，提升教育实战能力。强化教育矫治硬件设施建设，配齐多媒体、网络化的教育矫治设备，提高教育设施设备的使用率。加强对教育经费使用的监督，合理开支教育经费，用好用足教育经费。

（四）规范戒毒医疗和康复训练

1.规范戒毒医疗工作

严格落实全日值班、每日门诊、定期巡诊、药品管理、服药管理等制度，构建全天候、全方位的疾病诊疗体系。落实入所体检项目和标准，建立戒毒人员健康档案。建立戒毒医疗快速反应机制，完善场所疾病急救和公共卫生事件应急处置预案，畅通与社会医院的"绿色通道"。规范艾滋病、结核病等传染病定期筛查制度，对患传染病的戒毒人员实行隔离治疗，防止交叉感染和警察职业暴露风险。

2. 规范身体康复训练

根据戒毒人员年龄、身体状况、体质类型等，合理安排训练项目、时间和方法，推行处方式训练、数据化管理，制定菜单式、个性化康复方案。引入色彩管理方法，监测戒毒人员训练情况。开展戒毒人员"全员健身"活动，推广三套戒毒康复操。开展形式多样的戒毒康复训练活动，推广太极拳、八段锦、五禽戏等项目。

3. 规范生活卫生工作

落实戒毒人员伙食实物量标准，严格执行食品安全、物品采购验收和索证制度，严把加工制作、出库入库、餐具消毒、饭菜留样、持证上岗及定期体检等关键环节，确保饮食安全。加强伙食费补贴，丰富花样和品种，平衡膳食营养。落实食品安全主体责任，规范监督检查内容和程序，杜绝食源性疾病和流行疾病的传播。

4. 建立后续照管平台

山东省戒毒管理局（以下简称省局）研究制定出所戒毒人员跟踪回访制度，各戒毒所积极主动、尽快启动，延伸戒毒工作触角，检验戒毒工作成效。建立出所戒毒人员后续照管平台，健全强制隔离戒毒与社区戒毒社区康复的衔接机制。扩大社区戒毒社区康复指导站试点规模，每个戒毒所建立 2～3 个指导站，健全工作机制，配齐工作人员，确保指导站的规范运行。

（五）规范生产劳动管理

1. 健全安全生产管理体系

牢固树立安全生产首位意识，强化监督管理和责任落实制度。严格落实安全生产责任制，健全落实各项安全生产管理制度和技术措施，建立健全风险分级管控和隐患排查治理双重预防体系，健全和落实安全生产考核与奖惩机制，加强安全生产标准化建设。规范安全生产档案管理，做到责任追溯"有据可依，有据可查"。

2. 加强生产劳动组织管理

落实生产劳动车间标准化考核办法，开展标准化车间创建活动。推行生产劳动现场“6S”管理，严格落实定置管理、工具管理、时间管理、外协人员管理等制度。严格生产劳动项目准入制度，加强项目审批和报备。完善戒毒人员劳动报酬制度，规范生产劳动报酬的发放与使用。

（六）规范“六疗”戒毒工作

1.健全“六疗”戒毒工作机制

落实“六疗”戒毒工作意见，制定配套实施细则，明确“六疗”戒毒的方法、步骤及完成时限。①在医疗方面，建设大医疗服务体系，整合现有医疗资源，发挥“一所一中心两实验室”的功能。加强中医中药戒毒应用研究，根据流行病调查结果，调整和完善中医药戒毒方剂。②在文疗方面，深化八大文化品牌建设，开展文化戒毒上等级活动，推动“国学·齐鲁文化入心工程”常态化，完善“孔子学堂”运行机制，办好“三大讲堂”，用好“八本八册”，形成所级品牌链和全系统品牌集成效应。③在心疗方面，推广应用阳明心学戒毒教练技术，规范“三期八训”工作流程，发挥心理戒毒研究生实践教学基地作用。④在体疗方面，完善“一二三”戒毒康复工作体系，制定《戒毒人员康复评估手册》，完善体能康复训练基础资料，健全戒毒康复训练标准体系。⑤在食疗方面，丰富“三三四五”食疗戒毒模式，编写《戒毒人员健康管理手册》，发挥营养学教学实践基地的作用。⑥在工疗方面，落实“一二二六”（一个小时康复训练，二个小时集中教育，二个小时个人自学，六个小时习艺劳动）一日戒治规定。

2.加强六个中心建设

根据“六疗”戒毒要求，加快建立戒毒医疗、康复训练、心理矫治、膳食营养、文化教育、技能培训六个中心。①戒毒医疗中心的建设。建设大医疗服务体系，尽快整合省属戒毒所医疗资源，以省戒毒监测治疗所为依托打造中心医院，在其他省属戒毒所设立分院。开展医疗机构达标活动，省戒毒监测治疗所建成二级医院，争取打造全国戒毒研发中心；市属戒毒所建成一级医院，并取得戒毒医疗服务资质。②康复训练中心的建设。在康复训练中心配备康复训练、测试和数据采集设备，建立戒毒人员康复训练电子档案和数据库；具备社会体育指导员或国职健身教练等专业资质的警察不低于收治戒毒人员的2%，各大队至少有1名具有专业资质的体疗师。③心理矫治中心的建设。落实心理矫治中心硬件配备标准,健全所、大队、班组心理矫治组织,按照不低于收治戒毒人员0.6%的比例配备专职心理咨询师,各大队至少配备2名心理咨询师。④膳食营养中心的建设。配备食疗戒毒专业人才,发挥营养学教学实践基地的作用。⑤文化教育中心的建设。加强文化品牌建设,推动文化戒毒工程建设。⑥技能培训中心的建设。强化职业技能培训实践基地建设,拓宽就业服务渠道。

3.加强戒毒理论研究

依托省戒毒协会,健全戒毒科研机制,建立戒毒科研课题评选奖励制度,加大经费支持力度。组建山东省戒毒科研专家库,根据"六疗"戒毒分类设置,健全相应的工作机制。加强与社会科研机构的合作,通过建立研究基地、联合课题攻关等形式,提高戒毒科研水平。加强对文化戒毒、中医中药戒毒、体疗、心疗、食疗、工疗等课题的研究,开展出所戒毒人员跟踪调查和操守率调查评估,成立研究团队,明确负责人,列出时间表,每年形成一批有科学权威的理论科研成果。

(七)规范场所保障机制

1.推进场所规划建设

贯彻落实住建部、公安部、司法部联合发布的《强制隔离戒毒所建设标准》,按照"高起点设计,高标准建设,高效能管理"的要求,加快推进场所新建、改建和扩建工程,"十三五"末建成2～3所设施一流的戒毒所,收治能力达到1万人。按照"三分"管理的要求,完善功能分区和设施条件,提升场所设施的规范化水平。落实基本项目建设的各项制度,严格工程项目建设程序,加强工程监理和审计监督,建立监督检查机制,全面规范工程项目的实施。

2.规范财务装备保障

积极争取财政部门的支持,落实戒毒经费的动态增长机制,建立市属戒毒所跨市收治戒毒人员经费保障机制。严格执行国家财经法律法规制度,健全内部管理制度,加强财务、国有资产的管理和监督,提高资金使用效益。规范单警装备以及医疗、教育、康复训练和安全管理等装备的配备标准,做好使用、维护和保养等工作。

3.加强场所信息化建设

贯彻落实全国司法行政信息化建设推进会议精神,实施全省戒毒系统信息化两年建设方案。坚持“四统一”原则，即统一规划设计、统一采购设备、统一施工、统一管理，提高信息化建设效率。建设全系统应用管理平台，开发协同办公、戒毒管理等业务系统，建立全省戒毒系统云平台。依托司法部信息化科研项目，开发场所安全风险防控系统。建设统一采集标准、应用标准和共享标准的戒毒信息数据库，开发大数据分析研判决策系统，提高信息化应用水平。

4.完成戒毒企业改革

按照省政府、司法部批复要求，积极推进戒毒企业体制改革，健全公司法人治理结构，建立戒毒戒治和工业生产相对独立运行的管理体系，进一步健全机构、理顺体制、搞好机制，规范戒毒企业警察、职工管理，确保国有资产保值增值。

5.加强社会支持联动

健全社会支持平台，与公安、卫生、疾控、人社等部门建立协作机制，争取财政部门支持，积极推进政府购买服务，健全省戒毒协会、分会及专业委员会工作机制，健全戒毒新闻宣传工作机制，动员社会力量参与戒毒工作。

6.规范基层基础工作

规范设置戒毒管理机关、场所内设机构，科学界定省局、戒毒场所、大队的工作职能，明确工作职责和工作标准。深入推进场所扁平化管理，确保一线警力达到警察总数的75%。改进警察值班备勤模式，构建高效运行的警务运行机制。完善戒毒工作标准体系，建立全省统一的制度体系，加强各制度和标准之间的配套衔接。省局研究制定戒毒所综合考评办法，各戒毒所制定日常工作考核细则，加强对各级班子的综合考评和警察的日常考核。

7.加强警察队伍管理

始终把思想政治建设放在首位，增强“四个意识”，坚定理想信念，严守党的政治纪律和政治规矩，培育和弘扬山东戒毒警察精神，探索建立职业道德评价和奖惩机制。加强业务能力建设，争取戒毒专业人才招录特殊政策，法律、管理、戒毒康复、教育、心理、医学和信息工程等核心专业的人员比例达到70%以上。落实戒毒专业人才管理办法和教育培训规划，实行分层分类培训方式，注重戒毒专业和实战应用能力培训，培养

"六疗"戒毒专业人才。坚持从严治警,探索建立新体制下的纪检监察工作模式及符合戒毒工作特点的廉政风险防范机制,加强警察执法执纪督察检查、警务督察、考核奖惩、责任追究;严格落实"一把手四个不直接分管"制度,制定警察权力清单和责任清单;健全经常性教育机制;处理警察违法违纪案件,做到程序规范、手续完备、资料齐全。坚持从优待警,积极为基层警察争取政策、解决困难,落实警察分类管理和职业保障措施,真正从政治上、工作上、生活上关心和爱护警察。

第三节　戒毒工作信息化建设

网络的兴起与发展深刻地改变着人们的生活方式,大数据和互联网技术已经成为推动整个社会跨越式发展的大引擎,信息化建设也已成为推动强制隔离戒毒工作创新发展的必然选择。

一、信息化建设的意义

(一)有利于戒毒工作的社会化

互联网的兴起和普及正以一种不可阻挡的势头,改造着传统生产、生活方式和业务业态。传统媒体的影响力和生存环境受到互联网的巨大冲击。转型与突围的困境也渗透到了强制隔离戒毒的工作领域,强制隔离戒毒工作将是一个迭代的过程。信息化建设搭建起了所务公开的新平台,可以让社会公众及时准确地了解国家法律法规、禁毒戒毒形势、场所管理规定及戒毒工作动态信息等,扩大戒毒工作宣传,消除社会误解,利于戒毒工作执法监督,动员社会对戒毒工作的广泛参与。

(二)有利于场所安全稳定的常态化

2014 年 12 月,司法部和公安部共同编制的《强制隔离戒毒所建设标准》,明确将信息化建设作为强制隔离戒毒所的配套设施,同时明确规定:"技术防范设施、信息网络设施建设应与强制隔离戒毒所同步规划、同步建设、同步投入使用。"这就从国家标准层面上为加快场所信息化建设,实现人防、物防、技防、联防"四防一体化"建设创造了有利条件。信息化建设走在前列提高了场所的安全系数,大大降低了安全事故的发生概率,形成了全过程、全方位、全时空覆盖的管理安全防范新格局。

(三)有利于教育戒治工作的科学化

司法行政戒毒工作是一项重要的执法活动,是一个极富探索性的医疗和心疗过程,其中,教育戒治是戒毒工作的中心任务。要实现山东省戒毒工作走在全国前列这一目标,关键是做足优势,补齐“短板”,提升我省戒毒教育戒治工作的专业化、科学化水平。信息化建设使戒毒人员的教育戒治更加科学、开放,甚至在某种情况下可以直接转化为教育戒治技术,为戒毒诊断评估提供有效依据。同时,信息化建设与循证矫正相结合,以信息技术分析戒毒人员的身心特征,建立智能分析、风险预警和决策支持系统,丰富了戒毒人员的教育戒治手段,教育戒治工作更加科学规范。

(四)有利于戒毒执法工作的规范化

规范化是管理工作的内在要求,也是管理工作要达到的基本目标。新常态下,执法规范化建设成为山东省司法厅党委确定的三项重点工作之一,也是强制隔离戒毒的工作重点。强制隔离戒毒工作的专业性、技术性很强,其管理对象、管理方式、管理理念等与劳教工作完全不同,信息化建设走在前列恰恰可以从戒毒工作实际出发,根据戒毒工作规律和戒毒人员的特点,促进戒毒执法工作的规范化建设,将原来孤立运行的各项工作进行系统整合,并加以智能化。元数据增添了技术保障,信息化建设、管理、维护、使用等方面实现常态化,各项戒毒执法工作更加趋于规范。

二、信息化建设的原则

(一)统一规划,分步实施

立足全省戒毒系统工作的需求,遵循信息化规律,统筹信息化建设目标任务,避免盲目建设、重复建设、低层次建设,充分运用云计算、物联网、大数据等先进互联网技术,创新信息化建设、管理、应用模式,有计划、有步骤地推进信息化健康发展,形成全省戒毒系统信息化建设上下联动、协调发展的良好格局。

(二)深化应用,务求实效

以应用效果作为衡量信息化成效的重要指标,在搞好基础网络和硬件设施建设的同时,实现信息化对各项业务工作的技术支撑,以应用促建设，确保建设的信息化系统好用、实用、管用。

（三）协同建设，资源共享

省局指导，上下协同，提升信息化系统的整体性、完整性、易用性，促进各类业务系统的互联互通和资源共享。

（四）建管结合，确保安全

把网络安全作为信息化建设的头等大事，坚持同步规划、同步建设、同步运行的原则，搞好信息网络的综合安全防护。山东省戒毒专网主要用于日常办公，可存储、处理、传输内部敏感信息和本级工作秘密，不得处理涉及国家秘密的工作事项。由省局统一制定信息交换规则，建立共享交换平台，实现与其他非涉密专网、互联网的数据交互。严格落实各项安全防护措施，强化技术管控手段，建立健全网络管理规章制度，确保网络安全和信息保密。

三、信息化建设的内容

在“十三五”时期，山东省戒毒系统信息化工作主要是建设“一个平台、六个系统”，即全省戒毒系统云平台，业务应用系统、数据库系统、“新生网”网络系统、信息安全保障系统、共享交换系统、容灾备份系统。

（一）戒毒系统云平台建设

1\. 建设中心机房

按照B级机房标准建设山东戒毒系统中心机房，主要承载应用系统虚拟化、业务软件集成、数据交换共享中心等业务。前期部署在省局机关办公楼，待条件成熟后，迁移到地理位置更加适宜的鲁中所机关办公楼，局机关机房作为数据容灾备份中心使用。

2\. 扩充硬件资源

配置虚拟化桌面服务器、虚拟化应用服务器、数据库服务器、前置服务器、共享交换服务器、虚拟化杀毒服务器、各类管理服务器、磁盘阵列、网络服务管理设备以及配套软件和必要的路由交换设备，搭建运行稳定、功能完备的戒毒专网云数据中心。

3\. 升级网络带宽

充分利用省属所地理区位优势，分别通过租用专线和自建光纤网络连接省局、四个省属所和四个市属所，同时提升专线带宽，解决网络传输带宽瓶颈，发挥好虚拟化应用集中部署的优势。

（二）业务应用系统

以《禁毒法》《戒毒条例》《司法行政机关强制隔离戒毒工作规定》《山东省强制隔离戒毒人员考核奖惩实施办法（试行）》《山东省强制隔离戒毒人员诊断评估实施细则》《山东省强制隔离戒毒所政管理工作规范》《山东省强制隔离戒毒教育工作规定》等法律法规为建设依据，规范行政执法行为和内部行政管理行为，以提高管理规范化水平和内部行政管理效率为目标，以数据共享及数据交换为手段，采用平台化策略进行总体设计，体现数据交换、信息协同的设计理念，建立先进、安全、可靠、灵活、方便扩展、便于部署、操作简单、易于维护、互联互通、信息共享的戒毒系统综合业务管理平台。所有业务应用系统建设采用云计算模式，网络采用虚拟化技术。该系统主要包括以下内容：

1.戒毒网网站群

戒毒网网站群包括局机关及各戒毒所内网网站，采用站群模式进行站点的建立与管理，实现统一管理和资源共享。

2.协同办公系统

建设统一的电子政务工作平台，实现各职能部门文件起草、审核、签发、传输、受理、批示、办理到归档的一体化管理，实现各部门业务流转的一体化管理、数据资源和交互共享，实现与其他业务系统的灵活链接，实现各部门工作流的分级管理和独立运行。

3.戒毒管理系统

戒毒管理系统主要包括戒毒人员的入所管理、出所管理、分类查询、分类管理、分类统计及其他辅助功能等内容。

4.综合业务管理平台

实现全省戒毒系统的统一用户管理、统一组织机构管理、统一消息通知、统一工作流程、统一表单、统一系统监控、统一报表展现、统一门户集成等功能。

5.人事警务管理系统

实现对全系统组织机构、人事编制、党务管理、奖惩信息等的统一管理。

6.生产劳动管理系统

实现对生产劳动项目、个人劳动、安全检查、统计报表、劳动工具等各项管理，同时也包括全省戒毒企业生产、工艺控制、仓储、销售等环节的管理。

7.教育矫治管理系统

实现记录、查询、统计和输出戒毒人员思想教育、文化教育、技能培训、出所安置帮教及所内文化建设等各方面的业务信息。

8.康复指导管理系统

实现对疾病预防教育、戒毒医疗、生活卫生、康复训练、社区戒毒社区康复指导站等各项业务数据的录入、统计、查询功能，也包括各项业务流程的管理功能。

9.纪律监察管理系统

实现纪律监察工作的信息发布和各项业务流程的管理功能。

10.大数据分析研判决策系统

大数据分析研判决策系统包括数据交换平台和分析研判决策系统建设。数据交换平台提供决策支持信息资源的数据交换和数据目录服务管理，实现与各部门数据库互联、异构数据采集，通过数据目录服务实现跨部门的数据查询和共享。分析研判决策系统通过监控预警、综合统计、查询分析等智能化分析手段，为领导业务办理和宏观调控、决策提供依据，发现运行规律和突出问题，及时采取相应措施。

11.戒毒局外网网站

戒毒局外网网站包括内容管理系统、政府信息公开系统、为民服务系统等内容，实现政务公开、便民服务。

12.戒毒协会管理系统

实现山东省戒毒协会业务管理功能，主要包括会员管理、培训管理、报表统计、投稿管理、通知公告、信息发布、信息传递等内容。

13.演播室系统

实现直播、录播教师讲课等功能，可在各终端进行直点播。

14.远程探访帮教平台

采用远程视频形式，实现异地戒毒人员家属探访功能，解决家属多次往返奔波的问题。

15. 远程会诊系统

采用高效的视音频编解码技术，实现会诊室之间高清视音频图像的远程传输，对戒毒人员的病情进行网络远程会诊。

（三）数据库系统

通过基础数据建立戒毒机构、从业人员、管理对象数据库，实现分类别、分层次、分单位管理。

1. 机构场所数据库

机构场所数据库包括机构场所位置、机构名称、场所名称、场所属性等基本信息。

2. 干警职工数据库

干警职工数据库包括干警职工基本信息、职位、职称、警衔、家庭信息等内容。

3. 戒毒人员数据库

戒毒人员数据库包括管理对象基本信息、生理信息、家庭信息、社会关系信息、戒毒相关信息等内容。

4. 装备财务数据库

装备财务数据库包括装备信息、财务信息、收支信息等内容。

5. 教育资源数据库

教育资源数据库包括教育电子化资源、视频资源、培训记录信息、考试信息等内容。

6. 生产劳动数据库

生产劳动数据库包括生产劳动原材料、习艺情况、成品、报酬、订单、合同执行等内容。

（四）新生网网络系统

搭建新生网网络系统，与戒毒专网逻联合国毒品和犯罪问题办公室隔离，严格控制边界访问策略，实现戒毒网单向访问新生网。建立局、所、队三级教育矫治体系，实现戒毒人员网上信息浏览、教育培训、心理咨询、视频点播、网上论坛等功能。

（五）信息安全保障系统

山东省戒毒系统信息安全建设和保障需要从物理（指设备运行故障带来的安全风险）、网络（指传输线路、网络设备方面存在的安全风险）、系统（指操作系统、数据库系统、通用应用平台系统方面存在的安全风险）、应用（指实现业务的专有应用系统自身及应用交互过程中的安全风险）、数据（指威胁到信息数据的安全风险）、管理（指网络和系统管理不到位带来的安全风险）六个层面考虑。结合山东省戒毒信息系统现状及未来工作发展要求，规划拟定“三个体系、一个中心、三重防护”安全保障体系框架。

1. 建立“三个体系”

“三个体系”即信息安全管理体系、信息安全技术体系和信息安全运行体系，结合等级保护基本要求的控制点与山东省戒毒系统实际情况，形成相适应的体系结构框架。

2. 成立“一个中心”

“一个中心”即信息安全管理中心，用于实现自动、平台化的安全工作管理、统一技术管理和安全运维管理，安全管理平台包括系统安全、安全管理和审计管理等。

3. 实现“三重防护”

“三重防护”包括安全计算环境防护措施、安全区域边界防护措施和安全通信网络防护措施，把安全技术控制措施与安全保护对象相结合。其中，安全计算环境包括系统安全和应用安全等方面；安全区域包括区域边界访问控制、区域边界协议过滤、区域边界安全审计、区域边界恶意代码防范及区域边界完整性保护等方面；安全通信网络包括通信网络安全审计、通信网络数据传输完整性保护及通信网络数据传输保密性保护等方面。

（六）共享交换系统

共享交换系统旨在建立一套符合统一数据标准的共享数据平台，将现有各应用系统和即将开发的新应用系统中所需共享的异构和非异构的数据信息，通过统一规则的数据抽取（采集、清洗、转换）或同步方法，自动地推送至平台中进行共享、发布、应用。实现平台发布数据接口，保证今后开发的新应用能实现对共享数据的访问和扩展。

（七）容灾备份系统

在云中心机房及局机房分别部署一套备份云柜设备，建立本地备份和异地备份，通过数据实时备份和即时恢复技术为虚拟机业务和数据库进行数据保护，提高整个系统的数据安全性。

第九章　戒毒专业人才培育

“致天下之治者在人才。”人才是社会发展的第一资源、核心资源。古往今来，人才都是发展之本、兴业之计、事业之基。习近平总书记指出：“当今世界，综合国力竞争日趋激烈，新一轮科技革命和产业变革正在孕育兴起，变革突破的能量正在不断积累。综合国力竞争说到底是人才竞争。人才资源作为经济社会发展第一资源的特征和作用更加明显，人才竞争已经成为综合国力竞争的核心。谁能培养和吸引更多优秀人才，谁就能在竞争中占据优势。”①

第一节　戒毒专业人才概述

人才队伍是事业发展的保障和支撑，大到一个国家，小到一个系统或是单位，谁能培养和吸引更多的优秀人才，谁能更好地管理和使用人才，谁能为人才成长搭建良好的平台、为人才发展提供广阔的空间，谁就有面对未来的核心优势。面对戒毒这个世界性难题，必须建立一支高素质、专业化的人才队伍。

一、加强人才队伍建设的必要性

（一）时代和社会发展的要求

人才竞争已经成为新的主战场，从国际形势来看，全球人才竞争日

① 习近平：《在欧美同学会成立一百周年庆祝大会上的讲话》（2013 年 10 月 21 日），《人民日报》2013 年 10 月 22 日。

趋激烈，许多国家为了赢得竞争的主动权，纷纷通过立法修法、调整政策、放宽国籍和移民门槛、提供巨额经费支持等举措，加大吸引留置优秀人才的力度。从国内形势来看，全国各地围绕实施创新驱动发展战略，聚焦人才与产业深度融合，纷纷调整人才发展战略，扩大人才政策的开放度，引进高层次人才力度也是前所未有的。尤其是广东、江苏、浙江等省份，紧跟国际人才流动大势，着力加强人才发展的综合环境建设，人才制度的优势和竞争力明显提升。

（二）戒毒事业长远发展的必要条件

戒毒事业执行环节要靠人来完成，战略的实现必须把人尤其是人才的作用发挥出来。但是，目前我国的戒毒系统存在着关键性领军型人物缺失，高端人才匮乏，结构不尽合理，相关制度建设和管理工作缺位等窘况。在医疗卫生、教育矫治、康复训练等方面，具有丰富实践经验和较高理论水平的专家凤毛麟角，在心理矫正、戒毒康复治疗等方面的行业内专家型人员也是屈指可数。建立一支高素质的人才队伍，为司法行政戒毒各项事业发展提供基础支撑，支持司法行政戒毒事业长远可持续发展已经迫在眉睫。

（三）提升司法戒毒工作社会影响力的现实需要

随着依法治国战略的逐步推进，懂法懂业务的复合型人才已经成为各行业各部门人才培养的重要目标，也为戒毒工作扩大职能影响提供了重要的历史性机遇。各司法行政戒毒机构要善于打造和运用自身的核心优势，加强在戒毒医疗、心理戒治、康复训练、教育矫治等方面人才的培育工作。如果能把其中一部分拔尖人员选拔、培养和使用起来，不仅对内能起到促进戒毒事业长远发展的智力支撑作用，对外也能起到提升戒毒工作社会影响力的功效。人才的聚焦与服务交流，可以为与其他部门（单位）进行沟通合作提供更好的平台，在一定程度上能促进司法行政戒毒工作“走出去”，为增强话语权打下良好的基础。

二、加强人才队伍建设的实践

近年来，人才工作受到了国家的高度重视。党的十八大以来，习近平总书记站在党和国家事业发展全局的战略高度，对人才工作作出了一系列重要指示，极大地丰富了新时代中国特色社会主义人才的基本内涵，为人才事业发展提供了遵循的方向和理论依据。2016年，中共中央相继发布了深化人才改革和深化职称制度改革等一系列重要文件。同年，中共中央下发了《关于新形势下加强政法队伍建设的意见》等政法系统队伍建设的纲领性文件，该文件专门有一大项对全面加强政法人才队伍建设提出了明确的要求。2017年，司法部印发了《2016～2020年监狱戒毒人民警察队伍建设规划纲要》（以下简称《纲要》），对戒毒警察队伍建设提出了正规化、专业化、职业化的具体部署。《纲要》中提出按照“五个过硬”的总要求，深入推进人才队伍的专业化建设。加大教育培训力度，创新教育培训方式，分类分级开展培训，突出精细化管理、教育改造、心理矫治、信息化实战应用等专业技能培训，切实提高履职能力；强化岗位练兵和实践锻炼，优化“战训合一、轮训轮值”岗位练兵模式，大力开展业务竞赛，实战观摩，技能比武等，切实提高单警实战能力和队伍应急处突能力；加大人才工作力度，拓宽专业人才引进渠道，健全从司法警官院校毕业生中招录人才的规范便捷机制，加强高层次人才库建设，为优秀人才施展才华创造良好条件。

在政法系统，早在2004年，北京市委政法委就正式提出实施“十百千”人才工程。截至2016年，北京政法系统已分别储备“十、百、千”三个层次人才58人、500人、5000人，构筑起覆盖政法工作各行业各领域的“金字塔型”梯次化人才体系。同时，综合运用各种渠道方式，鼓励和支持这些人才承担政法工作重点课题、重要项目，积极推荐他们进入党委、政府和政法单位决策咨询机构。天津市大力推动高精尖专业技术人才特别是业务工作特需人才引进工作，探索专业技术人才队伍激励机制，规范专业技术人员职称评审、高级专业技术职务聘任程序，努力激发专业技术人才的工作干劲。上海市积极拓展人才发展培育渠道，建立“优选”+“锻炼”的人才发展机制，向省法院检察院输送人才。江苏省联合省人才办制定出台政法人才发展规划并纳入全省“十三五”人才发展总体规划，部署实施政法系统高层次人才引领工程、急需人才引进工程、优秀青年人才成长引导工程、社会化人才引智工程等六项重点工程，提出在5年内新培养引进100名政法领军型人才、400名专家型人才、500名后备人才和2000名急需紧缺人才的四个核心指标，加快促进人才高地建设。浙江省力推进人才引进工程，积极引进网络技术、知识产权、金融证券等专门人才。重庆市全面推进青年导师制度,岗位业务顾问制度、干部挂职锻炼制度,积极助推干警快速成长。这些做法为我们如何建设人才队伍、发挥人才作用提供了宝贵的经验。

三、加强人才队伍建设的基本理念

(一)加强顶层制度设计

人才队伍建设事关戒毒工作能否取得实效,因此司法部和各地要着眼于戒毒人才实际,从加强社会治理的大局出发,制定戒毒工作人才队伍发展的总体制度和发展纲要。采取各项优惠政策,广纳戒毒医疗、心理、教育、康复等专业人才,使用好人才,留住人才。

(二)健全专业人才使用机制

科学设置选拔、引进、培养、使用、考核、激励保障等环节的制度,做好相关制度的衔接,注重加强人才的培养和使用,为发挥其作用提供良好的平台。根据对专业人才的分类分级设置,明确各类专业人才的岗位职责、从业标准和配备数量。健全专业人才使用机制,建立评聘机制、考核机制,健全人才选拔、交流轮岗、挂职锻炼、竞争上岗等制度,实行专业带头人制度,加强警察职业生涯规划。拓宽专业人才晋升渠道,在职级晋升、评先树优、嘉奖记功时给予倾斜、优先考虑,在戒毒所领导班子中,专业人才应占有一定比例。

(三)市场化运作和资源配置

借鉴企业拓展市场的模式,全方面做好人才的推介工作,加强与其他部门和单位的交流,发挥好人才聚集的最大效能。加大专业人才引进力度,通过政府购买服务的方式,面向社会聘用专业人才。

(四)坚持统筹兼顾,发挥人才的最大效能

要发挥好人才的最大效能,一方面要用人才服务好本单位、本系统分内的工作;另一方面在此基础上积极参与其他社会分工,努力拓展司法戒毒系统的发展空间,提高社会影响力。

四、加强人才队伍建设的基本原则

(一)党管人才原则

坚持党对专业人才队伍的统一领导,明确发展目标,坚持分类指导,

研究和制定专业人才建设规划，确保正确的政治方向和工作方向。

（二）人才为先原则

要做到尊重知识，尊重人才，树立“提升自我，争当人才”“人才为先”的人才观，围绕用好用活专业人才来培养人才、引进人才和使用人才。

（三）德才兼备原则

把德才兼备、以德为先作为选拔专业人才的首要标准，坚持正确的用人导向，加强思想品德、职业道德建设，培养一支政治坚定、素质过硬、作风优良的专业人才队伍。

（四）专业强警原则

依托“四区”“五大”专业中心，以戒毒业务为核心，围绕帮助戒毒人员戒除毒瘾、顺利回归社会这一目标，积极转变工作理念和工作方式，着力提高戒毒工作能力和水平。

（五）注重实绩原则

把业绩和实效作为评价专业人才的重要依据，完善考核办法，健全激励机制，营造干事创业、尊重实干的良好氛围。

第二节　戒毒专业人才的引进和培养

“工欲善其事，必先利其器。”戒毒专业人才就是戒毒事业发展中的“器”，要实现戒毒事业的跨越式发展，首先要“器”利“刃”锋。贯彻落实好习近平总书记提出的“五个过硬”的要求，打造正规化、专业化、职业化戒毒专业人才队伍，事关戒毒事业的兴衰成败。

一、戒毒警察队伍现状

戒毒专业人才的引进和培养，要以现阶段戒毒警察队伍情况为基础，进行全面分析，找出存在的短板及不足，才能对症下药、分类施策，提升专业人才队伍建设的水平。下面，我们以山东省戒毒系统队伍建设情况为例，分析当前戒毒警察队伍的现状。

（一）警察队伍年龄结构不合理

从总体上看，山东省戒毒系统的 8 个戒毒所中警察的平均年龄为

45.4 岁。其中,平均年龄最大的戒毒所是青岛所,达 47 岁。全省各戒毒所平均年龄,除监治所(43 岁)、烟台所(42 岁)之外,其余各戒毒所警察的平均年龄均超过 45 岁,面临年龄老化、后备力量不足的问题。从年龄结构上看,全系统 46～55 岁的居多,约占实有人数的 50%。其中,青岛所、女子所中 35 岁以下的警察比例最少,分别约占本单位警察总数的 5.6%和 9%。戒毒所没有形成合理的梯队式警察队伍结构,不少年龄大的同志仍奋战在第一线,不利于保持队伍的战斗力,也不利于工作的开展及传承。

(二)戒毒专业人才缺口较大

一是专业人才总量偏少。具有医学专业资质的人数约占警察总数的 6.3%,心理咨询师约占警察总数的 25.7%,具有康复训练资质的人员约占警察总数的 11.9%,具有教师资质的人员约占警察总数的 8.2%,营养师、国学讲师等其他"六疗"中具有专业资质的人员占警察总数的 22.6%。上述都为戒毒工作中的急需人才,现有数量仍处在较低水平,远不能满足戒毒工作需要。其中,医疗专业人才的欠缺尤为严重。当前山东省的 8 个戒毒所中具有专业资质的医务人员有 88 人,其中监治所有 41 人,占总数的 46.5%;剩余 7 个戒毒所仅有 47 名具有专业资质的医务人员。

二是警察队伍的知识和学历结构单一。8 个戒毒所中具有大学以上学历的警察人数占总数的 79.2%,一些中高层次专业人才引进困难,缺少牙科、精神科、全科、心理治疗等专业的医生,国学教师、营养师等专业人才也较为短缺,制约了队伍专业化建设的深入开展,难以满足戒毒"六疗"工作的需要。

三是部分专业人才的实操水平不高。由于警察队伍的知识学历结构基础薄弱,大部分专业人才为非科班出身,未经过系统性专业学习,导致部分警察单纯以考证为目的获取资格。但在实际工作中,其所学专业与戒毒工作结合不充分,实操经验较少,实操水平不高,未能发挥良好的效果。

(三)职业倦怠现象不同程度的存在

一是由于戒毒所相对封闭,地处偏远,警察工作时间长、值班多、压力大,个人婚姻、子女上学、照顾父母等生活问题得不到解决。同时,由于长期接触戒毒人员，心理得不到有效的放松和疏导，容易产生心理不适，且身体健康状况普遍较差，在一定程度上影响了成就感、职业归属感和认同感的建立。

二是警察队伍对职级晋升的需求远远得不到满足，由此在部分警察中形成了“天花板意识”。政治前途的渺茫，很大程度上抑制了警察的积极性，给队伍建设工作带来了一定的困难。

三是受居住地分散等原因的影响，当前警察队伍，尤其是年轻警察的集体意识、团队意识有所欠缺，“大家庭”观念淡薄，影响了队伍凝聚力的提升。

（四）部分警察的工作理念和能力素质有待提高

部分警察的执法理念与当前的新形势和新任务相比，还比较落后，思想上还没有从过去劳教的执法思维上转变过来，对戒毒执法规范化认识不到位，对新形势下的执法风险缺乏清醒的认识。有的警察存在政治敏锐性不强、法治观念淡薄、规范执法意识不强的问题；有的工作思路和方式方法仍然没有适应职能转型的需要，存在凭经验做事、套用劳教工作模式的情况。同时，还部分存在对一些具体的执法规定和要求掌握不够准确，缺乏必要的法律知识和法律素质，执法理念、创新意识和执法能力与新时期对戒毒工作的要求不相适应的情况。

（五）选人用人机制尚需完善

当前，8 个戒毒所中 40 岁以下的领导班子成员只有 1 人，30～35 岁正科级领导干部有 7 人，30 岁以下的副科级领导干部有 5 人。总体来看，年轻干部数量较少，比重较低。各职务层次后备干部名单只有鲁中所、监治所、济宁所建立，烟台所、枣庄所部分建立，其他各所没有建立。对于优秀年轻干部、女干部、党外干部名单，只有鲁中所、监治所、济宁所建立，其他各所没有建立。由此可见，当前的后备干部体系尚需健全，未形成结构合理的“梯队式”警察队伍。

二、戒毒专业人才的引进与培养

习近平总书记指出：“成为一个好干部，一靠自身努力，二靠组织培养。”[①]要重视对专业人才的培养，发挥好各单位对人才培育的主体地位，强化阵地建设，健全常态化的戒毒专业人才培养体系。要着眼于提升队伍的整体素质和实战能力，坚持按需施训，分层分类培养，增强培育的目标性和实效性，注重操作实务培训，注重对年轻警察的培训，注重对特殊专业岗位的培训，着力培育戒毒系统专家级人才队伍，造就一批戒毒专业“领军”人才。

（一）戒毒专业人才培育

一是要综合分析当前队伍的专业构成，对现有岗位和职能进行专业化分工，进一步明确不同岗位戒毒警察入职的知识结构、素质条件、技能水平等合乎实际的“门槛”标准，按照专业层次和轻重缓急，做到差什么引什么，缺什么补什么。根据戒毒工作需要，制定专业人才招录计划，探索建立和实施刚性和柔性兼容并蓄的制度机制，积极招录和引进各类优秀人才。

二是注重用好招录优秀专业人才的政策，落实公务员招录、公务员遴选、事业单位人员招聘、特殊人才招录、军转干部安置等人才引进政策，科学设置招录岗位和条件，加大人才引进力度；按照落实“五大改造”等新理念、新要求，加大对法律、监所管理、戒毒康复和信息工程等核心专业人才的招录力度，争取警察队伍核心专业人员比例达到70%以上；坚持按需招录、对口引进，优先招录和引进具有专业资质的医护人员以及心理学、药理学、中医中药学、精神医学、运动训练学等方面的专业人才。推动建立戒毒人民警察招录便捷机制，建立司法警官院校招录与司法戒毒机关招警协调机制，提高司法行政院校涉警专业毕业生的入警比例。

三是注重探索科学灵活的引入机制，按照司法部要求，鼓励引导和引进社会力量参与司法戒毒工作，进一步加强公共法律服务队伍建设；逐步建立戒毒工作辅助人员队伍，充实基层戒毒所力量；探索通过政府购买社会服务等方式做好有关教育、医疗、信息技术等紧缺专业领域社会人才的引进或使用。

四是注重探索吸引人才的举措，积极探索制定更为灵活的薪酬激励

① 《习近平总书记系列重要讲话读本》，人民出版社、学习出版社2014年版，第163页。

制度，吸引并引进相关领域的高层次人才；借助各类宣传媒介、平台，做好引才引智工作的对外舆论宣传，吸引社会各界的关注；按照地方党委、政府的人才工作有关部署，积极参加各类引才活动，做好高端人才资源的引进工作。

（二）完善教育培训体系

一是加强师资建设。加强与云南警官学院、浙江警官职业学院等专业院校和先进省份戒毒系统的联系，建立戒毒教育培训师资库，形成针对性、实用性强的教材体系，将培训课程模块化，提升教育培训的层次和水平。

二是坚持按需施训。制定个性化的培养方案，针对不同年龄、不同专业、不同级别的警察，分层分类开展培训，举办“体能训练”“膳食营养”“文艺技能”等业务技能培训班，增强培训的针对性和实用性。评估受训人才情况，为培训提供依据，将普遍轮训与个性化培养相结合，坚持需求式培训与养成式培训，互动式培训与延伸式培训相结合，培养急需人才。

三是创新培训方法。通过专题教育、集中轮训、院校送培、挂职学习、岗位练兵、技能比武等多种形式，开展“菜单式”和网络远程教育，自由选择培训内容。还可采取沙龙拓展式、自主研修式、辐射带动式、互助互动式等多种方式，让警察乐于培训、欢迎培训。制定普遍轮训计划，建立长效培训机制，让每名警察定期“充电”，更新业务知识。

（三）完善科学用人和激励机制

一是完善选人用人机制。坚持正确的用人导向，一切从工作出发，以事择人，以德为先，坚持把德才兼备、能力突出、专业对口的人安排到合适的岗位，做到人尽其才，才尽其用。能够打破用人桎梏，打破“天花板效应”，唯才是举，任人唯贤。重视青年干部和专业人才的任用和发展，尤其注重对年轻干部、女干部、党外干部的职业规划和培养，用其所长，用在其位，用当其时，打造结构合理的“梯队式”警察队伍。

二是丰富人才激励手段。定期组织开展优秀警察、专业人才、岗位标兵的评比活动，探索建立先模代表休假疗养制度，积极组织优秀警察外出学习培训、挂职锻炼，增强队伍的职业获得感和幸福感。加大对先进典型的培树力度，表彰工作中涌现的优秀事迹和人才，发挥示范引领作用，提升队伍形象，传播职业正能量。

三是完善日常考核机制。科学制定量化考核办法，对工作实行量化赋分，定期全面、客观、公正地对警察进行岗位目标管理考核。完善激励机制，加大考核结果的奖惩使用，对能力强、业绩突出的警察，在政治上、精神上、物质上予以倾斜，形成良好的舆论导向，充分调动各年龄层次警察队伍的工作积极性。

（四）完善人才培养机制

建立健全符合司法戒毒队伍特点的教育培训和人才培养体系，制定司法戒毒中各类人才的职业发展规划。

强化思想政治教育，加强对习近平新时代中国特色社会主义思想和党的十九大精神的贯彻学习，扎实开展“不忘初心、牢记使命”主题教育，持续推进“两学一做”学习教育常态化、制度化，强化党规党纪和廉洁从政教育，不断提升人才队伍的政治素质。

强化履职能力建设，扎实组织好领导干部任职培训、新录用公务员初任培训、警衔晋升培训，培养人才岗位的适应能力；加强业务培训，广泛开展实战练兵、业务竞赛、技能比武等活动，推行案例式教学，着力提高培训的针对性、实效性，不断提升人才的业务素质。

强化学习型队伍建设，建立完善干警大讲堂，邀请知名专家教授作前沿知识讲座，提升司法戒毒干警职工和法律服务工作者的理论素养、专业知识与视野境界；鼓励参加学历再教育，提升司法戒毒干警职工和法律服务工作者的学历和知识层次；鼓励司法戒毒干警职工参加国家统一法律职业资格考试，提高工作专业化水平。

强化校所合作建设，建立以司法警官院校为主阵地的教育培训基地，积极加强校所合作沟通，在戒毒所内建立实训基地，为各类人才学习进修搭建平台。

强化实践锻炼人才，建立健全司法戒毒干警职工与法学院校、科研机构等专家学者交流机制，健全和完善人才定期交流轮岗和挂职锻炼制度，有计划地安排优秀司法戒毒人民警察到党政机关、企事业单位挂职锻炼，继续开展优秀干部赴外省、到基层学习实践锻炼活动。

第三节　戒毒专业人才的管理和使用

按照习近平总书记对新时期政法队伍建设提出的总要求，要坚持政治建警、改革强警、科技兴警、从严治警，打造一支革命化、正规化、专业化、职业化的高素质警察队伍。要持续推进戒毒事业创新发展，必须将营造良好的识才、用才氛围作为保障，建立健全包括戒毒专业人才选拔、使用、流动、评价、激励等的制度体系，用环境凝聚人才，用机制激励人才，用制度保障人才，用事业造就人才，是戒毒事业人才战略的必然选择。要善于发掘人才、了解人才，为人才提供舞台。对于有真才实学、敢于攻关、善于钻研的青年干部，能慧眼独具，积极举荐，敢于使用；要多视角、多层次、多侧面地了解和观察人才，既要有理想也要有实干，既能干事创业也要干净廉洁；要为人才的奋勇创新提供舞台，在实践中辨人，在创新中识人，确保为戒毒事业选好人、选对人。

（一）加强队伍政治建设

坚持党对司法行政戒毒工作的绝对领导，以政治强警作为加强队伍建设的根本来抓，坚定戒毒警察队伍的理想信念和政治信仰，以习近平新时代中国特色社会主义思想武装头脑、指导实践。戒毒人才培育首先要重视思想政治的培养，重点进行中国特色社会主义理论体系教育和社会主义核心价值体系教育，开展全面依法治国方略教育，深入学习习近平总书记新时代中国特色社会主义思想和党的十九大精神，把政治过硬作为引进和培养人才的首要因素。扎实开展理想信念教育，进一步强化理论武装，筑牢理想信念，增强政治定力。扎实开展党性教育，重点进行党的知识、党的历史、党的优良传统教育，持之以恒地开展党风廉政教育，按照忠诚、干净、担当的要求，严明党的政治纪律和政治规矩。扎实开展职业道德教育，培育和弘扬山东省戒毒警察精神，以精神追求高尚、职业操守良好、人民群众满意为目标，重点加强职业认同、价值取向和行为准则教育培训，增强职业归属感和荣誉感，不断提升道德素养和精神境界。

（二）要弘扬“工匠精神”

李克强总理曾在2016年“两会”的《政府工作报告》中指出：“鼓励企业开展个性化定制、柔性化生产，培育精益求精的工匠精神，增品种、提品质、创品牌。”[①]“工匠精神”是生产者对产品精雕细琢、精益求精的一种理念，是生产者将其情怀、态度以及信念倾注于手中的作品，体现了生产者严谨、专注、专业的精神内涵。戒毒工作是一项重要的执法活动，是一项艰难的医疗过程，是一项富有探索性的心疗过程，是一项综合施策的系统工程，在维护社会和谐稳定中发挥着不可替代的重要作用。

推动戒毒工作创新发展，要着力培养戒毒警察具有目标如一、不偏不离、逢山开路，遇河搭桥的专一理念，具有精益求精、一丝不苟、高标准、严要求的专注态度，具有持之以恒、坚持不懈、不达目标不言弃的执着精神。宋代理学家朱熹曾说过：“治玉石者，既琢之而复磨之，治之已精，而益求其精也。”精益求精是“工匠精神”的精髓，专业是“工匠精神”的核心。戒毒工作点多、线长、面广，是一项复杂的系统工程，更需要通过精细的管理来稳固根基，以专业的戒治方法引领航向。要树立精细化的管理理念，加强教育引导，加大培训力度，进一步开阔视野、拓宽思路，真正将精细管理、专业戒治理念融入日常工作中，在工作中确保每一名管理者、执行者都能尽职尽责、严谨细致，使每项工作都能成为“合格产品”“精品工程”，成为帮助戒毒人员戒除毒瘾的“专业工匠”和“灵魂工匠”。

（三）健全人才使用机制

一是坚持正确的用人导向，把德才兼备、实绩突出、专业对口、业务熟练的人员安排到合适的岗位，做到人尽其才、才尽其用，注重特长，发挥专长。

二是建立评聘机制，局级专家型人才每三年、所级专家型人才和专业人才每两年考评一次，实行动态管理，做到有进有出、优胜劣汰。

三是建立考核机制，制定专业人才工作实绩量化考核办法，实行戒毒专业工作目标责任制，建立各类专业人才能力素质标准，科学评价专业人才。

---

① 李克强：《政府工作报告——2016年3月5日在第十二届全国人民大会第四次会议上》，2016年3月17日，http://www.xinhuanet.com/politics/2016lh/2016-03-17/c_1118364353.htm。

四是健全人才选拔、交流轮岗、挂职锻炼、竞争上岗等制度，加强专业人才梯队建设，将有能力、有潜力的警察纳入后备人才库；经常性开展各类专业人才岗位练兵、技能比武等活动，加强所际之间专业人才合作交流，定期组织专业人才外出考察学习。

五是加强警察职业生涯规划，制定中青年警察职业发展路线图，找准工作定位，确定职业目标，明确成长路径。

六是实行专业带头人制度，各戒毒所组建各类专业人才工作团队，确定专业带头人，定期开展理论研讨、课题攻关、考核评比等活动。

七是为专业功底深厚、工作能力突出的专家型人才建立个人品牌工作室，举办个人讲坛，树立高端专业人才的典型和专业权威。

八是开展"传帮带式"教育，选拔优秀专家型人才担任导师，联系帮带青年警察，进行戒毒业务和个人发展指导，建立以老带新、以师带徒的人才培育模式。

（四）完善人才激励机制

不断提高人才的地位，落实好人才优抚政策。

首先，要健全和完善优待人才的机制，畅通人才职业发展的通道，增强人才的职业自豪感、归属感、幸福感，着力营造拴心留人、干事创业的良好环境。积极落实工资待遇政策，按照上级有关政策要求，扎实推进司法戒毒干警职务序列改革，完善职务晋升办法，做好职务职级并行制度的试点工作，不断拓宽基层一线干警职业发展空间，解决好司法戒毒干警的职级待遇，落实好工资待遇及各项津贴补贴调整政策。

其次，要建立健全优待保障机制，健全戒毒干警容错免责机制和干警履职受侵害保障救济、人身安全防范、不实举报澄清等制度，切实保障和维护干警人格尊严、合法权利；做好先模人物休假疗养、健康查体、定期走访慰问等工作；努力争取关于人才住房、医疗、子女入学、家属就业等方面的优惠政策，努力做好人才的服务保障。

最后，要健全和完善荣誉激励机制，形成经常性的创新评比和即时表扬激励机制，建立和完善入职授衔宣誓仪式和荣誉退休制度；继续做好"年度人物"等评树活动，设立"能手""标兵""创新之星"等人才荣誉项目；探索建立个人命名的工作法、工作站、工作室等荣誉授予机制，支持符合条件的高端人才参评省部级人才评定或成果奖励，推荐优秀人才担任党代表、人大代表、政协委员等。

(五)强化专业人才激励措施

坚持责权利相统一,制定相应的管理办法,明确不同层级的专业人才享受不同的待遇。一是通过多种形式表彰和奖励优秀专业人才,每年组织优秀专业人才评选、优秀理论研究成果评选、重大科研成果评选等活动,对通过自学获得学历或专业资格证书的授予"学习标兵"等荣誉称号,按相关规定给予奖励。二是拓宽专业人才提拔和晋升渠道,在职级晋升、评先树优、嘉奖记功时给予倾斜、优先考虑,在戒毒所领导班子中,专业人才应占一定比例。三是定期组织优秀专业人才外出休养,在政策允许的情况下,充分保障专业人才的工作和福利待遇,帮助解决工作、生活中的实际困难。四是实施全员读书计划,配备必要的图书、报刊等学习资料,倡导领导干部带头搞研究、亲自写文章,广泛开展理论研讨、课题攻关等活动,每年通报表彰,营造良好的学习氛围。五是积极争取科研和课题专项经费,为专业人才开展理论研究、进行课题攻关提供有力的保障。

第十章　戒毒工作的发展与完善

建立全国统一的戒毒工作基本模式，是司法行政戒毒工作从转型到定型的重要标志，是实现司法行政戒毒工作统筹协调发展的必然选择，是解决目前工作中存在的不科学不规范问题的迫切需要。要通过2～3年的努力，建立以分期分区为基础，以专业中心为支撑，以科学戒治为核心，以衔接帮扶为延伸的全国统一的司法行政戒毒工作基本模式，形成工作标准、流程和制度更加完善，基层基础更加坚实，工作特色更加明显，戒治质量更加优良的工作格局。①

第一节　推进戒毒工作科学化

2018年5月29日，全国司法行政戒毒工作座谈会在安徽合肥召开。司法部副部长刘志强要求，要以习近平新时代中国特色社会主义思想为指导，深入学习贯彻党的十九大和十九届二中、三中全会精神，建立全国统一的司法行政戒毒工作基本模式，不断提高戒毒工作科学化专业化水平，开创新时代司法行政戒毒工作的新局面。会后，司法部印发了《关于建立全国统一的司法行政戒毒工作基本模式的意见》。统一的戒毒工作基本模式明确了以科学戒治为核心，目标就是实现科学精准戒毒，提高戒毒工作的成效。

① 《司法部召开全国司法行政戒毒工作座谈会：建立统一的司法行政戒毒工作基本模式 提高戒毒工作科学化专业化水平》，《法律日报》2018年5月29日。

一、戒毒场所布局科学、功能完备

戒毒场所基础设施建设为戒毒工作规范开展提供坚实基础，也是实现戒毒工作科学发展的重要基础。随着时代的发展，戒毒场所要走向科学布局调整、完善功能设施之路，着力抓好戒毒基础设施保障工作，为加快推进戒毒工作科学发展奠定良好基础。认真贯彻落实住建部、公安部、司法部联合发布的《强制隔离戒毒所建设标准》，按照“高起点设计、高标准建设、高效能管理”的要求，坚持统筹谋划、适度超前，引进高水平设计单位参与项目规划设计，切实做到科学布局、坚固适用、优化美观。特别是对一些拟立项的基础建设项目，要加强设计审查，提升规划设计起点，不断优化设计方案。要加强项目管理和指导，抓好在建项目施工现场管理，坚持用制度、专业技术力量规范项目管理，积极推行项目目标责任制、招标制、监理制、跟踪审计制等现代管理手段，严格落实项目管理、安全生产、项目验收等制度要求，确保基础建设项目规范运行。要按照司法部关于全国统一戒毒工作模式的部署要求，密切结合各地戒毒工作实际，不断提升安全防范、教育戒治等工作水平，健全和完善安全警戒、医疗救治、教育教学、心理矫治、技能培训、运动健身、生活卫生等设施配套标准，将设施配套与场所基础建设一体设计、统筹实施，为加快推进执法规范化建设提供更加坚实的物质保障。各地戒毒系统应积极争取省财政支持，推进戒毒场所建设，破解戒毒场所功能布局难题。充分利用各地“十三五”戒毒场所建设契机，指导新建、改扩建场所按照统一戒毒模式要求一体规划、设计和建设，对没有纳入规划的戒毒场所因地制宜进行功能布局调整和改造，保证戒毒场所基础设施、功能布局适应戒毒工作的新形势、新任务、新要求。

二、戒毒场所智慧化

戒毒工作的核心是教育戒治业务的充分发挥。没有信息技术作为支撑，教育戒治工作很难在规范、科学、高效的道路上走得更久更远。贯彻落实司法部颁布实施的信息化标准，根据戒毒工作实际，做好智慧戒毒工作的顶层规划和设计，打造集安防、执法管理、诊断评估、戒毒医疗、康复训练、教育矫正、习艺劳动等一体化的智慧戒毒平台，将相关数据全部纳入数据库，实现子平台、戒毒设备与云平台的对接，防止出现信息孤岛，实现数据的整合、共享，运用平台进行数据分析、预警报警、决策制定。与高等院校、科研院所合作开发各类兼容性高、实用性强的应用软件，并申请专利，加强自主知识产权保护。加大智慧戒毒和信息化的建设，有利于释放警力，使警察不再仅仅关注场所的保安全、保稳定上，而是可以更高效地从事戒治业务工作，有时间、有精力对戒毒工作进行深入探索，更有利于戒毒工作的开展和进步。要充分运用计算机、多媒体及网络技术，加强对教育戒治信息的收集、加工、分析和反馈。着力做好戒毒应急指挥中心建设，完善指挥中心设施配备及运行规范，明确职责定位，细化工作要求，实现业务网络与监控指挥网络专网专用，将指挥中心建成为戒毒安全应急管理工作的“神经中枢”；统筹各地戒毒系统网络设备配置，统一核心网络建设，打通信息传输“中梗塞”。加快推进科技信息与戒毒工作的深度融合，加强云计算、大数据、物联网等网络技术应用，推动建立省级戒毒云平台。完善戒治工作数据库，建立健全戒毒大数据分析应用系统，实现数据综合分析、交互支持。推进执法业务协同处理，不断加强数字化、智能化戒毒所建设，向信息技术要警力、要效率、要质量、要公信力。例如，上海市戒毒系统制定了《全面推进智慧戒毒实施方案》，开发“HIS”系统、教育矫治管理应用系统、智能心理云平台、体适能运动戒毒康复训练平台等软件平台，充实统一戒毒模式中的智慧模块。

三、戒毒业务科学化

司法部戒毒管理局经过长期的探索和在各地的实践，在全国范围内推行“4＋1＋1＋1”教育戒治模式，即4天习艺劳动、1天教育矫治、1天康复训练、1天休息。该模式进一步突出了科学戒治的核心地位，将教育戒治和康复训练放在了戒毒工作的重要位置。同时，围绕影响复吸的关键因素，构建一个科学化的课程体系，从帮助戒毒人员强化戒毒动机。纠正认知偏差，管理负性情绪，掌握防复吸的技能，构建社会支持系统等方面，不断丰富教育的内容。

在戒毒医疗方面，开展科学规范的生理脱毒治疗和疾病治疗，应用科学规范的诊疗技术和治疗措施，由专业的医务人员进行对症治疗，构建完善的全面的诊疗体系，把医疗工作覆盖到戒毒人员从入所到出所的各个环节。戒毒人员当中身患各种严重疾病的占有一定的比率，因此，医疗是戒毒工作当中很重要的一个方面。推动戒毒医疗社会化，与卫生行政、质监等部门联合研究戒毒医疗资质审批和办理的快速通道机制，推进戒毒专科医院建设，以满足场所日益突出的巨大医疗需求。

在康复训练方面，对戒毒人员进行体能测试和科学的评定。科学制定训练的规划，设计训练的项目，为戒毒人员开具运动处方，组织开展有针对性的身体康复训练。以恢复正常的心理功能、塑造积极的人格特征为重点，加强心理康复训练，开展脱瘾训练和拒毒训练，帮助戒毒人员戒除心瘾。康复训练主要包括两点：一个是身体的康复，一个是心理的康复。其中心理的康复涉及的专业性、科学性更强。

在戒毒方式方法方面，研究推出一批戒毒康复的新技术、新方法，与现代科技成果相融合，为科学戒毒、精准戒毒提供了有力的科技支撑。湖南省戒毒管理局与湖南司法警官职业学院联合开展了“强戒综合矫治方法应用及戒毒康复集成矫治设备研发”国家重点科研课题，对一万余名戒毒人员进行数据样本采集分析，与戒毒基本模式建设相结合，开发了戒毒人员心理测量软件，研发了戒毒康复集成矫治设备。在多个戒毒所引入虚拟现实（VR）毒瘾评估与康复系统，引入经颅磁刺激仪，加强在戒毒人员心理矫治、精神障碍治疗和成瘾行为干预上的应用。开展戒毒人员压力免疫训练探索研究，提升教育戒治业务科学化水平。湖北省戒毒系统按照“4＋1＋1＋1”教育戒治模式，固定教学日、康复训练日，细化日清单、周课表，针对吸食传统毒品和新型毒品戒毒人员的不同特点，紧扣认知矫正、行为矫正、心理矫治、运动戒毒、康复训练、职业培训、防复吸训练七项重点，充分发挥五大中心功能，开设示范性精品小班，加强系统性全方位戒治。

第二节　推进戒毒工作规范化

随着司法行政戒毒工作由转型走向定型，各项工作发展态势良好。但从全国看，各地发展不平衡的问题相对突出，还存在一些短板和不足。

为此,司法部戒毒管理局自2017年初开始,在全国推进戒毒工作规范化建设,力争通过2～3年的努力,建立科学、统一、规范的司法行政戒毒工作流程和标准体系,形成制度标准更加健全、基层基础更加坚实、工作落实更加有力、戒治质量持续提高的工作格局,打造戒治科学、执法公正、管理精细、安全有序、功能完备的规范化戒毒场所,促进司法行政戒毒工作水平的整体提升。2017年2月,司法部印发了《关于进一步加强司法行政戒毒工作规范化建设的意见》,并召开全国规范化建设座谈会。同年3月,山东省戒毒管理局印发了《全省司法行政戒毒工作规范化建设实施方案》,并对全省规范化建设工作进行动员、部署和推进。在司法行政强制隔离戒毒工作完成转型,走向定型的大背景下,全国司法行政戒毒系统高度重视规范化建设工作。

一、戒毒管理规范化

在统一的司法行政戒毒工作基本模式框架下,以"四期四区""五大中心""一个延伸"为全部管理环节,进一步规范、健全和完善戒毒管理工作流程和标准体系。统一制定各类管理规范制度,统一制作各类管理标识标牌,做到制度上墙、标识统一、标牌齐全,强力推进管理规范化体系落地见效。实现"四期四区"物理隔离,配齐功能用房和设施设备,按照"四期四区"不同的管理和戒治任务,在标识色彩、戒毒设施设备、服装颜色等硬件建设和外观方面予以规范和统一。

制定戒毒人员"四期四区"流转规定和操作规程,规范不同期区的管理方式、流转流程、戒治措施、处遇条件、考核及评估标准等。根据不同期段戒毒人员的特点,科学确立每个管理期的目标、任务,严格把握不同期段的时间节点;进一步加强分区管理,完善"四区"建设,严格分区管理的对象和时间,落实各项戒治措施,规范分区考核流转;加强分类管理,根据戒毒人员的性别、患病种类、吸毒类型、戒治效果等进行科学分类,实施更具针对性、实效性的管理戒治,严格评定严管、普管、宽管等三个管理等级,兑现相应处遇。

统筹协调"中心—科室—大队"之间的职能设置、相互联系,形成中心管业务、管流转,大队管现场、管日常,科室管协调、管考核的管理机制,厘清职能边界,形成共管合力。严格执行"六无"要求,健全安全研判、排查、防控、应急处置、责任追究等机制，建立全方位的立体管控体系。健全和完善三级安全研判制度，建立分类评估、分级预警风险研判机制，突出全局性、动态性、预测性的分析研判。严格落实安全隐患排查整治制度，对重大安全隐患明确责任、挂牌督办。推行戒毒场所网格化管理，促进安全制度和措施的落实，加强安全检查专业化队伍建设，创新安全检查形式，采取交叉检查、突查、不定期巡查、专项检查等方式，提高安全检查效能。加强物防、技防设施建设，完善警戒安防系统，发挥监控、防逃、搜索和预警功能。严格执行领导带班、双人双岗值班、定期巡查等制度，严格落实警察直接管理，加强生活、学习、康复、劳动“四大现场”管理，强化重点人员、重点时段、重点部位、重点环节、重点物品管理，采取针对性管控措施。

完善警察一日工作规范，注重戒毒人员行为养成，深入开展争创基础管理示范科室和示范大队活动，加强平时考核和定期考评，提升基础管理的规范化水平。推行联动互助制度，深化民主管理和自我管理，加强戒毒人员间相互监督和制约。加快信息化建设，完善戒毒管理信息平台，实现管理信息互联互通、实时共享。安徽省戒毒系统通过筑牢戒情研判、安全防控、现场管理、视频巡查、落实制度、物防技防、警戒护卫等防线，夯实政治引领、制度执行、岗位练兵、精细管理四项基础，全面体现场所治本安全，有力推动了模式运行有序。

山东省戒毒系统将 ISO9001 质量管理理论和先进的国际化管理理念引入当前戒毒工作之中。山东省戒毒管理局以鲁中强制隔离戒毒所为试点，经过与中国质量协会良好的沟通，决定将国际标准组织通用的 ISO9001 质量管理理论和先进的国际化管理理念，引入戒毒工作之中，探索建立强制隔离戒毒规范化管理体系。ISO9001 质量管理体系的本质是通过明确管理职责，合理配置资源，全员参与和持续改进，实现组织持续、稳定、规范地提供合格产品的质量管理目标。在戒毒工作中推行 ISO9001 质量管理体系，借鉴科学的质量管理理念、方法、模式，加强戒毒工作过程质量控制，改进戒毒工作流程，对于推动戒毒工作规范化、促使戒毒所持续输出“合格产品”、降低戒毒人员复吸率具有积极的促进作用。先后完成了 1 本《管理手册》、29 个程序文件、62 项工作标准、20 项“部门职责”和“部门目标”、167 项“职位说明书”等体系文件的编写。其中,《管理手册》是规范化管理体系的指导性文件,发挥科学引领作用;29个程序文件涵盖了“三六三”在内的主要工作流程,是对戒毒工作的主体描述;62项工作标准覆盖管戒业务的62个重要执法环节,每项标准包括目的、范围、职责分工、工作流程、依据文件、相关纪录6个方面,分管所领导、各业务科室和大队在各执法环节中的职责分工和依据流程一目了然;部门职责和部门目标涉及全所25个科室和大队,是考核部门工作的主要依据;167项职位说明书是对各部门职责的深化,每部门设置5～13个职位不等,每名警察按照职位说明书履行职责,部门负责人按照职位说明书考核部门警察的工作。

通过规范化管理体系的建立,实现了职责有分工、工作有流程、执法有依据。经过在全所范围内对体系文件试运行并改进完善,先后通过了内部审核、管理评审和外部专家审核等规定程序,最后由中质协质量保证中心向鲁中强制隔离戒毒所颁发质量管理体系认证证书。为促进规范化管理体系文件得到深入贯彻落实,确立了“1＋3＋N”的规范化建设整体思路,即以实现ISO9001质量管理体系全覆盖为核心,突出制度规范、流程标准规范和大数据应用三项重点工作,完善队伍专业化、监督经常化、手段现代化、保障科学化和场所功能合理化等多项保障措施,扎实推动各项工作规范运行、提质增效。确立了目标引领、全员参与、问题导向、持续改进的四项工作原则,全面实施项目化管理,将戒毒工作的各项活动分解为多个互动的工作任务,运用项目管理模式和方法,逐项破题、精准发力,有效提升戒毒工作规范化水平。

将ISO9001质量管理理论引用到戒毒工作之中,与戒毒工作实现融合,是戒毒规范化建设的大胆尝试和有益探索,对戒毒规范化建设工作的开展具有积极重要意义。一是管理模式更加科学。按照质量管理体系运行的要求,以认证审核为主线,经过理念创新、专业培训、编制文件、发布运行、内部审核及管理评审等多个阶段,充分引入并逐步建立起符合ISO9001标准的规范化管理体系,实现了戒毒工作向科学管理模式的转变。二是管理制度更加科学。在开展认证过程中,对戒毒管理各个方面的制度规定进行了全面梳理,根据规范化建设的要求并结合当前工作实际作了修改、补充和完善。进一步明确了职责,理顺了关系,找出管理工作中的关键环节。规范操作流程,严格工作标准,解决此前存在的一些基础弱化、随意性强等问题，工作秩序进一步规范。三是警察执法管理思维方式和习惯更加科学。ISO9001质量标准化管理体系从表述、规定、机制、运行方式等各个方面，都与原来工作的迥然不同，在刚引入时出现了很多不适应的情况。通过一段时间的运行，各项工作现已逐步进入了状态，在工作中善于运用先进的管理理念去审视和思考问题。质量管理体系认证工作提升了规范化管理水平，实现了管理制度体系化、流程标准科学化和工作过程的控制化，并且通过建立内审、管理评审和外审等自我约束、自我完善的机制，为管理体系实现持续改进、不断完善、永葆活力奠定了坚实的基础。

二、戒毒执法规范化

当前戒毒执法所依据的规范性文件，有的得不到及时的修订完善，有的长期得不到有效落实，有的修订周期长。总之，制度建设滞后于当前工作形势的问题比较突出。因此，要更加注重对现有制度的监督落实和“修修补补”。针对新形势、新问题对有关制度进行梳理、整合、优化等的工作做得还不够，未对制度的立改废工作进行通盘部署，统一、规范、便于操作的执法制度体系还未有效确立。依法依规办理戒毒人员接收、解除、提前或延长戒毒期限、探访探视、通信通话、单独管理、离所就医、所外就医、变更戒毒措施、收监执行刑罚或拘留、逮捕等，明确每一个执法部门、执法岗位的职责，做到主体合格、程序规范、结果公开。

规范考核奖惩和诊断评估，统一执法标准，建立管理执法工作手册，对重要执法事项建立执法工作流程，明晰执法主体、环节和程序。统一规范管理执法文书和记录表册，留存执法证据材料，保障警察执法安全。特别是针对戒毒人员身份定位的复杂性，对广大基层警察进一步明确执法方式、统一执法尺度提出了更高的要求，更需要系统完善的执法制度体系。着力完善执法工作制度体系，制度建设包括完善和执行两个方面。要进一步做好制度的统筹、整合、优化工作，让广大基层警察看得懂、记得住、好执行，切实增强制度执行效果。紧紧围绕提高戒治工作水平，深入推行全国统一戒毒工作模式，健全完善“四期四区”戒治实施办法，切实提高戒毒工作水平。

加强制度管理，由专门部门负责建章立制工作，根据新形势、新要求定期对有关制度进行梳理审查。在充分论证的基础上，及时修订不合时宜的制度规定，该废除的废除，该整合的整合，提高戒毒执法制度的严谨性和“新鲜度”。进一步健全标准体系，大力推广标准化建设的工作经验，制定出台更加具体明确的执法活动指南，为广大警察特别是新入职警察及转岗警察开展工作提供明确的遵循指导。根据执法业务需要和部门职能，健全和完善部门、岗位协调运转机制，规范执法程序，提高执法管理运行效率。制定明确岗位职责要求和工作标准，做到按岗定人、按责考核。制定执法权力清单和权力运行流程图，使执法任务要求更加直观具体，较好地提升了制度执行的效果。实行综合督查，司法部戒毒管理局和各地省级戒毒管理局职能部门成立了综合性督查组，统筹设计制定执法规范化建设考核指标，采取监控巡查、现场督查、突击暗查等多种方式进行督查。要坚持步调一致、统一行动，避免重复督查、指标重叠，切实减轻基层负担。对医疗救治、心理矫治、康复训练等专业要求较高的工作，要探索和引进第三方专业评估，促进执法质量进一步提升。要通过健全完善监督激励措施，引导广大警察精益求精，准确把握、细化落实执法工作各项要求。

三、教育戒治规范化

根据《司法部关于建立全国统一的司法行政戒毒工作基本模式的意见》的要求，戒毒工作要做到如下几点：

（1）以分期分区为基础，即根据戒毒人员从入所到出所全过程的不同时间和期段，统一设置生理脱毒区、教育适应区、康复巩固区和回归指导区，实现不同期段之间的区域分设。

（2）以专业中心为支撑，即根据戒治工作需要，以专业化手段为引领，建立戒毒医疗中心、教育矫正中心、心理矫治中心、康复训练中心和诊断评估中心，进行实体化运作，承担戒毒医疗、教育矫正、心理矫治、康复训练、诊断评估等专业戒治工作。

（3）以科学戒治为核心，即以帮助戒毒人员戒除毒瘾为根本目标，融科学理念、专业方法、综合施策为一体，大力加强戒毒康复和教育矫治优势项目的研发和实施，大力加强戒毒新技术、新方法的研发、运用和推广，形成综合配套的戒毒技术标准和规范体系，实现科学精准戒毒。

(4)以衔接帮扶为延伸,即在后续延伸中,以衔接帮扶作为强制隔离戒毒与社区戒毒社区康复无缝对接的主要形式,突出康复指导和社会化延伸。进一步明确统一戒毒模式建设的目标任务、总体框架、具体内容、工作流程、方式方法等,重点在教育戒治任务要求、“四期四区”戒治内容、“五大中心”建设、智慧戒治、制度建设方面进一步规范和统一。构建全流程、全覆盖的教育戒治工作体系,打通“四期四区”“五大中心”“一个延伸”的全部工作链条,使各中心之间、中心和大队之间有效协调、资源共享,制定以教育戒治工作标准、工作流程、工作制度为核心的运行体系。

推动“五大中心”实体化运作,做到定岗定责定人员,充分发挥“五大中心”在教育戒治工作中的强大专业指导作用。统一制作各类规范制度和标识标牌,做到制度上墙、手册成套,标识清晰、标牌齐全,强力推进教育戒治规范化体系落地见效。规范常规教育,根据戒毒人员分期分区分类戒治需求,规范入所教育、法律常识、戒毒常识等九项教育,完善课堂化教学工作流程。统筹考虑教学对象、内容、形式等因素,规范课程运行,提高教学质量,落实集中备课、听课评课、教学考核等制度,确保教学效果。

探索创新教育戒治新方法、新技术,加强与高校、科研机构、社会企业合作,联合开展戒毒新技术新方法科研攻关,充分利用社会资源,提升教育戒治工作的专业化水平。推动戒毒工作与新科技新技术的深度融合,充分运用“互联网+戒毒”的手段,开发运用教育戒治网络平台、大数据库、戒治案例库,运用科技、心理、运动、中医、传统文化等戒治资源,与戒毒工作实际相结合,研发出针对性强、效果显著的教育戒治新技术、新方法。规范社会化延伸工作,落实社会化延伸“一帮到底”的总体要求,在戒毒所内开展社会适应性训练、强化行为养成的基础上,对解除的戒毒人员加大无缝衔接的工作力度。建立针对收治地市分片划区确定责任警察机制,与解除的戒毒人员建立常态化联系,保持“在联”“在通”。在戒毒人员解除前签订跟踪指导协议,为解除的戒毒人员建立回归指导档案,采取定期与不定期回访,采用面访、电访、“微联”等方式跟踪了解戒毒人员回归社会后的基本情况。落实复吸风险评估和多措施推进帮扶,就戒毒人员回归社会后续出现的实际问题,协调公安、民政等禁毒委成员单位加以解决，帮助戒毒人员不断延长操守时间。借助后续照管指导站、家属学校等平台，指导戒毒人员回归社会后强化操守意志，传授防复吸技巧，实现全方位对接和帮戒。

第三节　推进戒毒工作专业化

毒品成瘾机制的复杂性决定了戒毒工作是一项专业性极强的系统化工程。司法部在全国建立了统一的戒毒工作模式，构建起所内戒治与所外延伸帮扶一体运作的完整工作链条，明确建立"五大中心"和社会化延伸，为做好戒毒工作打下了良好的专业基础。要充分运用心理学、医学、社会学等专业知识，采用多种戒毒评估工具，开发多类教育戒治软件。由于评估本身具有很高的专业性，所以需要大量的专业人才和设施设备。

一、戒毒工作专业化存在的不足

吸毒本身是一项复杂的社会行为，复吸的原因也是错综复杂的，这主要受到吸毒人员生理、心理、社会交往等多方面的因素影响，尤其受社会环境因素的影响最大。由此，对吸毒行为的教育戒治也要从医学、心理学、社会学、统计学等多个学科进行研究。这不仅涉及技术科学，而且涉及管理科学，尤其要选择有效的戒治工具和科学的评估指标。但实际上，这项工作面临着许多困难。

一是专业力量薄弱。专业技术人员的缺乏，从事教育戒治的人员在专业知识和技术背景也存在欠缺，他们大部分没有受过社会学、法学、心理学、精神病学、数理统计等多个学科的系统教育，缺乏专业知识和专业素养。同时，所内专业设施设备配备不完善，或者原有设备落后，不能很好地发挥出专业功能。

二是专业性不强。教育戒治工作要求科学地制定系统评价指标，而现有的评估方法都有局限性，一般限于某些检测方法。例如，当前戒毒场所对戒毒人员的心理评估仅仅包括 MMPI 明尼苏达人格测验、SCL-90 症状自评量表、SAS 焦虑自评量表、埃克森人格测试等。这些检测工具并不是专门针对吸毒人员这一特殊群体的，评估指标和体系还缺少科学性和针对性，能真实反映复吸危险性的生理和心理指标尚处于探索阶段，评估结果还需要进一步实证和完善。同时，针对不同的吸毒群体，如何研究一个可行的、科学的动态风险评估方法，针对不同类型人群，如成人、女性、未成年人等，制定不同类型的测量评估量表，科学准确地掌握戒毒人员在不同阶段的心理及行为变化规律。

三是戒毒人员信息的获取分析水平有待提高。戒毒人员基本信息的获取主要通过调查戒毒人员的个人资料、笔录材料、法律文书、书面测评等方式获得，主观性强、随意性大，很难全面准确地掌握评估人员的信息。教育戒治评估工作是一个长期的过程，而评估案例数据库缺失，数据质量低、样本小、内容涵盖窄，评估经验缺乏，导致复吸风险评估的结果不够准确。对评估各因素之间的关系及演变规律，每一因素在可能引发复吸因素中所占地位的研究分析不够深入。同时，戒毒人员出所前和出所后的复吸风险评估出现断档，出所前的评估工作无法延续，而出所后戒毒人员缺少有效和持续的监督管理。强制隔离戒毒是一项专业性、系统性很强的工作，需要在实践中不断探索和完善。

二、推进人才队伍专业化

全国统一的戒毒工作模式中明确建立“五大中心”和社会化延伸，为做好戒毒工作打下了良好的专业基础。要做到专业化戒毒，需运用心理学、医学、社会学、运动学、统计学等诸多学科的专业知识，采用多种教育戒治方法，开发多类教育戒治软件，故需要大量的戒毒专业人才。教育戒治工作是一项专业性很强的工作，需要有很强的洞察力和较高的专业学科素养。但是，当前能够从事此方面的具有高度专业素质的专家缺口很大，这就需要加强专业队伍的建设，提高专业人员的素质，从而保证戒毒工作的顺利开展和有效进行。

司法部戒毒管理局在全国范围内实施教育戒治“个十百千”工程，即完成资源库建设，完成优势项目建设，在前期 2016～2018 年度的 31 个优势教育戒治项目的基础上，再培育 10 个优势项目；完成专家团队建设，确定 100 名教育教学专家、心理咨询专家、康复训练专家组成的专家团队；完成戒毒案例库建设，发布 1000 个优秀戒毒案例。“个十百千”工程的实施将为戒毒工作专业化发展培养和聚集大量的人才资源，加强对强制隔离戒毒工作规律的研究和探索，不断提升戒毒工作的专业化水平。

坚决推动“五大中心”实体化运作，坚持专业人员干专业事，配足配强专业人员，以满足教育戒治工作的需要。要加强对警察队伍的培训，培养专业型、综合型、职业化的专业人才队伍。运用招录、聘用以及与社会机构合作、购买公共服务等多种灵活的方式招纳贤才、借力借智，不断壮大专业力量。上海市戒毒系统向专业中心充实 125 名所内专职民警、471 名所内兼职民警、111 名社会力量，通过招录、聘用、社会合作和购买服务等方式不断壮大专业力量，培养了一支青年民警科研队伍——“青才”团队，有效促进民警科研能力的提升。山东省戒毒管理局在全国率先成立山东省戒毒研究中心和 4 个戒毒实验室，联合社会力量成立了多个戒毒科研基地，搭建了多层次戒毒科研平台。

三、推进教育戒治设施设备的专业化

完善的教育戒治设施设备是开展戒毒工作的基础，也是体现戒毒工作专业化水平的指向标。因此，要充分利用现代科技发展成果，配齐配全“五大中心”的教育戒治设施设备，重点引入和配备先进的医疗救治、心理矫治、教育矫正等专业设施设备。加强戒毒人员基本数据的积累和分析，借助“互联网＋”、大数据等科技化手段，引入“云端”数据库技术，分类采集、海量储存戒毒人员的教育戒治评估数据，实行信息自动记录、分析归类、自动生成等电子化管理，自动收集、智能处理、实时反馈和评估监测数据。

教育戒治评估是一个系统工程，建设案例数据库是最基础和最重要的环节，需要不断输入质量高、样本大、内容涵盖广的数据。根据评价指标的分类，建立案例数据库、过程数据库、评估结果数据库等，分类指导不同阶段评估工作的开展。要充分详细地考虑到各因素之间的关系及演变过程，各因素可能导致复吸的作用大小、影响途径，运用数学运算模型将评估结果可量化地展现。建立远程视频法律咨询系统，通过建立专网，或者利用 QQ 或微信视频与戒毒人员家庭、相关政府部门连线，调解戒毒人员与家庭、社会的矛盾纠纷。

在戒毒人员解除强制隔离戒毒前和回归社会后，管理部门应对其各项评估指标进行全面测量，对其自我控制、家庭照管能力和社交技能等作出评估，得出复吸风险指数，及时向其家庭、当地公安机关、社区反馈信息，提出管控戒治意见。浙江省戒毒管理局牵头开发和引进重复经颅磁刺激技术、VR 虚拟现实毒瘾评估矫治系统、戒毒康复处方操、在线教育、合理配餐、个性化运动智能系统、家庭治疗、大脑认知功能训练等一大批新技术新设施，已取得 14 项知识产权。

四、推进教育戒治手段专业化

对戒毒人员的教育戒治过程作出比较客观准确的评估，需要切实发挥"五大中心"的作用，对影响戒毒人员吸毒的尽可能多的因素进行系统的甄别和评价。获取全面的信息资料是评估工作的基础，包括吸毒事实、过往违法事实记录、个性特征、健康情况（身体健康、心理健康和自杀自残倾向）、家庭支持、社交情况等。根据这些信息，从社会学、心理学、法学等学科角度构建综合评估指标体系，开发齐全的评估工具，选择专业评估量表，实行系统评估、跟踪式管理。选择的指标评价体系应具有可行性，有较规范的数据作为支撑，能够容易将评估指标标准化。教育戒治评估是对戒毒人员复吸风险源进行定性和定量分析，掌握发生复吸危险的可能性和复吸程度，进而制定出防范措施。

定性和定量分析是评估的核心，以预测和防止复吸为前提，全面地对评估对象的潜在复吸危险进行分析与测定。定性分析是根据经验制定一系列的评分标准，然后按危险性分数值评估危险性。定量分析主要依靠统计数据，运用数学方法构造数学模型进行评估，需要开发综合评估应用软件来实现。开发教育戒治评估软件，包括复吸危险识别、事故后果模型、事故频率分析、综合危险定量分析。在初步掌握可能性和危害程度之后，用测量指标衡量安全程度，从数量上说明评估对象安全性的程度。在对复吸风险划定等级后，连续性的跟踪监督，辅之以心理干预、社会支持、亲情修复等专业技术手段，规避再次吸毒的风险。

由于戒毒场所在人才、设施设备、技术等方面存在不足，力量有限，因此要大力借助社会专业力量，引入社会资源开展工作。通过加大与有关禁毒部门的联合，引入高校科研院所等专业化力量，在课题攻关、新技术新方法研发等方面加强合作,以提高戒毒人员操守率为出发点和落脚点,这将大大增强戒毒工作的系统性和专业化程度。教育戒治专业化发展更加注重戒毒工作的系统性和协同性,实现所内和所外禁毒戒毒资源的联动和融合,将有助于形式共建共治的毒品治理格局。安徽滨湖戒毒所开展了新型神经反馈技术降低吸毒成瘾应用研究,被采纳为全国司法行政戒毒系统优势教育戒治项目。

参考文献

一、著作

1. 郭建安、李荣文主编:《吸毒违法行为的预防与矫治》,法律出版社2000年版。

2. 赵秉志、于志刚:《毒品犯罪》,中国人民公安大学出版社2003年版。

3. 蔡燕强主编:《戒毒矫治康复手册》,暨南大学出版社2006年版。

4. 滕炜主编:《〈中华人民共和国禁毒法〉释义及实用指南》,中国民主法制出版社2008年版。

5. 韩丹:《城市毒瘾——吸毒行为的社会学研究》,东南大学出版社2008年版。

6. 金伟峰、崔浩:《禁毒法律制度研究》,浙江大学出版社2009年版。

7. 卓泽渊:《法理学》,法律出版社2009年版。

8. 施红辉等主编:《毒品成瘾矫治概论》,科学出版社2009年版。

9. 高莹主编:《现代矫正组织管理概论》,法律出版社2010年版。

10. 郭兰平主编:《强制隔离戒毒导论》,西南交通大学出版社2010年版。

11. 周永坤:《法理学——全球视野》,法律出版社2010年版。

12. 郭兰平主编:《强制隔离戒毒人员体能康复指导》,四川民族出版社2011年版。

13. 李岚等主编:《强制隔离戒毒矫治与管理实务》,暨南大学出版社2011年版。

14. 刘建昌等:《社区戒毒与社区康复》,中国人民公安大学出版社

2011 年版。

15. 王高喜主编:《戒毒社会工作基础》,军事医学科学出版社 2011 年版。

16. 张新枫、郜风涛主编:《〈戒毒条例〉释义》,中国长安出版社 2011 年版。

17. 吴爱勤、王纯庠主编:《戒毒医学临床研究》,苏州大学出版社 2011 年版。

18. 王增珍主编:《成瘾行为心理治疗操作指南与案例》,人民卫生出版社 2012 年版。

19. 陈鹏忠主编:《强制隔离戒毒工作基层执法实务流程》,浙江大学出版社 2013 年版。

20. 贾东明主编:《毒品:成瘾及康复》,浙江大学出版社 2013 年版。

21. 刘建宏主编:《全球化视角下的毒品问题》,人民出版社 2014 年版。

22. 刘建宏主编:《中国吸毒违法行为的预防及矫治》,人民出版社 2014 年版。

23. 刘振宇主编:《司法行政机关强制隔离戒毒工作规定释义》,法律出版社 2014 年版。

24. 骆寒青、祝卫莉主编:《毒品预防与戒毒康复》,中国人民公安大学出版社 2014 年版。

25. 王娜主编:《戒毒学》,中国人民公安大学出版社 2014 年版。

26. 莫关耀等编著:《禁毒法学》,中国人民公安大学出版社 2014 年版。

27. 姚建龙主编:《禁毒学导论》,中国人民公安大学出版社 2014 年版。

28. 杜新忠主编:《实用戒毒医学》,人民卫生出版社 2015 年版。

29. 张越编著:《依法治国与依法行政学习读本》,中国人事出版社 2015 年版。

30. 王金仙主编:《强制隔离戒毒场所安全防范实务》,中国政法大学出版社 2015 年版。

31. 褚宸舸:《中国禁毒法治论》,中国民主法制出版社 2016 年版。

32. 曹学军主编:《司法行政戒毒工作概论》,法律出版社 2017 年版。

33. [美]O. 瑞、C. 科塞:《毒品、社会与人的行为》(第八版),夏建中等译,中国人民大学出版社 2001 年版。

二、期刊、学位论文

1. 骆寒青:《对设立吸毒罪的设想》,《云南警官学院学报》2006 年第 2 期。

2. 褚宸舸:《中国禁毒立法三十年——以立法体系的演进与嬗变为视角》,《中国人民公安大学学报》(社会科学版)2008 年第 3 期。

3. 张黎:《以戒为本 重治慎罚——重塑新时期的戒毒工作理念》,《云南警官学院学报》2010 年第 3 期。

4. 李效民:《强制隔离戒毒模式之探究》,《中国司法》2010 年第 3 期。

5. 韩全利:《对强制隔离戒毒医疗工作的几点思考》,《中国司法》2010 年第 12 期。

6. 李效民:《强制隔离戒毒模式之探究》,《中国司法》2010 年第 3 期。

7. 刘明、肇恒伟:《析我国戒毒模式发展方向》,《云南警官学院学报》2010 年第 3 期。

8. 王丹:《中外社区戒毒模式比较研究》,《云南警官学院学报》2010 年第 5 期。

9. 刘德隆等:《关于强制隔离戒毒人员教育矫治方法的实践与思考》,《中国司法》2011 年第 1 期。

10. 崔连义:《近十年内我国新型毒品滥用问题的总体变化趋势》,《辽宁警专学报》2011 年第 5 期。

11. 范斌:《当前新型毒品的滥用与防控》,《山西警官高等专科学校学报》2011 年第 2 期。

12. 吴昭:《吸毒行为犯罪化问题探讨》,《学理论》2011 年第 36 期。

13. 刘振宇:《司法行政强制隔离戒毒工作在加强和创新社会管理中的价值功能及实现路径初探》,《中国司法》2013 年第 1 期。

14. 丁勇:《完善强制隔离戒毒模式的理性思考》,《法制博览》2014 年第 1 期。

15. 夏静:《强制隔离戒毒场所戒毒人员特点及对策分析》,《中国药物滥用防治杂志》2015 年第 2 期。

16. 任成玺:《试论强制隔离戒毒措施的发展、价值与理念》,《河南警察学院学报》2015 年第 5 期。

17. 陈进婉:《新形势下司法行政机关强制隔离戒毒工作模式的探索与创新》,《中国司法》2015 年第 4 期。

18. 陈玉海:《病残戒毒人员分层管理模式探索与思考》,《中国司法》2015 年第 2 期。

19. 姬旭:《我国内地强制隔离戒毒制度研究》,安徽大学硕士学位论文,2011 年。

后　记

对于本书的编撰工作，山东省戒毒管理局高度重视，多次研究工作方案，指导确定研究方向。在具体编写过程中，各级领导和专家学者精心指导，全省司法行政戒毒系统各单位大力支持，戒毒一线警察密切关注、热情参与。在《戒毒实践创新研究》即将付梓之际，我们向关心、支持编写工作的各级领导、专家学者和广大戒毒一线警察致以诚挚的感谢！

本书由山东省戒毒管理局牵头编写，郝道方担任本书主编，齐晓光、梁云龙、毕于乾任副主编，负责本书框架设计、调查研究、人员调配、组织审核等工作。承担本书撰写任务的有公付龙、郭宗涛、唐沂青、毕于乾、李同文、姬腊军、张洪玮、杨千志、周浩等同志。第一章“毒品问题概述”由公付龙、郭宗涛、唐沂青完成；第二章“戒毒工作概述”由公付龙完成；第三章“戒毒工作理念创新”由毕于乾、李同文完成；第四章“戒毒工作模式探索”由唐沂青完成；第五章“戒毒方式方法创新”由郭宗涛完成；第六章“戒毒执法管理”由姬腊军完成；第七章“戒毒工作社会化”由张洪玮、李同文完成；第八章“戒毒工作保障”由杨千志完成；第九章“戒毒专业人才培育”由周浩完成；第十章“戒毒工作的发展与完善”由姬腊军完成。大家利用工作之余，牺牲休息时间全力投入其中，为本书成稿倾注了大量心血。对大家的辛勤付出，我们在此表示衷心的感谢！

本书初稿完成后，浙江警官职业学院心理学教授、司法心理与行为研究所所长、浙江省专业带头人、硕士研究生导师马立骥负责本书的审稿工作，提出了富有针对性、指导性的修改意见，使书稿质量有了进一步提升。司法部预防犯罪研究所研究员、戒毒工作研究室主任苏利从当前国际戒毒科研前沿和国内戒毒实践的角度，对本书的定位和结构提出了修改意见，使本书进一步提质增色。在书稿最后修订阶段，一直关心支持戒毒工作的山东大学（威海）法学院院长肖金明教授，利用业余时间对书稿进行了系统整理，提出许多指导性很强的意见建议。正是由于各位专家的专业指导和辛苦付出，大大提升了本书的专业化水平，我们在此表示衷心的感谢和崇高的敬意！

本书参考借鉴了许多专家学者的著述和观点，列举引用参考文献时难免有所疏漏，在此表示衷心感谢并致以深深的歉意。因水平有限，本书疏漏与不足之处良多，恳请专家学者和读者不吝赐教，给予批评指正。

编　者

2019 年 9 月